JN077581

【新版】

労働基準法の
早わかり

労働基準法のわかりやすい逐条解説

元労働基準監督署長

杉浦 純〈監修〉　　労働調査会出版局〈編〉

労働調査会

はしがき

　労働基準法が昭和22年に制定されてから75年が過ぎようとしています。
　この間、労働条件の向上などにおいて労働基準法が果たしてきた役割には大きなものがあります。それと同時に、労働基準法をめぐる社会経済的な環境も大きく変化してきました。第三次産業の拡大、サービス経済化の進展、技術革新、女性や高齢者の労働参加、派遣労働に関する規制の緩和、非正規労働者における格差増大、多様化の進展等のほか、新型コロナウイルス感染症の蔓延は労働者の働き方に大きな影響を与えました。さらには、急速に進展している少子高齢化や、これに伴う労働力人口の減少も今後深刻な影響を及ぼしていくことが懸念されています。生産年齢人口の減少が進んでいくなかで、労働力供給の確保や生産性の向上などいかに取り組むかが喫緊の課題となっています。

　特に長時間労働や過重労働の解消に向けた取組みについては、これまで長年にわたって続けられてきました。労働者の健康を確保するという必要性とともに、これらがワーク・ライフ・バランスを阻害し、ひいては少子化の原因とも指摘されています。平成30年7月に成立した「働き方改革を推進するための関係法律の整備に関する法律」（平成30年法律第71号）では労働時間制度を中心とした大幅な改正が行われ、長時間労働の抑制を図る一方、労働時間の法規制の弾力化も進められました。具体的には、長時間労働の是正に向けた施策として、時間外労働の上限規制の導入、中小企業における月60時間超の時間外労働に対する割増賃金の見直し、使用者による年次有給休暇の時季指定義務の創設などが図られました。また、多様で柔軟な働き方の実現に向け、フレックスタイム制の見直しや特定高度専門業務・成果型労働制（高度プロフェッショナル制度）の創設などが行われています。今後も働き方改革を着実に推進していくことが期待されているといえましょう。

本書は、実務的な解説書として、これまでの解釈例規（行政通達）や裁判例の蓄積を整理・要約しながら、行政上の考え方を踏まえて、労使の実務家の皆様にとって手ごろな内容と分量になるよう心掛けながら編集しました。

　労使関係者をはじめ労働関係の実務に携わっておられる方々の参考書として、労働基準法の理解に少しでもお役に立つことができれば幸いです。

　　令和4年1月

　　　　　　　　　　　　　　　　　　　　　　　　　杉　浦　　純

CONTENTS

はしがき

労働基準法の意義と性格

労働基準法の逐条解説

凡　例

1　本書は、まず最初に労働基準法制定の趣旨と、同法を立案するに当たっての基本的な考え方、同法の意義と性格、仕組みを総括的に説明し、次に同法の各条文について、逐条的に解説をおこなったものです。

2　逐条解説においては、労働基準法の各条文とそれに関連のある政令及び施行規則を組み合わせ、相互の関係を明らかにしました。法文に続いて令第○条及び則第○条とあるのがそれです。

3　本書で使用した法令の略称は次のとおりです。

法………………………労働基準法
労働時間設定改善法………労働時間等の設定の改善に関する特別措置法
安衛法…………………労働安全衛生法
労調法…………………労働関係調整法
職安法…………………職業安定法
労災保険法……………労働者災害補償保険法
有期特措法……………専門的知識等を有する有期雇用労働者等に関する特別措置法
育児介護休業法………育児休業、介護休業等育児又は家族介護を行う労働者の福祉に関する法律
働き方改革関連法………働き方改革を推進するための関係法律の整備に関する法律
刑訴法…………………刑事訴訟法
則………………………労働基準法施行規則
寄宿程…………………事業附属寄宿舎規程
建寄宿程………………建設業附属寄宿舎規程
年少則…………………年少者労働基準規則
女性則…………………女性労働基準規則

4　解説中の〔　〕に通達（解釈例規）の発年月日と発番号、裁判例の言渡し年月日と裁判所名を掲げました。解釈例規の発番号の上にある略号は、それぞれ次の意味をあらわしたものです（平成13年1月5日以前は労働省）。

発基・発婦……………厚生労働省事務次官が発した通達
基発……………………厚生労働省労働基準局長が発した通達
基収……………………照会に対して厚生労働省労働基準局長が回答した通達
婦発……………………労働省婦人少年局長が発した通達

労働基準法の意義と性格

第1　労働法のしくみと労働基準法

　使用者と個々の労働者のいわゆる労使関係は、労働者の雇入れによって始まります。雇入れとともに、労働者は使用者の指揮命令に従って労務に服する義務を負い、使用者はその対価として賃金を支払う義務を負うことになります。この関係は、法律的にみますと、民法では第623条による雇用契約として取り扱われますが、労働法ではこれを対等な労働者と使用者の間の「労働契約」として扱い、その契約の効果として、上述のような労使の権利義務関係が生ずると理解されています。

　ところが、法律の形式のうえでは対等な人格として扱われる使用者と労働者も、経済的社会的な実際上の地位についてみますと著しい格差があります。強いて、この格差を無視して平等、対等なものとして取り扱おうとすれば、すでに多くの職者の指摘したように「平等ならざるものを平等として取り扱うことほど、不平等なものはない」ということになります。そこで近代国家においては、労使の実質的不平等が存在することを認め、法の理想とする平等、対等の関係を実現するために、労働法を制定して、自由な契約にすべてをゆだねていた労使の関係に国家が関与し、あるいは制限を加えるという手段を採用するようになりました。

　この近代国家が採用した法的手段は、大きく分けると２つのものがあります。その１は、国が労使の契約関係に直接に関与するという方法です。すなわち、法律で賃金や労働時間といった労働条件の最低基準を定め、労使が契約で自由にこれを変更することを許さず、もしこの法定基準を守らないときは、この契約を無効にするとともに、場合によっては罰を加えるという強い強制手段を採用するというものです。その２は、労働者に団結権、団体交渉権、争議権を保障し、一人ひとりとしては弱い労働者も、労働組合という集団を組織することによって、使用者との間に対等な交渉が実際上もできるようにするという方式です。この場合、国は個々の労働条

件の取決めには関与せず、労働者が集団としての力を背景にしてより良い条件を使用者との間に交渉し、取り決めることに任せます。国は団結権、団体交渉権、争議権を保障するという後見的地位にあり、労使の具体的な関係は、いわば団体的自治に任せるわけです。

　我が国の場合についていえば、前者が労働基準法など一般に労働保護法と呼ばれるものであり、後者が労働組合法や労働関係調整法など一般に労使関係法と呼ばれるものです。

　この2つの体系に属する法律は、たがいに相補って、労働者の労働条件の維持改善を図っています。すなわち、第1の体系に属する労働基準法は雇入れから就業、解雇、退職にいたるまでの広い範囲に及ぶ労働条件について個別的に基準を定めていますが、この法律はすべての産業に、また一人でも労働者を使用する事業にすべて適用されますから、労働組合の組織されていない企業の労働者もこれによって保護されるわけです。そして、この法定の労働基準は前述のように、労使が任意にこれを引き下げることを許さない強行性を持つものですから、すべての労働者にとって最低の労働条件の基準であるわけです。

　しかし、法律で個別的に労働基準を定めるにしてもおのずから限界があります。すべての産業、企業に、それぞれの事情に適合した基準を具体的に細かく定めることは立法技術上困難です。また、法律で定めた事項以外にも特殊な問題が産業や企業にはあるはずです。これらの問題について、労働条件を決めるのは誰でしょうか。また、法定最低基準を上回る良い労働条件を決めるのは誰でしょうか。個々の事業場では使用者が定める「就業規則」という規律によって、細かい労働条件が決められています。しかし、近代国家では一般に、労働組合が法定基準以外の、または法定基準以上の条件を交渉し、決定する担い手として認められています。すなわち、第2の体系に属する労働組合法などの労使関係法は、労働者に団結権、団体交渉権、争議権を保障することによって、労働者の団結力を背景に、労働者の交渉力を強め、労働組合という団体による労働条件の取引きと決定

を可能ならしめるものです。

第2　労働基準法の意義

　1　労働法は、前項で述べたように、社会的経済的にみて使用者に対し弱い立場にある労働者に対し、団結権や争議権を保障し、あるいは労働条件を法定して、労働者を保護するものですが、その中でも労働基準法の占める地位は極めて重要です。もちろん第二次大戦以前においても、工場法、商店法など労働保護立法はありましたが、現行の労働基準法と比較しますと、立法の理念、法適用の範囲、法定事項の内容と程度、法運用の実効性の担保等の上で大きな違いがあります。そこで、ここでは、労働基準法の持つ一般的意義を述べるよりも、むしろこれらの相違の要点を説明して、具体的な意義を認識したいと思います。

　第1は、労働基準法の適用範囲は、すべての事業にわたっており、ほとんどすべての労働者に及んでいるという点から、労働条件基本法としての意義を持つことです。戦前の労働保護立法であった工場法や商店法は、その名称の示すように、適用の対象は工場や商店などに限定されており、しかもその中でも規模による差別があり、工場法についていえば、職工10人以上を使用する工場にのみ適用されていたのです。これに対し、労働基準法は1人でも労働者を使用する事業は、原則として業種業態のいかんを問わず、すべてについて適用があります。業種別、規模別の取扱いの差別は撤廃されたわけです。適用除外になっているのは、家事使用人と特別法で別な取扱いを定めた国家公務員や船員などごく限られた範囲の労働者です。

　第2は、労働基準法は憲法に根拠を持つ立法であり、また内容的にもILO条約に定められた労働基準など国際的水準が取り入れられたことです。戦前の工場法は、女性・年少者等いわゆる「保護職工」の労働条件を規制することが主たる内容となっており、その水準も、また規制事項の範囲も国

際的水準をかなり下回るものでした。しかし、戦後に制定された憲法は第27条第2項で「賃金、就業時間、休憩その他の勤労条件に関する基準は法律でこれを定める」と規定し、女性・年少者に限らず広く一般労働者を対象とする労働条件法を制定すべきこと、その内容も賃金、就業時間、休憩その他の労働条件を広く対象として法定すべきことを明らかにしたのです。

　この規定を根拠として制定された労働基準法は、したがって前述のように広く一般労働者を保護の対象とするとともに、内容的にも賃金、労働時間、休日、休憩その他広い範囲の労働条件を規制の対象としているわけです。そしてその水準も、8時間労働制、週休制、年次有給休暇制、災害補償制など、立法当時の国際的水準を大幅に取り入れています。この点については、国会における労働基準法案の提案理由の中でも「1919年以来の国際会議で最低基準として採択され、今日ひろくわが国においても理解されている8時間労働制、週休制、年次有給休暇制のごとき基本的制度を一応の基準として、この法律の最低労働条件を定めたことであります。戦前わが国の労働条件が劣悪なことは、国際的にも顕著なものがありました。敗戦の結果荒廃に帰せるわが国の産業は、その負担力において著しく弱化していることは否めないのでありますが、政府としてはなお日本再建の重要な役割を担当する労働者に対して、国際的に是認されている基本的な労働条件を保障し、もって労働者の心からなる協力を期待することが日本の産業復興と国際社会への復帰を促進するゆえんであると信ずるのであります」と述べられており、前記の趣旨が明らかにされています。

　なお、労働基準法の内容としては、総則において、労働条件の原則（第1条）その他労働憲章的な規定が設けられたことは、外国の労働保護法制にもその例は少なく、我が国において労働基準法の持つ労働条件基本法的な性格を一層強くしています。

　第3は、法の実効を担保するため監督機関を整備したことです。労働保護法は労働条件の最低基準を設定すると同時に、罰則を設けてその実行を強制する建前をとっていますが、さらに訴訟手続になじまない労働者の実情

をも考慮し、特別な監督制度を設けて事業場の監督に当たらせていること
が世界各国共通の例です。そして、この監督を適正に行うためには、労働
時間、休日などから安全、衛生にいたるまで広範かつ複雑な法定基準につ
いて知識と経験を持った専門官が必要であり、監督官という名称の行政官
が設けられているわけです。しかも、監督実施に当たっては、公正を期す
るうえから外部勢力からの支配を避け、あるいは全国一律である法定基準
が地方によってまちまちに取り扱われることのないよう、監督官の身分保
障と監督機構の国の直轄制が採用されているのが、これまた各国の通例で
す。もちろん戦前においても監督官制度はあり、工場法施行のために「工
場監督官」が設けられておりましたが、都道府県の警察部に所属しており、
その運用についても、戦前の我が国の事情からみて、必ずしも満足すべき
ものではなかったようです。

　労働基準法では、監督組織を国直轄のものとし、都道府県労働局及び各
地に労働基準監督署（令和3年12月現在321署）を設け、法施行に当たる専
門官を「労働基準監督官」として特別の資格を定めるとともに、身分保障
の制度を設けたのです（監督機関については、**381頁以下参照**）。

　2　労働保護法として、労働基準法は労働者の保護を目的とするもので
あることはいうまでもありませんが、他の側面として持つ経済的、国際的
意義を忘れてはなりません。

　労働条件を法定してすべての企業にこれを守らせるということは、国内
的には企業間に少なくとも法定最低基準として公正競争を確保させる意義
が認められます。このことは国際的にみても同様のことがいえるのであっ
て、ILOが国際労働条約を採択して条約で定めた基準を加盟国に遵守させ
ようとするのも、ある国に低い労働条件を許すことによって国際間の経済
競争が不公正なものとなり、労働条件引下げの悪循環が生ずるのを防止し
ようとするものです。

　戦前、我が国の労働条件は国際的にみて水準が低く、これがひどく安い

商品の輸出を可能ならしめるものだとして、先進国からソーシャル・ダンピングの非難があびせられました。この点を労働基準法制定のときに政府も意識して、敗戦後の混乱した経済情勢下にあったにもかかわらず、あえて国際的水準の労働条件を法律の中に取り入れたことは、前に引用した法案提案理由に明らかなところです。そして、これに対する配慮は持続されていると解すべきであって、たとえば独立回復後、労働基準法の改正問題が論議された際にも、基本的条項はそのままとし、小部分の手続的規定の改正にとどまった事情にもその一端がうかがえます。

　ただ、戦後しばらくの間は、依然としてソーシャル・ダンピングに対する疑惑が残っており、ILOの会議でも数度にわたって我が国の不公正競争に対する非難決議や日本の労働条件を監視する申し合わせが行われましたが、昭和24年にILOは事務局をして日本の労働基準の実態調査を行わせました。その調査によって労働基準法の内容や実施状況、監督の実態等が明らかにされ、その報告が発表されてからは、我が国に対するソーシャル・ダンピングの非難は下火になってきたといえるでしょう。

第3　労働基準法の性格

　労働基準法は、たとえば年少者の就業を禁止したり、労働時間や休日・休憩などについても具体的な時間数や日数を示してその遵守を要求します。このことは、私人相互間における権利義務関係の設定は当事者の自由な合意によってなさしむべしとする近代市民法の基本原則である「契約自由の原則」に対し制限を加えたことを意味します。原則として年少者を当事者として労働契約を結ぶことは禁止されるから、相手方の選択の自由は制限されるし、労働時間・休憩・休日などについても時間数や日数が法定され、その遵守を要求されるから、契約内容決定の自由も制限されるわけです。

　このような契約自由の原則に対する制限、修正は、18世紀的な自由放任

主義が、国家による保護・干渉主義に転移するという立法思想上の変化を背景にし、他の法律の分野においても認められる傾向ですが、特に労働保護立法に強く表われているといえます。我が国においては、憲法27条第2項で労働条件を法定することを明らかにしていることは前述したとおりですが、労働基準法制定の際国会に提出した法案提案理由の中でも次のように述べています。

　「新憲法は、その第27条第2項において『賃金、就業時間、休憩その他の勤労条件に関する基準は、法律でこれを定める。』と規定しております。凡そ契約自由が絶対の原則であることを前提とすれば、労働条件の規定は団体協約によると個人契約によるとの別なく、労働関係の当事者の自由に委さるべきでありまして、その関係は、労働組合法と労働関係調整法の規定する方法の範囲内において専ら力の問題として解決されることとなるのでありますが、新憲法は労働条件については、かかる契約自由の原則を修正し、法律が労働条件について一定の基準を設くべきことを義務づけているのであります。」

　このように、労働基準法で定めた労働条件の基準は、個々の労働者と使用者との間における労働契約においてもまた集団としての労働者—労働組合と使用者との間における労働協約においても、あるいはまた事実上の関係においてもその遵守が要求されるのですが、その遵守を強制する手段として、労働基準法は刑事的手段と民事的手段の双方を用意しています。この点から労働基準法の性格をみますと、公法的な取締法としての性格を有すると同時に、私法的な面においても強行法としての性格を有するということがいえます。それはどういうことかというと、次のとおりです。

1　取締法規としての側面

　労働基準法は、法定事項のうちで若干の訓示的規定を除いたほとんどすべての条項について、これに違反した場合の罰則を規定しています（第117条〜第121条）。法違反があれば、罰則の適用について司法手続がとられる

わけですが、そのほか特別な監督制度と行政上の規制措置が設けられています。

監督制度としては厚生労働省労働基準局―都道府県労働局―労働基準監督署という国直轄の行政組織と特別の権限を持つ労働基準監督官が置かれています。労働基準監督官には、事業場等に対する臨検調査の権限、帳簿書類の提出要求権、労働者に対する尋問の権限が与えられているほか、危険な機械や設備などの使用停止を命ずるなどの強い権限と法違反に対する司法警察官としての権限が与えられています。

罰則の定めのほか、このような特別な行政上の措置がとられている法は、取締法規としても相当強い手だてを講じた立法といえるでしょう。

2 民事的強行法規としての側面

労働保護法は、法違反があった場合に罰則の適用があるだけで、労使の権利義務関係が法の予定する状態にならないというのでは、保護の目的が十分達せられたとはいえません。この点について労働基準法は、法定基準に違反する労働契約を無効とし、無効となった部分は法定基準による（第13条）と規定しており、法定基準に違反する場合は労使の私法上の権利義務関係を否定し、直接法定基準でその権利義務関係を補正するという強い立場をとっています。これを労働者の側からみれば、単に国家的取締りの反射的効果として保護されるだけでなく、法律に違反した特約は無効となり、自分の権利として法定の労働条件の履行を使用者に要求できるわけです。

労働基準法が私法的な面においても強行法規たる性格を有するというのは、このような意味です。

なお、労働契約法の制定により、労働契約における権利義務関係を確定させる法的根拠が示され、労働契約に関する民事的ルールが明らかにされたことから、労働基準法の労働契約における私法的な面における強行法規としての性格は変化しています。

　また、労働基準法には付加金という制度があります。使用者が解雇予告手当、休業手当または割増賃金を支払わない場合には未払金と同一額の付加金の支払いを裁判所が命ずる（第114条）制度ですが、この制度も使用者の金銭上の給付義務を履行させ、法定基準の遵守を一層確実にするためのものです。

第4　法定基準の概要と特色

1　法定基準の概要

　労働基準法は第1章の総則から始まって罰則にいたるまで、全部で13章からなっています。労働保護立法の性格上当然ですが、その大部分は、雇入れ、解雇、賃金、労働時間、災害補償等の個別的労働関係そのものの規制に向けられており、このほかには、労働条件に関する労働憲章的な規定、適用範囲に関する規定及び法定基準の実施を確保するための規定を設けています。このうちの労働条件の基準について概要をあげると、次のとおりです。

（1）　労働憲章的規定

　第1章「総則」のはじめの4か条で労働条件に関する基本原則を掲げています。その第1は「労働条件の原則」であって、労働条件は「人たるに値する生活を営むための必要を充たすべきもの」であることの宣言であり、第2は、労働条件の決定に関する「労使の対等の原則」と労働協約、就業規則、労働契約の誠実履行義務の表明です。このほか、労働者の「均等待遇」、「男女同一賃金」の原則を掲げ、労働関係に関する基本原則を明らかにしています。

（2）　封建的遺制の排除に関する規制

　我が国の労働関係に残存していた封建的遺制を排除するため、第1章「総則」及び第2章「労働契約」の中で強制労働の禁止（第5条）、中間搾取

の排除（第6条）、契約期間の制限（第14条）、賠償予定の禁止（第16条）、前借金相殺の禁止（第17条）、強制貯金の禁止（第18条）の各規定を定めています。

（3）　雇入れ時の規制

労働条件に関する規制の第1として、労働者の雇入れ時の規制があります。雇入れは、法律的には労働契約の締結であるところから第2章「労働契約」の中に規定を置き、労働条件の明示（第15条）、社内預金（第18条）について規制しています。

また、年少者の雇入れに関しては、第6章「年少者」において、最低年齢未満の児童の使用禁止（第56条、未成年者の契約締結に関する保護（第58条）の規定を設けています。

（4）　労働契約の終了に関する規制

労働契約の終了に関する規制としては、解雇関係の保護規定と退職者一般に対する保護規定を置いています。

解雇に関しては、解雇の制限（第19条）、解雇手続に関する解雇予告（第20条、第22条）の規定を置き、退職者及び解雇予定者一般に対する保護規定としては、退職時等の証明（第22条）、ブラックリストの禁止（第22条第4項）、金品の返還（第23条）の規定を置いています。

（5）　賃金に関する規制

労働者の生活源であり、労働条件の中でも最も重視される賃金の保護については、第3章「賃金」において、確実な支払いを確保する見地から賃金の支払方法（第24条）に関する規定を置くとともに、非常時払いの制度（第25条）、休業手当制度（第26条）、出来高払いの保障給（第27条）及び最低賃金制度（その具体的内容は最低賃金法の定めるところに譲っています。）を設け、労働者の生活保障を図っています。

（6）　労働時間、休憩、休日

賃金と並んで労働条件の中でも重要な労働時間関係の規定については、主として第4章に比較的詳細な規定を置いています。労働時間については、

週40時間、1日8時間労働制の原則（第32条）、各種の変型労働時間制（第32条の2以下）、事業場外労働、裁量労働についての労働時間の算定（第38条の2〜第38条の4）、休憩については最低45分の確保等（第34条）、休日については週休制の原則（第35条）を確立し、時間外、休日労働に関しては、非常災害時の例外（第33条）と労使協定による例外（第36条）を認め、時間外、休日労働及び深夜業に対する割増賃金の支払い（第37条）を規定しています。

なお、この労働時間関係の規定については、公衆の不便を避けるなどの特殊な必要に応じて命令で特例を定めることとしており（第40条）、労働基準法施行規則に具体的な特例規定が定められている点に注意する必要があります（逐条解説においては、各法条文に関連して詳細な説明をしています。）。

さらに、労働時間等に関する規定の適用除外についても定められています（第41条、第41条の2）。

また、年少者に関しては、特別の保護を図ることとし、第6章「年少者」において、時間外、休日労働に関する特別の制限（第60条）、深夜業の禁止（第61条）等の規定を置いています。

女性については、従来、年少者と並んで特別の保護規定が置かれていましたが、雇用の分野における男女の均等な機会及び待遇の確保を促進するという観点からの整備が行われ（昭和60年法律第45号及び平成9年法律第92号）、平成11年4月1日から女性の時間外・休日労働及び深夜業に関する制限は、妊産婦に係るもの（第66条）を除き解消されています。

（7） 年次有給休暇、その他の休暇に関する規制

休暇に関しては、年次有給休暇制度（第39条）を確立しているほか、公民権行使に必要な時間の保障（第7条）、母性保護に関する産前産後の就業制限（第65条、第66条）、育児時間の保障（第67条）及び生理日の就業が著しく困難な女性に対する措置（第68条）の各規定を定めています。

（8）　安全と衛生に関する規制

労働に伴う危害を防止するため第5章として「安全及び衛生」に関する1章が置かれておりますが、その具体的な内容は、労働安全衛生法の定めるところによることとされています。

（9）　技能者の養成

第7章は「技能者の養成」と題し、徒弟の弊害排除に関する基本精神を宣明するとともに、職業訓練を受ける労働者についての労働基準に関する特例を定めています。

（10）　災害補償に関する規制

業務上の傷病にかかった労働者に対する使用者の補償責任については、第8章「災害補償」において無過失責任主義による災害補償責任を確立し、療養補償、休業補償、障害補償、遺族補償及び葬祭料として一定率の補償をなすべきことを設定しています。なお、この災害補償に関しては、労働者災害補償保険法が定められています。

（11）　就業規則に関する規制

会社、工場において労働条件や職場秩序を規律し、労働者を拘束する就業規則について、必要な規制を加えるため1章（第9章）を設け、作成届出の義務（第89条）、労働者代表の意見聴取（第90条）、減給制裁の制限（第91条）、就業規則の効力（第92条、第93条）についてそれぞれ規定しています。

（12）　寄宿舎

第10章は、「寄宿舎」という表題のもとに、寄宿舎生活の自由と自治の原則を掲げるとともに、寄宿舎生活の秩序、寄宿舎設備の安全衛生について規定しています。この具体的基準は、厚生労働省令に委任され、事業附属寄宿舎規程及び建設業附属寄宿舎規程に詳細に定められています。

2　法定基準と労働組合

これまでに述べてきましたように、労働基準法の法定事項は相当広範囲

にわたるものです。しかも、これらが業種業態のいかんを問わず、営利、非営利を問わずすべての事業に適用されるのですから、法の形式的画一性と硬直性とを直視しつつ、いかに企業の実態に適合させるかということは、立法上非常に困難な問題です。この点について労働基準法は、次のような配慮をしていると思われます。

　第1は、法定基準は最低基準として、これを下回る労使の特約は認めませんが、逆にこれを上回る特約は適法なものとして認めています。法定基準を中心にして比喩的にいえば、下方閉鎖的ですが、上方は開放的であるともいえます。

　第2は、法定基準につき例外を認める場合に労働者の集団的意思にかからしめているものが少なくないことです。たとえば、貯蓄金の管理を認める場合（第18条）、賃金の控除及び現物給与を定める場合（第24条）、時間外・休日労働を認める場合（第36条）、時間を単位として若しくは計画的に年次有給休暇を付与することとする場合（第39条）等については、「労働者の過半数で組織する労働組合がある場合においてはその労働組合、労働者の過半数で組織する労働組合がない場合においては労働者の過半数を代表する者」との書面による協定をした場合に、これらの条項について例外的な措置を認めることとしています。いわば、基本条項についての禁止の解除ないし例外扱いの容認を労働者の集団的意思（労働協約または労使協定）にかからしめているわけです。このような方法は、外国の立法例にはあまりみられないもので、我が国の労働基準法の大きな特色だということができます。例外措置を認めるのに、許可、認可のような行政官庁の行政上の判断に代えて、このような方法を導入した法の趣旨は、労働者の集団的意思を信頼し、労働の実態に即して、労働基準の適切かつ妥当な運営を図ることを期したものだということができましょう。

第5　労働基準法の改正

　1　労働基準法は、昭和22年に公布・施行されましたが、その後最低賃金に関する部分が昭和34年に独立して最低賃金法となり、また、昭和47年には、安全衛生に関する部分が独立して労働安全衛生法となり、昭和60年に男女雇用機会均等法の制定に伴い女性労働の規定の手直しがされるなどの幾つかの大きな改正を経てはいますが、労働時間制の原則に関するいわば労働基準法の中心的な部分については、この間全くといってよいほど手が着けられず、せいぜい法第40条に基づく労働時間の特例が認められている事業について、労働基準法施行規則の手直しが行われた程度でした。

　2　しかし、制定された当時の終戦直後と比較し現在は、労働基準法を取り巻く社会的、経済的環境は激変し、その間、我が国は経済の高度成長期を経て、今や、労働者の賃金の面では、欧米先進諸国のそれと比肩し得るまでになりました。

　そして、経済の高度成長期後の安定成長の時代に入って、労働者の意識も単なる賃金収入の増大志向からゆとりある生活の重視へと変化がみられるに至りました。しかしながら、我が国の労働時間の状況をみると、年間総実労働時間は、高度成長期には着実に短縮の傾向がみられたものの、いわゆるオイルショック以降は、労働時間の短縮は進んでいませんでした。一方、これに対して西欧先進諸国は、我が国の労働時間に比べ相当短くなっており、この面における我が国の立ち遅れは、はっきりしているといえました。

　このような状況の下で、我が国においても、労働時間の短縮は、国民生活の質の向上はもとより、経済構造の調整、内需の拡大、長期的にみた雇用機会の確保等の観点からも重要であるため、国際社会における我が国の地位にふさわしい労働時間の水準とする必要性が高まってきていました。

　ところで、労働時間の短縮は、労使の自主的努力によって進めるのが基本ですが、我が国においては労使の自主的努力のみに期待することは困難な事情もありましたので、併せて適切な法的措置をとることによって、労使の自主的努力を補い、時短の推進に資することが必要でした。

　また、我が国の産業構造は急速に変化しており、労働基準法制定当時と比べて、いわゆるサービス業など、第3次産業の占める割合が著しく増大してきました。このような社会経済情勢の変化に対応するため、労働時間に関する法的規制を弾力化することなども必要と考えられました。

　そこで、このような観点に立って、法定労働時間を週40時間制を目標に段階的に短縮すること、フレックスタイム制、3か月単位の変形労働時間制の導入など、労働時間に関する法的規制を弾力化すること、年次有給休暇制度を改善し、年次有給休暇の付与日数の引上げ、パートタイム労働者等所定労働時間の短い労働者に対する年次有給休暇の比例的付与を行うとともに、労使協定により計画的付与ができるようにすることなどを内容として、40年ぶりに、労働基準法の労働時間に関する部分が大幅に改められ、昭和63年4月1日から施行されました。

　豊かでゆとりある勤労者生活の実現、「生活大国」への前進、国際協調の推進等の観点からも、労働時間の短縮が国民的課題となっていることから、平成5年の法改正により、平成6年4月1日から、法定労働時間を原則40時間とし、併せて、1年単位の変形労働時間制を新設し、年次有給休暇の継続勤務要件を短縮する等の改正が行われました。

　3　さらに、我が国を取り巻く内外の環境の変化及び経済社会の構造変化、さらには、労働者の働き方や就業意識の多様化の進行を受けて、職場における労働条件や環境の整備を進めるため、新しい働き方のルールづくりの検討が重ねられ、平成10年9月に大幅な改正が行われました。概要を列挙すると次のとおりです。

　第1に、一定の高度で専門的な知識等を有する者で新たに雇い入れられ

る者や高齢者などについて、労働契約期間の上限を３年とすること。

　第２に、効率的な働き方とそれによる労働時間の短縮を実現するため、一年単位の変形労働時間制について、対象期間における労働日数の限度を定めるなどの要件を追加すること。

　第３に、時間外労働を適正なものとするため、従前の指針による目安時間制度に代え、厚生労働大臣が法律に基づき、労使協定で定める労働時間の延長の限度等について基準を定める制度に改め、関係労使は労使協定を定めるに当たり、これに適合したものとなるようにしなければならない遵守義務が課されることとしたこと。

　第４に、従来からの専門業務型裁量労働制とは別に、企画業務型裁量労働制として企画、立案、調査及び分析の業務について、企業内の労使委員会で、対象となる労働者の具体的な範囲、健康及び福祉を確保するための措置等を委員で決議し行政官庁に届け出ることにより、決議の内容に基づいて裁量労働制の対象とすることができることとしたこと。

　第５に、児童労働に関する国際的動向に沿って、最低年齢に係る規定を整備することとしたこと。

　そのほか、労働契約締結時の書面による労働条件明示に係る事項の追加、一斉休憩の適用除外、年次有給休暇の付与日数の引上げ等の所要の改正が行われました。

　4　そして産業構造・企業活動の変化や労働者の就業意識の変化に対応しつつ、個人が持てる力を有効に発揮できる社会を実現していくことを目指し、「労働者が主体的に多様な働き方を選択できる可能性を拡大する」とともに、「働き方に応じた適正な労働条件を確保し、紛争の防止や解決にも資する」ことを目的として、平成15年７月に労働契約や労働時間について以下のような見直しが行われました。

　具体的な改正点としては、

　①　有期労働契約の契約期間の上限の延長（原則１年を３年に、高度の

専門的な知識等を有する者などのものは３年を５年に）

②　有期労働契約の締結、更新及び雇止めに関する基準の制定

③　解雇権濫用法理の法文への明記

④　解雇事由について、就業規則への記載及び労働契約締結時における
　明示

⑤　解雇予告期間中における解雇理由の明示

⑥　専門業務型裁量労働制における労働者への健康・福祉確保措置の義
　務づけ

⑦　企画業務型裁量労働制について導入・運用の要件・手続の一部緩和
等を内容とするものです。

5　平成17年に施行された「e-文書法」※の制定に伴い「厚生労働省の所
管する法令の規定に基づく民間事業者等が行う書面の保存等における情報
通信の技術の利用に関する省令」（平成17年厚生労働省令第44号）により、
平成17年４月以降、本法で書面による保存及び作成を義務づけている書類
はすべてパソコンによる保存・作成が可能となり、電子申請も可能となり
ました。

6　その後、平成19年12月に、労働者及び使用者の自主的な交渉の下で、
合理的な労働条件の決定・変更が円滑に行われるようにすることを通じて、
労働者の保護を図りつつ、個別の労働関係の安定に資することを目的とす
る労働契約法が成立したことに伴って労働契約に関する規定について改正

※　「e-文書法」とは、「民間事業者等が行う書面の保存等における情報通信の技術の利
　用に関する法律」（平成16年法律第149号）及び「民間事業者等が行う書面の保存等に
　おける情報通信の技術の利用に関する法律の施行に伴う関係法律の整備等に関する法
　律」（平成16年法律第150号）の２法を総称したもので、これらの法律は民間事業者等
　に対して従来法令で課せられていた書面（紙媒体）による保存等に代えて、電磁的記
　録による保存等を行うことも認める内容となっています。

が行われ、解雇権濫用法理（第18条の２）と労働契約と就業規則との関係に関する規定（第93条）の内容が、労働契約法に移動されました。

7　長時間労働者の割合の高止まり等に対応し、生活時間を確保しながら働くことができるようにするため、平成20年12月に以下のような見直しが行われました。

具体的な改正の内容としては、

①　使用者が、１か月に60時間を超える時間外労働を行わせたときの割増賃金率を５割以上としたこと。

②　労使協定により、①の改正による引き上げ分の割増賃金の支払いに代えて、通常の賃金を支払う休暇（代替休暇）を労働者が取得したときは、その休暇に対応する割増賃金の支払いを要しないこととしたこと。

③　年次有給休暇について、労使協定により年５日を限度に、時間単位で年次有給休暇を取得することを可能としたこと。

8　そして、平成30年７月に、労働者がそれぞれの事情に応じた多様な働き方を選択できる社会を実現する働き方改革を総合的に推進するため、長時間労働の是正、多様で柔軟な働き方の実現、雇用形態にかかわらない公正な待遇の確保等のための措置を講ずることを目的として、働き方改革を推進するための関係法律の整備に関する法律（平成30年法律第71号）が制定され、当該法律により労働基準法はじめ多くの労働関係法令が改正されました。

労働基準法等の関係法令の主な改正点は以下のとおりです。

（１）　フレックスタイム制の拡充（法第32条の３）

清算期間を３か月までとすることができるようになりました。

（２）　時間外労働の上限規制（法第36条、法第139〜142条）

36協定において、法定時間を超えて延長することができる時間の限度時

間数（月45時間、年360時間）、特別条項での上限の時間数（時間外労働時間数と休日労働時間数の合計が月100時間未満、時間外労働時間年720時間以内）等が明記されました。

　また、協定された時間数を超えた場合は従来通り違反となりますが、協定の有無に関わらず、時間外労働と休日労働の合計時間数について1月100時間以上となった場合及び、2か月から6か月までを平均して80時間を超えた場合にも違反となることになりました。

（3）　年5日の年次有給休暇の確実な取得（法第39条）

　10日以上の年次有給休暇が発生する労働者に対しては、発生した基準日から1年間のうちに、使用者が取得時季を指定するという方法も含め、5日以上の年次有給休暇を取得させなければならないことになりました。

（4）　高度プロフェッショナル制度の創設（法第41条の2）

　高度の専門的知識を有し、職務の範囲が明確で一定の収入以上の労働者について、同意を得た場合には、本法第4章の労働時間、休憩、休日及び深夜業の割増賃金の適用が除外されるという制度が設けられました。

（5）　月60時間超の時間外労働に対する割増賃金率引上げ（法第138条）

　月60時間超えの時間外労働に対する割増賃金の割増率を5割以上とすることを中小企業に猶予することとしていた法第138条が廃止され、令和5年4月1日から適用されることになりました。

（6）　労働条件の明示の方法（則第5条第4項関係）

　労働者が希望した場合には、労働条件の明示の方法として電子メール等によることができるようになりました。

（7）　過半数代表者の選任（則第6条の2関係）

　協定の当事者となる労働者の過半数を代表する者の要件が整備されました。

（8）　労働安全衛生法（安衛法第66条の8、第66条の8の2、第66条の8の3、第66条の8の4）

　・長時間労働者に対する医師による面接指導の対象となる者が拡大され

ました。

・面接指導を実施するため、労働時間の把握が義務化されました。

9　民法の改正に併せて、令和2年3月に消滅時効期間、付加金の請求ができる期間及び記録の保存期間等が延長されました（法第109条、第114条、第115条）。

10　労働基準法施行規則等の改正により、令和3年4月1日以降、法令上押印等を求めないこととするとともに、労働基準監督署長等への届出等の際に押印等を求めている省令様式について押印欄を削除し、記名のみで可とされました。

労働基準法の逐条解説

第1章 総　則

　本章は、労働条件に関する労働憲章的な規定、本法を通じて使用されている用語の定義に関する規定から構成されています。

第1　労働条件の原則

（労働条件の原則）
第1条　労働条件は、労働者が人たるに値する生活を営むための必要を充たすべきものでなければならない。
②　この法律で定める労働条件の基準は最低のものであるから、労働関係の当事者は、この基準を理由として労働条件を低下させてはならないことはもとより、その向上を図るように努めなければならない。

　本条は、労働条件が労働者の人間としての生活にふさわしいものでなければならないということを宣言した労働憲章的な規定です。
　憲法第25条第1項の「すべて国民は、健康で文化的な最低限度の生活を営む権利を有する。」という規定と同じですが、本法のいちばんはじめに、特にこのような宣言的規定を掲げたのは、従来の我が国の労働保護法が労働者の健康保持ということにとどまったのに対して、本法が単なる健康保持にとどまることなく、すすんで文化的生活を保障しようとするものであって、全く新しい理念に立ったものであるからです。

■労働条件の意義

　「労働条件」とは、狭い意味では賃金、労働時間等をいうのですが〔民法第623条は「労働に従事すること」と「報酬を与えること」を雇用契約の要素としていますが、労務は原則として時間によって定められますから、結局労働時間と賃金とが雇用契約の二大要素であるといえましょう。〕、ここでいっている「労働条件」とは、もっと広く、労働者の職場でのすべての

待遇をいいます。したがって、災害補償や安全衛生に関する条件はもちろん、懲戒、表彰に関する規定なども労働条件に該当します。

「人たるに値する生活」とは具体的にはどの程度の生活であるか、それは一般の社会通念で決められるのであって、一律に示すことはできません。国際労働機関憲章で「その時及びその国において相当と認められる生活程度」といっているのも、この趣旨です。

■「最低」のものであること

本法に定める労働条件の基準が「最低」のものであることは、資本主義的な経済社会を前提とする憲法の建前からいって当然です。資本主義社会では本来契約は自由であり、この点においては労働条件もその例外ではありません。しかし、事実上経済的に隔差がある労働者と使用者との関係を契約自由の原則の下に放っておくならば、労働条件が劣悪となり、労働者の人間としての生活がおびやかされる危険があります。

そのような危険を防ぐために、国が労使間における契約自由の原則に制限を設けようというのが労働保護法の目的ですから、国の定める労働条件に関する基準は、当然最低のものでなければなりません。「労働関係」とは、使用従属の関係にある使用者と労働者との間の関係をいい、その「当事者」とは、使用者と労働者、それにそれぞれの団体をいいます。

「この基準を理由として労働条件を低下させる」とは、たとえば、従来7時間の実働時間を定めていた場合に、労働基準法が8時間労働を定めているからという理由で労働時間を8時間に変更するような場合を指します。経済事情の変化、その他この基準を理由としない労働条件の低下は、本条とは関係がありません。

■本条違反の契約の効力

本条は宣言的な規定ですので、本条違反についての罰則はありません。問題となるのは、本条、中でも第2項前段の規定に反し、この基準を理由

として労働条件を低下させた場合、その契約などの効力がどうなるかですが、本法全体が、それ以下のものを許さない最低基準を設け、それ以上のものにまで立ち入る趣旨ではないことから考えて、その場合の契約は無効とはならないと解されます。

第2　労働条件の決定

> （労働条件の決定）
> **第2条**　労働条件は、労働者と使用者が、対等の立場において決定すべきものである。
> ②　労働者及び使用者は、労働協約、就業規則及び労働契約を遵守し、誠実に各々その義務を履行しなければならない。

　本条は、労働条件は労使対等の立場において決定すべきことと、労働協約、就業規則や労働契約の遵守義務について規定したものです。

■対等の立場で決定

　労働法は労使が事実上不平等であるという前提のもとに、不利な立場にある労働者に団結権、団体交渉権、団体行動権等を認めることによって、労使が、実質上対等な立場において交渉することを期待するわけです。このことは、まさに労働組合法が直接目的としているところであり、同法第1条の冒頭にも、その旨が明記されています。ところが、労働組合の発達が十分でない場合や労働組合のない場合には、労働者はあいかわらず極めて不利な立場に置かれたままです。そこで国の責務として、直接、労働基準を法定する必要が生じてくるわけです。いいかえますと、労使の対等の立場を促進するのは、労働法の大原則であり、直接には労働組合の目的とするところですが、本法においてはむしろ、前条の人たるに値する生活の最低限の保障を直接の目的としているのです。したがって、労使対等の立

場の促進は、本法にもその趣旨が取り入れられており、重要な原則ですので、前条に並んで本条第1項にも、それが規定されているのです。

　労働条件は、労使が「対等の立場」で決定しなければならないということは、労働条件は一方的に決定されるものではないという意味です。本来、これは、労働者の団結権と団体交渉権の保障によって確保されるものですが、本条は労使対等の原則を明らかにしただけであって、現実に労働条件を団体交渉で決定したかどうかなどまでを問題とするものではありません。

　なお、労働契約法第3条第1項は、「労働契約は、労働者及び使用者が対等の立場における合意に基づいて締結し、又は変更すべきものとする。」と規定し、労働契約はその締結当事者である労働者及び使用者の対等の立場における合意によるという、「労使対等の原則」を明確にしています。

　これは、労使対等の立場で労働条件を決定するという本条の趣旨と同様のものとなっています。

■労働協約・就業規則・労働契約を守る義務

　第2項では、労働者と使用者双方は労働協約・就業規則・労働契約を、誠実に守らなければならないとしています。ところで、労働契約を労使双方が誠実に守るべきことには問題がないとしても、使用者が一方的に作成することのできる「就業規則」についてまでも労働者に誠実遵守義務を命じていることは、第1項の労使対等の原則と相反し、不合理ではないかという疑問が生じます。この問題は就業規則の本質に関係するのですが、あとで述べるように、就業規則は、使用者が一方的に制定できるものであり、かつ、所属労働者を法的に拘束する社会的規範であると考える一方、第1項の原則は労働法の理念ではあるものの、訓示的な意味で規定されたものであると解釈しますと、この第2項が、就業規則についても労働者は誠実に守らなければならないとしていることは、必ずしも不合理ではありません。むしろ、就業規則の作成についても、前項の労使対等の原則を生かすよう、労働者の意見を聴くこととされているのです。また、労働協約の直

接の当事者でない個々の労働者が、直接、労働協約を守らなければならない義務があるのか、という疑問も生じますが、本項を訓示規定と解釈し、また、労働法においては、契約を協約の場にまで持ち込むことを予定しているものと解釈しますと、これもまた、不合理であるということはできないと考えられます。

なお、労働契約法第3条第4項は、「労働者及び使用者は、労働契約を遵守するとともに、信義に従い誠実に、権利を行使し義務を履行しなければならない。」と、労働契約について本項と同趣旨を規定しています。

本項の義務違反については、直接の制裁規定はありません。

■義務違反に対する監督権の行使

法第104条は、「事業場に、この法律又はこの法律に基づいて発する命令に違反する事実がある場合においては、労働者は、その事実を行政官庁又は労働基準監督官に申告することができる。」と規定していますが、この規定に基づいて、労働者が第2条第2項違反として申告した場合に、労働基準監督官は、監督権を行使できるかという問題がありますが、先に述べたように本項は訓示規定であり、労働基準法各本条の規定に抵触するものではない限り、監督権を行使すべきものではないと考えられます〔昭23. 7. 13基発第1016号、昭63. 3. 14基発第150号〕。

第3　均等待遇

> （均等待遇）
> **第3条**　使用者は、労働者の国籍、信条又は社会的身分を理由として、賃金、労働時間その他の労働条件について、差別的取扱をしてはならない。

本条は、賃金、労働時間その他の労働条件についての平等な待遇を規定

したものです。

　憲法第14条は、「すべて国民は、法の下に平等であって、人種、信条、性別、社会的身分又は門地により、政治的、経済的又は社会的関係において、差別されない。」と規定していますが、本条は、この憲法の趣旨にしたがい、従来我が国の労働慣行に多く見受けられた国籍、信条、社会的身分を理由とする労働条件についての差別待遇を禁止したものです。

■国籍・信条・社会的身分の意義

　本条は、「国籍、信条又は社会的身分」を理由として差別待遇をすることを禁止しています。国籍は各国の法律によってそれぞれ定められていますが、我が国についていえば、主として国籍法の定める日本国籍を持たぬ者との間に差別待遇をすることが禁止されるわけです。本条は憲法第14条と違い「人種」について特に明記していませんが、「人種」についての差別待遇は社会的身分による差別待遇に該当することになるでしょう。

　「信条」とは、特定の宗教的または政治的信念のことです。「信条」には思想上の主義は含まないとの説もあります〔昭25・9・9福岡地裁小倉支部判決。しかし、その後のレッド・パージに関するいくつかの裁判所の判決は当然思想上の主義も含むものとしています。解釈例規（昭22.9.13発基第17号）も含めています。〕が、そもそも法の下での平等ということが近代憲法において明らかにされるようになった歴史的ないきさつからみても、また、従来の我が国の労働関係においてよくみられたのが思想上の主義による差別待遇であったことからみても、さらには、特に「宗教」といわないで「信条」といっている点からみても、宗教上の信仰だけに限らなければならないという理由はありません。

　「社会的身分」とは、生来的な地位をいうものと解されます。したがって、事業における職制上の地位、たとえば、職員と工員、常用工と臨時工というようなものは、ここにいう社会的身分には含まれません〔昭24・6・15広島地裁呉支部判決参照〕。

　「性別」を理由とする差別待遇については、本法においては賃金について
のみ禁止しているところですが（法第4条参照）、「雇用の分野における男
女の均等な機会及び待遇の確保等に関する法律」（昭和47年法律第113号。
いわゆる男女雇用機会均等法）において、事業主に対して募集・採用、配
置・昇進につき、男女均等な機会を与える法律上の義務が課せられている
ほか、配置・昇進・降格、教育訓練、福利厚生等につき、男女の差別的取
扱いの禁止（罰則なし）が定められています。

　国籍、信条、社会的身分を「理由として」差別待遇することが禁止され
るのですから、ある労働者の能力が実際に低いとか、職務怠慢であるとか、
職場規律を乱したとかいうことを理由として差別待遇することは、本条では
禁止していません。差別待遇をしたことについての使用者の理由が本条に
該当するかどうかは、使用者がある労働者を差別待遇したその当時のいっ
さいの要素を総合的に判断したうえで、国籍等によることがその決定的な
原因となっているかどうかによって決まることになります。

■雇入れ・解雇は労働条件か

　「労働条件」についての差別待遇という場合の労働条件の意味について
は、すでに法第1条で述べたとおりですが、ここでは特に労働条件に雇入
れや解雇が含まれるかどうかについて述べることとします。まず、雇入れ
については、労働条件が労働関係存続中の問題である以上、一般には労働
条件とは考えられません。

　しかし、解雇については、労働条件と考えられます〔昭23.6.16基収第
1365号、昭63.3.14基発第150号〕。

■差別的取扱を定めた規則の効力

　「差別的取扱」をするとは、労働者を有利に取り扱ったり、不利に取り扱
うことをいいます。有利不利ということは、その事業場の一般的な労働条
件を基準として判断されます。なお、本条は現実に差別待遇をすることを

禁止するものですから、就業規則等に差別待遇を定めただけでは本条違反にはなりませんが、そのような定めは、本条が強行法規であることからみて無効とされます。さらに、また本条に違反して使用者が、たとえば、外国人労働者に外国人であることを理由に低い賃金を支払ったとすれば、その外国人労働者は一般労働者と同様の賃金を請求することができることになります。

■罰　　則

　使用者が本条に違反して差別待遇をすると、6か月以下の懲役または30万円以下の罰金に処せられます（法第119条第1号）。

第4　男女同一賃金の原則

> （男女同一賃金の原則）
> **第4条**　使用者は、労働者が女性であることを理由として、賃金について、男性と差別的取扱いをしてはならない。

　本条は、賃金について男女の差別待遇を禁止する原則について規定したものです。

　本法では、すべての労働条件についての男女間の差別的取扱いを禁止することなく、賃金についての差別的取扱いを禁止しているに過ぎないのですが、この趣旨は、前条に述べたように、賃金以外の労働条件について男女の性別を理由として差別的取扱いをしてよいという意味ではなく、我が国における旧来の国民経済の封建性の下で、男性労働者に比べて一般に低かった女性労働者の社会的、経済的地位の向上を、賃金に関する差別的取扱いの禁止という面から実現しようとするものです。

■男女同一賃金の考え方

　「女性であることを理由として」差別的取扱いをしてはならないというのは、労働者が女性であることだけを理由としたり、あるいは社会通念として、またはその事業場において、女性労働者が一般的平均的に能率が悪いこと、勤続年数が短いことなどの理由によって、男性労働者と賃金について差別をつけることを禁止する意味であって、職務の能率技能等によって、個々の男女労働者について賃金に差別を設けることは、本条に抵触するものではありません〔昭22．9．13発基第17号、平9．9．25基発第648号〕。すなわち、賃金について労働者の能率技能等によって差別が設けられることは、男性労働者にも女性労働者にも共通的に適用されることであって、本条はこれらの点についてまで差別的取扱いを禁止するものではありません。国際労働機関憲章の前文では、男女同一価値の労働に対して同一賃金を支払うべきことを明らかにしているのに反し、本条では男女同一賃金の原則を掲げるだけで、その基礎となる労働の価値については何もいっていませんので、どのような範囲について、この原則が適用されるかは、はっきりしていませんが、本条は、国際労働機関憲章と同様、男女同一価値労働に対して同一賃金を支払うべきことを最終の目的としているのです。

　「賃金」についての差別的取扱いとは、賃金額についての差別待遇を含むことはもちろんですが、賃金体系等についての差別待遇をも含むとみなければならないでしょう。

　「差別的取扱い」とは、単に不利益な取扱いをすることだけでなく、有利な取扱いをすることをも含むことは、法第3条の場合と同様です。

　なお、本法では、労働時間、安全衛生、深夜業等について女性労働者のために特別の労働条件を規定していますが、これは従来は、主として、女性が肉体的に、また生理的に男性に比べて一般的に弱者であるという特殊性から、特に厚く保護する必要があり、これらの特別の保護が行われることによってはじめて実質的に男性と平等に取り扱われることになるという考え方に立ったものでした。

　しかしながら、このような考え方は改められ、むしろ、男女の雇用の分野における均等な機会と待遇の確保を促進するためには、男女が同一の基盤で働くことができるようにすることが肝要であるとの視点から、労働基準法における女性の特別な保護規定は見直されるに至りました。

　なお、女性に関する特別の規定のうち、妊娠・出産等の母性保護に係るものについては、次代を担う国民の健全な育成という見地から従来よりも一層その保護が手厚くなっています。

■罰　　則

　使用者が本条に違反して女性を差別待遇すると、6か月以下の懲役または30万円以下の罰金に処せられます（法第119条第1号）。なお、本条に違反して女性の賃金を、男性と差別して決めても、それは無効となります。

第5　強制労働の禁止

（強制労働の禁止）
第5条　使用者は、暴行、脅迫、監禁その他精神又は身体の自由を不当に拘束する手段によつて、労働者の意思に反して労働を強制してはならない。

　本条は強制労働の禁止について規定したものです。本条の規定は、憲法第18条が奴隷的拘束や意に反する苦役の禁止について規定しているのを、労働関係について具体化したものです。

　我が国の過去における労働慣行として、建設現場や鉱山等において「監獄部屋」や「タコ部屋」などの名称で呼ばれた典型的なものはもちろんとして、そのほかにも事業場の寄宿舎や風俗営業などにおいて強制労働とみなされるような事例が少なくなく、刑法各条の規定だけでは、このような労働関係に伴う強制労働を規制するのには不十分であったので、刑法より

規制の範囲を広げ、また罰則を一層重くした本条を設けたのです。

■強制労働になる場合、ならない場合

　「精神又は身体の自由を拘束する手段」というのは、精神の作用や身体の行動を何らかの形で妨げる状態にする方法をいいます。「不当」というのは、「不法」なものだけに限られず、社会通念上認めることのできない程度のものを含みます。

　「暴行、脅迫、監禁」とは、刑法（第208条、第222条、第220条）の規定と同じ考え方です。「その他」の手段としては、長期労働契約、賠償額予定契約、前借金の相殺、強制貯金などのようなものが、そのときのいろいろな具体的事情からみて、それに該当することがあると考えられます。社会通念上正当と認められる手段、たとえば、通常の場合の転勤、就業規則に基づく制裁など使用者としての支配的地位に基づく妥当な範囲で拘束することや、単なる小言や叱責に対する危惧、解雇されることに対するおそれ等、労働者の被る一般的、社会的、経済的な拘束は、ここにいう不当な拘束手段には含まれません。※

　※　精神または身体の自由を不当に拘束する手段として裁判例に現われたものには、次のようなものがあります。
　⑴　泊といわれて芸妓の派出の申込みを受け、本人の承諾を得ずほしいままにこれを受諾して、本人に泊を命じ、本人がしぶるときは嫌みをいって泊をさせた行為〔昭24・12・21宇都宮地裁判決〕
　⑵　病気休養中の労働者を殴打するなどの暴行行為〔昭24・10・10長野地裁判決〕
　⑶　酷使に耐えかねた労働者が逃げ出したり、就職しないことを理由に難詰叱責し、どこまで逃げても連れ戻すと脅迫したり、または木刀や平手で殴打した行為〔昭26・5・1広島地裁判決〕
　⑷　労働者の解約申入れに対し、「やめては困る。やめるなら前貸ししてある金や、反物を返していっていってくれ。」とおびやかした行為〔同前〕
　⑸　労働者の廃業申入れに対し、危害を加える気勢を示したり、殴打して暴行する行為〔昭24・7・29松山地裁判決〕
　　一方、精神・身体の自由を不当に拘束する手段とは認められないと判示されたものとしては、次のようなものがあります。

　「労働者の意思に反して」というのは、労働者の「意識ある意思」を抑えることをいいます。また「労働を強制」するというのは、自覚された意思に反して無理に労働させることをいうのですが、問題になるのは、強制したことによって労働が現実に行われることが必要かどうかという点です。裁判例では、事件の内容がすべて現実に労働の行われた事例であるためか、この点に触れたものはなく、また学説は分かれていますが、強制することを禁止しているのですから、強制の結果現実に労働が行われなくとも本条に違反するものと解すべきです〔昭23．3．2基発第381号〕。

■罰　　則

　本条に違反した者は、本法で最も重い罰則である1年以上、10年以下の懲役か、20万円以上300万円以下の罰金に処せられます（法第117条）。

⑹　早退を申し出たのを拒否し、労働者の帰宅を阻止するため、工場出口の硝子戸のタコネジのネジ棒をさしこんでも、労働者が強いて帰ろうとすれば他の出入口から帰ることもできるし、またタコネジを内側からはずして、その出入口から帰ることもできるのであるから、監禁したとはいえない〔昭25・12・9横浜地裁判決〕

⑺　ミシン見習工として雇い入れながら、労働者の希望に反して家事労働雑役に就労させ、労働者も叱責されたり、解雇されることを恐れて不本意ながら家事労働に従事していても、労働者がどうしても家事労働をやりたくなければ、その工場をやめることもできたし、やめてもその労働者や家族に生活上さし迫った苦痛をもたらさないから、精神・身体の自由を不当に拘束したものとはいえない〔同前〕

⑻　労働者に婉曲に客をとれと申し向けても、暴行脅迫等によってこれを強要することなく、外出も申出があれば自由に許しているから、駅員や警察官とも懇意なのだから逃げても無駄だと申し向けても、精神・身体の自由を不当に拘束したものとはいえない〔昭25・9・13福岡地裁判決〕

第6　中間搾取の排除

> （中間搾取の排除）
> **第6条**　何人も、法律に基いて許される場合の外、業として他人の就業に介入して利益を得てはならない。

　本条は、従来、労働者供給業者、労働者募集人などが労働者と使用者の間に入り、不当な中間搾取をしてきた弊害をなくすために規定されたものです。

　本条によって中間搾取が禁止されるのは、本条が「何人も……」といっている点からはっきりしているように労働関係外にある募集人、いわゆる親分のような労務供給業者も本条によって規制を受けます。また、私人であると公人であるとを問いません。

■法律によって許される場合

　「法律に基いて許される場合」には、本条は適用されません。法律に基づいて許される場合としては、職業安定法と船員職業安定法による場合だけです。職業安定法関係では、同法第30条第1項によって職業紹介について厚生労働大臣の許可を得た者が行うことができることとされ、法定の手数料を受けることができることとされています。また同法第36条第2項、第40条では、労働者の募集について、厚生労働大臣の認可を受けた場合は報酬を与えることをそれぞれ認めています。

　なお、この場合、法定額以上の手数料等を受けることは禁止されていますので、この場合は本条違反になると考えられます。

■禁止される中間搾取の範囲

　本条は「業として」中間搾取をすることを禁止するものです。たとえば、知人親戚の依頼に応じ、ただ一回就業をあっせんし、それによって謝礼を

もらった程度では「業として」とはいえません。このような行為を続けて、繰り返し行うことが必要です。しかし、反復継続して行っていなくても継続して行う意思があれば違反となります〔昭23. 3. 2基発第381号〕。この場合、行政解釈では「利益を得る意思を必要とする」としていますが、裁判例は必ずしも必要とはしていません。この点については、利益を得る意思の存在は継続して行う意思の存在を推認させる重要な事情であるというように考えるのが妥当でしょう。なお、裁判例で争われている問題として、何回かにわたって何人かの就業に介入して利益を得た行為は、その行為の一つひとつについて罪となる（数罪）のか、それとも行為全体が一つの罪となる（一罪）のかについて説が分かれています〔昭24・7・26津地裁判決は数罪として処断しましたが、本事件の控訴審である昭24・11・5名古屋高裁判決はこれを法律の適用を誤ったものであるとして一罪として処断しています。昭30・9・27広島高裁岡山支部判決も同様〕が、本条も一般の営業犯と考えられますので、何回かの行為をひとまとめにして罪とする説が妥当ではないかと考えられます。

　「他人の就業」というのは、他人の労働関係が始まり、またそれが続くことをいいます。就業という文字は「就業」のみを指すようにもとれますが、本法は「就業」という文字を労働関係の存続についても使用していますので、この場合もそのように広く解釈することになります。裁判例もこれを認めています〔昭31・3・29最高裁（一小）決定。なお、昭23. 3. 2基発第381号参照〕。

　労働関係の存続に対する介入の仕方として、炭坑納屋でみられた納屋頭が日々坑内へ送り込んだ労働者の人数に応じて受け取る繰込手当や募集人が自己の募集した労働者の在職期間中その人数、年限に応じて受け取っていた保有手当のようなものが典型的な例としてあげられます。実際にみられる例として、労務係、世話係、現場指導員等が自己の配下の者を指揮監督しその地位を利用して賃金を一括受領し、その一部をピンハネするというような事例があります〔昭24・5・7京都地裁判決、昭24・10・22名古

屋高裁判決は、いずれもこのような事案について有罪としたものです〕。

次に「他人」というのは、本法の趣旨から、法第9条の「労働者」のことです〔昭23.3.2基発第381号、昭25・5・8名古屋地裁判決〕。したがって、個人が雇う家事使用人の周旋にまでは適用されません。

「介入して利益を得る」というのは、就業をあっせんしたとか、親分子分の支配関係にあるとか、その他労働関係に何らかのかたちで関与し、その地位を利用して利益を得ることをいいます。「利益」というのは、手数料、謝礼等その名称がどのようなものであっても財物金銭等経済価値のあるすべてのものをいい、またその利益は、労働者、使用者、第三者のいずれから得ようと本条違反となることには変わりありません〔昭23・3・2基発第381号〕。

ところで、先に述べたとおり、本条は、業として他人の就業に介入して利益を得ることを禁止しており、「他人の就業に介入して」とは、労働関係の当事者間に、当該労働関係の外にある第三者が介在して、労働関係の開始、存続等に関与することだとされていますが、いわゆる労働者派遣においては、派遣元事業主は、派遣労働者を雇用している者として、派遣労働者の基本的労働条件を決定し、自らの業務命令によって自らが雇用する労働者をして派遣先において就労せしめ、これに対して賃金を支払いますが、一方、派遣先事業主については、派遣された労働者との間に、事実上の指揮命令関係（労働者派遣契約に基づき、派遣元事業主からゆだねられた指揮命令権を行うもの）があるにすぎません。したがって、派遣元事業主が派遣労働者の労働関係の当事者であり、派遣元事業主による派遣労働者の派遣は、労働関係の外にある第三者が他人の労働関係に介在するものではなく、したがって、本条の中間搾取には当たりません。

労働者派遣の場合、派遣元事業主が派遣先事業主から受ける料金は、派遣元が業務を的確に処理する能力のある労働者を派遣し、派遣先の指揮命令に従って一定の業務を処理させるというサービスの対価であり、他方、派遣労働者の賃金は、派遣元事業主と派遣労働者との間の契約により、そ

の知識、技術等に応じて自由な契約によって決められるものですから、派遣元事業主が実質的に不当な利益を受けているとの非難は当たらないものと考えられます。

　労働者派遣に当たるかどうかの具体的な判断に当たって特に問題となるのは請負との関係ですが、その判断基準については、「労働者派遣事業と請負により行われる事業との区分に関する基準」〔昭和61年労働省告示第37号、最終改正：平成24年厚生労働省告示第518号〕が示されています（**427頁参照**）。また、いわゆる出向のうち、「移籍型出向」は、出向元との間の労働契約関係はなくなってしまうものですから、労働者派遣とは異なりますし、「在籍型出向」では、出向元と出向先の双方との間に労働契約関係があり、出向元と出向先との間の出向契約によって、出向労働者を出向先に雇用させることが約されている点で労働者派遣と異なるものと考えられます。

　なお、行政取締上禁止される労働者派遣事業であっても、その実態が、労働者派遣に該当する場合には、本条違反の問題は生じません。

■罰　則

　本条に違反した者は、1年以下の懲役か50万円以下の罰金に処せられます（法第118条第1項）。なお、この罰則が職業安定法違反と競合する場合の多いことは前に述べたとおりです。また、労働者の賃金を一括受領し、これをピンハネする場合、横領罪（刑法第252条）との関係も問題となりますが、この点について多くの裁判例〔昭24・12・2名古屋高裁判決等〕は、本条違反の罪と横領罪とが「観念的競合」に該当するとしています。

第7　公民権行使の保障

> （公民権行使の保障）
> **第7条**　使用者は、労働者が労働時間中に、選挙権その他公民として
> の権利を行使し、又は公の職務を執行するために必要な時間を請求
> した場合においては、拒んではならない。但し、権利の行使又は公
> の職務の執行に妨げがない限り、請求された時刻を変更することが
> できる。

　本条は、労働者の公民権行使を保障し、個人の公的活動と労働者として
の立場との調和を図るために設けられた規定です。

■公民権の範囲

　「公民としての権利」というのは、国や公共団体の公務に参加する資格の
ある国民、つまり、公民として、国や地方公共団体の公務に参加する権利
のことです。個人の利益についての権利は含まれませんから、裁判所など
に訴える権利は除かれます。選挙権が含まれることは法文に例示されてい
るとおりですが、そのほか具体的には、公職選挙法その他の法令で規定さ
れているところによるものです。

　「公の職務」というのは、国会地方議会等の議員、労働委員会の委員、裁
判員、検察審査員など法令に根拠を有する公の職務のことをいいます。裁
判所に証人として出廷する場合は、公の職務の執行に該当すると解すべき
でしょう。

■必要な時間

　「必要な時間」とは、各々の権利や職務の種類、性質によって客観的に妥
当と認められる時間でなければなりませんが、使用者は労働者の請求する
時刻については、権利の行使や公の職務の執行が妨げられない限り、これ

を変更することができます（但書）。

　なお、本条では、公民権行使のために必要な時間は保障されていますが、その時間についての賃金の保障については何も規定されていません。したがってそれは、労使間の協議に任せられます。

　また公民権の行使や公の職務に必要な時間であれば、どんなに長期にわたり、その結果、労働契約の本旨に反するような場合でも、その労働者を休職にしたり、解雇したりすることができないかという問題があります。学説は分かれていますが、本条は、正常な労働関係を前提としたうえで、労働者の公的活動との調整を図ったものですから、このような場合の解雇は本条違反とはならず、解雇の効力は本条とは別個の問題として判断されるべきものと解されます。

■罰　　則

　使用者が本条に違反して公民権の行使を拒むと、6か月以下の懲役または30万円以下の罰金に処せられます（法第119条第1号）。

第8条　削除

第8　労働者の定義

> （定義）
> **第9条**　この法律で「労働者」とは、職業の種類を問わず、事業又は事務所（以下「事業」という。）に使用される者で、賃金を支払われる者をいう。

　本条は、労働基準法でいう「労働者」とはどのような者をいうのかを定めたものです。

■労働者としての３つの要件

　まず、「労働者」であることについて３つの要件をあげています。第１には、事業・事務所（適用事業）に使用される者であること、第２には、他人から指揮命令を受けて使用される者であること、第３には、賃金を支払われる者であることです。したがって、労働組合法でいう労働者には、失業者も含まれているのと異なり、ここでは、あくまでも使用者との間に労働関係のあることが前提となっています。

　「使用される」というのは、前に述べたように、他人の指揮命令を受け、いわゆる使用従属関係にあることをいいます。ここで注意しなければならないのは、一面において使用者として使用する立場にある者が、他面において使用される者として労働者になることが少なくないということです。たとえば、部長、課長等日常業務の指揮、監督の任にある者は、同時にそのような労務を提供することによって賃金を支払われる労働者でもあるわけです。この点について従来、特に問題になった事例を次にあげてみます。

　まず、個人経営の事業主個人はもちろん、会社法人その他の団体の代表者や執行機関のように、事業主体である団体との間に使用従属関係がない者は、労働者ではありません。ただし、重役などで、代表権等を持たない者が、工場長、部長などとして賃金を受ける場合には、その限りにおいて労働者です〔昭23. 3. 17基発第461号〕。共同経営の事業の出資者であっても、実質的にみて使用従属の関係が認められ、賃金を受けて働いていれば、労働者です〔昭23. 3. 2基発第498号〕。

　看護師養成所の生徒、特殊な慣行にある漁業労働者、賃加工労務者等もそれぞれ問題がありますが、要するに、実態を判断したうえで使用従属関係の有無によって判定するほかはありません。

■事業の単位

　労働基準法の適用単位とされる「事業又は事務所」については、２つの問題があります。１は、いかなるものが事業または事務所の概念に該当す

るかという問題であり、2は、個々の事業について、企業全体で考えるのか、個々の工場あるいは事務所ごとに考えるのか、それとも工場の中をさらに細分して考えるのかという適用単位の問題です。

第1の問題については、業として継続的に行われていないものは本条に該当しません。たとえば、個人が自宅の修繕に大工を雇った場合です。業として継続的に行われていれば、営利を目的としていなくても「事業又は事務所」とみなされます。

第2の点については、行政解釈で「当該事業の名称又は経営主体等にかかわることなく、関連して一体をなす労働の態様によってその適用を定むべきである」としています〔昭22. 9. 13発基第17号、昭23. 3. 31基発第511号、昭33. 2. 13基発第90号〕。したがって、ここでいう事業とは、工場、鉱山、事務所、店舗のように一定の場所において相関連する組織の下に業として継続的に行われる作業の一体をいうのであり、必ずしもいわゆる経営上一体をなす支店、工場等を総合した全事業を指すのではありません。したがって、1つの事業であるかどうかは主として同一の場所で行われているかどうかによって決定されます。しかし、同一場所であっても、労働の態様が著しく異なっている部門がある場合に、その部門が主たる部門との関連において従事労働者、労務管理者等が明確に区分され、かつ主たる部門と切り離して本法の適用を定めることが適当と認められるときは、その部門は1つの独立の事業と考えられます。また、場所的に分散している事業はそれぞれ1つの事業として取り扱われるのが原則ですが、出張所、支所等で規模が非常に小さく、事業の組織的関連や事務能力などの点から1つの事業といえないほど独立性のないものについては、そのすぐ上位の機構と一括して1つの事業として取り扱われます。

第9　使用者の定義

> **第10条**　この法律で使用者とは、事業主又は事業の経営担当者その他
> その事業の労働者に関する事項について、事業主のために行為をす
> るすべての者をいう。

　本条は、本法において使用される「使用者」の定義を明らかにし、本法
の遵守の責任を負い、違反について責任を負う者の範囲を規定したもので
す。

　なお、「労働者」の定義のところで述べたのと同様に、「労働者」であっ
ても「使用者」の立場になる場合があります。

　「事業主」というのは、事業主体のことで、個人企業では事業主個人、法
人の場合は法人自体をいいます。しかし、事業主かどうかは、事業の施設
や設備を所有するかどうかによって決定されるのではなく、事業経営の主
体として事業の損益が帰属する主体であるかどうかによって決定されます。

　「経営担当者」とは、事業経営一般について責任を負う者をいいます。会
社の取締役、会社、個人企業の支配人のほか、未成年者、成年被後見人等
を事業主とする個人企業に関してその法定代理人、後見人等も経営担当者
です。経営担当者は、同じく事業の経営に当たるとしても、経営上の損益
が帰属しない点において事業主と異なります。

　「その他その事業の労働者に関する事項について、事業主のために行為
をする」者とは、人事、給与、労務管理等労働に関する業務に関して、権
限を与えられている者をいい、このような者であれば職階の上下に関係な
く、すべて含まれますが、具体的には事業運営の実態に即して判定されな
ければなりません。

第10　賃金の定義

> **第11条**　この法律で賃金とは、賃金、給料、手当、賞与その他名称の如何を問わず、労働の対償として使用者が労働者に支払うすべてのものをいう。

　本条は、労働基準法で使われている「賃金」の定義について規定したものです。

　「賃金」には、3つの要件が含まれています。つまり、その1は、使用者が支払うもの、その2は、労働の対償であること、その3は、名称がどのようなものであるかに関係なく支払われるすべてのものです。

■使用者が支払うこと

　第1の要件である「使用者が支払う」というのは、使用者が労働者に対して負う賃金債務の弁済行為をいうのですから、「使用者」の弁済行為とはみられないもの、たとえば、仲居等が客より受けるチップは賃金とはいえません。また「支払う」という言葉も金銭の授受だけでなく、広く債務の弁済をいいます。

■労働の対償であること

　第2の要件である「労働の対償」というのは、一見分かりきったことのようであって、実はなかなか分かりにくい要件です。つまり、労働者が現実に行った労働の量に応じて支払われたり、または実際に従事した労働について支払われるような労働の直接の対価であれば、比較的明確にその範囲を限定することができますが、ここにいう労働の対償とは、単にこのような労働の直接の対価だけでなく、さらに広い意味のものを含むと解されますので、その範囲を確定することは困難ですが、労働の対償であるか否かの判定基準としては次のようなものが考えられます。

（1）　任意的恩恵的なものは、一般に賃金ではありません。

　　　　しかし、退職金や災害見舞金等でも、その支給条件が就業規則や労働協約などであらかじめ明確にされている場合は、賃金です。

（2）　いわゆる福利厚生施設と賃金との区別は難しい場合が多いのですが、次のように考えられます。

　（イ）　実物給与は、一般に広く、福利厚生施設とみるべきでしょう。住宅の貸与は原則として福利厚生施設と考えられますが、住宅の貸与を受けていない者に対して均衡をとる意味で一定額の給与が支給されている場合は、その額を限度として住宅貸与の利益を賃金とみなします。

　　　　食事についても、住込労働者が1日に2食以上支給を受けるような場合を除いては、一般に福利厚生施設とみられる場合が多いと思われます。

　（ロ）　その他の判定基準の例として、会社の浴場施設、運動施設のように労働者の個人的利益とならないもの、使用者が労働者を被保険者として団体生命保険に加入しその保険料を毎月負担する場合の保険給付のように、労働者が利益（保険給付）を受けるのは将来のことであり、被保険者である労働者の月々の実収には影響のないものは福利厚生とされています。

　（ハ）　生命保険料と異なり、給与所得税や社会保険料の本人負担分を使用者が労働者に代わって支出する場合の税金補助金や保険料補助金は、本来個々の労働者が負担すべき必然的な支出として免れる利益を、その都度現実に受けるものですから、賃金とみなされます〔昭63.3.14基発第150号〕。

（3）　企業が労働者から労務を受領する際、当然用意しておかなければならない有形無形の設備であるとみられるもの、たとえば通常実費弁償と考えられている旅費などは、賃金ではありません。

■名称にとらわれないこと

　第3の要件となっている「名称の如何を問わず、支払うすべてのもの」というのは、同じように金銭の給付であっても、基本給、能率給、年齢給、家族手当、特殊手当などその名称は各企業によって多種多様であり、これらをすべて列挙することができないばかりでなく、賃金の中には、通貨によるもの以外に、現物によるものやある種の利益によるものなどがあり、それらのすべてを含めた意味で、このような表現が用いられているのです。

　したがって、この要件に当てはまるものとして現在多くの企業でみられるような通勤手当に代わる定期乗車券の給付も賃金として取り扱われ、また、住込労働者が無償あるいは極めて低廉な価格で食事の給与を受けている場合に、かかる実物給与及び住込みの利益は賃金の範囲に入るものとされています〔昭23．2．3基発第164号〕。

　既に述べましたように、雇用関係における給与の形態は極めて複雑であり、現実に何を賃金として取り扱ったらよいかを決定することは非常に困難です。したがって、本法の運用に当たっては、賃金の範囲を確定するに当たって上述の3つの要件以外に、ときによっては、労働者に支払われているものを賃金として保護すべき必要があるかどうか、労働基準法の目的からみて判断しなければならない場合が生じます。ですから、賃金の範囲についての解釈も、今後の経済発展に応じて若干の変更があることは当然のことといえましょう。

第11　平均賃金

第12条　この法律で平均賃金とは、これを算定すべき事由の発生した日以前3箇月間にその労働者に対し支払われた賃金の総額を、その期間の総日数で除した金額をいう。ただし、その金額は、次の各号の一によつて計算した金額を下つてはならない。

　　一　賃金が、労働した日若しくは時間によつて算定され、又は出来
　　　高払制その他の請負制によつて定められた場合においては、賃金
　　　の総額をその期間中に労働した日数で除した金額の100分の60
　　二　賃金の一部が、月、週その他一定の期間によつて定められた場
　　　合においては、その部分の総額をその期間の総日数で除した金額
　　　と前号の金額の合算額
②　前項の期間は、賃金締切日がある場合においては、直前の賃金締
　　切日から起算する。
③　前二項に規定する期間中に、次の各号のいずれかに該当する期間
　　がある場合においては、その日数及びその期間中の賃金は、前二項
　　の期間及び賃金の総額から控除する。
　　一　業務上負傷し、又は疾病にかかり療養のために休業した期間
　　二　産前産後の女性が第65条の規定によつて休業した期間
　　三　使用者の責めに帰すべき事由によつて休業した期間
　　四　育児休業、介護休業等育児又は家族介護を行う労働者の福祉に
　　　関する法律（平成３年法律第76号）第２条第１号に規定する育児
　　　休業又は同条第２号に規定する介護休業（同法第61条第３項（同
　　　条第６項において準用する場合を含む。）に規定する介護をする
　　　ための休業を含む。第39条第10項において同じ。）をした期間
　　五　試みの使用期間
④　第１項の賃金の総額には、臨時に支払われた賃金及び３箇月を超
　　える期間ごとに支払われる賃金並びに通貨以外のもので支払われた
　　賃金で一定の範囲に属しないものは算入しない。
⑤　賃金が通貨以外のもので支払われる場合、第１項の賃金の総額に
　　算入すべきものの範囲及び評価に関し必要な事項は、厚生労働省令
　　で定める。
⑥　雇入後３箇月に満たない者については、第１項の期間は、雇入後
　　の期間とする。
⑦　日日雇い入れられる者については、その従事する事業又は職業に
　　ついて、厚生労働大臣の定める金額を平均賃金とする。
⑧　第１項乃至第６項によつて算定し得ない場合の平均賃金は、厚生
　　労働大臣の定めるところによる。

（賃金の総額に算入すべきもの）

則第２条　労働基準法（昭和22年法律第49号。以下「法」という。）第12条第５項の規定により、賃金の総額に算入すべきものは、法第24条第１項ただし書の規定による法令又は労働協約の別段の定めに基づいて支払われる通貨以外のものとする。

②　前項の通貨以外のものの評価額は、法令に別段の定がある場合の外、労働協約に定めなければならない。

③　前項の規定により労働協約に定められた評価額が不適当と認められる場合又は前項の評価額が法令若しくは労働協約に定められていない場合においては、都道府県労働局長は、第１項の通貨以外のものの評価額を定めることができる。

（平均賃金）

則第３条　試の使用期間中に平均賃金を算定すべき事由が発生した場合においては、法第12条第３項の規定にかかわらず、その期間中の日数及びその期間中の賃金は、同条第１項及び第２項の期間並びに賃金の総額に算入する。

則第４条　法第12条第３項第１号から第４号までの期間が平均賃金を算定すべき事由の発生した日以前３箇月以上にわたる場合又は雇入れの日に平均賃金を算定すべき事由の発生した場合の平均賃金は、都道府県労働局長の定めるところによる。

　本法では、労働者の即時解雇の場合（法第20条）、使用者の責に基づく休業の場合（法第26条）、年次有給休暇における賃金支払いの場合（法第39条）、業務上の災害による補償の場合（法第76条、第77条、第79条）、減給の制裁の場合（法第91条）に「平均賃金」という文言を用いていますので、本条においてその範囲と計算方法が規定されているものです。

　以上の場合に支払われる諸手当や補償の額を算定するに当たって、特定の日の特別に多額な賃金を基礎としてその額を算定することは不適当ですので、できる限りそれらの額を公平に算定するために、通常の状態における賃金を標準として算定する必要がありますが、個々の場合にそれぞれ異なる尺度でこれを算定することは煩わしいので、本条において一律に算定

方法を定めています。ただ、日雇労働者の賃金は変動が激しく、その平均賃金を法律で定めることは困難ですので、厚生労働大臣がこれを定めることにしています。

■計算方法の原則

　「平均賃金」というのは、原則として、平均賃金を算定しなければならない事由の発生した日以前3か月間に支払われた賃金の総額を3か月間の総日数で除した金額をいうのですが、3か月間の「総日数」というのは、暦日数を指すのであって、実稼働日数を指すのではありません。また、「賃金の総額」というのは、後に述べる特別の場合（第3項及び第4項）を除いて、法第11条に規定されている賃金をすべて含むのであり、現実に支払われた賃金だけでなく規定のうえから支払われることになっている賃金を含みます。「事由の発生した日」というのは、平均賃金を算定しなければならない5つの場合について、それぞれ具体的に異なりますが、どの場合においても「以前3箇月」とは暦日による3か月です。しかし、賃金締切日がある場合には、暦日数で計算するよりも、賃金締切日の期間によって計算するほうが簡便ですので、その3か月は、その事由の発生した日直前の締切日から起算されます（第2項）。また、雇入後3か月にならないものについては、事由の発生した日以前に3か月間の期間がありませんので、雇入後の期間について平均賃金が算定されます（第6項）が、この場合でも賃金締切日があるときには、直前の賃金締切日から起算します。

　「賃金の総額」を「その期間の総日数」で除して得た金額に、銭位未満の端数が生じた場合には、その端数は切り捨てます〔昭22.11.5基発第232号〕。なお、こうして計算した平均賃金を基礎として、実際に第20条による解雇予告手当等を支払う場合には、小額通貨の整理及び支払金の端数計算に関する法律により、特約がある場合はこれによりますが、特約がなければ円未満の端数は四捨五入されて支払われることになります。

■控除して計算する賃金

　平均賃金算定の基礎となる「賃金の総額」からは、次に掲げる賃金が控除されます（第4項、第5項）。

（1）「臨時に支払われた賃金」これは、臨時突発的な事由に基づいて支払われた賃金や結婚手当等支給条件があらかじめ定められていても、支給事由の発生が確定せず、しかも非常にまれに発生するものをいうのであって、名称の如何に関係なく、これらに該当しないものは臨時に支払われた賃金とはなりません〔昭22.9.13発基第17号〕。

（2）「3箇月を超える期間ごとに支払われる賃金」これは、夏季、年末等に支給される賞与等のことですが、年次有給休暇について支払われる平均賃金はこれに含まれません〔昭22.11.5基発第231号〕。

（3）「通貨以外のもので支払われた賃金で一定の範囲に属しないもの」これは、いわゆる現物給与をいうのですが、賃金総額に算入されるものの範囲は則第2条に規定されています。つまり、平均賃金の算定の基礎となります。現物給与は、法第24条第1項ただし書の規定による法令または労働協約の別段の定めによるものに限定されます。その評価額は、これもまた労働協約等によって定められたものによるのですが、その評価額が不適当と認められる場合や評価額が法令・協約に定められていない場合は、都道府県労働局長が、その評価額を定めることができます。

■特殊の場合の取扱い

　以上の方法によって計算される平均賃金の額が、純然たる月給制の場合ですと、その間に労働者に欠勤や休日の日数が何日あっても、賃金額には変動はありませんが、日給制の場合や請負給制の場合ですと、その3か月間に休日や欠勤日数が多ければ、その平均賃金額は減少せざるを得ません。

　そして、休日数や欠勤日数が異常に多かった労働者の場合は、その平均賃金もまた異常に少額となり、その労働者にとってきわめて不利となりま

す。そこで、このような場合の救済方法として、平均賃金に最低保障額を設け、日給、請負給、時間給の場合には、1稼働日当たり賃金の100分の60をもってその保障額とし、月給が併給されている場合には、その月給総額を3か月の総日数で除した額を前記の100分の60の額に合算した額を最低保障額として定めています（第1項ただし書）。

　この1稼働日当たり平均賃金の100分の60としたのは、一般の社会保障制度に基づく最低保障額の場合に準じたことによります。なお、この100分の60は、どんな企業にあっても、労働者が1か月18日は稼働するという事実を基礎にして定められているのです。平均賃金の算定に当たっては、事由の発生した日以前3か月の暦日数がその基礎となるのですから、その3か月の期間内に、

（1）　業務上負傷したり、疾病にかかり療養のために休業した期間

（2）　産前産後の女性が法第65条の規定によって休業した期間

（3）　使用者の責に帰すべき事由によって休業した期間

（4）　育児休業、介護休業等育児又は家族介護を行う労働者の福祉に関する法律第2条第1号及び第2号に規定する育児休業、介護休業をした期間

（5）　試みの使用期間

等があって、それにより算定される平均賃金額が著しく低下する場合に、前に述べた最低保障額を適用するのは酷ですから、3か月の期間の計算に当たってこれらの期間とその期間に支払われた賃金額を平均賃金算定の基礎となる期間と賃金総額から控除して計算することにし、このような場合に基づく平均賃金額の低下を防いでいます（第3項）。

■日雇労働者の場合

　「日日雇い入れられる者」については、これらの労働者の就労状態にむらがあって、一般常用労働者と同一の取扱いをすることができません。また、その賃金額も就労する事業場によってそれぞれ異なっているため、平

均賃金の算定に当たり一般労働者とは同一に扱うことは難しいので、特に
厚生労働大臣が別に定める金額を平均賃金額とすることにしています（第
7項）。そして、この規定に基づき昭和38年労働省告示第52号によりその算
定方法が次のように明らかにされています。

（1） 平均賃金を算定すべき事由の発生した日以前1か月間にその事業
　　　場に使用された期間がある場合には、その期間中に支払われた賃金の
　　　総額を、その期間中に日雇労働者本人がその事業場で労働した日数で
　　　除した金額の100分の73を平均賃金とします（同告示第1号）。

（2） 前号によって算定できない場合には、平均賃金を算定すべき事由
　　　の発生した日以前1か月間にその事業場で同一業務に従事した同僚の
　　　日雇労働者に対して支払われた賃金の総額を、その期間中にこれらの
　　　日雇労働者がその事業場で労働した日数で除した金額の100分の73を平
　　　均賃金とします（同告示第2号）。

（3） 前二号でも算定できない場合や日雇労働者または使用者が前二号
　　　の算定方法により算定することを不適当と認めて申請した場合には、
　　　都道府県労働局長が定める金額を平均賃金とします（同告示第3号）。

（4） 一定の事業や職業について、都道府県労働局長がそれらに従事す
　　　る日雇労働者の平均賃金を定めた場合には、前三号によらないで、そ
　　　の金額を平均賃金とします（同告示第4号）。

■算定できない場合の特例

　最後に、本条に規定した方法で平均賃金を算定できない場合は厚生労働
大臣の定めるところによります（第8項）。つまり、施行規則によって、試
みの使用期間中に平均賃金を算定すべき事由が発生した場合（則第3条）、
業務上の災害に基づく休業、産前産後の休業、使用者の責に帰すべき事由
による休業、育児休業、介護休業等育児又は家族介護を行う労働者の福祉
に関する法律に基づく育児休業又は介護休業が平均賃金を算定すべき事由
の発生した日以前3か月以上にわたる場合、または雇入れの日に平均賃金

を算定すべき事由の発生した場合（則第４条）について、それぞれの算定方法を定めています〔昭22.9.13発基第17号〕。また、労働者が事業場を離職してから相当長期間経過後に、平均賃金を算定すべき事由が発生した場合、たとえば離職後数年経ってから、業務上疾病と診断されたような場合には、労働者がその疾病の発生のおそれのある作業に従事した最後の事業場を離職した日以前３か月間に支払われた賃金により算定した金額を基礎とし、算定事由発生日（診断によって疾病発生が確定した日）までの賃金水準の上昇を考慮して、その変動率を乗じて平均賃金を算定することとされています〔昭50.9.23基発第556号、昭53.2.2基発第57号〕。

　なお、この場合、離職した日以前３か月間に支払われた賃金の総額が不明な場合には、算定事由発生日を起算日とし、平均賃金算定事由発生日に当該事業場で従事した同種労働者の一人平均の賃金額より推算する等の推算方法が示されています〔昭51.2.14基発第193号、昭53.2.2基発第57号〕。さらに、これによっても算定できない場合については、昭和24年労働省告示第５号において平均賃金を算定すべき事由の発生した日以前３か月以上使用者の責によらない事由で休業が続いたときには都道府県労働局長がその額を定めることとし（同告示第１条）、その他の場合についてはすべて厚生労働省労働基準局長が決定する（同告示第２条）ことになっています。

第 2 章　労働契約

　本章は、労働契約について労働保護上必要な総則的事項を規定しています。

　本章に規定する労働契約は、使用従属関係を伴う労務提供契約であると一般にいわれています。本章の規定は、民法上の雇用契約に関する規定を全面的に排除するものではありませんから、本章に規定のないものについては民法の規定が適用されることになります。

第1　本法に違反する契約の効力

> （この法律違反の契約）
> **第13条**　この法律で定める基準に達しない労働条件を定める労働契約は、その部分については無効とする。この場合において、無効となつた部分は、この法律で定める基準による。

　本条は、労働基準法に違反する契約の効力について規定したものです。

　つまり、労働基準法の定める労働条件の基準は最低基準ですから、その基準に達しない労働条件を定めた契約を無効とし、かつその無効となった部分はこの法律で定めている基準によることを規定しています。

　本条の前段は、本法の目的からみて当然のことを規定したものです。つまり、「この法律で定める基準に達しない労働条件を定める労働契約」が無効であることを明らかにしているにすぎません。

　民法の一般原則に従いますと、契約中主な内容が強行法規に違反すれば契約全体が無効になり、その一部が違反すれば、その部分は空白になるわけですが、それでは、無効な契約に基づいて労働した場合の法律関係が複雑になり、さらに、労働者保護にも欠けることとなりますので、本条の後段で、その違反した部分は「この法律で定める基準による」こととしたのです。「よる」ということは、労使間の意思にかかわらず法律上当然に本法の定める基準によって労働契約がとりかわされたものとして効力が生ずる

という意味です。なお、本法の基準に達しない労働契約を締結しただけで処罰されるわけではなく、現実に違反する行為があれば、それぞれの条文によって処罰されることになります。

第2　契約期間等

（契約期間等）

第14条　労働契約は、期間の定めのないものを除き、一定の事業の完了に必要な期間を定めるもののほかは、３年（次の各号のいずれかに該当する労働契約にあつては、５年）を超える期間について締結してはならない。

一　専門的な知識、技術又は経験（以下この号及び第41条の２第１項第１号において「専門的知識等」という。）であつて高度のものとして厚生労働大臣が定める基準に該当する専門的知識等を有する労働者（当該高度の専門的知識等を必要とする業務に就く者に限る。）との間に締結される労働契約

二　満60歳以上の労働者との間に締結される労働契約（前号に掲げる労働契約を除く。）

②　厚生労働大臣は、期間の定めのある労働契約の締結時及び当該労働契約の期間の満了時において労働者と使用者との間に紛争が生ずることを未然に防止するため、使用者が講ずべき労働契約の期間の満了に係る通知に関する事項その他必要な事項についての基準を定めることができる。

③　行政官庁は、前項の基準に関し、期間の定めのある労働契約を締結する使用者に対し、必要な助言及び指導を行うことができる。

第137条　期間の定めのある労働契約（一定の事業の完了に必要な期間を定めるものを除き、その期間が１年を超えるものに限る。）を締結した労働者（第14条第１項各号に規定する労働者を除く。）は、労働基準法の一部を改正する法律（平成15年法律第104号）附則第３条に規定する措置が講じられるまでの間、民法第628条の規定にかかわらず、当該労働契約の期間の初日から１年を経過した日以後

> においては、その使用者に申し出ることにより、いつでも退職する
> ことができる。

　労働契約は、その期間をいったん決めると、特別な場合を除いてその労
働者がやめたくてもやめることができなくなります。あえて、やめようと
する労働者が、使用者から損害賠償の請求を受けたりいろいろな実力的制
裁を受けるようなことは、我が国の労働関係に従来しばしばみられたとこ
ろです。したがって、労働契約の期間が長期にわたる場合には不当な身分
的隷属関係を生じ、労働者の自由が不当に拘束されることになります。民
法においても、あまりに長期にわたる契約の弊害を考慮して、雇用の期間
が5年を超えるときは、いつでも契約を解除できること（民法第626条）に
なっていますから、ある程度最長期間が制限されていたのですが、本条に
おいて、法の制定以来原則として1年が上限とされてきました。しかし、
一方で近時の雇用形態の多様化の中で、有期労働契約が労使双方にとって
好ましい雇用形態として活用されることが期待される中で、有期契約労働
者の多くが契約の更新を繰り返すことにより一定期間継続して雇用される
現状等を踏まえつつ、平成16年の改正において3年が上限とされました。

　この3年の期間の計算は、民法の計算方法によります。3年を超えるい
わゆる長期の年期奉公を契約しても本条によってその契約期間は法律上当
然に3年に短縮され（法第13条）、長期の年期奉公というものは本条によっ
て禁止されます〔たとえば、かつて師範学校、各種の養成所、講習所で学
校卒業後あるいは講習修了後在学年限の2倍というような勤務義務を課し
ていましたが、このような勤務義務は本条によって3年と改められなけれ
ばなりません。また、職業能力開発促進法が訓練期間修了後の勤務義務を
設けていないのも、同じ趣旨です。〕。なお、期間が満了したとき、労使双
方に異議がなく引き続いて労働者が勤務したときは、民法第629条により従
前と同一の条件で期間の定めのない契約がなされたものとみなされるとさ
れています。

　これらの例外として、まず「期間の定めのないものを除き」と法文にあるのは、本条と理論上関係はありませんが、念のため規定されたものです。「一定の事業の完了に必要な期間を定めるもの」というのは、事業着手のときからある時期を経過すればその事業の完了することがあらかじめ分かっているものをいいます。たとえば、発電所工事に技師を雇ったような場合、この技師にやめられては工事進捗が不可能になるので、そのような場合の便宜を図り、特にこの特例が認められているわけです。次に特例として認められているのは、法第70条による職業訓練のため必要がある場合です。この特例として職業能力開発促進法施行規則別表第2及び第6に定められた訓練の期間を契約期間とすることが認められています。なお、次のいずれかに該当する場合は、労働契約期間の上限が5年となります。

（1）　高度の専門的知識・技術・経験で厚生労働大臣が定める基準に該当する労働者と締結する労働契約

　　これらの者は、自らの労働条件を決めるに当たり、交渉上劣位に立つことのない労働者であることから、特例として期間の上限が5年とされたものです。

（2）　満60歳以上の労働者と締結する労働契約

　　これは、定年後は雇用機会が相対的に少なく、あっても短期の雇用にとどまったり、短期雇用の更新がされたりすることが少なくないなどの実情にあり、雇用の安定の見地からむしろ長期の期間の定めのある労働契約の方が労働者にとっても有利であることから、5年間の労働契約を認めることとしたものです。

■厚生労働大臣の定める基準

　厚生労働大臣の定める基準に該当する高度の専門的知識・技術・経験とは、具体的には、平成15年厚生労働省告示第356号により示されています。
　なお、いずれの専門的知識・技術であっても、それと関係する業務を行うことが労働契約上認められていることが必要になります。

①　博士の学位（これに該当する学位であって外国で授与されたもの
　　を含む）を有する者

②　次のいずれかの資格を有する者

　　イ　公認会計士

　　ロ　医師

　　ハ　歯科医師

　　ニ　獣医師

　　ホ　弁護士

　　ヘ　一級建築士

　　ト　税理士

　　チ　薬剤師

　　リ　社会保険労務士

　　ヌ　不動産鑑定士

　　ル　技術士

　　ヲ　弁理士

③　次のいずれかの能力評価試験合格者

　　イ　情報処理技術者試験の区分のうちITストラテジスト試験

　　ロ　システムアナリスト試験

　　ハ　アクチュアリーに関する資格試験

④　次のいずれかに該当する者

　　イ　特許法第2条第2項に規定する特許発明の発明者

　　ロ　意匠法第2条第4項に規定する登録意匠を創作した者

　　ハ　種苗法第20条第1項に規定する登録品種を育成した者

⑤　次のいずれかに該当する者であって、労働契約の期間中に支払わ
　　れることが確実に見込まれる賃金の額を1年当たりの額に換算した
　　額が1,075万円を下回らないもの

イ　一定の学歴及び実務経験※を有する次の者

（イ）　農林水産業の技術者

（ロ）　鉱工業の技術者

（ハ）　機械・電気技術者

（ニ）　建築・土木技術者

（ホ）　システムエンジニア

（ヘ）　デザイナー

ロ　システムエンジニアとしての実務経験5年以上を有するシステムコンサルタント

⑥　国、地方公共団体、一般社団法人又は一般財団法人、その他これらに準ずるものにより、その有する知識・技術・経験が優れたものであると認定されている者（前記①～⑤に準ずる者として厚生労働省労働基準局長が認めた者に限る）

　本条第2項、第3項は、有期契約労働者について適切な労働条件を確保するとともに、有期労働契約が労使双方にとって良好な雇用形態として活用されるようにするため、有期労働契約の締結、更新及び雇止めに際して発生するトラブルを防止し、その迅速な解決が図られるように、厚生労働大臣が「有期労働契約の締結、更新及び雇止めに関する基準」を定めることとし、当該基準に関し、行政官庁が必要な助言及び指導を行うことができることとしたものです。

　雇止めに関する基準は、従来通達で指針が示されていましたが、その内容を見直し、**429頁**のとおり告示（平15.10.22厚生労働省告示第357号、最終改正：平24.10.26厚生労働省告示第551号）として定められました。

※　学歴及び実務経験の要件は、次のとおりです。

　　大学卒：実務経験5年以上

　　短大・高専卒：実務経験6年以上

　　高卒：実務経験7年以上

　　学歴の要件では、大学等で専門的知識等に係る課程の専攻が必要です。

■有期労働契約についての暫定措置

　法第137条の規定は、一定の事業の完了に必要な期間を定めるものを除き、1年を超える期間の有期労働契約を締結した労働者であって、法第14条第1項各号に規定する労働者以外の者は、当該労働契約の期間の初日から1年を経過した日以後においては、民法第628条に定める事由が存在していなくても、その使用者に申し出ることにより、いつでも退職することができることを規定したものです。なお、この措置は、平成16年1月の改正法施行後3年を経過した場合において、法第14条の規定について、その施行の状況を勘案しつつ検討を加え、その結果に基づいて必要な措置を講ずるまでの間の暫定措置です。

■労働契約法

　労働契約法は、①過去に反復更新された有期労働契約で、その雇止めが社会通念上解雇と同視できるもの、②有期労働契約が更新されることを労働者が期待することに合理的な理由があるものと認められるもののいずれかに該当する場合、労働者が労働契約の更新の申込みをしたときに使用者が申込みを拒絶することが客観的に合理的な理由を欠き、社会通念上相当と認められないときは、従前と同じ労働条件で当該申込みを承諾したものとみなされ、労働契約が更新されるとしています（労働契約法第19条）。

　また、有期労働契約が通算で5年を超えて繰り返し更新された場合は、労働者の申込みにより、無期労働契約に転換するというルールも定められています（労働契約法第18条）。

　なお、専門的知識等を有する有期雇用労働者等特別措置法（以下、「有期特措法」といいます。）に基づく計画対象第一種特定有期雇用労働者については、5年ではなく特定有期業務の完了までの期間（10年を超える場合は、10年）とされます（有期特措法第8条）。

■罰　則

　本条に違反した者は、30万円以下の罰金に処せられます（法第120条第
１号）。なお、本条に違反してたとえば、３年という契約を締結した場合、
その契約は本条によって１年に短縮されたうえで有効とされますが、その
ような契約を締結すること自体が処罰の対象とされることになりますから、
注意が必要です〔昭24・７・29松山地裁八幡浜支部判決もこの点に触れ、
契約したというだけで第14条違反になると判示しています。〕。

第3　労働条件の明示

　（労働条件の明示）

第15条　使用者は、労働契約の締結に際し、労働者に対して賃金、労
　働時間その他の労働条件を明示しなければならない。この場合にお
　いて、賃金及び労働時間に関する事項その他の厚生労働省令で定め
　る事項については、厚生労働省令で定める方法により明示しなけれ
　ばならない。

②　前項の規定によつて明示された労働条件が事実と相違する場合に
　おいては、労働者は、即時に労働契約を解除することができる。

③　前項の場合、就業のために住居を変更した労働者が、契約解除の
　日から14日以内に帰郷する場合においては、使用者は、必要な旅費
　を負担しなければならない。

　（労働条件）

則第5条　使用者が法第15条第１項前段の規定により労働者に対して明
　示しなければならない労働条件は、次に掲げるものとする。ただし、
　第１号の２に掲げる事項については期間の定めのある労働契約であつ
　て当該労働契約の期間の満了後に当該労働契約を更新する場合がある
　ものの締結の場合に限り、第４号の２から第11号までに掲げる事項に
　ついては使用者がこれらに関する定めをしない場合においては、この
　限りでない。

一　労働契約の期間に関する事項

　一の二　期間の定めのある労働契約を更新する場合の基準に関する事項

　一の三　就業の場所及び従事すべき業務に関する事項

　二　始業及び終業の時刻、所定労働時間を超える労働の有無、休憩時間、休日、休暇並びに労働者を2組以上に分けて就業させる場合における就業時転換に関する事項

　三　賃金（退職手当及び第5号に規定する賃金を除く。以下この号において同じ。）の決定、計算及び支払の方法、賃金の締切り及び支払の時期並びに昇給に関する事項

　四　退職に関する事項（解雇の事由を含む。）

　四の二　退職手当の定めが適用される労働者の範囲、退職手当の決定、計算及び支払の方法並びに退職手当の支払の時期に関する事項

　五　臨時に支払われる賃金（退職手当を除く。）、賞与及び第8条各号に掲げる賃金並びに最低賃金額に関する事項

　六　労働者に負担させるべき食費、作業用品その他に関する事項

　七　安全及び衛生に関する事項

　八　職業訓練に関する事項

　九　災害補償及び業務外の傷病扶助に関する事項

　十　表彰及び制裁に関する事項

　十一　休職に関する事項

②　使用者は、法第15条第1項前段の規定により労働者に対して明示しなければならない労働条件を事実と異なるものとしてはならない。

③　法第15条第1項後段の厚生労働省令で定める事項は、第1項第1号から第4号までに掲げる事項（昇給に関する事項を除く。）とする。

④　法第15条第1項後段の厚生労働省令で定める方法は、労働者に対する前項に規定する事項が明らかとなる書面の交付とする。ただし、当該労働者が同項に規定する事項が明らかとなる次のいずれかの方法によることを希望した場合には、当該方法とすることができる。

　一　ファクシミリを利用してする送信の方法

　二　電子メールその他のその受信をする者を特定して情報を伝達するために用いられる電気通信（電気通信事業法（昭和59年法律第86号）第2条第1号に規定する電気通信をいう。以下この号において「電子メール等」という。）の送信の方法（当該労働者が当該電子メール等の記録を出力することにより書面を作成することができるものに限る。）

■労働条件の明示義務

　本条は、労働契約の締結に当たって使用者は労働条件を明示しなければ
ならないことを規定したものです。そして、明示しなければならない労働
条件は事実と異なるものとしてはならないとされています。書面の交付に
より明示しなければならない事項は、①労働契約の期間に関する事項、②
期間の定めのある労働契約を更新する場合の基準に関する事項、③就業の
場所及び従事する業務に関する事項、④始業及び終業の時刻、所定時間外
労働の有無、休憩時間、休日、休暇並びに就業時転換に関する事項、⑤賃
金に関する事項、⑥退職に関する事項（解雇の事由を含む。）です。このう
ち賃金については、基本賃金の額、手当の額及び割増賃金について特別の
割増率を定めている場合にはその率が含まれます。これらの事項を除き、
明示すべき方法については規定されておりませんので書面の交付でも口頭
でもよいのですが、採用しようとする労働者に理解できる程度に示すこと
が必要です。

　なお、明示の方法としては、書面の代わりに労働者に適用する部分を明
確にしたうえで、就業規則を交付することでも差し支えありません〔平11.
1．29基発第45号〕。

　さらに、労働者が希望した場合に限り、プリントアウトして書面とする
ことが可能なものであれば、労働者を特定したファックスや電子メールで
もよいとされています。

　労働条件を明示しなかった場合、その労働契約の効力はどうなるかとい
う問題がありますが、契約そのものは有効に成立すると考えられます。

■労働者の解除権

　本条によって明示された労働条件が事実と相違する場合には、労働者は、
その契約をすぐ解除することができます。「事実と相違する」というのは、
労働条件の基準に関するものであればそれに反する場合（法第13条、法第

93条参照）をいい、また基準に関係のない場合であれば実際の待遇と異なる場合をいいます。社宅を提供するという条件で雇い入れながら、実際には社宅を提供しなかったという場合、その社宅を利用することによって受ける利益が法第11条の賃金とみなされるときは、明示された労働条件が事実と相違することになりますが、その社宅が単なる福利厚生施設の場合は、本条によって明示すべき労働条件の範囲には含まれないため、「事実と相違する」ことにはなりません〔昭23.11.27基収第3514号〕。

　雇入後に労働協約、就業規則が変更された場合や、労働者の同意を得て変更することは、事実と相違することには含まれません。本条は「解除」といっていますが、この言葉は労働契約のような継続的契約関係にあっては、将来に向って契約の効力を失わせるという意味で使われています。なお、一般的に、民法第95条第1項の要件に該当する錯誤に基づく意思表示や詐欺による意思表示（民法第96条第1項）は取り消すことができますし、また意思表示そのものにこのような問題がなくても、労働者は債務不履行を理由に契約を解除することができることになっています。しかし、本条はこのような理由の有無に関係なく、即時に解除することを認めているところに意味があるわけです。また、本条によって明示すべき労働条件について、事実と異なる内容を明示した使用者は、規則の規定に反する対応を行ったということになりますが、この場合の本条違反の成立については現時点では明確になっていません。

■帰郷旅費

　労働者が本条第2項によって労働契約を解除し14日以内に帰郷する場合には、使用者は帰郷旅費を負担しなければなりません。むろん、使用者の債務不履行に基づく場合ですと、労働者は民法によって損害賠償を請求することができますが、本条第3項は、そのうち帰郷旅費についてこれを罰則をもって強制しているのです。「就業のため住居を変更する」というのは、民法第22条の住所だけでなく、同法第23条の居所の変更をも含むと解

されます。「帰郷」というのは、変更前の住居に帰ることはいうまでもありませんが、もっと広く、本人の郷里等帰住地と認められるところに帰る場合をいいます〔昭23. 7. 20基収第2483号〕。「必要な旅費」というのは、目的地までの交通費はいうまでもなく、食費や、宿泊の必要な場合は宿泊費も含むと解されます。家族を伴って住居を変更した場合にはその家族の旅費も「必要な」ものと考えられます。また、荷物を送り返す費用も旅費に含まれるものと解されます。なお、旅費は切符、弁当等の現物で支給することができます〔昭22. 9. 13発基第17号〕。

■有期特措法

　有期特措法に基づく計画対象特定有期雇用労働者に対しては、労働契約法第18条の無期転換ルールの特例を明示すること、そのうち計画対象第一種特定有期雇用労働者に対しては、特定有期業務の内容及び場所についても明示することとされています（特定有期雇用労働者に係る労働基準法施行規則第5条の特例を定める省令第1条）。

■罰　則

　使用者が第1項の規定に違反して労働条件を明示しなかったり、第3項の規定に違反して帰郷旅費を負担しないと、30万円以下の罰金に処せられます（法第120条第1号）。

第4　賠償予定の禁止

> （賠償予定の禁止）
> **第16条**　使用者は、労働契約の不履行について違約金を定め、又は損害賠償額を予定する契約をしてはならない。

　本条は、労働契約に関連して違約金を定めたり、損害賠償額を予定する

契約をしたりすることを禁止したものです。

　従来、労働者が契約期間中に逃亡したり、あるいは機械器具をこわした場合に、本人や親等に一定額の違約金を支払わせたり、損害賠償額を予定しておいてこれを支払わせたりする慣行がありました。これ自体は民法も認めており、別に法規に触れなかったのですが、これが長期契約、前借金相殺や強制貯金などとともに労働者を身分的に拘束する原因となっていたので、これを禁止したのです。

■違約金

　「違約金」というのは、契約不履行について不履行者がその相手方に支払う金銭のことです。それは、実害の有無にかかわりなく取り立てることができるものと解されています。したがって、従来労働者の逃亡や中途転職にそなえてその親とそのような定めをし、労働者の逃亡を事実上抑制し、労働者を拘束する作用をしていたのです。

■損害賠償予定契約

　「損害賠償額を予定する契約」も、また違約金と同様に労働者に対する使用者の支配力を強大にする作用があります。この場合の「損害賠償」には、契約違反の場合と不法行為の場合の両者を含むと解されます。賠償額が予定されると、いちいち損害を計算し証明することなしに賠償額が支払われることになり、実際問題として労働者の無過失を証明するのは困難であり、労働者の責任だけが大きくなるわけです〔たとえば、講習所において講習修了後一定の勤務義務年限を課し、中途でやめた者に対して講習期間の費用全額を弁償させることとしているのは、本条違反になると解されます。〕。

　しかし本条は、違約金を定めたり、損害賠償額を予定する契約をすることを禁止するだけで、労働者の債務不履行や不法行為を認めるものではありませんから、現実の損害が発生した場合にその損害額を賠償させること

については何ら禁止しておりません〔昭22. 9. 13発基第17号〕。

　なお本条は、違約金を定め、または損害賠償額を予定する契約の締結当時者としての使用者の相手方を労働者に限定していませんから、労働者本人に負担させる場合はもちろんのこと、親権者や身元保証人等にそれを負担させる場合も禁止されます。

　また、本条は「身元保証ニ関スル法律」による身元保証人制度を禁止するものではなく、身元保証制度は、違約金契約や損害賠償予定契約とは何ら関係がありません。

■罰　則

　使用者が本条に違反して違約金を定め、賠償額を予定する契約をすると、6か月以下の懲役または30万円以下の罰金に処せられます（法第119条第1号）。

第5　前借金相殺の禁止

（前借金相殺の禁止）
第17条　使用者は、前借金その他労働することを条件とする前貸の債権と賃金を相殺してはならない。

　本条は、労働者の賃金から前借金を相殺することを禁止したものです。
　賃金による前借金相殺の制度は、労働者の足どめ策となり、また労働者の賃金を不当に低くさせ、生活を脅かす原因ともなっていました。前借金を禁止せよという考え方もありますが、庶民金融の発達していなかった我が国では、前借金の禁止はかえって労働者の生活を脅かすことになるので、本条は、前借金と賃金とを相殺することを禁止し、それによって労働関係と金銭貸借関係とを切り離すことを目的としているのです。民事執行法第152条、民法第510条はそれぞれ賃金の差押えを制限し、差押禁止の債権に

ついて相殺を禁止していますが、その保護の対象となる労働者に制限があ
り、またその賃金額にも限度がありますので、これだけでは労働者の保護
になりません。そこで、特に本条のような規定が設けられたのです。

■労働を条件とする前貸債権

　前借金の制度は、特に風俗営業や建設業に多くみられましたが、それは
はじめから賃金から差し引くつもりで労働者やその親などに前渡しされる
金銭のことです。また、「労働することを条件とする前貸の債権」とはど
のようなものをいうのか問題となりますが、それは前貸しの条件その他の
状況を総合判断して決定されることになりましょう。賃金の繰上げ支給を
し、翌月以降数か月にわたり少額ずつ差し引く事例について、それが「弁
済期の繰上げで明らかに身分的拘束を伴わないもの」であれば、本条には
触れないとしています。〔昭22．9．13発基第17号、昭33．2．13基発第90号〕。
もっとも、このように賃金から差し引くことについては、法第24条によっ
て労使協定が必要であることはいうまでもありません。

　本条で禁止される賃金との相殺には、使用者が一方的な意思表示で相殺
する場合がもちろん含まれます。ところで、相殺契約、つまり、労使合意
のうえで相殺することを定めることはどうでしょうか。これについては問
題もありますが、本条の目的が人身拘束を防止し、労働関係と金銭貸借関
係を分離しようとするものであることからみて、このような契約に基づく
相殺も脱法行為として禁止されるものと考えられます。

■罰　則

　使用者が本条に違反して相殺すると、6か月以下の懲役または30万円以
下の罰金に処せられます（法第119条第1号）。

第6 強制貯金の禁止

（強制貯金）

第18条 使用者は、労働契約に附随して貯蓄の契約をさせ、又は貯蓄金を管理する契約をしてはならない。

② 使用者は、労働者の貯蓄金をその委託を受けて管理しようとする場合においては、当該事業場に、労働者の過半数で組織する労働組合があるときはその労働組合、労働者の過半数で組織する労働組合がないときは労働者の過半数を代表する者との書面による協定をし、これを行政官庁に届け出なければならない。

③ 使用者は、労働者の貯蓄金をその委託を受けて管理する場合においては、貯蓄金の管理に関する規程を定め、これを労働者に周知させるため作業場に備え付ける等の措置をとらなければならない。

④ 使用者は、労働者の貯蓄金をその委託を受けて管理する場合において、貯蓄金の管理が労働者の預金の受入であるときは、利子をつけなければならない。この場合において、その利子が、金融機関の受け入れる預金の利率を考慮して厚生労働省令で定める利率による利子を下るときは、その厚生労働省令で定める利率による利子をつけたものとみなす。

⑤ 使用者は、労働者の貯蓄金をその委託を受けて管理する場合において、労働者がその返還を請求したときは、遅滞なく、これを返還しなければならない。

⑥ 使用者が前項の規定に違反した場合において、当該貯蓄金の管理を継続することが労働者の利益を著しく害すると認められるときは、行政官庁は、使用者に対して、その必要な限度の範囲内で、当該貯蓄金の管理を中止すべきことを命ずることができる。

⑦ 前項の規定により貯蓄金の管理を中止すべきことを命ぜられた使用者は、遅滞なく、その管理に係る貯蓄金を労働者に返還しなければならない。

（貯蓄金の管理に関する協定に定めるべき事項）

則第5条の2　使用者は、労働者の貯蓄金をその委託を受けて管理しようとする場合において、貯蓄金の管理が労働者の預金の受入れであるときは、法第18条第2項の協定には、次の各号に掲げる事項を定めなければならない。

一　預金者の範囲

二　預金者1人当たりの預金額の限度

三　預金の利率及び利子の計算方法

四　預金の受入れ及び払いもどしの手続

五　預金の保全の方法

（届出）

則第6条　法第18条第2項の規定による届出は、様式第1号により、当該事業場の所在地を管轄する労働基準監督署長（以下「所轄労働基準監督署長」という。）にしなければならない。

（過半数代表者）

則第6条の2　法第18条第2項、法第24条第1項ただし書、法第32条の2第1項、法第32条の3第1項、法第32条の4第1項及び第2項、法第32条の5第1項、法第34条第2項ただし書、法第36条第1項、第8項及び第9項、法第37条第3項、法第38条の2第2項、法第38条の3第1項、法第38条の4第2項第1号（法第41条の2第3項において準用する場合を含む。）、法第39条第4項、第6項及び第9項ただし書並びに法第90条第1項に規定する労働者の過半数を代表する者（以下この条において「過半数代表者」という。）は、次の各号のいずれにも該当する者とする。

一　法第41条第2号に規定する監督又は管理の地位にある者でないこと。

二　法に規定する協定等をする者を選出することを明らかにして実施される投票、挙手等の方法による手続により選出された者であつて、使用者の意向に基づき選出されたものでないこと。

②　前項第1号に該当する者がいない事業場にあつては、法第18条第2項、法第24条第1項ただし書、法第39条第4項、第6項及び第9項ただし書並びに法第90第1項に規定する労働者の過半数を代表する者は、前項第2号に該当する者とする。

③　使用者は、労働者が過半数代表者であること若しくは過半数代表者になろうとしたこと又は過半数代表者として正当な行為をしたことを理由として不利益な取扱いをしないようにしなければならない。

④　使用者は、過半数代表者が法に規定する協定等に関する事務を円滑に遂行することができるよう必要な配慮を行わなければならない。

（命令）

則第6条の3　法第18条第6項の規定による命令は、様式第1号の3による文書で所轄労働基準監督署長がこれを行う。

（報告事項）

則第57条

（第1項及び第2項　〈略〉）

③　法第18条第2項の規定により届け出た協定に基づき労働者の預金の受入れをする使用者は、毎年、3月31日以前1年間における預金の管理の状況を、4月30日までに、様式第24号により、所轄労働基準監督署長に報告しなければならない。

労働基準法第18条第4項の規定に基づき使用者が労働者の預金を受け入れる場合の利率を定める省令（昭和27.8.31労働省令第24号）

（定義）

第1条　この省令において、次の各号に掲げる用語の意義は、当該各号に定めるところによる。

一　下限利率　労働基準法第18条第4項に規定する金融機関の受け入れる預金の利率を考慮して厚生労働省令で定める利率をいう。

二　定期預金平均利率　特定の月において全国の銀行が新規に受け入れる定期預金（預入金額が300万円未満であるものに限る。）について、当該定期預金に係る契約において定める預入期間が1年以上であって2年未満であるもの、2年以上であって3年未満であるもの、3年以上であって4年未満であるもの、4年以上であって5年未満であるもの及び5年以上であって6年未満であるものの別に平均年利率として日本銀行が公表する利率を平均して得た利率をいう。

三　端数処理　1未満の端数がある数について、小数点以下3位未満を切り捨て、小数点以下3位の数字が、1又は2であるときはこれを切り捨て、3から7までの数であるときはこれを5とし、8又は9であるときはこれを切り上げることをいう。

四　年度　毎年4月から翌年3月までの期間をいう。

（一の年度における下限利率）

第2条　一の年度における下限利率は、次の各号に掲げる場合の区分に応じ、当該各号に定める利率とする。

一　当該年度の前年度の10月における定期預金平均利率及び同月にお

いて適用される下限利率の差が5厘以上である場合　当該定期預金
平均利率に端数処理をして得た利率
二　当該年度の前年度の10月における定期預金平均利率及び同月にお
いて適用される下限利率の差が5厘未満である場合　当該下限利率
と同一の利率
（年度の途中における下限利率の変更）
第3条　毎年度の4月における定期預金平均利率及び前条の規定により
同月において適用される下限利率の差が1分以上であるときは、当該
年度の10月から3月までの期間における下限利率は、前条の規定に
かかわらず、当該定期預金平均利率に端数処理をして得た利率とする。
（下限利率の下限）
第4条　前二条の規定による下限利率が5厘未満であるときは、これら
の規定にかかわらず、下限利率は5厘とする。
（下限利率の告示）
第5条　厚生労働大臣は、前三条の規定により下限利率が変更されると
きは、その旨を告示するものとする。
（利子の計算）
第6条　利子は、預入の月から付けなければならない。ただし、月の16
日以後に預入された場合には、その預入の月の利子を付けることを要
しない。
②　払戻金に相当する預金には、その払渡しの月の利子を付けることを
要しない。預入の月において払戻金の払渡しがあったときも、同様と
する。
③　10円未満の預金の端数には、利子を付けることを要しない。
④　利子の計算においては、円未満の端数は切り捨てることができる。

　本条は、強制貯蓄の禁止とともに、労働者の委託による貯蓄金を使用者
が管理する場合について規定したものです。
　事業場における貯蓄金管理の制度は、明治中期以降、紡績業や製糸業な
どにおいて、寄宿舎制度や強制送金制度とともに強制貯蓄が行われ、労働
者の足どめ策や強制労働に利用されていました。工場法（明治44年公布、
大正5年施行）は、こうした強制貯蓄に規制を加えましたが、全面的禁止
はなされませんでした。戦後、本法の制定によって、貯金管理制度は、任

意貯蓄によるもののみが認められることになりました。

　この任意の社内預金制度も、労働福祉の面とともに企業の資金調達策として大きな比重が置かれるようになり、預金額は著しい伸びをみせました。

　しかし、一部には高利率を中心に不健全な方向に進んだり、あるいは、事業の行きづまりで高額な預金の凍結払戻し不能といった事例も起きたりして、社会問題にまで発展しました。

　そこで、昭和41年に、社内預金制度の健全化と合わせて預金の保全を図るため、管理について新しい規制（則第5条の2、同第6条の2など）が行われることになるとともに、保全措置等についても必要な行政指導を行うこととなりました。さらに、昭和51年5月には、「賃金の支払の確保等に関する法律」が制定され、この結果、それまで行政指導事項とされていた保全措置が事業主の法律上の義務とされるとともに、保全の対象も「毎年3月31日現在の受入金額の全額」となり、事業主がこの義務を履行しない場合の保全命令権が労働基準監督署長に与えられました。

■強制貯蓄

　本条で禁止される強制貯蓄とは、「労働契約に附随」して「貯蓄の契約をさせ」または「貯蓄金を管理する」契約をいうこととされています。この「労働契約に附随して」とは、労働契約を締結したり、存続させたりするときの条件とすることをいいます。労働契約に附随して貯蓄の契約をさせたり貯蓄金を管理する契約をすることを認めると、事実上それらの契約が強制されるようになりますから、これを禁止しているのです。

　「貯蓄の契約をさせ」というのは、使用者の指定する銀行、郵便局等はもちろん、特に指定しなくても、銀行、郵便局、貯蓄組合、共済組合等と貯蓄の契約をさせることです。「貯蓄金を管理する」というのは、事業預金として使用者が自ら直接現金を管理する場合のほか、使用者または労働者の名義で銀行、郵便局、貯蓄組合、共済組合等に貯蓄し、その通帳または印鑑を保管する場合のことです。

■任意貯蓄

　労働者の委託による任意の貯蓄についても、使用者がこれを管理する場合については、次のような弊害防止の規定が置かれています。

　その第1には、労使協定を締結のうえ届け出ること、第2には、その労使協定には預金の保全方法等を定めること、第3には、使用者が、貯蓄金の管理に関する規程を定め、これを労働者に周知させるため作業場に備え付けるなどの措置を行わせ（第3項）、第4には、預金を直接使用者が受け入れる方法の貯蓄金管理については、使用者に年5厘を下回らない利率による利子をつけさせ（第4項）、第5には、労働者が貯蓄金の返還を請求するときは遅滞なく返還すべき義務を定め、第6には、労働基準監督署長の中止命令権を定めています。

■過半数代表者の選出方法等

　「書面による協定」の労働者側の締結当事者は、その事業場に、労働者の過半数で組織する労働組合（過半数労働組合）がある場合には、その労働組合となります。

　過半数労働組合がない場合に限り、労働者の過半数を代表する者（「過半数代表者」）が締結当事者となります。

　過半数労働組合がない事業場において、労働者の過半数代表者を選出する方法については、平成11年3月31日までは、行政解釈（昭63.1.1 基発第1号）で示されてきましたが、これが施行規則に規定されたものです。

　具体的には、「過半数代表者」とは次のイ及びロのいずれにも該当する者をいいます（則第6条の2第1項）。

イ　法第41条第2号の監督または管理の地位にある者でないこと

ロ　労使協定の締結などを行う者を選出することを明確にして実施される投票、挙手などの方法による手続により、選出された者であつて、使用者の意向に基づき選出されたものでないこと

　また、労働者が過半数代表者であることや、過半数代表者になろうとしたこと、過半数代表者として正当な行為をしたことを理由として不利益な取扱いをすることも禁止されています。

　さらに、過半数代表者が法に規定する協定等に関する事務を円滑に遂行することができるよう必要な配慮を行わなければならないとされています（則第6条の2第4項）。

■書面による協定

　「書面による協定」には、則第5条の2に掲げる5つの事項のすべてについて協定されなければなりません。この5事項の内容の詳しいことについては、通達で示されていますが、その要点は次のとおりです〔昭52.1.7基発第4号〕。

（1）　預金者の範囲を労働者に限ること。

（2）　預金への源泉は、賃金すなわち労働の対償として支払われたものに限ること。

（3）　預金者1人当たりの預金残高の限度を、事業場の賃金水準、預金の目的等を考慮して具体的に定めること。

（4）　市中金利を考慮して、高利率にならないような預金利率を定めること。

（5）　単利複利の別、付利単位、利息計算期間等について利子の計算方法を定めること。

（6）　預金通帳または預金証書の交付と預金元帳の備付けについて定めること。

（7）　次のいずれかの方法による預金の保全方法を定め、その保全すべき額は、毎年3月31日現在の受入金額の全額とすること（賃金の支払の確保等に関する法律第3条、同施行規則第2条）。

　　イ　保証契約の締結

　　ロ　信託契約の締結

　　ハ　質権の設定

　　ニ　抵当権の設定

　　ホ　預金保全委員会の設置

　なお、則第5条の2の絶対的協定事項以外について協定することは当事者の自由です。また、いわゆる通帳保管による貯蓄金管理のみを行う場合は、則第5条の2の適用はありませんが、書面協定の届出は行わなければなりません。

　ここで、書面による協定の「書面」には、民間事業者等が行う書面の保存等における情報通信の技術の利用に関する法律（平成16年法律第149号）により、書面に代えて電磁的記録により作成保存等ができることとされており、本法に規定されている「書面による協定」は、いずれも、パソコンに記録を保存することでもよいとされています。

■貯蓄金管理規程

　「貯蓄金の管理に関する規程」は、使用者に作成義務があり、一方的な制定権がありますが、貯蓄金に関する労使協定に反するものであってはなりません。使用者の貯蓄金管理の取扱いは、この管理規程によって行われることとなりますので、管理規程には労使協定に定められている事項についても規定することが必要です。なお、通帳保管のみの場合であっても、「貯蓄金の管理に関する規程」は設けなければなりません。

■預金の利率

　「金融機関の受け入れる預金の利率を考慮して厚生労働省令で定める利率」は、「労働基準法第18条第4項の規定に基づき使用者が労働者の預金を受け入れる場合の利率を定める省令」によって、最低限度は通常見直し（下限利率と10月の市中金利との間に5厘以上の乖離がみられる場合に行う）と特別見直し（下限利率と4月の市中金利との間に1分以上の乖離がみられる場合に行う）の1年間に2回の見直しの方法が定められており、

現在、下限利率は年5厘とされています。さらに、この省令では、郵便貯金の例に準じ、月の16日以降の預入れの金額と払戻しの金額についてはその月の利子をつけなくても差し支えなく、また10円未満の預金の端数に利子をつけず、円位未満の利子を切り捨てるなどの利子の計算方法について定めています。

■貯蓄金の返還

　「貯蓄金の返還」というのは、労働者の請求に基づいて貯蓄金を返還することをいいますが、この場合利子をつけて返還しなければならないことはいうまでもありません。貯蓄金制度は本来労働者の利益のための制度ですから、労働者から返還の請求があった場合には遅滞なく返還しなければならないことは当然です。したがって、労働者が貯蓄金の返還を請求しても使用者が遅滞なくこれを返還しない場合には、所轄労働基準監督署長は、その使用者に対し貯蓄金管理の中止を命ずることができるのであり、また貯蓄金の管理を中止するように命ぜられた使用者は、遅滞なく、その中止命令に示された範囲の貯蓄金を労働者に返還しなければなりません。

　なお、中止命令は貯蓄金の返還請求をしたが返還を受けない労働者だけでなく、他の労働者が請求したときも請求者に対して貯蓄金を返還しないおそれのある場合において、貯蓄金の管理を継続することが労働者全体の利益を著しく害すると認められる場合にも出されることになります。

　貯蓄金管理の中止命令が出されると、使用者は遅滞なく貯蓄金を返還しなければなりませんから、場合によっては、相当巨額の金銭を一時に支払わなければならないことになり、企業にとって相当の打撃となることが考えられますので、中止命令を出す場合にも、その必要の限度内に止めるよう慎重に取り扱われます。そして、その限度は具体的な事例ごとにそれぞれ示されますが、中止命令を出す原因となった労働者、つまり請求したが返還してもらえなかった労働者についてだけ行われることもあり、場合によっては、全部の労働者について行われる場合もあります。

■預金管理状況報告

　労働者の預金の受入れによる貯蓄金管理を行う使用者は、毎年3月31日以前1年間における預金の状況と預金の保全の状況等について、4月30日までに所轄労働基準監督署長に預金管理状況報告をしなければなりません。

　これは、当該事業場における協定の履行状況、預金の受入れ、払戻しの状況等を把握するとともに、全国における社内預金の動向、問題点などを明らかにしようとしたものです。

■罰　則

　使用者が本条第1項に違反して労働契約に附随して貯蓄契約をさせ、または労働者の貯蓄金管理をする契約を結びますと、6か月以下の懲役または30万円以下の罰金に処せられます（法第119条第1号）。また、本条第7項の規定に違反して貯蓄金を返還しないと、30万円以下の罰金に処せられます（法第120条第1号）。

第7　解雇制限

（解雇制限）
第19条　使用者は、労働者が業務上負傷し、又は疾病にかかり療養のために休業する期間及びその後30日間並びに産前産後の女性が第65条の規定によつて休業する期間及びその後30日間は、解雇してはならない。ただし、使用者が、第81条の規定によつて打切補償を支払う場合又は天災事変その他やむを得ない事由のために事業の継続が不可能となつた場合においては、この限りでない。
②　前項但書後段の場合においては、その事由について行政官庁の認定を受けなければならない。

〔労働契約法〕

（解雇）

第16条　解雇は、客観的に合理的な理由を欠き、社会通念上相当であると認められない場合は、その権利を濫用したものとして、無効とする。

（様式）

則第7条　法第19条第２項の規定による認定又は法第20条第１項但書前段の場合に同条第３項の規定により準用する法第19条第２項の規定による認定は様式第２号により、法第20条第１項但書後段の場合に同条第３項の規定により準用する法第19条第２項の規定による認定は様式第３号により、所轄労働基準監督署長から受けなければならない。

　本条は、業務上の傷病によって療養のため休業する労働者と、産前産後に休業する女性を解雇することを制限したものです。

　民法では、期間を定めずに雇用した者に対しては原則として14日前に予告すればいつでも自由に解雇することができることになっていますが、労働者の生存権を脅かすような最も不遇な状況の下においては、この解雇の自由に対して一定の制限を加える必要がありますので、本条は、労働者が業務上の傷病や出産のために労働能力を喪失して休業している期間と、労働能力の回復に必要とみられるその後の30日間について解雇を制限しています。

　しかし、解雇制限の結果労働契約があまり引き延ばされますと使用者にとって酷ですので、本条では、例外として業務上の傷病による療養開始後３年経ってもその傷病が治ゆしない場合には、法第81条の打切補償を行えば解雇できることとし、また天災事変その他やむを得ない事由によって事業を廃止しなければならなくなった場合には、行政官庁の認定を受けることを条件として解雇できることにしています。

■解雇とは

　「解雇」というのは、使用者の一方的意思表示による雇用契約の解除です。契約の解除には、両当事者の合意によるものと当事者の一方の意思表示によるものとがありますが、解雇は後者の場合になります。したがって、いわゆる任意退職は解雇ではありません。ただ、その任意退職が形式的には労働者の退職願等に基づいて行われる場合でも、それが使用者の有形無形の圧力によってなされた場合には、解雇とみなされる場合があります。

　解雇は、使用者の一方的意思表示を条件とするのですから、その意思表示が必要でなく一定の条件が備われば当然雇用関係が終了する場合は、解雇ではありません。たとえば、雇用期間の満了によって当然退職する場合や、一定の工事の完了するまで雇用するという、いわゆる不確定期限つき労働契約の場合に、その工事が完了し、それによって当然退職する場合等は解雇ではありません。しかし、定年制の定めがある場合に、その定年に達したことによって当然その雇用関係が終了するかというと、必ずしもそうではありません。たとえ、定年制を採用しても、定年に達したのちにおいても会社の都合によって引き続き使用することがあるというような何らかの措置がとられている場合には、労働者が定年に達したあとも引き続き雇用されるという期待を与えるのですから、定年に達したのち使用者が雇用契約を解除した場合は、解雇とみなされます。もちろんこの場合、定年に達した翌日をもって当然雇用関係は自動的に終了する旨の定めがあり、しかもそれが慣行となり、労働者の間に徹底している場合の定年退職は、条件が備わったことによる当然の退職であり解雇ではありません（法第20条の解説参照）。

■解雇の制限

　解雇が制限されるのは、まず第1に、労働者が業務上の傷病によって休業する期間とそのあとの30日間であって、業務以外の傷病によって休業する期間は含まれません。この「その後30日間」とは傷病の治ゆ後労働能力

の回復のために必要と認められる期間であって、この期間労働者は、解雇の脅威から守られているのであり、その30日間は、傷病が治ゆしたと診断され出勤した日、または出勤できる状態に回復した日から計算されます。

　なお、業務上の傷病によって休業する期間が3年を超え、しかもなお傷病が治ゆしない場合には法第8条の規定による平均賃金の1,200日分の打切補償を行えば、業務上の傷病のため休業している期間であっても解雇できることとされていますが、労災保険では、現在1年6か月を経過してもなお療養の必要があり、一定の傷病の状態に該当するときは「傷病補償年金」が支給されることになっており、この療養の開始後3年を経過した日において傷病補償年金を受けている場合または同日後において傷病補償年金を受けることになった場合には、打切補償を支払ったものとみなされ（労災保険法第19条）、解雇制限は解除されることになっています。

　打切補償における療養補償給付（労災保険法第12条の8第1項第1号）の取扱いについて従前明確ではありませんでしたが、最高裁は、「労災保険法上の療養補償給付を受ける労働者は、労基法19条1項の適用に関しては、同項ただし書が打切補償の根拠規定として掲げる同法81条にいう同法75条の規定によって補償を受ける労働者に含まれる」〔平27・6・8最高裁（二小）判決：学校法人専修大学事件〕と判示しています。

　次に、産前産後の女性が法第65条の規定によって休業する期間とその後30日間についても解雇が制限されます。産前の休業の場合、産前6週間の休業がとれる期間であってもその労働者が休業しないで就労している期間については、解雇は制限されません。また、結果において出産日前6週間以内であっても、出産予定より6週間前であって産前休暇を請求し休業している期間についても、解雇が制限されます。また、産後8週間を経過しなくても6週間経過後就労していれば、就労したはじめの日から30日を経過すれば解雇することができます。

　「天災事変その他やむを得ない事由のために事業の継続が不可能となった場合」には、則第7条の規定によって所轄労働基準監督署長の認定を受け

ることを条件として、その解雇が例外的に認められています。「天災事変その他やむを得ない事由」というのは、火災、洪水、地震その他不慮の災厄やこれに準ずるものをいい、その範囲の認定については、一般に事業経営上の見通しの誤りで事業を継続できなくなったような場合は含まれないと解されます〔昭63.3.14基発第150号〕。また、親会社が経営難のため資材資金の入手ができなくなった子会社の場合は、やむを得ない事由のために事業の継続が不可能となった場合とはいいがたいのですが、実際上、事業廃止後労働契約を継続させる実益がなければ、運用上の認定が行われることとなりましょう〔昭23.6.11基収第1898号〕。

　しかし、この場合の認定は、法第19条の解雇制限を解除する事由についての認定であって、同じく「認定」という文言が使われていても、法第20条の解雇予告除外認定はまた別に行われるものであることは、いうまでもありません。

　また、「事業の継続が不可能となった場合」とは、事業の全部または大部分が継続不可能となった場合のことであって、事業の一部を縮小しなければならなくなった場合は含まれません〔昭63.3.14基発第150号〕。ここでいっている「事業」というのは、原則として労働基準法の適用単位とされている事業のことです。したがって、全国的に事業場を数か所経営している企業については、事業の継続が不可能になったかどうかは、個々の事業場について判断するのであり、その企業全体について判断すべきでないと考えられます。

　次に問題となるのは、解雇制限期間中に、解雇制限期間の満了する日またはその日以後に効力を発生する解雇の予告をすることは違法かどうかということですが、本条は、解雇を制限しているだけですから、違法とはならないのではないかと考えられます。反対に、解雇制限期間開始前に解雇予告がなされた場合であっても解雇制限期間中にこの予告期間が満了することになるとき、たとえば、7月31日付けの解雇を7月1日に予告したところ7月15日に業務上の負傷をし、10日間休業したという場合、7月31日

は解雇制限期間中ですから、その解雇予告によっては解雇することはできないことになります。

　なお、本条に違反して行われた解雇は無効です。

■労働契約法における解雇

　労働契約法第16条の規定は、労働契約法が成立したときに労働基準法第18条の2の条文がそのまま移行されたものです。

　この趣旨は、解雇は労働者に与える影響が大きく、解雇に関する紛争も増大していることから、解雇に関するルールをあらかじめ明らかにすることにより、解雇に際して発生する紛争を防止し、その解決を図るというものです。判例で確立している「解雇は客観的に合理的な理由を欠き社会通念上相当として是認することができない場合には、権利の濫用として無効になる。」という権利濫用に該当する解雇の効力について規定したものです。

■罰　　則

　使用者が本条に違反して解雇制限期間中に労働者を解雇しても、それは無効ですが、そのような解雇の意思表示は事実上労働者の生活を脅かすことになるので、6か月以下の懲役または30万円以下の罰金に処せられます（法第119条第1号）。

第8　解雇の予告

> （解雇の予告）
> **第20条**　使用者は、労働者を解雇しようとする場合においては、少くとも30日前にその予告をしなければならない。30日前に予告をしない使用者は、30日分以上の平均賃金を支払わなければならない。但

> し、天災事変その他やむを得ない事由のために事業の継続が不可能
> となつた場合又は労働者の責に帰すべき事由に基いて解雇する場合
> においては、この限りでない。
> ②　前項の予告の日数は、1日について平均賃金を支払つた場合にお
> 　いては、その日数を短縮することができる。
> ③　前条第2項の規定は、第1項但書の場合にこれを準用する。
> ....
> （様式）
> **則第7条**（83頁参照）

　期間の定めのない雇用契約は、当事者双方ともいつでもこれを解約することができます。しかし、その契約が何らの予告もなく突然解約されて労働関係が即座に解消することになると相手方が困るので、民法では解約申入れの日から2週間を経過することによって終了するとされています（民法第627条第1項）。そして、この一定の期間とは、日給者については2週間、月給者については、解雇しようとする月の前の月の前半までに、さらに6か月以上の期間をもって報酬を定めている者（たとえば年俸者）については3か月前に、それぞれ解約の申入れをすることが必要であるとしています。したがって、日給者が解約する場合、民法の規定によりますと2週間前の予告で足りることになりますが、使用者が日給者を解雇する場合、次の就職口をさがすのに予告期間が半月ぐらいでは十分ではありませんので、本条ではこれを30日に延長しています。なお、予告日数は平均賃金による日割計算支払いで短縮することもできます。

■解雇しようとするとき

　使用者が労働者を解雇しようとする場合には、「少くとも30日前」に解雇の予告をしなければなりません。少なくとも30日前とありますから、30日以上前に予告することはもとより差し支えないわけですが、解雇の予告には、解雇の日を特定しなければなりません。解雇予告期間の日数計算は、

翌日から起算されます（民法第140条）。

■予告をしないとき

　30日前に解雇の予告をしない使用者は、予告に代えて30日分以上の平均賃金を支払わなければなりません。30日分以上の平均賃金を支払って解雇する場合には、解雇の予告は不要ですから、労働者を即時解雇することができます。さらに、予告日数は予告に代わる平均賃金の支払いによる日割換算が認められています。たとえば、10日前に予告して解雇する場合には、20日分以上の平均賃金を支払えばよいわけです。

　予告手当は、賃金ではありませんから、法第24条による一定期日の支払いは必要ではなく、また法第23条の「労働者の権利に属する金品」でもありません。なお、予告手当は、法第24条に準じて通貨で直接労働者に支払う必要があります。

　労働者が使用者の解雇の意思表示の効力を争う等の理由によって予告手当を受け取らない場合には、地方法務局等に供託することが確実な支払方法ですが、そこまでしなくとも通常の賃金その他の債務が支払われるのと同様、労働者が受けることができる状態にしておけば足りるとされています。また、平均賃金の算定は面倒ですので、解雇の意思表示と同時に予告手当の概算払いをし、不足額があればその後速やかにその不足額を支払うという方法をとることも許されましょう。

　予告手当は、退職手当等とはその性格が異なりますから、退職手当を支給することによって予告手当の支払義務は免除されません。しかし、退職手当の支給について、その中に予告手当を含むものとして予告手当以上の額が予め定められている場合には、別に予告手当を計算して支払う必要はありません。

■事業の継続が不可能になったとき

　「天災事変その他やむを得ない事由のために事業の継続が不可能となった

場合」や「労働者の責に帰すべき事由」によって解雇する場合には、所轄労働基準監督署長の認定を受けることを条件として、予告手当の支払いなき即時解雇が例外的に認められます。

このような例外が認められる場合に該当するか否かの認定基準として、次のような行政解釈が示されています。

法第19条及び法第20条に規定する「天災事変その他やむを得ない事由のため事業の継続が不可能となつた」として、認定申請がなされた場合には、申請事由が「天災事変その他やむを得ない事由」と解されるだけでは充分でなく、そのために「事業の継続が不可能」になることが必要であり、また、逆に「事業の継続が不可能」になっても、それが「やむを得ない事由」に起因するものでない場合には、認定すべき限りではないこと。

（1）「やむを得ない事由」とは、天災事変に準ずる程度に不可抗力に基づきかつ突発的な事由の意であり、事業の経営者として、社会通念上採るべき必要な措置を以てしても通常如何ともなし難いような状況にある場合をいう。

（イ）　次の如きものはこれに該当する。

　　イ　事業場が火災により焼失した場合。ただし、事業主の故意又は重大な過失に基づく場合を除く

　　ロ　震災に伴う工場、事業場の倒壊、類焼等により事業の継続が不可能となった場合

（ロ）　次の如き場合は、これに該当しない。

　　イ　事業主が経済法令違反のため強制収容され、又は購入した諸機械、資材等が没収された場合

　　ロ　税金の滞納処分をうけ事業廃止に至った場合

　　ハ　事業経営上の見通しの齟齬の如き事業主の危険負担に属すべき事由に起因して資材入手難、金融難に陥った場合。個人企業で別途に個人財産を有するか否かは本条の認定には直接関係がない。

　　ニ　従来の取引事業場が休業状態となり、発注品なく、ために事業が金融難に陥った場合

（2）「事業継続が不可能になる」とは、事業の全部又は大部分の継続が不可能になった場合をいうのであるが、例えば当該事業場の中心となる重要な建物、設備、機械等が焼失を免れ多少の労働者を解雇すれば従来通り操業しうる場合、従来の事業は廃止するが多少の労働者を解雇すればそのまま

　　別個の事業に転換しうる場合の如く事業がなおその主たる部分を保持して
　継続し得る場合、又は一時的に操業中止のやむなきに至ったが、事業の現
　況、資材、資金の見通し等から全労働者を解雇する必要に迫られず、近く
　再開復旧の見込が明らかであるような場合は含まれないものであること。
〔昭63.3.14基発第150号〕

　「労働者の責に帰すべき事由」とは、労働者の故意、過失又はこれと同視す
べき事由であるが、判定に当っては、労働者の地位、職責、継続勤務年限、勤
務状況等を考慮の上、総合的に判断すべきであり、「労働者の責に帰すべき事
由」が法第20条の保護を与える必要のない程度に重大又は悪質なものであり、
従って又使用者をしてかかる労働者に30日前に解雇の予告をなさしめることが
当該事由と比較して均衡を失するようなものに限って認定すべきものである。
　「労働者の責に帰すべき事由」として認定すべき事例を挙げれば、
（1）　原則として極めて軽微なものを除き、事業場内における盗取、横領、
　　傷害等の刑法犯に該当する行為のあった場合。また一般的にみて「極めて
　　軽微」な事案であっても、使用者があらかじめ不祥事件の防止について諸
　　種の手段を講じていたことが客観的に認められ、しかもなお労働者が継続
　　的に又は断続的に盗取、横領、傷害等刑法犯又はこれに類する行為を行っ
　　た場合、あるいは事業場外で行われた盗取、横領、傷害等刑法犯に該当す
　　る行為であっても、それが著しく当該事業場の名誉もしくは信用を失つい
　　するもの、取引関係に悪影響を与えるもの又は労使間の信頼関係を喪失せ
　　しめるものと認められる場合
（2）　賭博、風紀紊乱等により職場規律を乱し、他の労働者に悪影響を及ぼ
　　す場合。また、これらの行為が事業場外で行われた場合であっても、それ
　　が著しく当該事業場の名誉もしくは信用を失ついするもの、取引関係に悪
　　影響を与えるもの又は労使間の信用関係を喪失せしめるものと認められる
　　場合
（3）　雇入れの際の採用条件の要素となるような経歴を詐称した場合及び雇
　　入れの際、使用者の行う調査に対し、不採用の原因となるような経歴を詐
　　称した場合
（4）　他の事業へ転職した場合
（5）　原則として2週間以上正当な理由なく無断欠勤し、出勤の督促に応じ
　　ない場合
（6）　出勤不良又は出欠常ならず、数回に亘って注意を受けても改めない場
　　合

の如くであるが、認定にあたっては、必ずしも右の個々の例示に拘泥すること
なく総合的かつ実質的に判断すること。なお、就業規則等に規定されている懲
戒解雇事由についてもこれに拘束されることはないこと。

〔昭23.11.11基発第1637号、昭31.3.1基発第111号〕

　以上のような認定基準に基づく具体的な取扱いをみますと、福井県下の
震災で本社と工場の大部分が罹災のため資金難となり、会社が解散した結
果非罹災工場も閉鎖しなければならなくなったのは、認定事由に該当する
と解釈されました〔昭23.8.4基収第2697号〕。また、クローズド・ショッ
プ制に基づき組合から除名された者を解雇するのは、認定事由に該当する
とは限らず〔昭23.8.23基収第2426号〕、政府の塩買上げ中止を原因とす
る製塩事業の中止・廃止・塩の収納停止の措置が突発的であっても暫定的
なものであるから、特別の事情のない限り認定事由には該当しないと解さ
れ、さらに職業安定法によって工事停止が命ぜられても、認定事由とはな
らないとされた例などがあります。

■即時解雇の手続

　使用者が、前述の事由によって労働者を即時に解雇しようとするときは、
則第7条の規定によって、所轄労働基準監督署長の認定を受けなければな
りません。そして、所轄労働基準監督署長の認定があった場合、30日前の
解雇予告、また予告に代わる手当の支払いをしなくても労働者を即時に解
雇することができるのです。しかし、この認定処分は、解雇の効力発生要
件ではなく、解雇予告除外事由に該当する事実が存在するか否かを確認す
る処分であると解されます。したがって、即時解雇の事由が客観的に存在
するときは、たとえ労働基準監督署長の認定を受けていなくても、即時解
雇そのものは有効に成立するものと考えられます〔最高裁昭29.9.28小
法廷判決ほか下級審裁判例多数〕。なお、解雇予告除外認定は原則として解
雇の意思表示をする前に受けるべきであり、効力の発生要件ではないこと
を理由に、認定を受けなかったり、認定申請を遅らせたりすることは本条

の違反となります。

　前述のように、本条は労働者が退職しようとする場合には適用されません。労働者から退職を申し出た場合には、労働協約や就業規則等に別段の定めがない限り民法第627条第1項の規定によって、一般には労働者の退職申出後2週間経過すれば雇用関係は終了することになります。また、たとえば、鉱山から労働者が無断で退出するとか、他の事業場に無断で転職した場合のように、それらの行為が労働者の明らかな解約申入れの意思表示であると認められる場合には、労働者より申出がなくても、退山後または無断転職後2週間を経たのち雇用契約は終了します。

　また、雇用契約に期間の定めがあり、その期間の終了によって雇用契約が終了する場合には、解雇ではありませんから本条は適用されません。一定の工事の完了を期限として雇い入れられた労働者が、工事完了によって退職するのは、契約による自動的な雇用関係の終了ですから解雇ではありません。

　さらに、経営者が変わった場合、それが単に使用者の変更だけで事業の性質や労働条件が同一であり、実質的には労働関係が継続しているものと認められる場合、あるいは同一使用者の下で労働者の職制上の身分が変更したにすぎない場合には、解雇という事実はないものと解され、したがって、本条は適用されません。

■手続に違反したとき

　本条に定められた手続に違反して解雇の予告をせず、予告手当も支払わないで労働者を解雇した場合の民事上の効力については、学説、裁判例が分かれていますが、大別すれば、①解雇有効説、②解雇無効説、③解雇相対的無効説、④選択権説があります。

①　解雇有効説は、30日以上の予告期間を設けず、また30日分以上の予告手当も支払わないで解雇を通告した場合でも、単に使用者は刑事上の責任があり、かつ、予告手当の支払債務を負担するにすぎず、解雇そのも

のは有効であるとするものです。

② 解雇無効説は、本条に違反して30日以上の予告期間を設けず、また30日分以上の予告手当も支払わないで行った解雇は無効であり、いつまでも有効とならないとするものです。

③ 解雇相対的無効説には種々のものがありますが、判例の見解〔昭35・3・11最高裁（二小）判決：細谷服装事件〕は、予告期間も置かず、予告手当の支払いもしないで労働者に解雇の通告をした場合は、使用者が即時解雇を固執する趣旨でない限り、①通知後本条の30日の期間を経過するか、または、⑦通知後本条の解雇予告手当の支払いをしたとき、のいずれか早いときから解雇の効力が生じるとするものです。

④ 選択権説は、使用者が30日以上の予告期間を設けず、また30日分以上の予告手当も支払わないで解雇を通告したときは、労働者は解雇無効の主張と解雇有効を前提としたうえでの予告手当の請求のいずれかを選択できるとするものです。

これらの説の中では③の説が妥当であり、行政解釈もこの立場から、「法定の予告期間を設けず、又法定の予告に代る平均賃金を支払わないで行った即時解雇の通知は即時解雇としては無効であるが、使用者が解雇する意思があり、かつ解雇が必ずしも即時解雇であることを要件としていないと認められる場合には、その即時解雇の通知は法定の最短期間である30日経過後において解雇する旨の予告として効力を有するものである。」〔昭24.5.13基収第1483号〕としています。

なお、この場合において、即時解雇の意思表示以後その解雇の効力が発生するまでの間は、使用者の責に帰すべき事由による休業として法第26条の休業手当の支払いをする必要が生ずると解されています〔同旨 昭30・12・17東京地裁判決：ファイナンスビル休業手当請求事件)。

■罰 則
使用者が本条に違反して30日前の予告か、これに代わる予告手当の支払

いをしないと、6か月以下の懲役または30万円以下の罰金に処せられます（法第119条第1号）。

第9　解雇予告の特例

> **第21条**　前条の規定は、左〔編注：下記〕の各号の一に該当する労働者については適用しない。但し、第1号に該当する者が1箇月を超えて引き続き使用されるに至つた場合、第2号若しくは第3号に該当する者が所定の期間を超えて引き続き使用されるに至つた場合又は第4号に該当する者が14日を超えて引き続き使用されるに至つた場合においては、この限りでない。
> 一　日日雇い入れられる者
> 二　2箇月以内の期間を定めて使用される者
> 三　季節的業務に4箇月以内の期間を定めて使用される者
> 四　試の使用期間中の者

　使用者は、第1号から第4号までに掲げる臨時的な労働者について、解雇予告や予告手当の支払いをせずに即時に解雇することができます。しかし、これらの場合にはそれが濫用されるおそれがありますので、それぞれ一定期間を超えて引き続き使用されるようになった場合には、前条の解雇予告・予告手当の支払いが必要とされます。短期契約の反復更新という名目で、前条その他本法の規定の適用を免れようとする脱法行為を防ぐためです。

■日雇労働者

　「日日雇い入れられる者」というのは、いわゆる日雇労働者のことですが、これらの労働者の雇用期間は1日ですから、その日の労働の終了によって雇用関係は一応終了し、必要に応じてまた1日雇い入れられることになり、1日という期間の定めのある労働契約ということになります。し

たがって、1日ごとに期間満了による雇用関係の終了があり、解雇の問題は生じないわけですが、日日雇い入れられる労働者でも、1か月を超えて引き続き使用されるようになれば、形式上は1日ごとに雇い入れられているものであっても労働関係は継続的なものとなり、実質的には期間の定めのない契約と性質が同じになりますので、前条の規定を適用し、その労働関係の終了を労働者の意思による場合でない限り解雇とみて、解雇の予告またはこれに代わる予告手当の支払いをしなければなりません。

　「1箇月」というのは、暦による1か月の意味であり、その期間内にたまたま欠勤その他就業しない日が数日あったとしても、同一事業場の業務に従事しているのであれば、引き続き使用されているものと解すべきです〔昭24.2.5基収第408号〕。

■契約期間が2か月以内の者

　「2箇月以内の期間を定めて使用される者」には前条の解雇予告の規定は適用されませんから、契約期間の満了前に民法第628条（やむを得ない事由による雇用契約の即時解除）によって解雇する場合には30日前の解雇予告または予告手当の支払いは必要ありません。契約期間の満了による雇用関係の終了は解雇ではありませんから、前条の規定は当然適用されません。しかし、これらの労働者が所定の期間を超えて引き続き使用されるようになった場合には前条の規定は適用されます。ここで、「所定の期間を超えて引き続き使用されるに至つた場合」というのは、たとえば、1か月と契約期間が定められていた労働者がさらに1か月の契約期間で引き続き使用される場合と、1か月を超えてからは期間の定めをすることなく引き続き使用される場合とがあります。契約期間満了後改めて期間を定めることなく引き続き使用される場合は、民法第629条によって前の契約と同一条件で期間の定めのない契約が締結されたものと推定されますから、その労働関係の終了は、労働者の退職申出によるものでない限り解雇であると解され、したがってこの場合、前条が適用されます。所定期間の経過後さ

らに期間を定めて引き続き使用される場合には、その更新された期間の満了によって労働関係が自動的に終了するものであれば解雇ではありませんから、前条の規定は適用されません。しかし、更新された期間の満了前に民法第628条によって解雇する場合には、前条の規定が適用されます。また、所定期間の経過後契約を更新し、再び期間を定めて引き続き使用する場合に、その更新された契約期間が実質的に雇用契約の更改とはみられず、客観的には労働関係が継続しており、形式的に契約期間が更新されているにすぎないと認められる場合には、更新された契約期間が満了しても労働関係は自動的に終了するものではなく、その労働関係の終了は解雇であると解されますから、この場合には前条の規定が適用されることとなります〔昭24.9.21基収第2751号、昭24.10.22基第2498号〕。

■4か月以内の季節労働者

「季節的業務に4箇月以内の期間を定めて使用される者」についても、前述の2か月以内の期間を定めて使用される者と同じで前条の解雇予告の規定は適用されません。「季節的業務」というのは、春、夏、秋、冬の四季、雨季等のシーズンによって行う業務のことで、製氷、夏の避暑地におけるボーイ、山番等をいい、単に契約期間が4か月以内であるだけでは季節的業務に4か月以内の期間を定めて使用される者には該当しません。

■試用期間中の者

「試の使用期間中の者」については、原則として前条による解雇予告または予告手当の支払いが必要ではありませんが、試みの使用期間が14日を超えれば、前条の規定が適用されますから、解雇予告・予告手当の支払いをしなければなりません。したがって、会社の就業規則等で試用期間は30日とか60日などと定めていても、その試用期間とはかかわりなく14日間を超えれば前条は当然適用されます。なお、試用期間が13日になったときいったん解雇し、2、3日おいて再び試用期間として使用する場合には、途中

でいったん解雇されていても、試用期間の性質上この中断期間が相当長くない限り、脱法的意図があるものと推察され、前後合わせて14日間を超えれば前条の規定は適用されると解されます。

なお、有期労働契約の締結、更新及び雇止めに関する基準〔平15.10.22厚生労働省告示357号、最終改正：平24.10.26厚生労働省告示551号。**429頁参照**〕では、期間の定めのある労働契約を締結している労働者のうち、労働契約を3回以上更新したり、1年を超えて継続勤務している者について、当該労働契約を更新しない（いわゆる雇止め）こととしようとする場合は、少なくとも当該契約期間の満了する日の30日前までに、予告をしなければならないとされています。

第10 退職時等の証明

（退職時等の証明）
第22条 労働者が、退職の場合において、使用期間、業務の種類、その事業における地位、賃金又は退職の事由（退職の事由が解雇の場合にあつては、その理由を含む。）について証明書を請求した場合においては、使用者は、遅滞なくこれを交付しなければならない。
② 労働者が、第20条第1項の解雇の予告がされた日から退職の日までの間において、当該解雇の理由について証明書を請求した場合においては、使用者は、遅滞なくこれを交付しなければならない。ただし、解雇の予告がされた日以後に労働者が当該解雇以外の事由により退職した場合においては、使用者は、当該退職の日以後、これを交付することを要しない。
③ 前二項の証明書には、労働者の請求しない事項を記入してはならない。
④ 使用者は、あらかじめ第三者と謀り、労働者の就業を妨げることを目的として、労働者の国籍、信条、社会的身分若しくは労働組合運動に関する通信をし、又は第1項及び第2項の証明書に秘密の記

> 号を記入してはならない。

■退職の場合の証明

　本条は、退職の場合の証明書の交付、解雇理由の明示及び就職妨害となる事項の記載の禁止について規定したものです。

　労働者が退職するとき証明書の交付を請求した場合には、退職の理由が何であろうと、使用者は遅滞なく証明書を交付しなければなりません。

　使用者が証明書を交付しなければならないのは、労働者に請求された場合であり、その記載事項は、使用期間、業務の種類、その事業における地位、賃金、退職の事由（退職の事由が解雇の場合は、その理由も含みます。）の5項目についてです（第1項）が、それ以外の事項でも労働者が請求する場合には記載して差し支えありません。

　証明書は労働者が就職するのに便利なために交付されるものですから、労働者の請求しない事項を記入することは禁じられており、前述の5項目でも労働者が請求しない事項は記入してはなりません（第3項）。

■解雇理由の明示

　平成16年1月から退職時証明に加えて、解雇をめぐる紛争を未然に防止し、その迅速な解決を図ることを目的として、解雇を予告された労働者は、当該解雇の予告がなされた日から当該退職の日までの間においても、使用者に対して当該解雇の理由を記載した証明書の交付を請求できることとされ、当該請求があった場合には、使用者は、遅滞なく、当該解雇の理由を記載した証明書の交付をしなければならないこととされています。

　即時解雇の通知後に労働者が解雇の理由についての証明書を請求した場合には、使用者は、本条第1項に基づいて解雇の理由についての証明書の交付義務を負うものと解されます。

　「解雇の理由」については、具体的に示す必要があり、就業規則の一定の条項に該当する事実が存在することを理由として解雇した場合には、就業

規則の当該条項の内容及び当該条項に該当するに至った事実関係を証明書に記入しなければなりません。

　なお、本規定に反し、使用者が解雇理由を明示しなかった場合や明示した解雇理由を後日変更したような場合には、その解雇の合理性の判断を否定する要素となるでしょう。

■ブラックリストの交換禁止

　使用者がブラックリストを作って、相互に、好ましくない労働者が職場に潜入することを防ぐような術策を講ずると、労働者が正当な就職の機会を失うことになります。そこで、これを防止するため、使用者が労働者の国籍、信条、社会的身分あるいは労働組合運動に関する通信をすることを禁止しています（第4項）。なお、本条によって禁止されているのは、労働者の国籍、信条、社会的身分あるいは労働運動に関する通信であって、これらに限られるものです。

　また、使用者は証明書に秘密の記号を記入してはなりません。証明書には労働者の請求しない事項を記入してはなりませんから当然のことですが、さらに秘密の記号の記入を禁じ、この違反については、単に証明書に労働者の請求しない事項を記入する場合よりも重く処罰することとしています。

　なお、保険外交員の取締上、登録制度を採用すると同時に、保険会社、契約者等からの通報によって不適格者についてブラックリストを作成し、各保険会社に配布することについては、そのブラックリストの作成と配布が「保険募集の取締に関する法律」第5条第1項各号の一に該当するものだけについて登録されるものであれば、本条に違反するものではないと解されます〔昭24.9.12基収第2716号、平15.12.26基発1226002号〕。

■罰　則

　使用者が本条第1項と第2項に違反すると30万円以下の罰金に処せられ（法第120条第1号）、第3項に違反すると6か月以下の懲役または30万円以

下の罰金に処せられます（法第119条第1号）。

第11　金品の返還

> （金品の返還）
> **第23条**　使用者は、労働者の死亡又は退職の場合において、権利者の
> 請求があつた場合においては、7日以内に賃金を支払い、積立金、
> 保証金、貯蓄金その他名称の如何を問わず、労働者の権利に属する
> 金品を返還しなければならない。
> ②　前項の賃金又は金品に関して争がある場合においては、使用者は、
> 異議のない部分を、同項の期間中に支払い、又は返還しなければな
> らない。

　本条は、労働者の死亡・退職の場合における使用者の金品の支払い、返
還義務について規定したものです。

■権利者とは

　「権利者」というのは、労働者の退職の場合には労働者本人、労働者の死
亡の場合には労働者の相続人をいうのであって、労働者に金銭を貸してい
るというような一般の債権者は含まれません。この権利者から請求があれ
ば、使用者は7日以内に賃金その他の金品を請求者に支払ったり、返還し
なければなりません。この7日以内の起算日は、権利者の請求が使用者に
到達した日を指します。

　権利者であるといって支払い・返還を請求する者が、果たして本当の権
利者であるかどうかが疑わしい場合には、請求者が戸籍謄本等によってそ
の権利者であることを証明しない限り、使用者はその支払い返還を拒むこ
とができるのはもちろんです。もし、不注意に権利者でない者に支払い、
あとで正当な権利者に請求されると二重払いをしなければならないことに

なります。特に、民法で分割相続の原則がとられることとなりましたので、法定の相続人中の1人が現われて請求した場合には、その相続分に属する金品だけを支払うべきであって、その者が委任状等を持っていないのに全額を支払うと、あとで困難な問題が起こることもあります。

■権利に属する金品の範囲

「賃金」というのは、未払賃金のことであり、「権利に属する金品」とは、労働者の死亡・退職の際に返還されることを条件として労働者から使用者に払い込まれた金品等本来労働者に所有権のある金品です。ここで問題となるのは、退職・死亡の際に支給される退職金ですが、退職金といっても労働協約、就業規則等であらかじめ支給条件が明確に定められているものは賃金と解すべきですから、本条によって請求があれば7日以内に支払わなければなりません。しかし、賃金に支払期があるように退職金についてもあらかじめ支払期が定められていれば、退職に際して請求されてもまだ支払期がきていないものは、すぐに支払う必要はなく、支払期がきてから支払えば本条違反とはなりません。

■争いのあるとき

賃金や金品について争いがある場合でも、使用者が争いの解決するまで全部の支払い・返還を拒否することは許されず、当事者に異議のない部分については、7日以内に支払うか、返還しなければなりません（第2項）。当事者に異議のある部分については、争いが解決するまでは使用者はこの支払い返還を拒むことができます。

■罰　　則

使用者が本条に違反して7日以内に金品その他を支払わず、または返還しないと、30万円以下の罰金に処せられます（法第120条第1号）。

第3章 賃　金

　賃金は、労働時間と並んで労働条件の重要な部分となるものです。したがって、賃金そのものは労使の自由な立場から決定されるものではあっても、いったん定められた賃金の取得については、労働者保護のために必要な規定が定められなければなりません。

　そこで本章は、賃金の支払方法を明確にして労働者に確実に賃金が支払われるようにし（法第24条）、非常時払い（法第25条）と休業手当（法第26条）の制度を設けて、労働者に事故のある場合の収入を確保し、さらに出来高払制の保障給（法第27条）の制度を設けて、出来高払制による労働者の収入に一定額の保障を図ることにしているのです。

第1　賃金の支払いについての5原則

（賃金の支払）

第24条　賃金は、通貨で、直接労働者に、その全額を支払わなければならない。ただし、法令若しくは労働協約に別段の定めがある場合又は厚生労働省令で定める賃金について確実な支払の方法で厚生労働省令で定めるものによる場合においては、通貨以外のもので支払い、また、法令に別段の定めがある場合又は当該事業場の労働者の過半数で組織する労働組合があるときはその労働組合、労働者の過半数で組織する労働組合がないときは労働者の過半数を代表する者との書面による協定がある場合においては、賃金の一部を控除して支払うことができる。

②　賃金は、毎月1回以上、一定の期日を定めて支払わなければならない。ただし、臨時に支払われる賃金、賞与その他これに準ずるもので厚生労働省令で定める賃金（第89条において「臨時の賃金等」という。）については、この限りでない。

………………………………………………………………………………

（過半数代表者）

則第6条の2（74頁参照）

（賃金の支払方法）

則第7条の2　使用者は、労働者の同意を得た場合には、賃金の支払について次の方法によることができる。

一　当該労働者が指定する銀行その他の金融機関に対する当該労働者の預金又は貯金への振込み

二　当該労働者が指定する金融商品取引業者（金融商品取引法（昭和23年法律第25号。以下「金商法」という。）第2条第9項に規定する金融商品取引業者（金商法第28条第1項に規定する第一種金融商品取引業を行う者に限り、金商法第29条の4の2第9項に規定する第一種少額電子募集取扱業者を除く。）をいう。以下この号において同じ。）に対する当該労働者の預り金（次の要件を満たすものに限る。）への払込み

イ　当該預り金により投資信託及び投資法人に関する法律（昭和26年法律第198号）第2条第4項の証券投資信託（以下この号において「証券投資信託」という。）の受益証券以外のものを購入しないこと。

ロ　当該預り金により購入する受益証券に係る投資信託及び投資法人に関する法律第4条第1項の投資信託約款に次の事項が記載されていること。

〈略〉

②　使用者は、労働者の同意を得た場合には、退職手当の支払について前項に規定する方法によるほか、次の方法によることができる。

一　銀行その他の金融機関によって振り出された当該銀行その他の金融機関を支払人とする小切手を当該労働者に交付すること。

二　銀行その他の金融機関が支払保証をした小切手を当該労働者に交付すること。

三　郵政民営化法（平成17年法律第97号）第94条に規定する郵便貯金銀行がその行う為替取引に関し負担する債務に係る権利を表章する証書を当該労働者に交付すること。

③　地方公務員に関して法第24条第1項の規定が適用される場合における前項の規定の適用については、同項第1号中「小切手」とあるのは、「小切手又は地方公共団体によつて振り出された小切手」とする。

（臨時に支払う賃金、賞与に準ずるもの）

則第8条　法第24条第2項但書の規定による臨時に支払われる賃金、賞与に準ずるものは次に掲げるものとする。

> 一　1箇月を超える期間の出勤成績によつて支給される精勤手当
> 二　1箇月を超える一定期間の継続勤務に対して支給される勤続手当
> 三　1箇月を超える期間にわたる事由によつて算定される奨励加給又
> 　は能率手当

　本条は、賃金支払いに関する5原則、つまり、(1)通貨払いの原則、(2)直接払いの原則、(3)全額払いの原則、(4)毎月最低1回払いの原則、(5)一定期日払いの原則を規定したものです。

■通貨払いの原則

　通貨払いの原則については、例外として、①法令に別段の定めがある場合、②労働協約に別段の定めがある場合、③退職手当について、確実な支払いの方法で一定範囲のものによる場合には、それぞれ通貨以外のもので支払うことが認められています。

　「法令（に別段の定めがある場合）」とは、法律、政令、省令に限らず、条例等の地方自治法規による場合も含まれると解されます。

　また、「労働協約による場合」とは、労働組合法上の労働組合が使用者との間に締結する労働協約によってその支給が定められるものをいいますが、この場合には、労働協約や労使間の団体交渉によって締結されるものであるうえに、締結された労働協約が書面によるものであることが必要ですので、労働者の利益が不当に侵害されることも、また違法な実物給与が定められることも少ないと考えられ、弊害の発生するおそれがないとして認められているものです。

　さらに、退職手当については、労働者の同意を得た場合には、通貨に代えて、次のものを労働者に交付することでも差し支えないこととされています。

　①　銀行その他の金融機関によって振り出された当該銀行その他の金融
　　機関を支払人とする小切手

　②　銀行その他の金融機関が支払いを保証した小切手

　③　株式会社ゆうちょ銀行が発行する普通為替証書及び定額小為替証書

　退職手当について、このような支払方法を認めることとしたのは、第1に、退職手当は高額になる場合があり、現金の保管、持ち運びなどに伴う危険を回避する必要が認められること。第2に、これらの支払方法は、いずれも支払いが確実であるとして現金と同様に取り扱われていることによるものです。

　このように、法令・労働協約に別段の定めがあれば現物給与も可能となりますが、本条では通貨以外のものによる支給を認めているのですから、有形の物による賃金の支払いだけでなく、通勤定期乗車券〔昭25. 1. 18基収第130号、昭33. 2. 13基発第90号〕などのような無形の利益による賃金の支払いも当然可能です。

　このような場合、物による支給についてはまだしも、無形の利益による賃金の支払いに当たっては、それが通貨に換算していくらのものであるかを算定しにくい場合があり、しかもこれらの賃金が平均賃金や、時間外労働の際の割増賃金の計算の基礎とされることを考えますと、その評価額は、労使の間であらかじめ定めておく必要があります。そこで本法は、則第2条第2項によって、労働協約で通貨以外の賃金の定めをする場合には通貨以外のものの評価額も、労働協約に同時に定めておかなければならないものとしているのです。

　なお、本条で「通貨」というのは、強制通用力のある貨幣をいい、鋳造貨幣のほか銀行券をいい、米国のように賃金を小切手で支払うことは通貨で支払ったものとはいえません。これは、現在の日本では、小切手が必ずしも一般に普及した支払手段とは認められず、これを受け取った労働者に不便と若干の危険を与えるからです。

　ただし、退職手当についてだけは、前述のように、一定の条件の下で小切手による支払いが認められています。

■全額払いの原則

　全額払いの原則についても、法令に定めがある場合や労働者の過半数を代表する者との間に締結される書面による協定がある場合は、賃金の一部控除が認められます。ここで「法令に別段の定めがある場合」とは、給与所得の源泉徴収についての所得税法第204条、社会保険料についての健康保険法第167条等の規定を指します。また、「控除」というのは、賃金額より一定額の金銭を差し引く事実行為をいうのですから、その差引きの原因については本法は何も規定していませんが、労働者保護の立場から、たとえ控除協定があっても控除の認められない場合があるものと解されます〔昭27. 9. 20基発第675号は、「購買代金、社宅、寮その他の福利厚生施設の費用、労務用物資の代金、組合費等事理明白なものについてのみ、……控除を認める趣旨である」としています。〕。

■直接払いの原則

　直接払いの原則は、賃金を労働者に直接支払うことを定めているだけで、使用者が賃金の支払いを直接行わなければならないことを規定したものではありませんから、使用者は、その代理人あるいは賃金支払いについて委任を受けた者に賃金支払行為を委任することは差し支えありません。また、労働者の法定代理人や任意代理人に支払ったような違法な場合でも、民事面においてはその賃金が労働者の手に入った限度において民法第476条の規定によって、賃金債務の弁済としては有効とみるべきでしょう。また、賃金の受領という単なる事実行為について、労働者を補助するにすぎない、いわゆる「使者」に対して賃金を支払うことは、差し支えないと解されます。

■通貨・直接払いの例外と賃金の口座振込み

　賃金を銀行その他の金融機関の口座に振り込むこと及び証券会社の預かり金に該当する証券総合口座へ払い込むことは、①労働者の同意を得るこ

と、②その労働者が指定する銀行その他の金融機関の当該労働者名義の預金または貯金口座、証券総合口座に振り込み、払い込まれること、の要件を充足する場合には、賃金の支払方法としては適法です〔昭63.1.1基発第1号〕。

　なお、口座振込み等を実施する場合に必要な手続としては、次のものがあります。

（1）　口座振込み等は、書面による個々の労働者の申出又は同意により開始し、その書面には次に掲げる事項を記載すること。

　　イ　口座振込み等を希望する賃金の範囲及びその金額

　　ロ　指定する金融機関店舗名並びに預金又は貯金の種類及び口座番号、又は指定する金融商品取引業者店舗名並びに証券総合口座の口座番号

　　ハ　開始希望時期

（2）　次に掲げる事項を記載した書面による労使協定を締結すること。

　　イ　口座振込み等の対象となる労働者の範囲

　　ロ　口座振込み等の対象となる賃金の範囲及びその金額

　　ハ　取扱金融機関及び取扱金融商品取引業者の範囲

　　ニ　口座振込み等の実施開始時期

（3）　口座振込み等の対象となっている個々の労働者に対し、所定の賃金支払日に、次に掲げる金額等を記載した賃金の支払に関する計算書を交付すること。

　　イ　基本給、手当その他賃金の種類ごとにその金額

　　ロ　源泉徴収税額、労働者が負担すべき社会保険料額等賃金から控除した金額

　　ハ　口座振込み等を行った金額

（4）　口座振込み等がされた賃金は、所定の賃金支払日の午前10時頃までに払出し又は払戻しが可能となっていること。

（5）　取扱金融機関は、一行に限定せず複数とする等労働者の便宜に十

分配慮して定めること〔平10．9．10基発第520号、平13．2．2基発第54号、平19．9．30基発第0930001号〕。

■毎月最低1回・一定期日払いの原則

　ここでいわれている毎月1回払いの「毎月」とは、一定期日払いの規定から暦月とみるのが妥当です。一定期日というのは、15日、20日といったように暦日としなくても、その日が特定される方法が用いられればよいのですから、月給における月末払いも、週給における週末払いも可能ですが、25日から月末までというような特定の日を数日間に限定することは許されないと解されます。

　この最低1回以上・一定期日払いに対しても、本法は例外を認め、本条第2項ただし書によって、臨時に支払われる賃金、賞与その他これに準ずるものについては、この2つの原則の適用から除外されます。「その他これに準ずるもの」の範囲は、規則第8条に規定されているように、1か月を超える期間を基礎として支給される精勤手当、勤続手当、奨励加給または能率手当がこれに含まれます。

■罰　則

　使用者が本条の規定に違反しますと、30万円以下の罰金に処せられます（法第120条第1号）。

第2　支払期日前の非常時払い

（非常時払）

第25条　使用者は、労働者が出産、疾病、災害その他厚生労働省令で定める非常の場合の費用に充てるために請求する場合においては、支払期日前であつても、既往の労働に対する賃金を支払わなければ

　ならない。

　　（非常時払）
　則第9条　法第25条に規定する非常の場合は、次に掲げるものとする。
　　一　労働者の収入によつて生計を維持する者が出産し、疾病にかかり、
　　　又は災害をうけた場合
　　二　労働者又はその収入によつて生計を維持する者が結婚し、又は死
　　　亡した場合
　　三　労働者又はその収入によつて生計を維持する者がやむを得ない事
　　　由により1週間以上にわたつて帰郷する場合

　賃金は、前条の規定によって一定期日に支払われることになっています
が、賃金だけに頼って生活している労働者にとって、非常事態が起き、特
別な出費がかさむようなときには、例外的に賃金繰上げ払いを保障する必
要があります。そこで本条では、出産、疾病、災害その他厚生労働省令で
定める非常の場合の費用にあてるため、労働者が賃金を請求したときは、
使用者にその労働者のそれまでの労働に対する賃金を支払わなければなら
ない義務を課しているのです。

　非常時払いの必要があるのは、労働者の出産、疾病、災害のほか、則第
9条に規定された事由の発生した場合ですが、これらの事由が業務上発生
したものだけに限られないことはもちろんです。

　賃金繰上げ払いの対象となるのは、それまでの労働に対する賃金です
が、週給、月給等の場合は、それまで労働した分に対する賃金額が明確で
ないこともあると思われますが、このようなときは則第19条に規定する方
法（176頁参照）によって賃金の日割計算を行うのが妥当でしょう。

■**罰　　則**

　使用者が本条の規定に違反して支払わないと、30万円以下の罰金に処せ
られます（法第120条第1号）。

第3　休業手当

> （休業手当）
> **第26条**　使用者の責に帰すべき事由による休業の場合においては、使用者は、休業期間中当該労働者に、その平均賃金の100分の60以上の手当を支払わなければならない。

　労働者が、自己の責任でない原因によってやむなく休業し、その結果賃金額が低下する場合には、その最低生活保障のために当然何らかの保護措置が必要とされます。本条は、このような必要から、「使用者の責に帰すべき事由による休業」について一定限度の賃金支払義務を課すものです。

■使用者の責による休業

　「使用者の責に帰すべき事由による休業」については、どのような場合が使用者の責に帰すべき事由に該当するかが問題ですが、結局使用者が自己の責任において企業の経営を行う以上、休業になることを避けるため社会通念上の最善の努力をしたかどうかが判断の基礎となります。つまり、使用者は企業の経営上当然予見することができる経営の危険に対しては最善の努力を尽くさなければならないのであって、そのような努力をしてもなお使用者が避けることのできない事由によって休業が発生したかどうか、それによって判断されることになります。言い換えれば、いわゆる不可抗力による場合以外は、使用者の責に帰すべき事由に該当するものと解すべきでしょう。

　具体的な事例について、天災地変の場合、休電による場合、法令の規定にしたがって行うボイラーの検査のための休業、本法第33条に基づく代休命令〔昭23．6．16基収第1935号〕等は使用者の責に帰すべき事由による休業とは解されません。これに対して、親工場の経営難から下請工場が資材資金を獲得できず休業した場合〔昭23．6．11基収第1998号〕、蚕糸企業が原

料繭の不足で休業した場合等は本条の適用があると解されます。この場合最も問題となるのは争議手段として行う使用者のロックアウトですが、一部労働者のストライキに対して使用者が他の労働者に休業を命じた場合、休業手当を支払う必要があるかどうかは、具体的に休業を命ぜられた労働者について、その労働者を配置転換することができたかどうか、さらに配置転換して就業させることが、相当の利益を生み出せる状態であったかどうかによって判断するのが妥当でしょう。

　新規学卒者の採用内定については、遅くとも企業が入社時期を明示した採用内定通知を発し、学生から入社誓約書またはこれに類するものを受領した時点において、一般的には、その企業の入社時期を就労の始期とし、一定の事由による解約権を留保した労働契約が成立したものとみられる場合があります。そのような場合において、企業の都合で就労の始期を繰り下げる、いわゆる自宅待機をさせるときは、その待機期間について本条の規定による休業手当を支給すべきものと解されます〔昭50.3.24労働省労働基準局監督課長、同局賃金福祉部企画課長内翰〕。

■感染症に罹患した場合の休業

　インフルエンザや新型コロナなどの感染症については、都道府県知事が行う就業制限により労働者が休業する場合には、一般的には「使用者の責に帰すべき事由による休業」に該当しないと考えられますので、休業手当を支払う必要はありません。一方、例えば発熱などの症状があることのみをもって一律に労働者を休ませる措置をとる場合のように、使用者の自主的な判断で休業させる場合は、一般的には「使用者の責に帰すべき事由による休業」に当てはまり、休業手当を支払う必要があります（厚生労働省HP：「新型コロナウイルスに関するQ＆A（企業の方向け）」）

■休業手当の額

　休業手当の額は、平均賃金の100分の60以上の額となっていますが、改正

前の民法第536条第2項によれば、労働者はこの場合賃金の全額を請求する権利があるとされていました。したがって、本条による保護は、民法に比べて十分ではないようにみられますが、この民法第536条は強行規定ではありませんから、このような休業について賃金を支払わないという特約をすることもできるのであり、また民法第536条第2項（改正前）によって「反対給付を受ける権利を失わない」とあるのみでは、結局民事訴訟をしない限り受け取れず、労働者にとっては、保護に欠ける点が多いので、そのうちの平均賃金の100分の60だけは、罰則によって使用者にその支払いを強制し、労働者に不利となる特約を禁止していたのです。さらに、本条の「使用者の責に帰すべき事由」は、既に述べたように、不可抗力でない一切の場合を含み、民法に規定する「債権者の責に帰すべき事由」より広く解されることになっていることからみますと、必ずしも不利な規定とは考えられません。なお、本条は、民法第536条第2項が改正される前において、その規定を排除するものではないとされていました〔昭22.12.15基発第502号〕。

　本条には、「使用者の責に帰すべき事由による休業」とあるだけで、その休業が、労働日の1日全部の場合を指すのか、あるいはその一部の場合でも差し支えないかについては、何ら規定されていませんが、いやしくも使用者の責に帰すべき事由による休業であれば、それが1日全部であっても、一部であっても、常に本条が適用されます。たとえば、所定労働時間8時間でそのうち1時間だけ休業した場合に、労働者の受けるべき賃金額が平均賃金の100分の60以上になる場合にも、平均賃金の100分の60を支払うだけでよいというように解してはいけません。本条は、使用者の責に帰すべき事由による休業日について、その休業が1労働日の全部であるか一部であるかに関係なく、労働者に平均賃金の100分の60以上の収入を保障することが目的であって、1労働日の一部を休業した場合で、労働者のその日の賃金が平均賃金の100分の60に満たない場合には、少なくとも平均賃金の100分の60とその賃金との差額を休業手当として支払わなければならない

ものと解すべきです。

また、休業手当は当然本来の賃金の一部ですから、その支払期日については法第24条の規定が適用されることはもちろんです。

■罰 則

使用者が本条に違反して休業手当を支払わないと、30万円以下の罰金に処せられます（法第120条第1号）。なおこの場合、裁判所は労働者の請求によって、付加金の支払いを命ずることができます（法第114条）。

第4 出来高払制の保障給

> （出来高払制の保障給）
> **第27条** 出来高払制その他の請負制で使用する労働者については、使用者は、労働時間に応じ一定額の賃金の保障をしなければならない。

前条の規定が、使用者の責に帰すべき事由による休業について賃金の最低保障を規定しているのに対し、本条は労働者が就業した以上、たとえ材料の不足、粗悪品の理由により出来高が少ない場合でも、労働した時間に応じて一定額の保障を行うことを使用者に義務づけたものです。

なお、本条は、労働者が労働した場合を保護の対象とするものであり、労働しない場合には、本条の保障給を支払う義務はありません〔昭23.11.11基発第1639号〕。

本条は、「労働時間に応じ一定額の賃金の保障」を義務づけているものですから、労働時間に関係なく、単に1か月についていくらと保障するようなものは、厳密な意味では本条の保障給とは解されず、1時間につきいくらと定める時間給であることが必要です。ただし、月、週について定めた場合でも、実労働時間の長短に応じて額を増減させるようなものは、労働時間に応じたものとされます。

　なお、本条の保障額について一定額と規定され、一定率と規定されていないのは、出来高払制の賃金は、計算が複雑な場合が多いからです。また、一定額と規定するだけで、その最低額を定めていないのは、最低賃金とも関連する問題で、その額を定めることが困難であるばかりでなく、実際の保障給は定額制の労働者の賃金と均衡を保たせるようにして、その基準を定めることが多いわけですから、額についての規定は別に設けられていないのです。しかし、その保障額は、労働者について、通常の実収賃金とあまり差のない程度の収入が保障されるように定められることが望ましいとされております〔昭11.9.13発基第17号、昭63.3.14基発第150号〕。

■罰　　則
　使用者が本条に違反して保障給を支払わないと、30万円以下の罰金に処せられます（法第120条第1号）。

第5　最低賃金

> （最低賃金）
> **第28条**　賃金の最低基準に関しては、最低賃金法（昭和34年法律第137号）の定めるところによる。
> **第29条から第31条まで**　削除

　法令の強制力により、使用者が一定額以上の賃金を支払わなければならない義務を課すのが最低賃金制です。我が国では、本法に最低賃金についての規定を設けていましたが、昭和34年、最低賃金法が施行されてからは、最低賃金についての規制は最低賃金法によって行われることになりました。

第4章 労働時間、休憩、休日と年次有給休暇

この章における労働時間及び年次有給休暇に関する諸規定は、昭和62年、平成5年、平成10年、平成20年、さらには平成30年の「働き方改革関連法」による改正によって大きく変更されました。

　本章は、大別して4つのくくりに分けられます。

　第1に、労働時間について、週40時間労働制及び1日8時間労働制の原則（法第32条）を明らかにするとともに、その例外として、1か月単位の変形労働時間制（法第32条の2）、フレックスタイム制（法第32条の3、第32条の3の2）、1年単位の変形労働時間制（法第32条の4、第32条の4の2）、1週間単位の非定型的変形労働時間制（法第32条の5）といった一連の変形労働時間制を定めたほか、非常災害の場合（法第33条）、労使協定による場合（法第36条）、公衆の不便を避けるためその必要のある場合（法第40条）及び特殊な労働実態を有する者（法第41条、第41条の2）について、その例外措置を定め、さらに、時間外・深夜労働に対する割増賃金（法第37条）と労働時間の計算方法（法第38条）、事業場外労働、専門業務型裁量労働制及び企画業務型裁量労働制についての労働時間の算定の方法（法第38条の2～第38条の4）について規定しています。

　第2には、休憩について、一定時間の休憩・一斉休憩の原則（法第34条）を明らかにするとともに、その例外措置（法第40条）について規定しています。

　第3には、休日について週休制の原則（法第35条）を明らかにするとともに、非常災害の場合（法第33条）と労使協定による場合（法第36条）等における例外措置を定め、さらに、休日労働に対する割増賃金（法第37条）について規定しています。

　第4には、年次有給休暇（法第39条）について規定しています。

　なお、平成4年9月1日に施行された労働時間の短縮の促進に関する臨時措置法（平成4年法律第90号。平成17年法律第108号により労働時間等の設定の改善に関する特別措置法に改正、直近の改正は平成30年法律第71号）により、企業内及び業種ごとの労働時間の短縮を促進するための措置が講

じられることになりましたが、特に事業場内に労働時間等設定改善委員会を設置し、委員の5分の4以上の多数による議決によりその委員会で、①1か月単位の変形労働時間制（労働基準法第32条の2）、②フレックスタイム制（同法第32条の3）、③1年単位の変形労働時間制（同法第32条の4）、④1週間単位の非定型的変形労働時間制（同法第32条の5）、⑤一斉休憩の適用除外（同法第34条）、⑥時間外及び休日の労働（同法第36条）、⑦時間外労働に対する割増賃金の代替休暇（同法第37条）、⑧事業場外に関するみなし労働時間制（同法第38条の2）、⑨専門業務型裁量労働に関するみなし労働時間制（同法第38条の3）、⑩年次有給休暇の計画的付与及び時間単位年次有給休暇（同法第39条）に関して決議した場合に当該決議については労使協定とみなされ、さらに①③④⑧⑨については、労働基準監督署長への届出を免除するという労働基準法の特例が設けられています。

また、平成30年7月の「働き方改革関連法」での改正により設けられた労働時間等設定改善企業委員会（企業単位で設置される委員会）において、前述の⑦及び⑩に関して、委員の5分の4以上の多数により決議した場合にも、同様に労使協定とみなされることになります。

第1　労働時間

（労働時間）
第32条　使用者は、労働者に、休憩時間を除き1週間について40時間を超えて、労働させてはならない。
②　使用者は、1週間の各日については、労働者に、休憩時間を除き1日について8時間を超えて、労働させてはならない。

本条は、労働条件の最も基本的なものの1つである労働時間について「1週40時間・1日8時間の原則」を規定したものです。法定労働時間については昭和62年までは、週48時間労働の原則が定められていましたが、昭和

62年の改正により、週40時間労働制の原則が定められました。しかし、この規定は、当分の間、法附則第131条第1項により、「使用者は、労働者に、休憩時間を除き1週間について40時間を超え48時間未満の範囲内において命令で定める時間を超えて、労働させてはならない」と読み替えられ、労働基準法第32条第1項の労働時間等に係る経過措置に関する政令第1条本文で、昭和63年4月1日以降3年間は、週46時間が法定労働時間とされ、平成3年4月1日以降は週44時間を法定労働時間とする政令の改正が行われました。

その後、平成5年の改正により、平成6年4月1日からは原則週40時間となりましたが、労働時間の実態が、この法定労働時間より遅れている一定の規模・業種の事業場については、平成9年3月31日までの間は、当面、週44時間を法定労働時間とすることとなっていました（法附則第131条第1項、令第1条）。

同年4月1日からは一部の特例措置を除き全規模・全業種において法定労働時間が1週40時間、1日8時間とされることになりました。なお、法第40条の特例措置対象事業場（常時10人未満の労働者を使用する商業映画・演劇業（映画の製作の事業を除く）、保健衛生業、接客娯楽業）の労働時間は、1週44時間・1日8時間です。

なお、ここでいう事業とは事業場を意味し、企業のことではありません（**法第9条の解説を参照**）。

■「労働時間」とは

本法で「労働時間」という場合は、休憩時間を除いた実働時間のことをいうのですが、それは、実際に労働に従事する時間はもちろんのこと、使用者の指揮命令に入ってからの時間はすべて労働時間として取り扱うことになっています。したがって、たとえば、作業前に行う準備や作業後の掃除等が使用者の明示または黙示的な命令によって行われる場合には、それは労働時間です。

　また、来客や荷物の搬入に備え、直ぐに対応できるように待機していることを義務付けられる、いわゆる手待時間は、その間に実際の作業をしていなくても労働時間となります。

　仮眠時間については、労働者が使用者の指揮命令下に置かれていたものと評価できるかにより客観的に定まるものとされ、労働からの解放が保障されていない場合には労働時間に当たるとされています〔平14・2・22最高裁（一小）判決：大星ビル管理事件〕。病院の警備業務において夜間の突発的な業務に従事したというケースにおいて、通常1名の警備員が守衛室で勤務し、残りの警備員がシャワーを浴びて着替えをし、仮眠をとっていたという場合には、仮眠時間中も常時緊張を強いられていたと認められるのは困難であるとして、突発的な業務に対応していた時間のみを労働時間として認め、仮眠時間中については労働時間性を否定した裁判例があります〔平25・3・13仙台高裁判決：ビソー工業事件〕。

　「休憩時間を除き」とは、労働時間が実働時間であることを明らかにしたものです。つまり、休憩時間を含めた拘束時間を規制するものではありません。

　本条では、まず1週間の法定労働時間を40時間と規定し、1日の労働時間は、1週の労働時間を各日に割り振る際の上限を示す形で規定されています。しかし、1日に8時間を超えて労働させてはなりません。

　本条第1項の「1週について」とは、「日曜から土曜まで」あるいは「月曜から日曜まで」などと事業場における就業規則その他これに準ずるもので定めがあれば、その定めるところによりますが、定めのない場合には、暦週、すなわち日曜から土曜までの1週間をいいます〔昭63.1.1基発第1号〕。

　「1日について」とは、文理上、午前0時から午後12時までの暦日24時間をいうものとも解されますが、継続する勤務がたとえ2日にわたる場合でも、それは一勤務として取り扱うことになっています。したがって、たとえば1日の労働時間が引き続き午後12時以降に及ぶ場合でも、それらの労

働時間は前の日の労働時間として扱われ、通算して8時間を超える場合には割増賃金を支払わなければなりません。

■労働時間の適正な把握

　使用者は、労働時間を適正に把握するなど労働時間を適切に管理する責務を有しています。しかし現状では、労働時間の自己申告制の不適正な運用に伴い、割増賃金の未払いや過重な長時間労働といった問題が生じている状況もみられるところです。

　そこで、厚生労働省では、「労働時間の適正な把握に関し使用者が講ずべき措置に関する基準」（限度基準告示）を定め、労働時間の適切な管理の促進を図ることとしていましたが、その後この基準は、労働時間の適正な把握のために使用者が講ずべき措置に関するガイドライン〔平29.1.20基発0120第3号〕に改定されました。

　このガイドラインの概要は以下のとおりです（**430頁以下参照**）。

（1）　始業・終業時刻の確認及び記録

　　使用者は労働者の労働日ごとの始業・終業時刻を確認し、これを記録すること。

（2）　始業・終業時刻の記録の原則的な方法

　　使用者が自ら現認することにより記録するか、タイムカード、ICカード、パソコンの使用時間の記録等の客観的な記録を基礎として確認すること。

（3）　自己申告制により始業・終業時刻の確認を行う場合の措置

　　前記の方法によることなく、自己申告制により確認を行わざるを得ない場合、使用者は次の措置を講ずること。

　ア　自己申告制の対象となる労働者に対して、労働時間の実態を正しく記録し、適正に自己申告を行うことなどについて十分な説明を行うこと。

　イ　実際に労働時間を管理する者に対して、自己申告制の適正な運用

を含め、講ずべき措置について十分な説明を行うこと。

ウ　自己申告により把握した労働時間が実際の労働時間と合致しているか否かについて、必要に応じて実態調査を実施し、所要の労働時間の補正をすること。

　　特に、パソコンの使用時間の記録など、事業場内にいた時間の分かるデータを有している場合に、労働者からの自己申告により把握した労働時間と当該データで分かった事業場内にいた時間との間に著しい乖離が生じているときには、実態調査を実施し、所要の労働時間の補正をすること。

エ　自己申告した労働時間を超えて事業場内にいる時間について、その理由等を労働者に報告させる場合には、当該報告が適正に行われているかについて確認すること。

　　その際、休憩や自主的な研修等であるため労働時間ではないと報告されていても、実際には使用者の指揮命令下に置かれていたと認められる時間については労働時間として扱わなければならないこと。

オ　労働者が自己申告できる時間外労働の時間数に上限を設け、上限を超える申告を認めない等、労働者による労働時間の適正な申告を阻害する措置を講じてはならないこと。

　　また、時間外労働時間の削減のための社内通達や時間外労働手当の定額払等労働時間に係る事業場の措置が、労働者の労働時間の適正な申告を阻害する要因となっていないかについて確認するとともに、当該要因となっている場合においては、改善のための措置を講ずること。

　　さらに、時間外労働に関する労使協定（いわゆる三六協定）により延長することができる時間数を遵守することは当然であるが、実際には延長することができる時間数を超えて労働しているにもかかわらず、記録上これを守っているようにすることが、実際に労働時間を管理する者や労働者等において、慣習的に行われていないかに

ついても確認すること。

（4）　賃金台帳の適正な調整

労働者ごとに、労働日数、労働時間数、休日労働時間数、時間外労働時間数、深夜労働時間数といった事項を賃金台帳に適正に記入すること。

（5）　労働時間の記録に関する書類の保存

労働時間に関する書類について、労働基準法第109条に基づき、5年間（当分の間3年間）保存すること。

（6）　労働時間を管理する者の職務

事業場において労務管理を行う部署の責任者は、当該事業場内における労働時間の適正な把握等労働時間管理の適正化に関する事項を管理し、労働時間管理上の問題点の把握及びその解消を図ること。

（7）　労働時間等設定改善委員会等の活用

事業場の労働時間管理の状況を踏まえ、必要に応じ労働時間等設定改善委員会等の労使協議組織を活用し、労働時間管理の現状を把握の上、労働時間管理上の問題点及びその解消策等の検討を行うこと。

■労働安全衛生法での労働時間の把握義務

平成30年7月の「働き方改革関連法」での改正により、労働安全衛生法（昭和47年法律第57号）第66条の8の3に、長時間労働者に対する面接指導を実施するため労働時間の状況を把握することが規定され、これが事業者の労働時間把握義務の法的な根拠となっています。

ここで「労働時間の状況」とは、労働者がいかなる時間帯にどの程度の時間、労務を提供し得る状態にあったかを把握するものとされています〔平30.12.28基発1228第16号〕。

具体的に事業者が労働時間の状況を把握する方法としては、原則として、タイムカード、パーソナルコンピュータ等の電子計算機の使用時間（ログインからログアウトまでの時間）の記録、事業者（事業者から労働時間の

状況を管理する権限を委譲された者を含む。）の現認等の客観的な記録により、労働者の労働日ごとの出退勤時刻や入退室時刻の記録等を把握しなければならない（同通達）とされ、ガイドラインを踏まえた対応が求められています。

なお、ガイドラインでは対象外とされている管理監督者やみなし労働時間制の適用者を含めた全労働者について、労働時間の状況を把握する必要があります。

■罰　則

使用者が本条の規定に違反して労働者を使用しますと、6か月以下の懲役または30万円以下の罰金に処せられます（法第119条第1号）。なお、8時間を超える労働時間を定めた労働契約は、それ自体としては、本条の処罰の対象とはなりませんが、その部分は、法第13条の規定により無効となります。

また、法定の労働時間を超える労働が、労働者の希望によって行われた場合の罰則の適用についてですが、たとえ労働者が希望した場合でも、それが情状酌量の対象となるとしても、違反の責は免れないとした判決〔昭24・6・23大阪地裁判決：日本エナメル深夜業違反事件〕があり、さらに、窮迫した食糧事情の下において、食糧公団から工場の生産能力を超えた生産の割当委託があり、一般消費者の食生活における危急を避けるためにこれを拒むことができず、やむを得ず労働時間に違反したもので緊急避難に該当し、違法性を阻却するとの主張に対し、右の事情は情状酌量されるべきものではあっても緊急避難には当たらないとした判決〔昭25・7・17神戸地裁判決：伊丹食産化工深夜業違反事件〕があります。

なお、労働安全衛生法第66条の8の3の違反については罰則が定められていないため、労働時間の把握を行わなかったことに対する罰則はありません。

第2　1か月単位の変形労働時間制

第32条の2　使用者は、当該事業場に、労働者の過半数で組織する労働組合がある場合においてはその労働組合、労働者の過半数で組織する労働組合がない場合においては労働者の過半数を代表する者との書面による協定により、又は就業規則その他これに準ずるものにより、1箇月以内の一定の期間を平均し1週間当たりの労働時間が前条第1項の労働時間を超えない定めをしたときは、同条の規定にかかわらず、その定めにより、特定された週において同項の労働時間又は特定された日において同条第2項の労働時間を超えて、労働させることができる。

②　使用者は、厚生労働省令で定めるところにより、前項の協定を行政官庁に届け出なければならない。

（過半数代表者）

則第6条の2　(74頁参照)

（労働時間、休日の周知）

則第12条　常時10人に満たない労働者を使用する使用者は、法第32条の2第1項又は法第35条第2項による定めをした場合（法第32条の2第1項の協定（法第38条の4第5項（法第41条の2第3項において準用する場合を含む。）に規定する法第38条の4第1項の委員会（以下「労使委員会」という。）の決議（以下「労使委員会の決議」という。）及び労働時間等の設定の改善に関する特別措置法（平成4年法律第90号。以下「労働時間等設定改善法」という。）第7条に規定する労働時間等設定改善委員会の決議（以下「労働時間等設定改善委員会の決議」という。）を含む。）による定めをした場合を除く。）には、これを労働者に周知させるものとする。

（変形労働時間制・変形休日制の起算日）

則第12条の2第1項　使用者は、法第32条の2から第32条の4までの規定により労働者に労働させる場合には、就業規則その他これに準ずるもの又は書面による協定（労使委員会の決議及び労働時間等設定改善委員会の決議を含む。）において、法第32条の2から第32条の4までにおいて規定する期間の起算日を明らかにするものとする。

（1箇月単位の変形労働時間制の届出等）

則第12条の2の2　法第32条の2第1項の協定（労働協約による場合を除き、労使委員会の決議及び労働時間等設定改善委員会の決議を含む。）には、有効期間の定めをするものとする。

②　法第32条の2第2項の規定による届出は、様式第3号の2により、所轄労働基準監督署長にしなければならない。

（育児を行う者等に対する配慮）

則第12条の6　使用者は、法第32条の2、第32条の4又は第32条の5の規定により労働者に労働させる場合には、育児を行う者、老人等の介護を行う者、職業訓練又は教育を受ける者その他特別の配慮を要する者については、これらの者が育児等に必要な時間を確保できるような配慮をしなければならない。

本条は、1か月単位の変形労働時間制を定めたものです。

昭和62年の改正前は、4週間以内の期間を単位とする変形労働時間制が認められていましたが、通常の賃金計算期間が1か月であること、業務の繁閑の周期が1か月である事業が少なくないことなどの理由から変形期間を1か月としたものです。この1か月は最長期間が1か月ということですから、4週間とすることももちろん差し支えありません。

■変形制の要件

本条による変形制を採用するには、労使協定または就業規則その他これに準ずるものにおいて、1か月以内の一定期間を平均して1週間の労働時間が法定労働時間（原則40時間・特例措置対象事業場は44時間。前条及び第40条の解説参照）を超えない範囲内において、各週及び各日の労働時間を具体的に特定することが必要です。単に1週40時間あるいは44時間の範囲内であれば、使用者が必要なときに必要な時間自由に労働させることができるというものではなく、あらかじめ労使協定または就業規則その他これに準ずるものにより、各週、各日の労働時間の長さを特定することが必要です。そして、以上のような手続をとって各週、各日の労働時間を特定したときは、特定された日において1日8時間を超えて、また特定された

週において1週40時間（特例措置対象事業場は44時間）を超えて労働させることができることになります。ただし、法第89条の規定により就業規則を定め、または変更しなければならない場合があることに注意してください。

「就業規則その他これに準ずるもの」としているのは、常時10人未満の労働者を使用する事業場では就業規則を作成する義務がないので、そのような事業場においてこの1か月単位の変形労働時間制を採用しようとする場合に、就業規則に準ずる文書で、就業規則に定める場合と同様の定めをしたうえ、労働者に周知させなければならないことを意味しています。

また、労使協定締結の場合は、所轄の労働基準監督署長への届出が義務づけられています。

なお、この変形労働時間制によって労働者を労働させる場合には、育児を行う者、老人等の介護を行う者、職業訓練または教育を受ける者その他特別の配慮を要する者については、これらの者が育児等に必要な時間を確保できるような配慮をしなければならないこととされています。

■変形期間の労働時間の総枠

1か月単位の変形労働時間制では、変形期間の労働時間の総枠は、1週間の法定労働時間40時間に、変形期間の日数を7で除した数を乗じて得られることになります。具体的には、週40時間で1か月を変形期間とする場合、31日の月ならば1か月の労働時間の総枠は177.1時間、30日の月なら171.4時間となります。

各変形期間における法定労働時間の総枠

変形期間		法定労働時間	
		40時間の場合	44時間の場合 （特例措置対象事業場）
1か月単位	30日の月	171.4時間	188.5時間
	31日の月	177.1時間	194.8時間
4週間単位		160.0時間	176.0時間
10日単位		57.1時間	62.8時間
1週間単位		40.0時間	44.0時間

■変形制の場合の割増賃金等

　本条によって、１か月単位の変形労働時間制を採用した場合の法定時間
外労働となる時間は、

（１）　１日については、就業規則その他これに準ずるものにより８時間
　　を超える時間を定めた日はその時間を超えて労働した時間、それ以外
　　の日は８時間を超えて労働した時間

（２）　１週間については、就業規則その他これに準ずるものにより40時
　　間（特例措置対象事業場は44時間。）を超える時間を定めた週はその時
　　間を超えて労働した時間、それ以外の週は40時間（特例措置対象事業
　　場は44時間。）を超えて労働した時間（（１）で法定時間外労働となる
　　時間は除きます。）

（３）　変形期間については、変形期間における法定労働時間の総枠を超
　　えて労働した時間（（１）または（２）で法定時間外労働となる時間は
　　除きます。）

です〔昭63.1.1基発第１号・婦発第１号、平３.1.1基発第１号〕。

　したがって、これらの時間が生ずることが予想される場合については、
あらかじめ、いわゆる「三六協定」の締結・届出が必要となります。

■罰　則

労使協定または就業規則その他これに準ずるものにおける定めなど、1か月単位の変形労働時間制の要件を満たさずに、日または週の法定労働時間を超えて労働させた場合には、法第32条違反として罰則の適用を受けることになります。

また、本条第2項に違反して、届出を怠った場合には、30万円以下の罰金に処せられます（第120条第1号）。

第3　フレックスタイム制

第32条の3　使用者は、就業規則その他これに準ずるものにより、その労働者に係る始業及び終業の時刻をその労働者の決定に委ねることとした労働者については、当該事業場の労働者の過半数で組織する労働組合がある場合においてはその労働組合、労働者の過半数で組織する労働組合がない場合においては労働者の過半数を代表する者との書面による協定により、次に掲げる事項を定めたときは、その協定で第2号の清算期間として定められた期間を平均し1週間当たりの労働時間が第32条第1項の労働時間を超えない範囲内において、同条の規定にかかわらず、1週間において同項の労働時間又は1日において同条第2項の労働時間を超えて、労働させることができる。

一　この項の規定による労働時間により労働させることができることとされる労働者の範囲

二　清算期間（その期間を平均し1週間当たりの労働時間が第32条第1項の労働時間を超えない範囲内において労働させる期間をいい、3箇月以内の期間に限るものとする。以下この条及び次条において同じ。）

三　清算期間における総労働時間

四　その他厚生労働省令で定める事項

②　清算期間が1箇月を超えるものである場合における前項の規定の

適用については、同項各号列記以外の部分中「労働時間を超えない」とあるのは「労働時間を超えず、かつ、当該清算期間をその開始の日以後1箇月ごとに区分した各期間（最後に1箇月未満の期間を生じたときは、当該期間。以下この項において同じ。）ごとに当該各期間を平均し1週間当たりの労働時間が50時間を超えない」と、「同項」とあるのは「同条第1項」とする。

③　1週間の所定労働日数が5日の労働者について第1項の規定により労働させる場合における同項の規定の適用については、同項各号列記以外の部分（前項の規定により読み替えて適用する場合を含む。）中「第32条第1項の労働時間」とあるのは「第32条第1項の労働時間（当該事業場の労働者の過半数で組織する労働組合がある場合においてはその労働組合、労働者の過半数で組織する労働組合がない場合においては労働者の過半数を代表する者との書面による協定により、労働時間の限度について、当該清算期間における所定労働日数を同条第2項の労働時間に乗じて得た時間とする旨を定めたときは、当該清算期間における日数を7で除して得た数をもつてその時間を除して得た時間）」と、「同項」とあるのは「同条第1項」とする。

④　前条第2項の規定は、第1項各号に掲げる事項を定めた協定について準用する。ただし、清算期間が1箇月以内のものであるときは、この限りでない。

第32条の3の2　使用者が、清算期間が1箇月を超えるものであるときの当該清算期間中の前条第1項の規定により労働させた期間が当該清算期間より短い労働者について、当該労働させた期間を平均し1週間当たり40時間を超えて労働させた場合においては、その超えた時間（第33条又は第36条第1項の規定により延長し、又は休日に労働させた時間を除く。）の労働については、第37条の規定の例により割増賃金を支払わなければならない。

....

（過半数代表者）
則第6条の2（74頁参照）
（変形労働時間制・変形休日制の起算日）
則第12条の2第1項（126頁参照）

（フレックスタイム制の労使協定で定める事項）

則第12条の３　法第32条の３第１項（同条第２項及び第３項の規定により読み替えて適用する場合を含む。以下この条において同じ。）第４号の厚生労働省令で定める事項は、次に掲げるものとする。

一　標準となる１日の労働時間

二　労働者が労働しなければならない時間帯を定める場合には、その時間帯の開始及び終了の時刻

三　労働者がその選択により労働することができる時間帯に制限を設ける場合には、その時間帯の開始及び終了の時刻

四　法第32条の３第１項第２号の清算期間が１箇月を超えるものである場合にあつては、同項の協定（労働協約による場合を除き、労使委員会の決議及び労働時間等設定改善委員会の決議を含む。）の有効期間の定め

②　法第32条の３第４項において準用する法第32条の２第２項の規定による届出は、様式第３号の３により、所轄労働基準監督署長にしなければならない。

　本条は、１週、１か月など一定の期間における総労働時間を定め、労働者はその範囲内で各日の始業及び終業の時刻を自分で決定して労働する、いわゆるフレックスタイム制度を定めたものです。フレックスタイム制は、労働者がその生活と仕事の都合との調和を図りながら効率的に働くことができる制度であって、全体として労働時間の短縮に資する勤務形態でもあるので、一定の要件の下で認めることとしたものです。

■フレックスタイム制の要件

　フレックスタイム制を採用する場合の要件としては、第１に、始業及び終業の時刻を労働者の決定にゆだねることを就業規則その他これに準ずるものにおいて規定すること。第２に、労使協定で対象となる労働者の範囲、清算期間、清算期間中の総労働時間その他の事項を協定することが必要です。

　この２つの要件を満たした場合には、清算期間を平均し１週間の労働時

間が法定労働時間を超えない範囲内において、労働者が選択したところにより 1 週または 1 日について法定労働時間を超えて労働させることができます。

■就業規則等の定め

　フレックスタイム制では、始業・終業の時刻の決定が労働者の自主性にゆだねられることが担保されていることが必要ですので、就業規則その他これに準ずるもので、その旨を明記しなければなりません。これによって、労働者が始業及び終業の時刻を自主的に決定できる労働契約上の権利を持つことが明らかになります。

　この法律におけるフレックスタイム制は、始業の時刻及び終業の時刻の両方を労働者の決定にゆだねるものでなければならず、その一方だけを労働者にゆだね、他方は使用者が決定するもの、あるいは、始業または終業の時刻一方が就業規則等で特定されているもの、後述のフレキシブルタイムの時間帯が極端に短い場合などは、本条にいうフレックスタイム制とは認められません〔昭63・1・1基発第 1 号・婦発第 1 号〕。

　なお、次に述べる労使協定の協定事項は、広い意味で就業規則の必要記載事項の 1 つである「始業及び終業の時刻に関する事項」に該当するので、それら協定事項も併せて就業規則に規定しておく必要があります。

■労使協定

本条に基づく労使協定において協定すべき事項は、次のとおりです。
（1）　対象となる労働者の範囲
　　業務の内容によっては、フレックスタイム制には不適当なものもありますから、フレックスタイム制の対象となる労働者の範囲を労使協定事項としています。
（2）　清算期間
　　清算期間とは、労働契約上労働者が労働すべき時間を定める一定の

期間です。そして、清算期間の長さは、原則的な変形労働時間制の最長期間が1か月であることとの均衡から、1か月以内の期間に限るとされていましたが、平成30年7月の働き方改革関連法で清算期間の限度は3か月に改正されました。

（3）　清算期間における総労働時間

　　清算期間における総労働時間とは、契約上労働者が清算期間において労働すべき時間として定められた時間のことです。これはいわば、清算期間を単位とする所定労働時間です。そして、この時間は、清算期間を平均し、1週間の労働時間が法定労働時間の範囲内となるように定めなければなりません（計算方法は、1か月単位の変形労働時間制の説明を参照）。

（4）　標準となる1日の労働時間

　　年次有給休暇をとった日について、それが何時間に相当するかが決まっていないと、清算期間中の総労働時間を計算することができないので、その際に計算の基準となる1日の労働時間を協定する必要があります。そして、たとえば、年次有給休暇を1日とった場合、その日にこの「標準となる1日の労働時間」労働したものとして取り扱われます。

（5）　労働者が労働しなければならない時間帯を定める場合には、その時間帯の開始及び終了の時刻

　　いわゆるコアタイムを設ける場合には、その開始の時刻と終了の時刻を協定しなければなりません。

（6）　労働者がその選択により労働することができる時間帯に制限を設ける場合には、その時間帯の開始及び終了の時刻

　　いわゆるフレキシブルタイムを設ける場合には、その開始の時刻と終了の時刻を協定しなければなりません。

（7）　清算期間が1か月を超えるものである場合は、労使協定の有効期間の定め

　また、清算期間が1か月を超えるものである場合は、労使協定の所轄の労働基準監督署長への届出が義務づけられています。

　さらに、清算期間が1か月以下の場合は労働時間の特例措置が認められますが、1か月を超えるものである場合は認められませんので、特例措置対象事業場であっても、1週当たりの労働時間は40時間以下ということになります。

■**時間外労働**

　フレックスタイム制の場合の時間外労働については、1日、1週間ではなく、清算期間を通算して、法定労働時間の枠を超えた時間が時間外労働となり、割増賃金の支払いの対象となります。

　ただし、清算期間が1か月を超えるものである場合は、清算期間の開始の日以後の1か月ごとについて、週平均労働時間が50時間を超えた時間も時間外労働になります。

　具体的には、50時間×31日÷7日＝221.4時間（大の月）、50時間×30日÷7日＝214.2時間（小の月）をそれぞれ超えた時間が時間外労働になるものです。

　なお、清算期間の最終月が1か月未満の場合は、当該期間の歴日数で前記算式により算出します。

　清算期間を通算して法定労働時間の総枠を超えた時間数の算出に当たっては、これら週平均労働時間が50時間を超えた時間数は控除します。また、三六協定についても1日あるいは1週間について延長することができる時間ではなく、1か月及び1年について延長することができる時間を協定することになります。

フレックスタイム制において時間外労働となる時間

① 清算期間が1か月以内の場合

$$\text{清算期間における実労働時間数} - \text{週の法定労働時間} \times \frac{\text{通算期間における暦日数}}{7}$$

② 清算期間が1か月を超え3か月以内の場合

$$\text{清算期間を1か月ごとに区分した期間*における実労働時間数} - 50 \times \frac{\text{清算期間を1か月ごとに区分した期間における暦日数}}{7}$$

＊最後に1か月未満の期間を生じたときは当該期間

■起算日の定め

　本条によってフレックスタイム制を採用し、労働者にそれにより労働させる場合には、就業規則その他これに準ずるもの、または本条に定める書面による協定において、清算期間の起算日を明確に定めておくことが必要です。

■労働時間の貸借

　フレックスタイム制においては、労働者は、清算期間における総労働時間として定められた時間を労働するのが原則ですが、実際には、総労働時間より多く労働し、あるいは少なく労働することがあります。その場合、基本的には、各清算期間ごとに労働時間を清算すべきものですが、清算期間における実際の労働時間が総労働時間として定められた時間を超えた場合、総労働時間として定められた時間分の賃金はその期間の賃金支払日に支払うが、総労働時間を超えて労働した時間分を、次の清算期間の総労働時間の一部に繰り越して充当することは、その清算期間における労働の対価の一部がその期間の賃金支払日に支払われないことになり、法第24条に違反し許されません。

　また、逆に清算期間における実際の労働時間が総労働時間として定められた時間に不足した場合、総労働時間として定められた時間分の賃金はその期間の賃金支払日に支払うが、それに達しない時間分を、次の清算期間中の総労働時間に加算して労働させることは、その清算期間においては実際の労働時間に対する賃金よりも多く賃金を支払い、次の清算期間でその分の賃金の過払分を清算するものと考えられますから、法第24条には違反しないと考えられます〔昭63.1.1基発第1号・婦発第1号〕。

　なお、次の清算期間の労働時間に加算した結果、次の清算期間の実際の労働時間が法定労働時間を超えることとなる場合には、三六協定が必要であり、またその超える部分の労働時間については割増賃金の支払いが必要となります。

　清算期間が1か月を超える場合も同様の考え方ですが、各月の割増賃金は週平均50時間を超える時間数に対するものを支払い、清算期間を通じて法定労働時間の総枠を超える部分は、週平均50時間を超える時間数を除いた時間数について、最終月の分として支払うことになります。

　さらに、清算期間が1か月を超えるものである場合、清算期間の途中での退職や部門異動、途中からの就業などにより、実際にフレックスタイム制で労働した期間が清算期間より短くなった場合、実際に勤務した期間を平均し、1週間当たりの労働時間が40時間を超えた場合、その超えた時間に対しては、第37条の規定の例により割増賃金を支払わなければならないとされています（法第32条の3の2）。

■完全週休2日制の事業場におけるフレックスタイム制

　完全週休2日制の事業場でフレックスタイム制を導入した場合、1日8時間相当の労働であっても、曜日の巡りによって、清算期間における総労働時間が法定労働時間の総枠を超えてしまう場合があります。

　たとえば、土日完全週休2日制で暦月の1か月を清算期間としている場合、大の月（31日）の初日（1日）が月曜日から水曜日で月内に祝日等の

所定休日がない月は、所定労働日数が23日となり、清算期間を平均して1日当たりの労働時間が8時間であったとしても、当月の労働時間は8時間×23日の184時間と当月の法定労働時間の総枠（40時間×31日÷7＝177.1時間）を超えてしまうことになります。

　この場合にフレックスタイム制が適用できなくなる訳ではなく、法定労働時間の総枠を超えた時間数は時間外労働となるものですが、このように1週40時間、1日8時間という法定通りの働き方を行ったとしても法定時間外労働になってしまうという矛盾が生じるものです。

　この問題を解消するために、従来から通達で労使協定を行った場合の例外的措置が示されていましたが、平成30年7月の働き方改革関連法での改正により、労使協定を前提に、労働時間の総枠を「8時間×清算期間内の所定労働日数」とすることができるという例外的考え方が法律に明記されました。

　したがって、この場合に清算期間内の総労働時間数がその間の法定労働時間数を超えるものとなっても、時間外労働にはならないことになります。

完全週休2日制の下での清算期間における労働時間の限度

〈1週間当たりの労働時間の限度〉

$$8（時間）× \frac{清算期間における所定労働日数}{ } ÷ \frac{清算期間における暦日数}{7}$$

■罰　則

　本条によりフレックスタイム制をとった場合に、法第36条に基づく労使協定の締結及び届出なく、総労働時間を超えて労働させたとき、あるいは、フレックスタイム制をとりながら、就業規則その他これに準ずるものによる定めがなく、あるいは、本条に定める労使協定の締結なく法第32条に定める1週または1日の労働時間を超えて労働させたときは、いずれも法第

32条違反として罰則の適用を受けることとなります。

第4　1年単位の変形労働時間制

> **第32条の4**　使用者は、当該事業場に、労働者の過半数で組織する労働組合がある場合においてはその労働組合、労働者の過半数で組織する労働組合がない場合においては労働者の過半数を代表する者との書面による協定により、次に掲げる事項を定めたときは、第32条の規定にかかわらず、その協定で第2号の対象期間として定められた期間を平均し1週間当たりの労働時間が40時間を超えない範囲内において、当該協定（次項の規定による定めをした場合においては、その定めを含む。）で定めるところにより、特定された週において同条第1項の労働時間又は特定された日において同条第2項の労働時間を超えて、労働させることができる。
>
> 一　この条の規定による労働時間により労働させることができることとされる労働者の範囲
>
> 二　対象期間（その期間を平均し1週間当たりの労働時間が40時間を超えない範囲内において労働させる期間をいい、1箇月を超え1年以内の期間に限るものとする。以下この条及び次条において同じ。）
>
> 三　特定期間（対象期間中の特に業務が繁忙な期間をいう。第3項において同じ。）
>
> 四　対象期間における労働日及び当該労働日ごとの労働時間（対象期間を1箇月以上の期間ごとに区分することとした場合においては、当該区分による各期間のうち当該対象期間の初日の属する期間（以下この条において「最初の期間」という。）における労働日及び当該労働日ごとの労働時間並びに当該最初の期間を除く各期間における労働日数及び総労働時間）
>
> 五　その他厚生労働省令で定める事項
>
> ②　使用者は、前項の協定で同項第4号の区分をし当該区分による各期間のうち最初の期間を除く各期間における労働日数及び総労働時

間を定めたときは、当該各期間の初日の少なくとも30日前に、当該
事業場に、労働者の過半数で組織する労働組合がある場合において
はその労働組合、労働者の過半数で組織する労働組合がない場合に
おいては労働者の過半数を代表する者の同意を得て、厚生労働省令
で定めるところにより、当該労働日数を超えない範囲内において当
該各期間における労働日及び当該総労働時間を超えない範囲内にお
いて当該各期間における労働日ごとの労働時間を定めなければなら
ない。

③　厚生労働大臣は、労働政策審議会の意見を聴いて、厚生労働省令
で、対象期間における労働日数の限度並びに1日及び1週間の労働
時間の限度並びに対象期間（第1項の協定で特定期間として定めら
れた期間を除く。）及び同項の協定で特定期間として定められた期
間における連続して労働させる日数の限度を定めることができる。

④　第32条の2第2項の規定は、第1項の協定について準用する。

第32条の4の2　使用者が、対象期間中の前条の規定により労働させ
た期間が当該対象期間より短い労働者について、当該労働させた期
間を平均し1週間当たり40時間を超えて労働させた場合においては、
その超えた時間（第33条又は第36条第1項の規定により延長し、又
は休日に労働させた時間を除く。）の労働については、第37条の規
定の例により割増賃金を支払わなければならない。

....

（過半数代表者）

則第6条の2（74頁参照）

（変形労働時間制・変形休日制の起算日）

則第12条の2第1項（126頁参照）

（1年単位の変形労働時間制における労働時間の限度等）

則第12条の4　法第32条の4第1項の協定（労働協約による場合を除き、
労使委員会の決議及び労働時間等設定改善委員会の決議を含む。）にお
いて定める同項第5号の厚生労働省令で定める事項は、有効期間の定
めとする。

②　使用者は、法第32条の4第2項の規定による定めは、書面により行
わなければならない。

③　法第32条の4第3項の厚生労働省令で定める労働日数の限度は、同条
第1項第2号の対象期間（以下この条において「対象期間」という。）

が3箇月を超える場合は対象期間について1年当たり280日とする。ただし、対象期間が3箇月を超える場合において、当該対象期間の初日の前1年以内の日を含む3箇月を超える期間を対象期間として定める法第32条の4第1項の協定（労使委員会の決議及び労働時間等設定改善委員会の決議を含む。）（複数ある場合においては直近の協定（労使委員会の決議及び労働時間等設定改善委員会の決議を含む。）。以下この項において「旧協定」という。）があつた場合において、1日の労働時間のうち最も長いものが旧協定の定める1日の労働時間のうち最も長いもの若しくは9時間のいずれか長い時間を超え、又は1週間の労働時間のうち最も長いものが旧協定の定める1週間の労働時間のうち最も長いもの若しくは48時間のいずれか長い時間を超えるときは、旧協定の定める対象期間について1年当たりの労働日数から1日を減じた日数又は280日のいずれか少ない日数とする。

④　法第32条の4第3項の厚生労働省令で定める1日の労働時間の限度は10時間とし、1週間の労働時間の限度は52時間とする。この場合において、対象期間が3箇月を超えるときは、次の各号のいずれにも適合しなければならない。

一　対象期間において、その労働時間が48時間を超える週が連続する場合の週数が3以下であること。

二　対象期間をその初日から3箇月ごとに区分した各期間（3箇月未満の期間を生じたときは、当該期間）において、その労働時間が48時間を超える週の初日の数が3以下であること。

⑤　法第32条の4第3項の厚生労働省令で定める対象期間における連続して労働させる日数の限度は6日とし、同条第1項の協定（労使委員会の決議及び労働時間等設定改善委員会の決議を含む。）で特定期間として定められた期間における連続して労働させる日数の限度は1週間に1日の休日が確保できる日数とする。

⑥　法第32条の4第4項において準用する法第32条の2第2項の規定による届出は、様式第4号により、所轄労働基準監督署長にしなければならない。

（育児を行う者等に対する配慮）

則第12条の6（127頁参照）

則附則第65条　積雪の度が著しく高い地域として厚生労働大臣が指定する地域に所在する事業場において、冬期に当該地域における事業活動の縮小を余儀なくされる事業として厚生労働大臣が指定する事業に従事する労働者であつて、屋外で作業を行う必要がある業務であつて業

　　　務の性質上冬期に労働者が従事することが困難であるものとして厚生
　　　労働大臣が指定する業務に従事するものについては、第12条の4第4
　　　項の規定にかかわらず、当分の間、法第32条の4第3項の厚生労働省
　　　令で定める1日の労働時間の限度は10時間とし、1週間の労働時間の
　　　限度は52時間とする。
　　則附則第66条　一般乗用旅客自動車運送事業（道路運送法（昭和26年法
　　　律第183号）第3条第1号ハの一般乗用旅客自動車運送事業をいう。以
　　　下この条及び第69条第2項において同じ。）における四輪以上の自動車
　　　（一般乗用旅客自動車運送事業の用に供せられる自動車であつて、当該
　　　自動車による運送の引受けが営業所のみにおいて行われるものを除く。）
　　　の運転の業務に従事する労働者であつて、次の各号のいずれにも該当
　　　する業務に従事するものについての法第32条の4第3項の厚生労働省
　　　令で定める1日の労働時間の限度は、第12条の4第4項の規定にかか
　　　わらず、当分の間、16時間とする。
　　一　当該業務に従事する労働者の労働時間（法第33条又は第36条第1
　　　　項の規定により使用者が労働時間を延長した場合においては当該労
　　　　働時間を、休日に労働させた場合においては当該休日に労働させた
　　　　時間を含む。以下この号において同じ。）の終了から次の労働時間の
　　　　開始までの期間が継続して20時間以上ある業務であること。
　　二　始業及び終業の時刻が同一の日に属しない業務であること。

　本条は、季節等によって業務に繁閑の差があり、繁忙期には相当の時間
外労働が生ずるが、閑散期には所定労働時間に見合うほどの業務量がない
ような事業場について週40時間労働制を前提として、1年以内の期間の変
形労働時間制を認めるものです。この1年単位の変形労働時間制を認める
ことにより、かかる事業場においては労働時間を効率的に配分することが
可能となり、その結果、総労働時間を短縮することが期待できます。季節
等によって業務の繁閑の差が生じないような事業場については、採用する
メリットがありません。

■1年単位の変形制の要件

　1年単位の変形労働時間制を採用しようとする場合には、労使協定にお
いて、①対象労働者の範囲、②対象期間、③特定期間、労働日及び労働日

ごとの労働時間（対象期間を平均して1週間の労働時間が40時間を超えない範囲内）、⑤労使協定の有効期間を定めることが必要です。

そして、上記のような労使協定を締結した場合には、その定めにより、特定された週または特定された日に1日または1週の法定労働時間（8時間または40時間）を超えて労働させることができます。

ただし、この労使協定で定める労働日及び労働日ごとの労働時間は、則第12条の4第3項～第5項、第65条、第66条に規定する限度に適合していなければなりません。

また、1年単位の変形労働時間制の採用に当たっては労働時間の特例措置が認められませんので、特例措置対象事業場であっても、この制度では1週の労働時間は40時間以下とされることとなります。

■労働時間の特定等

1年単位の変形労働時間制の場合も、1か月単位の変形労働時間制と同様、あらかじめ労働日及び労働日ごとの労働時間が特定されていなければならず、対象期間における労働時間の枠内で、使用者が業務の都合により任意に労働日、労働日ごとの労働時間を変更したり、あるいは、対象期間の満了時に、総労働時間が当初定めた枠内におさまっていればよいというものではありません。

したがって、業務の性質上1日8時間、1週40時間を超えて労働させる日または週の労働時間をあらかじめ定めておくことが困難な業務または労使協定で定めた時間が業務の都合によって変更されることがしばしば行われるような業務については、本条による1年単位の変形労働時間制を適用する余地はありません〔平6・1・4基発第1号、平11・3・31基発第168号〕。

対象期間を1か月以上の期間ごとに区分した場合は、労使協定では各期間のうちの最初の期間についての労働日及び労働日ごとの労働時間と残りの各期間における労働日数と総労働時間を特定すれば足ります。ただし、

この場合、残りの期間における労働日及び労働日ごとの労働時間は、あらかじめ定めた労働日数と総労働時間の範囲内で各期間の初日の少なくとも30日前までに、過半数労働組合または労働者の過半数代表者の同意を得て、書面で定めなければならないとされています。

ただし、1か月単位の変形労働時間制と同様、法第89条の規定により、就業規則を定め、または変更しなければならない場合があることに注意してください。

なお、この変形労働時間制によって労働者を労働させる場合には、育児を行う者、老人等の介護を行う者、職業訓練または教育を受ける者その他特別の配慮を要する者については、これらの者が育児等に必要な時間を確保できるような配慮をするようにしなければならないものとされています。

■労働時間の総枠の計算方法

本条の変形労働時間制は、1か月を超え1年以内の期間を対象期間とするものですが、その対象期間における所定労働時間の総枠は、40時間に、対象期間中の暦日数を7で除した数（対象期間の週の数となります。）を乗じて得られます。たとえば、1年を対象期間とする場合で、その期間の暦日数が365日であれば、この変形期間における所定労働時間の総枠は、2085時間、366日であれば2091時間となります。これを逆にいえば、この時間の枠内であれば、1週の平均労働時間が40時間以下となります。また、対象期間における法定労働時間の総枠は、40時間に、対象期間中の暦日数を7で除した数を乗じて得られます。要するに、この時間の枠内であれば、三六協定の締結・届出は必要がないことになります。

■1日及び1週間の労働時間の限度

これは、労働者の健康や家庭生活との調和を考慮したものです。対象期間における1日及び1週間の労働時間の限度は1日10時間及び1週52時間です。

　また、対象期間が3か月を超える場合、この限度時間まで利用できる範囲には①②の制限があります。

①　対象期間中に、週48時間を超える所定労働時間を設定するのは連続3週以内とすること

②　対象期間を初日から3か月ごとに区切った各期間において、週48時間を超える所定労働時間を設定した週の初日が3以内であること

■対象期間中の労働日数の限度

　対象期間が3か月を超える場合、原則として1年当たり280日です。

■割増賃金の支払い

　1年単位の変形労働時間制をとった場合の法第37条の適用を受ける法定時間外労働となるのは、

（1）　1日については、労使協定により8時間を超える時間を定めた日はその時間を超えて労働させた時間、それ以外の日は8時間を超えて労働させた時間

（2）　1週間については、労使協定により40時間を超える時間を定めた週はその時間を超えて労働させた時間、それ以外の週は40時間を超えて労働させた時間（（1）で法定時間外労働となる時間を除きます。）

（3）　対象期間については、対象期間における法定労働時間の総枠を超えて労働させた時間（（1）または（2）で法定時間外労働となる時間を除きます。）

です。これらの時間については、三六協定の締結及び届出と法第37条に基づく割増賃金の支払いが必要です。

　さらに、1年単位の変形労働時間制により労働させた期間が対象期間より短い労働者について、その期間を平均1週間当たり40時間を超えて労働させた場合は、その超えた時間について法定割増賃金の規定の例により割増賃金を支払わなければならないこととされています（法第32条の4の2）。

この割増賃金を支払わないときは、法第24条違反となります。

■労使協定の届出

本条第1項に基づく「1年単位の変形労働時間制に関する協定」は、所轄の労働基準監督署長への届出が必要です。

■罰　則

本条で定める要件を満たすことなく1年単位の変形労働時間制をとり、週または日の法定労働時間を超えて労働させた場合、前述の法定時間外労働が生ずる場合に三六協定の締結・届出がないときは、法第32条違反となります。また、本条第4項に違反して、届出を怠った場合には、30万円以下の罰金に処せられます（法第120条第1号）。

第5　1週間単位の非定型的変形労働時間制

> 第32条の5　使用者は、日ごとの業務に著しい繁閑の差が生ずることが多く、かつ、これを予測した上で就業規則その他これに準ずるものにより各日の労働時間を特定することが困難であると認められる厚生労働省令で定める事業であつて、常時使用する労働者の数が厚生労働省令で定める数未満のものに従事する労働者については、当該事業場に、労働者の過半数で組織する労働組合がある場合においてはその労働組合、労働者の過半数で組織する労働組合がない場合においては労働者の過半数を代表する者との書面による協定があるときは、第32条第2項の規定にかかわらず、1日について10時間まで労働させることができる。
> ②　使用者は、前項の規定により労働者に労働させる場合においては、厚生労働省令で定めるところにより、当該労働させる1週間の各日の労働時間を、あらかじめ、当該労働者に通知しなければならない。
> ③　第32条の2第2項の規定は、第1項の協定について準用する。

（過半数代表者）

則第6条の2（74頁参照）

（1週間単位の非定型的変形労働時間制の対象事業等）

則第12条の5　法第32条の5第1項の厚生労働省令で定める事業は、小売業、旅館、料理店及び飲食店の事業とする。

②　法第32条の5第1項の厚生労働省令で定める数は、30人とする。

③　法第32条の5第2項の規定による1週間の各日の労働時間の通知は、少なくとも、当該1週間の開始する前に、書面により行わなければならない。ただし、緊急でやむを得ない事由がある場合には、使用者は、あらかじめ通知した労働時間を変更しようとする日の前日までに書面により当該労働者に通知することにより、当該あらかじめ通知した労働時間を変更することができる。

④　法第32条の5第3項において準用する法第32条の2第2項の規定による届出は、様式第5号により、所轄労働基準監督署長にしなければならない。

⑤　使用者は、法第32条の5の規定により労働者に労働させる場合において、1週間の各日の労働時間を定めるに当たつては、労働者の意思を尊重するよう努めなければならない。

（育児を行う者等に対する配慮）

則第12条の6（127頁参照）

　本条は、日ごとの業務の繁閑の差が著しいが、その繁閑が定型的でないため、他の変形労働時間制を採用することが困難な事業のために設けられた変形労働時間制について規定したものです。このような事業でも、業務の繁閑に応じて、忙しい日にはある程度長く働き、暇な日には短い時間働くことにより、全体として労働時間が短縮できることが期待されるため、この1週間単位の非定型的変形労働時間制が設けられています。

■非定型的変形労働時間制の要件

　本条による非定型的変形労働時間制を採用するためには、まず、その事業が、日ごとの業務に著しい繁閑の差が生ずることが多く、かつ、これを予測したうえで就業規則その他これに準ずるものにより各日の労働時間を

特定することが困難であると認められる事業であること、しかもその事業は、小売業、旅館、料理店及び飲食店のいずれかに該当していることが必要です。

第2には、その事業の規模は、常時使用する労働者の数が30人未満でなければなりません。

以上の要件が満たされた場合には、1日8時間を超え10時間まで、労働させることができます。

■事前の通知

1週間単位の非定型的変形労働時間制は、前述のように、就業規則その他これに準ずるものにおいて、あらかじめ各日の労働時間を特定しがたい場合のための制度ですが、だからといって、各日の労働時間を全く事前に特定しなくてもよいというのではなく、1週間の各日の労働時間について、少なくとも、その1週間の始まる前に書面で各労働者あてに通知しなければなりません。そして、この各日の労働時間を定める場合には、労働者の生活のスケジュール等への影響を考えて、使用者は、労働者の意思を尊重するよう努めなければならないとされています。したがって、各日の労働時間を決定する前に、何らかの形で労働者の意思を確認することが必要でしょう。

また、この場合、育児を行う者、老人等の介護を行う者、職業訓練または教育を受ける者その他特別の配慮を要する者については、使用者はこれらの者が育児等に必要な時間を確保できるような配慮をするようにしなければならないこととされています。

なお、前述の「事前の通知」に関して、緊急かつやむを得ない事情がある場合には、あらかじめ通知した労働時間を変更しようとする日の前日までに、書面によってその労働者に通知すれば、そのあらかじめ通知してあった労働時間を変更することができることとされています。ここで、「緊急やむを得ない事由」がある場合というのは、使用者の主観的必要性ではな

く、台風の接近、豪雨などの天候の急変など、客観的事実により当初想定した業務の繁閑に大幅に変更が生じた場合などが想定されます〔昭63.1.1基発第1号〕。

■1週及び1日の労働時間

本条による非定型的変形労働時間制においても、1年単位の変形労働時間制と同様に週40時間が前提とされ、労働時間の特例措置は認められません。たとえ規模10人未満の小売業、旅館、料理店及び飲食店であっても、この制度では1週の労働時間は40時間以下とされることとなります。

また、1日の労働時間については、非定型的変形労働時間制によるときは、1週間の各日の労働時間がその前の週の末に特定されるものですから、労働者の生活との調和を考えれば、大幅な変形は好ましくないので、1日の労働時間の上限は10時間と法定されています。

■労使協定

労使協定においては、1年単位の変形労働時間制の場合の労使協定と異なり、各日の労働時間を特定することは求められていません。また、この労使協定は、所轄労働基準監督署長に届け出る必要があります。

■割増賃金

本条による1週間単位の非定型的変形労働時間制をとった場合に割増賃金を支払わなければならないのは、①各日については所定労働時間を超え、かつ、1日の法定労働時間（8時間）を超える部分、②1週については40時間を超える部分、③深夜業、休日労働が生じた場合には、その部分となります。

■罰　則

本条で定める要件を満たすことなく、週または日の法定労働時間を超え

て使用した場合は、法第32条の違反となるものです（法第32条の解説中罰則の項（133頁参照））。本条第2項に違反して事前通知を怠ると、30万円以下の罰金に処せられます（法第120条第1号）。また、本条第3項に違反して労使協定の届出を怠った場合も同様です（法第120条第1号）。

第6　非常災害の場合の労働時間

（災害等による臨時の必要がある場合の時間外労働等）

第33条　災害その他避けることのできない事由によつて、臨時の必要がある場合においては、使用者は、行政官庁の許可を受けて、その必要の限度において第32条から前条まで若しくは第40条の労働時間を延長し、又は第35条の休日に労働させることができる。ただし、事態急迫のために行政官庁の許可を受ける暇がない場合においては、事後に遅滞なく届け出なければならない。

②　前項ただし書の規定による届出があつた場合において、行政官庁がその労働時間の延長又は休日の労働を不適当と認めるときは、その後にその時間に相当する休憩又は休日を与えるべきことを、命ずることができる。

③　公務のために臨時の必要がある場合においては、第1項の規定にかかわらず、官公署の事業（別表第1に掲げる事業を除く。）に従事する国家公務員及び地方公務員については、第32条から前条まで若しくは第40条の労働時間を延長し、又は第35条の休日に労働させることができる。

別表第1　（第33条、第40条、第41条、第56条、第61条関係）

一　物の製造、改造、加工、修理、洗浄、選別、包装、装飾、仕上げ、販売のためにする仕立て、破壊若しくは解体又は材料の変造の事業（電気、ガス又は各種動力の発生、変更若しくは伝導の事業及び水道の事業を含む。）

二　鉱業、石切り業その他土石又は鉱物採取の事業

三　土木、建築その他工作物の建設、改造、保存、修理、変更、破

　　壊、解体又はその準備の事業

　四　道路、鉄道、軌道、索道、船舶又は航空機による旅客又は貨物
　　の運送の事業

　五　ドック、船舶、岸壁、波止場、停車場又は倉庫における貨物の
　　取扱いの事業

　六　土地の耕作若しくは開墾又は植物の栽植、栽培、採取若しくは
　　伐採の事業その他農林の事業

　七　動物の飼育又は水産動植物の採捕若しくは養殖の事業その他の
　　畜産、養蚕又は水産の事業

　八　物品の販売、配給、保管若しくは賃貸又は理容の事業

　九　金融、保険、媒介、周旋、集金、案内又は広告の事業

　十　映画の製作又は映写、演劇その他興行の事業

　十一　郵便、信書便又は電気通信の事業

　十二　教育、研究又は調査の事業

　十三　病者又は虚弱者の治療、看護その他保健衛生の事業

　十四　旅館、料理店、飲食店、接客業又は娯楽場の事業

　十五　焼却、清掃又はと畜場の事業

　　（労働時間、休日の周知）
　則第12条（126頁参照）
　　（労働時間、休日の特例）
　則第13条　法第33条第1項本文の規定による許可は、所轄労働基準監督
　　署長から受け、同条同項但書の規定による届出は、所轄労働基準監督
　　署長にしなければならない。
　②　前項の許可又は届出は、様式第6号によるものとする。
　則第14条　法第33条第2項の規定による命令は、様式第7号による文書
　　で所轄労働基準監督署長がこれを行う。

　本条は、非常災害等の場合における8時間労働制と休日労働禁止の例外
について規定したものです。

■災害その他避けることのできない事由

　「災害その他避けることのできない事由」とは、災害その他の原因によっ

て通常発生することを予測することが困難である事故等のことをいいます。このような場合には時間外労働、休日労働が認められるわけですが、そのような事由に該当するかどうかの判断を使用者の自由に任せると、本法上の労働時間制、休日制の原則に反するおそれがありますので、行政官庁の事前の許可または事後の認定を受けることが必要とされています。

これまで、災害その他避けることのできない事由として考えられた例としては、人命に影響し公益を保護するために必要なものが最も多くみられます。つまり、風水害等をはじめとして病院における急病人の発生搬入、ボイラー等の爆発、落盤、崩壊、鉄道事故、列車遅延等々ですが、さらにたとえば堤防下の工場において、河川が増水し、堤防決潰による水害の危険が生じた場合のような「災害の発生が客観的に予見される場合」もこれに含まれます〔昭33.2.13基発第90号〕。一方、単なる業務繁忙とか、通常予見できる機械の部分的修理や定期的手入れなどについては認められません〔昭22.9.13発基第17号、昭26.10.11基発第696号〕。

■「必要の限度」の範囲

「必要の限度」とは、どのような範囲までをいうのかは、困難な問題であり、結局社会通念によって判断されるべきことでしょうが、たとえば、工場火災等において、消火作業中や消火後の後始末の時間が「必要の限度」の範囲に含まれることはいうまでもないでしょう。しかし、後始末後のいわゆる復旧のための作業時間のようなものは、本条でいう必要の限度を超えるものといえましょう。

なお、この必要の限度を超えて行いますと、法第32条または法第40条の違反となるのは当然ですが、本条に基づいて行う時間外労働は、たとえば上の例の工場火災のため呼び出す場合のように、正規の時間に引き続いて行われなくても差し支えありません〔昭23.10.23基収第3141号〕。また、本条の条件を満たしている限り、通常は三六協定により時間外労働が行われているものを、その協定の範囲を超えて時間外労働を行う場合でも認めら

れます〔昭23.7.27基収第2622号〕。

■事態急迫による事後の届出

　事前の所轄労働基準監督署長の許可を受ける暇のない事態急迫の場合には、事後に遅滞なく一定の様式による届出が必要とされています（則第13条）。非常災害の場合には、むしろ事前許可を受ける暇のない場合のほうが事実上は多いのですが、事態急迫であるかどうかは、単に使用者が主観的に判断するだけでなく客観的にそうであることが必要です。この届出があった場合、所轄労働基準監督署長が時間外労働または休日労働を不適当と認めたときには、第2項によって、その時間外・休日労働の行われた時間に相当する休憩・休日を与えるよう、労働基準監督署長から命ぜられます（則第14条）。この場合、休憩については、所定労働時間の一部を休憩時間とすることであり、休日については、所定労働日を必要な日数だけ休日とすることです。

　第3項は、いわゆる官庁事務を行う官公署の公務員に関する例外規定です。この場合は、「災害その他避けることのできない事由」でなく、単に臨時の必要があれば足り、かつその必要性の判断についても、特に行政官庁の許可や認定を必要としていない点で第1項と違っています。

■罰　則

　使用者が第1項但書の規定に違反して届け出ないと、30万円以下の罰金に処せられます（法第120条第1号）。また、第2項に基づく行政官庁の代休付与命令に違反して、命ぜられた休憩・休日を与えなかった使用者は、6か月以下の懲役または30万円以下の罰金に処せられます（法第119条第2号）。

第7　休　　憩

　（休憩）
第34条　使用者は、労働時間が6時間を超える場合においては少くとも45分、8時間を超える場合においては少くとも1時間の休憩時間を労働時間の途中に与えなければならない。

②　前項の休憩時間は、一斉に与えなければならない。ただし、当該事業場に、労働者の過半数で組織する労働組合がある場合においてはその労働組合、労働者の過半数で組織する労働組合がない場合においては労働者の過半数を代表する者との書面による協定があるときは、この限りでない。

③　使用者は、第1項の休憩時間を自由に利用させなければならない。

‥‥‥‥‥‥‥‥‥‥‥‥‥‥‥‥‥‥‥‥‥‥‥‥‥‥‥‥‥‥‥‥‥‥

　（過半数代表者）
則第6条の2　（74頁参照）
　（一斉休憩の特例の協定）
則第15条　使用者は、法第34条第2項ただし書の協定をする場合には、一斉に休憩を与えない労働者の範囲及び当該労働者に対する休憩の与え方について、協定しなければならない。

②　前項の規定は、労使委員会の決議及び労働時間等設定改善委員会の決議について準用する。

■休憩時間の定義

　「休憩時間」とは、労働から離れることを保障された時間をいいます〔昭22．9．13発基第17号〕。したがって、自由に利用することが保障されない手待時間、作業は休止するが監視のため残るような時間は休憩時間ではありません。ただし、第3項との関係で自由利用といっても、必ずしも事業場外への外出を認める必要はありません。構内に適当な休息のための場所があれば、休憩時間中の外出について許可を受けさせる等制限を加えることは違法ではなく〔昭23．10．30基発第1575号〕、規律上も必要なことと考えら

れます。

　なお、その与え方は、45分ないし1時間をどう分けても差し支えありませんし、またその時間を昼食のためにすべてをあてても差し支えありません。

■一斉休憩とその例外

　第2項は、「一斉」休憩に関する規定です。休憩時間はその作業場全体が休む一斉休憩が望ましいのですが、書面による労使協定があることを条件（則第15条）として、一斉休憩の除外が認められています。

　なお、法第40条に基づく例外も認められています（詳細は法第40条参照）。

■罰　　則

　使用者が本条の規定に違反して休憩を与えなかった場合や、法定の休憩を与えても本条に違反して一斉に与えず、または自由に利用させなかった場合には、6か月以下の懲役または30万円以下の罰金に処せられます（法第119条第1号）。

第8　休　　日

　（休日）
第35条　使用者は、労働者に対して、毎週少くとも1回の休日を与えなければならない。
②　前項の規定は、4週間を通じ4日以上の休日を与える使用者については適用しない。

··

　（労働時間、休日の周知）
則第12条（126頁参照）
　（変形労働時間制、変形休日制の起算日）

> **則第12条の２第２項**　使用者は、法第35条第２項の規定により労働者に休
> 日を与える場合には、就業規則その他これに準ずるものにおいて、４
> 日以上の休日を与えることとする４週間の起算日を明らかにするもの
> とする。

　本条は、週休制の原則を規定したものです。労働時間の原則に対して法
第32条の２以下が変形の労働時間制を認めているように、本条第２項は変
形の休日制を規定し、興行の事業等の必要に応ずることとしています。

■休日の定義

　「休日」というのは、労働契約において、労働義務のないものとされてい
る日をいいます。本条で規定する休日は、原則として１暦日つまり午前０
時から午後12時までの24時間の休みをいいます〔昭23．４．５基発第535号〕。
国際労働条約では継続24時間の休日制をとっていますが、暦日24時間の休
日制をとるのが我が国工場法以来の解釈となっています。ただし、夜間勤
務の態様によって若干の例外（継続24時間制）を認めています。つまり、
午前８時から翌日の午前８時までの労働と、同じく午前８時から翌日の午
前８時までの非番とを繰り返す一昼夜交替勤務のような場合は、この非番
の継続24時間は休日と認めず、さらに非番日の翌日に休日を与えなければ、
本条の休日を与えたことにはならないのですが、鉱山や化学工場等におけ
るように、８時間三交替制の場合、たとえば、１番方：午前６時―午後２
時、２番方：午後２時―午後10時、３番方：午後10時―翌朝午前６時とい
う三交替制で、１週ごとに番方が替わる場合、暦日の休日を与えなければ
ならないとすれば、交替前の１番方と２番方には２暦日の休日を与えなけ
ればならないということになりますので、このような場合の休日は、継続
24時間を与えればよいこととしています〔昭63．３．14基発第150号〕。また、
このような８時間三交替制でなくとも、電力事情等によって、たとえば、
上番：午前８時―午後４時、下番：午後10時―翌朝午前６時の勤務時間制
とか、A班：午前８時―午後４時、B班：午後４時―午後10時、C班：午

後10時―翌朝午前6時のような勤務時間制をとる場合についても、この解釈例規と同様の趣旨から、暦日の休日でなくても、継続24時間の休日を与えればよいとされています。

■時間短縮と休日

　平成5年の法改正によって、原則週40時間労働制となりましたが、一定の規模・業種の事業場については、平成9年3月31日までは週44時間制が適用されていました。

　この週44時間労働制を採用した場合に、各日の労働時間を短縮することによっても実施できないわけではありませんが、週休2日制の導入によることがより容易であり、しかも好ましい方法です。すなわち、4週間に6日の休日とすることにより、1日8時間労働のまま、週44時間労働が可能とされてきたわけです。

　さらに、週40時間労働制は、1日8時間労働で、完全週休2日制をとることにより実現することになります。要するに、法第32条で定める週40時間労働制は、週休2日制を志向するものともいえるのですが、反面、週休2日を法定休日とすることは、諸外国にも例がないこともあって、本条は従前のままとなっています。

■休日の与え方

　使用者が義務づけられているのは、少なくとも週1回の休日ですから、1週1回の休日を与えればよいわけです。しかし、本条はまた1週1回以上の休日を与えることをも予想しているのであって、実際に各事業場においても、週1回の休日のほかに、国民の祝日、会社創立記念日、メーデー、地方祭等を休日としているところが少なくありません。国民の祝日については、「国民の祝日等に関する法律」において国民こぞって祝い、感謝し、または記念するために休ませるべきことを定めてはいますが、たとえ国民の祝日に休ませなくとも、法律違反として処罰されるものではなく、週1

回の休日が与えられている限り、本条には違反しません〔昭41・7・14基発第739号〕。

　次に、休日の与え方ですが、休日は、休憩時間のように一斉に与えることまでは法律上要求されていません。

　また、休日は日曜日、月曜日等それを特定しなければならないか、あるいは、休日は1週1回与えるとだけ規定し、使用者がその都度与えるという方法でもよいかということが問題になりますが、本条の文理からは、休日を特定しなければならないという解釈は生まれません。ただ、労働者保護の観点からすれば、休日は特定されることが望ましいことはいうまでもないので、解釈例規で「法第35条は必ずしも休日を特定すべきことを要求していないが、特定することが法の趣旨に沿うものであるから、就業規則ではできるだけ特定させるよう留意されたい」としています〔昭23．5．5基発第682号、昭63．3.14基発第150号〕。休日の与え方についてもう1つ問題となるのは、休日の振替の問題です。すなわち、休日を日曜日と定めても、業務の都合によって、その日に労働させなければならない場合が生じます。もちろん、法第36条第1項の規定によって協定を締結すればよいわけですが、協定を締結できない場合もあるでしょうし、また週休を確保しながら所定休日に労働させたいという場合もありましょう。特に、休日労働が禁止されている年少者、あるいは休日労働が制限されている妊産婦を労働させなければならないという場合においては、この措置が必要とされます。このような必要に応ずるために考えられたのが、この「休日の振替」です。

　休日の振替とは、あらかじめ休日と定められた日を労働日とし、その代わり他の労働日を休日とすることです。前述のように、休日は労働者が労働する義務のない日ですから、これを変更する休日の振替については、就業規則にあらかじめ定めておくことが必要です〔昭23．7．5基発第968号、昭63．3.14基発第150号〕。

　この場合、単に、「休日は毎日曜日とする。但し、当日勤務の必要がある

場合は他の日と振り替えることができる」とか、屋外労働者について休日を一定の日に与えるが、雨天の場合は休日を変更するというような定めでも差し支えないのですが〔昭23．4．26基発第651号、昭33．2．13基発第90号〕、休日の特定についてのところでも述べましたように、労働者保護の見地から、就業規則には、休日振替の具体的事由と振り替えるべき日とを規定することが望ましい〔昭23．7．5基発第968号、昭63．3．14基発第150号〕わけです。

　この休日の振替と混同されやすいものに「代休」といわれる制度がありますが、この代休は、一般に、休日労働が行われた場合にその代償措置として、以後の特定の労働日または労働者の希望する任意の労働日の労働義務を免除しようとするものですから、先に休日に行われた労働が、このような代休を与えることによって、帳消しにされるものではありません。

■変形休日制

　第2項は、変形休日制に関する規定です。4週4日の休日制は興行、建設業等のように厳格な週休制をとりにくい業種において一般に必要とされるものですが、もとより業種に限定されることなく、一般に業務の都合によって、必要がある場合は、これを採用することができます。また、前項の休日の振替においても、同一週内に限定されることなく、4週4日の枠内において、休日を振り替えても差し支えないわけです。

　本項は、第32条の2などの場合と違って、4週4日休日について具体的な定めをすることを法律上要求していませんが、解釈例規では「第2項による場合にも、できる限り第32条の2に準じて一定の定めをなさしめるよう指導すること。」としています〔昭22．9．13発基第17号〕。なお、則第12条によって、常時10人未満の労働者を使用する事業場については、変形休日制の定めをした場合には、それを労働者に周知させなければならないとされています。

　なお、4週間の意義については、特定の4週間に4日の休日があればよ

く、どの４週間を区切っても４日の休日を与えなければならないという趣旨ではありません〔昭23. 9. 20基発第1384号〕。

■罰　則

　使用者が本条に違反して休日を与えないと、６か月以下の懲役または30万円以下の罰金に処せられます（法第119条第１号）。なお、休日労働が、労働者の自発的意思に基づいたものであっても、本条に違反することは、既に法第32条関係の解説において述べたのと同様です。

第9　時間外・休日の労働

> （時間外及び休日の労働）
> **第36条**　使用者は、当該事業場に、労働者の過半数で組織する労働組合がある場合においてはその労働組合、労働者の過半数で組織する労働組合がない場合においては労働者の過半数を代表する者との書面による協定をし、厚生労働省令で定めるところによりこれを行政官庁に届け出た場合においては、第32条から第32条の５まで若しくは第40条の労働時間（以下この条において「労働時間」という。）又は前条の休日（以下この条において「休日」という。）に関する規定にかかわらず、その協定で定めるところによつて労働時間を延長し、又は休日に労働させることができる。
> ②　前項の協定においては、次に掲げる事項を定めるものとする。
> 　一　この条の規定により労働時間を延長し、又は休日に労働させることができることとされる労働者の範囲
> 　二　対象期間（この条の規定により労働時間を延長し、又は休日に労働させることができる期間をいい、１年間に限るものとする。第４号及び第６項第３号において同じ。）
> 　三　労働時間を延長し、又は休日に労働させることができる場合
> 　四　対象期間における１日、１箇月及び１年のそれぞれの期間について労働時間を延長して労働させることができる時間又は労働さ

　　　せることができる休日の日数

　　五　労働時間の延長及び休日の労働を適正なものとするために必要
　　　な事項として厚生労働省令で定める事項

③　前項第４号の労働時間を延長して労働させることができる時間は、
　当該事業場の業務量、時間外労働の動向その他の事情を考慮して通
　常予見される時間外労働の範囲内において、限度時間を超えない時
　間に限る。

④　前項の限度時間は、１箇月について45時間及び１年について
　360時間（第32条の４第１項第２号の対象期間として３箇月を
　超える期間を定めて同条の規定により労働させる場合にあつて
　は、１箇月について42時間及び１年について320時間）とする。

⑤　第１項の協定においては、第２項各号に掲げるもののほか、当該
　事業場における通常予見することのできない業務量の大幅な増加等
　に伴い臨時的に第３項の限度時間を超えて労働させる必要がある場
　合において、１箇月について労働時間を延長して労働させ、及び休
　日において労働させることができる時間（第２項第４号に関して協
　定した時間を含め100時間未満の範囲内に限る。）並びに１年につい
　て労働時間を延長して労働させることができる時間（同号に関して
　協定した時間を含め720時間を超えない範囲内に限る。）を定めるこ
　とができる。この場合において、第１項の協定に、併せて第２項第
　２号の対象期間において労働時間を延長して労働させる時間が１箇
　月について45時間（第32条の４第１項第２号の対象期間として３箇
　月を超える期間を定めて同条の規定により労働させる場合にあつて
　は、１箇月について42時間）を超えることができる月数（１年につ
　いて６箇月以内に限る。）を定めなければならない。

⑥　使用者は、第１項の協定で定めるところによつて労働時間を延長
　して労働させ、又は休日において労働させる場合であつても、次の
　各号に掲げる時間について、当該各号に定める要件を満たすものと
　しなければならない。

　　一　坑内労働その他厚生労働省令で定める健康上特に有害な業務に
　　　ついて、１日について労働時間を延長して労働させた時間　２時
　　　間を超えないこと。

　　二　１箇月について労働時間を延長して労働させ、及び休日におい

て労働させた時間　100時間未満であること。

三　対象期間の初日から1箇月ごとに区分した各期間に当該各期間の直前の1箇月、2箇月、3箇月、4箇月及び5箇月の期間を加えたそれぞれの期間における労働時間を延長して労働させ、及び休日において労働させた時間の1箇月当たりの平均時間　80時間を超えないこと。

⑦　厚生労働大臣は、労働時間の延長及び休日の労働を適正なものとするため、第1項の協定で定める労働時間の延長及び休日の労働について留意すべき事項、当該労働時間の延長に係る割増賃金の率その他の必要な事項について、労働者の健康、福祉、時間外労働の動向その他の事情を考慮して指針を定めることができる。

⑧　第1項の協定をする使用者及び労働組合又は労働者の過半数を代表する者は、当該協定で労働時間の延長及び休日の労働を定めるに当たり、当該協定の内容が前項の指針に適合したものとなるようにしなければならない。

⑨　行政官庁は、第7項の指針に関し、第1項の協定をする使用者及び労働組合又は労働者の過半数を代表する者に対し、必要な助言及び指導を行うことができる。

⑩　前項の助言及び指導を行うに当たつては、労働者の健康が確保されるよう特に配慮しなければならない。

⑪　第3項から第5項まで及び第6項（第2号及び第3号に係る部分に限る。）の規定は、新たな技術、商品又は役務の研究開発に係る業務については適用しない。

....

（過半数代表者）

則第6条の2　(74頁参照)

（時間外及び休日労働の協定）

則第16条　法第36条第1項の規定による届出は、様式第9号（同条第5項に規定する事項に関する定めをする場合にあつては、様式第9号の2）により、所轄労働基準監督署長にしなければならない。

②　前項の規定にかかわらず、法第36条第11項に規定する業務についての同条第1項の規定による届出は、様式第9号の3により、所轄労働基準監督署長にしなければならない。

③　法第36条第１項の協定（労使委員会の決議及び労働時間等設定改善
委員会の決議を含む。以下この項において同じ。）を更新しようとする
ときは、使用者は、その旨の協定を所轄労働基準監督署長に届け出る
ことによつて、前二項の届出に代えることができる。

（労働時間の延長及び休日の労働を適正なものとするために必要な事項）

則第17条　法第36条第２項第５号の厚生労働省令で定める事項は、次に
掲げるものとする。ただし、第４号から第７号までの事項については、
同条第１項の協定に同条第５項に規定する事項に関する定めをしない
場合においては、この限りでない。

一　法第36条第１項の協定（労働協約による場合を除く。）の有効期間
の定め

二　法第36条第２項第４号の１年の起算日

三　法第36条第６項第２号及び第３号に定める要件を満たすこと。

四　法第36条第３項の限度時間（以下この項において「限度時間」と
いう。）を超えて労働させることができる場合

五　限度時間を超えて労働させる労働者に対する健康及び福祉を確保
するための措置

六　限度時間を超えた労働に係る割増賃金の率

七　限度時間を超えて労働させる場合における手続

②　使用者は、前項第５号に掲げる措置の実施状況に関する記録を同項
第１号の有効期間中及び当該有効期間の満了後５年間保存しなければ
ならない。

③　前項の規定は、労使委員会の決議及び労働時間等設定改善委員会の
決議について準用する。

（労働時間延長の制限業務）

則第18条　法第36条第６項第１号の厚生労働省令で定める健康上特に有
害な業務は、次に掲げるものとする。

一　多量の高熱物体を取り扱う業務及び著しく暑熱な場所における業務

二　多量の低温物体を取り扱う業務及び著しく寒冷な場所における業務

三　ラジウム放射線、エックス線その他の有害放射線にさらされる業務

四　土石、獣毛等のじんあい又は粉末を著しく飛散する場所における
業務

五　異常気圧下における業務

六　削岩機、鋲打機等の使用によつて身体に著しい振動を与える業務

七　重量物の取扱い等重激なる業務

八　ボイラー製造等強烈な騒音を発する場所における業務

> 九　鉛、水銀、クロム、砒素、黄りん、弗素、塩素、塩酸、硝酸、亜
> 　硫酸、硫酸、一酸化炭素、二硫化炭素、青酸、ベンゼン、アニリン、
> 　その他これに準ずる有害物の粉じん、蒸気又はガスを発散する場所
> 　における業務
> 十　前各号のほか、厚生労働大臣の指定する業務
> **則附則第72条**　第17条第2項、第24条の2の2第3項第2号、第24条の2
> 　の3第3項第2号、第24条の2の4第2項（第34条の2の3において準
> 　用する場合を含む。）、第24条の7及び第34条の2第15項第4号の規定
> 　の適用については、当分の間、これらの規定中「5年間」とあるのは、
> 　「3年間」とする。

　本条は労使の協定による時間外・休日の労働について規定したものですが、平成30年7月の働き方改革関連法での改正により大幅な変更がなされました。

　本法は法第32条において、実働1週40時間（則第25条の2の特例措置対象事業では44時間）・1日8時間を、法第35条において1週1日または4週4日の休日制を採用していますが、この原則を画一的に適用することを避け、労働者の団体意思による同意を条件として、その例外を認めているわけです。

■協定が必要な場合

　本条による協定の締結と届出を必要とする場合は、法第32条から第32条の5までの規定又は第40条（則第25条の2、則第26条の特例規定）において制限されている労働時間を超えて労働させる場合や法第35条に定めている休日に労働させる場合です。つまり、使用者が労働者に上記の時間外・休日に労働させるためには、労使の協定のあることとそれを所轄労働基準監督署長に届け出ていることが要件とされるわけです。協定は書面によって行うことが必要ですが、書面にはコンピュータなど電磁的記録によることも含まれます。

　また、本法第38条の4、第41条の2に基づいて設置された労使委員会及

び労働時間等設定改善法第7条に基づいて設置された労働時間等設定改善委員会の決議で協定に替えることもできます。

■協定当事者

　協定の締結権を持つ労働者側の当事者は、当該事業場に労働者の過半数で組織する労働組合がある場合にはその労働組合、労働者の過半数で組織する労働組合がない場合は、当該事業場の労働者の過半数を代表する者となります。「事業場」とは、個々の事業場を指すのであって、同一経営でも本社、工場、作業場等は、それぞれ別個の事業場となります。これは本条の時間外または休日の労働については、各事業場別に労働者の意思が尊重されなければならないからです。事業場に2以上の労働組合がある場合において、1つの労働組合がその事業場の労働者の過半数で組織されている場合にはその労働組合にのみ協定締結権がありますので、他の労働組合と締結した協定は、本来の協定としての効力は持たないことになります。また、労働組合があっても、その労働組合が当該事業場の過半数の労働者で組織されていないときは、組合員、非組合員全部の労働者の過半数を代表する者との協定が必要とされます。

　「労働者の過半数を代表する者」は、当該事業場の労働者により適正に選出されることが必要です。選出方法としては則第6条の2に定める手続きによらなければなりません（**78頁参照**）。したがって、①労働者を代表する者を使用者が一方的に指名している場合、②親睦会の代表者が、自動的に労働者代表となっている場合、③一定の役職者が自動的に労働者代表となることとされている場合、④一定の範囲の役職者が互選により、労働者代表を選出することとしている場合等は適法な選出手続きとはいえません。

■協定の内容

　協定の内容は、平成11年4月1日以降、限度基準告示によることとされていましたが、平成30年7月の働き方改革関連法での改正により、平成31

年（中小企業は令和２年）４月から、本条第２項及び則第17条に定める事項を具体的に記載したものでなければならないとされました。

　すなわち、

①　対象となる労働者の範囲（＝業務の種類、人数)

②　労働時間を延長し又は休日に労働させることができる場合（＝時間外労働や休日労働をさせる必要のある具体的事由)

③　１日・１月・１年についての延長することができる時間または休日の日数

④　協定の有効期間

⑤　対象期間（１年）の起算日

をそれぞれ定め、協定に記載する必要があります。

　ここで、延長することができる時間は限度時間（１月45時間・１年360時間（対象期間が３か月を超える１年単位の変形労働時間制の場合は、１月42時間・１年320時間））以内とすることが原則とされました（本条第３項、第４項)。

　そして、通常予見することのできない業務量の大幅な増加に伴い、限度時間を超えて労働させる必要がある場合に対応するため、限度時間を超える時間数での協定（以下「特別条項」といいます。）を行うこともできるとされていますが、その場合は以下の事項を協定に具体的に記載しなければなりません（本条第５項、則第17条)。

①　１か月に労働時間を延長し及び休日に労働させることができる時間（100時間未満に限る。)

②　１年に労働時間を延長することができる時間（720時間以内に限る。)

③　１月の限度時間を超える月数（１年について６か月以内に限る。)

④　本条第６項第２号、第３号に定める要件を満たすこと

⑤　限度時間を超えて労働させることができる場合（＝限度時間を超える時間外労働をさせる必要のある具体的事由)

⑥　限度時間を超えて労働させる労働者に対する健康及び福祉確保措置

⑦　限度時間を超えた労働に係る割増賃金の率

⑧　限度時間を超えて労働させる場合の手続

協定の有効期間については、対象期間が１年間とされることから、協定の有効期間も１年間とすることが望ましいとされています。

なお、労働組合との労働協約による場合は、３年を超えて定めることができないという労働組合法第15条の規定が適用されますので、協定において有効期間を定める必要はありません。

協定の内容については、「労働基準法第36条第１項の協定で定める労働時間の延長及び休日の労働について留意すべき事項等に関する指針」〔**三六指**（サブロク）**針**。平30．９．７厚生労働省告示第323号〕が定められており、その中で前記⑥の健康確保措置について、「医師による面接指導」、「深夜業の回数制限」、「終業から始業までの休息時間の確保（勤務間インターバル）」、「代償休日・特別な休暇の付与」、「健康診断」、「連続休暇の取得」、「心と体の相談窓口の設置」、「配置転換」、「産業医等による助言・指導や保健指導」、「その他」の中から具体的に行うことを定めることが望ましいことに留意することとしています（**441頁以下参照**）。

また、⑦の割増賃金の率についても政令で定める２割５分以上の率とするよう努めなければならないとしています。

■協定の上限規制

平成30年７月の「働き方改革関連法」での法改正により、法律に協定における時間外労働の上限の時間数が明記されました。それが前述の限度時間と特別条項での上限の時間数です。

限度時間数は１月45時間・１年360時間（対象期間が３か月を超える１年単位の変形労働時間制の場合はそれぞれ42時間と320時間）です。法改正前は限度基準告示に限度時間数等が示されていましたが、告示であることから強制力はありませんでした。

また、特別条項の場合については初めて時間数等が明示されましたが、

それが前述の①から③の（　）内の時間数等です。

　この上限規制を超える内容の協定は労働基準監督署で受理されませんので、時間外労働や休日労働はできないことになります。

　特別条項の上限規制では、1か月については時間外労働と休日労働を合計した時間数が100時間未満でなければならないとされているのに対し、1年間については、時間外労働の合計が720時間以内でなければならないとされている点及び限度時間（1月45時間）を超えることができるのは、1年に6か月以内とされている点に注意が必要です。

限度時間

$\boxed{時間外労働}$ だけで

　　　　1か月：45時間　 $\boxed{かつ}$ 　1年：360時間
　　　　　　（42時間）*　　　　　　　　（320時間）*

＊対象期間が3か月を超える1年単位の変形労働時間制をとる場合

特別条項での上限

$\boxed{時間外労働}$ ＋ $\boxed{休日労働}$ を合わせて

■1か月：100時間未満

$\boxed{時間外労働}$ だけで

■1年：720時間以内

■限度時間を超えることができるのは、1年に6か月まで

■協定の届出

　使用者は、労働組合または労働者の過半数を代表する者と時間外・休日労働の協定を締結したときは、書面によってその内容を明確にし、一定の様式にしたがって所轄労働基準監督署長に届け出なければなりません（則第16条）。この場合、則第16条第1項の規定により、法第36条第1項の届出

は様式第9号によって行えば足り、必ずしも三六協定の協定書そのものを提出する必要はありませんが、当該協定書は当該事業場に保存しておく必要があります〔昭53.11.20基発第642号〕。

　なお、協定書は電磁的記録としてコンピュータで作成・保存することでも差し支えありませんし、届出は窓口への持参や郵送によることなく、電子申請で行うこともできます。

　令和3年4月以降、届出に際しては使用者の署名や押印は不要で、記名だけで届出ることができます。また、協定届の様式には協定当事者である労働者の適格性に係るチェックボックスが設けられており、チェックすることが必要となります。後述の場合も含め、チェックボックスにチェックがされていない場合は、有効な協定届とはなりません。

　労使間で定めた協定の形式を満たせば、届出用紙をそのまま協定書とすることも従来どおり可能です。また、使用者が協定期間の終了後、その協定を更新しようとする場合においては、様式による届出は必要ではなく、その旨の協定を届け出るだけでよいこととなっています（則第16条第3項）。

　「時間外」とは、法第32条から法第32条の5まで、または法第40条に規定する労働時間を延長することをいい、「休日」とは、法第35条に規定する休日をいうのですから、たとえば所定労働時間が7時間である場合において、8時間まで労働させる場合とか、週2回の休日の定めがある場合において、そのうち1回の休日に労働させる場合等には、本条による協定の締結・届出は必要ありません。

　複数の事業場を有する企業等が、それらの事業場で同一の内容の協定とする場合、一定の要件を満たしているときには、本社等の使用者がその所在地を管轄する労働基準監督署長に対して一括して届け出ることができます（個々の事業場では個別に所轄の労働基準監督署長に届け出ることを要しません。）。

　ただしこの場合、協定の当事者である労働者の代表も同一であることが要件ですので、原則として1つの労働組合の各事業場の分会等が、各事業

場の労働者の過半数を組織している場合に限られます。

　しかしながら、令和3年3月から電子申請の場合に限って、労働者の代表が事業場ごとに異なっていても一括届出が可能となりましたので、この場合には1つの労働組合に限られることなく、各事業場の労働者の過半数を代表するものがそれぞれ異なる協定届であっても、一括届出が可能です。

　また、届出様式には所定労働時間や所定休日を任意で記載する欄もあり、時間外労働や休日労働を所定労働時間超えや所定休日労働で管理している事業場では、それらを超える時間数として届け出ることも可能となっています。

■時間外・休日労働の制限

　時間外・休日の労働は、8時間労働制に対する大きな例外ですから、たとえ労使間の協定があっても、労働者保護のため次のような一定の制限が設けられています。

（1）　坑内労働その他健康上有害な業務については、使用者は法定労働時間のほか1日について2時間を超えて労働させてはなりません（法第36条第6項第1号）。「健康上有害な業務」の範囲は、則第18条に詳細に規定されており、その具体的な業務の範囲は、昭和43年7月24日付け基発第472号通達及び昭和46年3月18日付け基発第223号通達によって詳細に定められています。

　　なお、上述の1日について2時間を超えてはならないという制限規定の適用範囲ですが、これは必ずしも8時間を超える部分だけでなく、法第32条の2などの規定により、就業規則等で変形労働時間制を定める場合は、その特定の日の所定労働時間を超える部分についても適用されます〔昭22.11.21基発第366号〕。したがって、10時間と定められた日については、12時間まで労働させることができることになります。また、有害業務と有害でない業務との両方に従事した場合、その合計した労働時間が10時間を超えていても、そのうち有害業務に従事した

時間が10時間以内であれば違反とはなりません〔昭41.9.19基発第997号〕。

（2）　18歳未満の年少者については、本条の協定による時間外・休日の労働は許されません（法第60条）。年少者の労働時間については、法第32条の2から第32条の5まで及び法第40条、第41条の2条が適用されませんので、週40時間労働制が厳格に適用されるのです。

（3）　18歳以上の一般女性については、時間外・休日労働及び深夜業に関する規制が解消されており、平成11年4月1日からは男性と同様の扱いとなっています。

　　ただし、法第66条により、妊産婦が請求した場合においては、使用者は本協定の規定にかかわらず、法第32条に規定される労働時間を超える時間外労働や休日労働を行わせることはできません。

（4）　自動車運転者については、「自動車運転者の労働時間等の改善のための基準」〔平成元年労働省告示第7号、最終改正：平成30年労働省告示第322号〕が定められ、自動車運転者の拘束時間、休息期間等について規制が行われています。

（5）　平成14年4月1日から育児・介護休業法に基づき、労働基準法第36条の規定により労働時間を延長することができる場合において、小学校就学の始期に達するまでの子を養育する労働者又は要介護状態の対象家族の介護を行う労働者が請求した（日々雇い入れられる者は請求できませんが、期間を定めて雇用される者は請求できます。）場合においては、事業の正常な運営を妨げる場合を除き、1か月について24時間、1年について150時間を超える時間外労働（法定時間外労働）をさせることはできません。

　　ただし、次のような労働者は請求できません。
　　　　・その事業主に継続して雇用された期間が1年に満たない労働者
　　　　・1週間の所定労働日数が2日以下の労働者
　　また、次の事項に留意する必要があります。

① 「対象家族」の範囲は、配偶者、父母、子、祖父母、兄弟姉妹、孫、配偶者の父母です。祖父母、兄弟姉妹及び孫については同居、扶養が要件とされていましたが、平成29年1月からそのような要件は撤廃されました。

② 事業主は、労働者が請求どおりに時間外労働の制限を受けられるように、通常考えられる相当の努力をすべきものであり、単に時間外労働が事業の運営上必要であるとの理由だけでは拒むことはできません。

（6）平成30年7月の働き方改革関連法での法改正により、限度時間を超える場合であっても、時間外労働と休日労働との合計時間は1か月について100時間未満でなければならないこと（法第36条第6項第2号）及び2か月から6か月までを平均して80時間を超えないこと（法第36条第6項第3号）という上限規制が設けられました。

「2か月から6か月までを平均して80時間を超過しない」というのは、時間外労働と休日労働の時間数を合計した時間数が、連続する2か月は160時間、3か月は240時間、4か月は320時間、5か月は400時間、6か月は480時間以内となるという意味ですので、前月から過去6か月までの実績によって、当月に行うことができる時間外労働と休日労働の合計時間数の上限が自ずと決まってしまうということになります。

これは労使協定において定めることとされ、協定の届出様式にこれらについて合意したことを確認するためのチェックボックスが設けられています。

```
┌─────────────────────────────────────────────────┐
│         限度時間を超える場合の絶対的上限              │
│  ┌─────┐   ┌─────┐                                │
│  │時間外労働│ + │休日労働│ を合わせて                    │
│  └─────┘   └─────┘                                │
│  ■1か月について100時間未満                          │
│  ■2～6か月平均で80時間以内                          │
└─────────────────────────────────────────────────┘
```

　なお、上限規制は本条第11項により、新技術・新商品等の研究開発に係る業務については、適用が除外されます。

　また、令和6年3月31日まで、建設事業（法第139条）、自動車運転の業務（法第140条）、医業に従事する医師（法第141条）については、それぞれ（　）内の条文を根拠に、上限規制の適用が猶予されています。

　さらに、鹿児島県及び沖縄県における砂糖製造業については、上限規制のうち「時間外労働と休日労働との合計時間が1か月について100時間未満」、「2か月から6か月までを平均して80時間を超過しない」という規制は適用されません。

■罰　　則

　使用者が本条第6項の規定に違反して1日2時間を超えて時間外労働をさせた場合及び上限時間数を超えて労働させた場合には、6か月以下の懲役または30万円以下の罰金に処せられます（法第119条第1号）。

　なお、本条による協定の届出をせずに、あるいは協定の範囲を超えて時間外・休日の労働をさせた場合は、それぞれ法第32条、第35条、第40条違反として罰則の適用を受けることになります。

第10　時間外・休日・深夜の割増賃金

（時間外、休日及び深夜の割増賃金）

第37条　使用者が、第33条又は前条第１項の規定により労働時間を延長し、又は休日に労働させた場合においては、その時間又はその日の労働については、通常の労働時間又は労働日の賃金の計算額の２割５分以上５割以下の範囲内でそれぞれ政令で定める率以上の率で計算した割増賃金を支払わなければならない。ただし、当該延長して労働させた時間が１箇月について60時間を超えた場合においては、その超えた時間の労働については、通常の労働時間の賃金の計算額の５割以上の率で計算した割増賃金を支払わなければならない。

②　前項の政令は、労働者の福祉、時間外又は休日の労働の動向その他の事情を考慮して定めるものとする。

③　使用者が、当該事業場に、労働者の過半数で組織する労働組合があるときはその労働組合、労働者の過半数で組織する労働組合がないときは労働者の過半数を代表する者との書面による協定により、第１項ただし書の規定により割増賃金を支払うべき労働者に対して、当該割増賃金の支払に代えて、通常の労働時間の賃金が支払われる休暇（第39条の規定による有給休暇を除く。）を厚生労働省令で定めるところにより与えることを定めた場合において、当該労働者が当該休暇を取得したときは、当該労働者の同項ただし書に規定する時間を超えた時間の労働のうち当該取得した休暇に対応するものとして厚生労働省令で定める時間の労働については、同項ただし書の規定による割増賃金を支払うことを要しない。

④　使用者が、午後10時から午前５時まで（厚生労働大臣が必要であると認める場合においては、その定める地域又は期間については午後11時から午前６時まで）の間において労働させた場合においては、その時間の労働については、通常の労働時間の賃金の計算額の２割５分以上の率で計算した割増賃金を支払わなければならない。

⑤　第１項及び前項の割増賃金の基礎となる賃金には、家族手当、通勤手当その他厚生労働省令で定める賃金は算入しない。

・・・

労働基準法第37条第1項の時間外及び休日の割増賃金に係る率の最低限度を定める政令（平成6.1.4政令第5号）

　　労働基準法第37条第1項の政令で定める率は、同法第33条又は第36条第1項の規定により延長した労働時間の労働については2割5分とし、これらの規定により労働させた休日の労働については3割5分とする。

（過半数代表者）

則第6条の2（74頁参照）

（割増賃金の基礎となる賃金の計算）

則第19条　法第37条第1項の規定による通常の労働時間又は通常の労働日の賃金の計算額は、次の各号の金額に法第33条若しくは法第36条第1項の規定によつて延長した労働時間数若しくは休日の労働時間数又は午後10時から午前5時（厚生労働大臣が必要であると認める場合には、その定める地域又は期間については午後11時から午前6時）までの労働時間数を乗じた金額とする。

一　時間によつて定められた賃金については、その金額

二　日によつて定められた賃金については、その金額を1日の所定労働時間数（日によつて所定労働時間数が異る場合には、1週間における1日平均所定労働時間数）で除した金額

三　週によつて定められた賃金については、その金額を週における所定労働時間数（週によつて所定労働時間数が異る場合には、4週間における1週平均所定労働時間数）で除した金額

四　月によつて定められた賃金については、その金額を月における所定労働時間数（月によつて所定労働時間数が異る場合には、1年間における1月平均所定労働時間数）で除した金額

五　月、週以外の一定の期間によつて定められた賃金については、前各号に準じて算定した金額

六　出来高払制その他の請負制によつて定められた賃金については、その賃金算定期間（賃金締切日がある場合には、賃金締切期間、以下同じ。）において出来高払制その他の請負制によつて計算された賃金の総額を当該賃金算定期間における、総労働時間数で除した金額

七　労働者の受ける賃金が前各号の2以上の賃金よりなる場合には、その部分について各号によつてそれぞれ算定した金額の合計額

②　休日手当その他前項各号に含まれない賃金は、前項の計算においては、これを月によつて定められた賃金とみなす。

則第19条の2　使用者は、法第37条第3項の協定（労使委員会の決議、労働時間等設定改善委員会の決議及び労働時間等設定改善法第7条の2に規定する労働時間等設定改善企業委員会の決議を含む。）をする場合には、次に掲げる事項について、協定しなければならない。

一　法第37条第3項の休暇（以下「代替休暇」という。）として与えることができる時間の時間数の算定方法

二　代替休暇の単位（1日又は半日（代替休暇以外の通常の労働時間の賃金が支払われる休暇と合わせて与えることができる旨を定めた場合においては、当該休暇と合わせた1日又は半日を含む。）とする。）

三　代替休暇を与えることができる期間（法第33条又は法第36条第1項の規定によつて延長して労働させた時間が1箇月について60時間を超えた当該1箇月の末日の翌日から2箇月以内とする。）

②　前項第1号の算定方法は、法第33条又は法第36条第1項の規定によつて1箇月について60時間を超えて延長して労働させた時間の時間数に、労働者が代替休暇を取得しなかつた場合に当該時間の労働について法第37条第1項ただし書の規定により支払うこととされている割増賃金の率と、労働者が代替休暇を取得した場合に当該時間の労働について同項本文の規定により支払うこととされている割増賃金の率との差に相当する率（次項において「換算率」という。）を乗じるものとする。

③　法第37条第3項の厚生労働省令で定める時間は、取得した代替休暇の時間数を換算率で除して得た時間数の時間とする。

（深夜業の割増賃金）

則第20条　法第33条又は法第36条第1項の規定によつて延長した労働時間が午後10時から午前5時（厚生労働大臣が必要であると認める場合は、その定める地域又は期間については午後11時から午前6時）までの間に及ぶ場合においては、使用者はその時間の労働については、第19条第1項各号の金額にその労働時間数を乗じた金額の5割以上（その時間の労働のうち、1箇月について60時間を超える労働時間の延長に係るものについては、7割5分以上）の率で計算した割増賃金を支払わなければならない。

②　法第33条又は法第36条第1項の規定による休日の労働時間が午後10時から午前5時（厚生労働大臣が必要であると認める場合は、その定める地域又は期間については午後11時から午前6時）までの間に及ぶ場合においては、使用者はその時間の労働については、前条第1項各号の金額にその労働時間数を乗じた金額の6割以上の率で計算した割増賃金を支払わなければならない。

（割増賃金の基礎となる賃金に算入しない賃金）

則第21条 法第37条第5項の規定によつて、家族手当及び通勤手当のほか、次に掲げる賃金は、同条第1項及び第4項の割増賃金の基礎となる賃金には算入しない。

一　別居手当

二　子女教育手当

三　住宅手当

四　臨時に支払われた賃金

五　1箇月を超える期間ごとに支払われる賃金

則附則第68条 法第138条に規定する中小事業主の事業に係る第20条第1項の規定の適用については、同項中「5割以上（その時間の労働のうち、1箇月について60時間を超える労働時間の延長に係るものについては、7割5分以上）」とあるのは、「5割以上」とする。

　本条は、時間外、休日と深夜労働の割増賃金について規定したものです。

　労働基準法上の賃金に関する考え方は、いわゆる「ノーワークノーペイ」の原則であるといわれますが、この原則を逆にいえば、労働した時間（または量）に対しては賃金を支払わなければならないということになります。したがって、賃金に関しては、その労働がいつ行われたかに関係なく、常に一定時間に対して一定額の賃金が支払われれば足りるのですが、労働者保護の立場からいいますと賃金以外の労働条件についても十分な保護を与えなければなりませんから、単に賃金さえ支払えば無制限に労働させてもよいということを認めるわけにはいきません。特に、労働時間、休日等に関する規定は、労働者の身体を保護する意味において重要です。そこで、これらの労働条件に関する制限と、賃金支払いに関する前述の原則との調整を図るために設けられたのが本条の規定です。また、深夜労働に対する割増賃金も、深夜労働という特殊な労働に対する特殊作業手当のような性質を持つものであって、法律でこれを支払うことを強制しているのは、深夜労働による労働者の肉体的疲労を割増賃金によって償わせようとするもので、時間外労働、休日労働の場合と同様な目的に基づくものです。

■割増率

　法定時間外労働及び休日労働の割増率については、2割5分以上、5割以下の範囲内で政令で定められることとなっています。具体的には、割増賃金に係る率の最低限度を定める政令（平成6年政令第5号）により法定時間外労働については2割5分以上、法定休日労働については3割5分以上と定められています。

　ただし、平成20年の法改正により、時間外労働が1か月に60時間を超えた場合、その超えた時間の労働に対する割増賃金の割増率は5割以上と定められています（次表の中小事業主に該当する企業は令和5年4月1日から適用されます。）。

　なお、深夜業に対する割増率は、2割5分以上とされています。

業種	資本金の額または 出資の総額	または	常時使用する労働者数
小売業	5,000万円以下	または	50人以下
サービス業	5,000万円以下	または	100人以下
卸売業	1億円以下	または	100人以下
その他	3億円以下	または	300人以下

＊資本金か労働者数のどちらかが該当する企業が中小事業主になります。

■割増賃金が必要な場合

　本条によって割増賃金を支払わなければならない場合は、①非常災害の場合において労働時間を延長し、または休日に労働させた場合（法第33条第1項）、②労使協定により労働時間を延長し、または休日に労働させた場合（法第36条第1項）、③深夜に労働をさせた場合、それに、④非現業公務員を公務のため臨時の必要がある場合に労働時間を延長したり、休日に労働させた場合（法第33条第3項）です。

　「労働時間を延長し」というのは、法第32条に規定する法定労働時間あるいは変形労働時間制の場合の特定された労働時間を延長することをいいま

す。したがって、実働８時間以内の残業（たとえば、実働７時間が所定労働時間である場合に、８時間労働させた場合）には割増賃金を支払う必要はなく、変形労働時間制を採用し、特定の日について実働10時間と定められている場合は、８時間を超えて労働させても10時間を超えない限り、割増賃金を支払う義務はありません。

　「休日に労働させ」というのは、法第35条に規定する１週１回または４週を通じて４日の休日に労働させることをいいます。したがって、労働協約や就業規則が週２回の休日を定めている場合、そのうちの１回の休日に労働させても、休日労働としての割増賃金を支払う義務はありません。この場合、労使の合意に基づいて割増賃金を支払うとしても、それは本条にいう割増賃金ではありません。また、就業規則等の定めに基づいて休日の振替をし、既定の休日に労働させても休日労働させたことにはなりませんから、割増賃金を支払う必要はありません〔昭22.11.27基発第401号、昭63.3.14基発第150号〕。

　割増賃金を支払う必要のある非常災害の場合と労使協定による場合については、既に法第33条と法第36条の解説において述べましたが、使用者が法第33条または法第36条に規定する手続きをしないで労働時間を延長したり、休日に労働させた場合に割増賃金を支払う義務があるかどうかについては、その使用者が当該手続きを行わなかったために、労働時間や休日労働に係る違反によって処罰されるとしても、割増賃金については、その労働が違法であるかどうかに関係なく、使用者に支払義務があるものと解されています〔昭35・７・14最高裁（１小）判決〕。

■代替休暇

　前述の時間外労働が１か月60時間を超えたときに、追加的に支払わなければならない割増賃金（割増率５割以上と原則の２割５分以上の割増率との差に該当する割増賃金）を支払う代わりに、労使協定を締結することにより、通常の労働時間の賃金が支払われる休暇（代替休暇）を与えること

もできます。

　代替休暇の時間数の算定方法は次の算式に基づいて労使協定で定めることになりますが、代替休暇を取得するか５割以上の率の割増賃金を受領するかの選択は個々の労働者にありますので、使用者が労働者の意思にかかわらず一方的に代替休暇を付与し、割増賃金を支払わないとすることはできません（平21．5．29基発0529001号）。

　　［代替休暇として与えることができる時間数］
　　＝〔（１か月の時間外労働時間数）－ 60時間〕×（換算率）

　換算率は次の算式によって算定されます
　［換算率］＝〔（（代替休暇を取得しなかった場合に支払う必要がある割増賃金の割増賃金率 ＝ ５割以上）－（代替休暇を取得した場合に支払う必要がある割増賃金の割増率 ＝ ２割５分以上））〕

　代替休暇の単位は１日または半日とされており、労使協定で定めることになりますが、代替休暇として与えることができる時間数がこれに不足する場合は、時間単位の年次有給休暇や通常の労働時間の賃金が支払われる休暇（既存のものがない場合は創設すること。）を合わせて、半日又は１日単位にすることになります。

　また、代替休暇を与えることができるのは、１か月60時間を超える時間外労働が行われた月の末日の翌日から２か月以内とされており、労使協定により、その範囲で取得できる時期を定めることになります。

　労働者が代替休暇を取得しなかった場合は、５割以上の率で計算した割増賃金を、代替休暇を取得した場合は、原則である２割５分以上の率で計算した割増賃金を支払うことになります。

■深夜労働

　使用者が午後10時から翌日の午前5時までの間労働させる場合には、割増賃金を支払わなければなりませんし、交替制の場合で、その労働が深夜に及ぶときは、たとえ8時間以内であっても、割増賃金を支払わなければなりません。また、1日の労働時間が8時間に満たない労働者であっても、深夜に労働させると割増賃金を支払わなければならないことはいうまでもありません。しかし、睡眠時間として定められた時間など休憩時間については、割増賃金を支払う必要はありません〔昭23. 4. 5基発第541号〕。

■基礎となる賃金

　割増賃金の基礎となるべき通常の労働時間または労働日の賃金については、本条第5項と則第21条によって、家族手当等一定範囲の賃金が除外されていますが、これらの除外された手当は、「名称にかかわらず実質によって取扱うこと」が必要です〔昭23. 9. 13発基第17号〕。したがって、たとえば、家族手当と称していても、家族数に関係なく一律に支給される手当のようなものは本条にいう家族手当ではなく、割増賃金の基礎となる賃金です。また、平成11年10月1日より住宅手当については、家族手当及び通勤手当との均衡を考慮し、割増賃金の算定基礎から除外する賃金に加えられたものです。住宅手当は住宅に要する費用に応じて算定される手当をいい、手当の名称の如何を問わず実質によって取り扱うこととしています。なお、則第21条第4号の「臨時に支払われた賃金」というのは、法第12条や第24条に規定する臨時の賃金と同じものであって、就業規則等によって支給条件が明確に定められ、かつその支給すべき事由の発生が稀でないものは、ここにいう臨時の賃金には含まれませんが、これらの賃金が割増賃金の基礎となるためには、その賃金が、割増賃金を支払われる労働者にとって通常の勤務の対償として与えられていることが必要です。

　また、則第21条第5号の「1箇月を超える期間ごとに支払われる賃金」とは、法第12条第4項に規定する「3箇月を超える期間ごとに支払われる

賃金」とだいたいその性質は同じであって、たとえば夏季、年末等に支給される賞与等がこれに含まれます。

■割増賃金の計算

　割増賃金の基礎となる通常の労働時間・労働日の賃金の計算方法については、則第19条に詳細な規定が設けられ、①時間によって定められた賃金、②日によって定められた賃金、③週によって定められた賃金、④月によって定められた賃金、⑤月、週以外の一定の期間によって定められた賃金、⑥出来高払制その他の請負制によって定められた賃金、⑦前各号の2以上の賃金よりなる場合の賃金について、それぞれ計算方法が規定されています。

　また、割増賃金の額は、「2割5分以上（1か月について60時間を超える時間外労働については5割以上、休日については3割5分以上）の率で計算した割増賃金」です。しかし、たとえば、所定の労働時間を延長して、午後10時から翌日の午前5時までの間に労働させた場合には、2割5分の割増賃金だけが支払われるのか、それとも時間外労働として2割5分、深夜業として2割5分がそれぞれ別に支払われるのかをはっきりさせるため、則第20条では、この場合「前条各号の金額にその労働時間数を乗じた金額の5割（1か月について60時間を超える労働時間の延長に係るものについては、7割5分以上、休日については6割）以上の率で計算した割増賃金」を支払わなければならないとしています。

■罰　則

　使用者が本条に違反して割増賃金を支払わないと、6か月以下の懲役または30万円以下の罰金に処せられます（法第119条第1号）。この場合、労働者は付加金の支払いを請求することができます（法第114条）。なお、本条は強行規定ですから、たとえ労使合意のうえで割増賃金を支払わない申合せをしても、本条に抵触して無効であり〔昭24.1.10基収第68号〕、割増賃金を支払わない使用者は処罰されます。

第11　時間計算

> （時間計算）
> **第38条**　労働時間は、事業場を異にする場合においても、労働時間に関する規定の適用については通算する。
> ②　坑内労働については、労働者が坑口に入つた時刻から坑口を出た時刻までの時間を、休憩時間を含め労働時間とみなす。但し、この場合においては、第34条第2項及び第3項の休憩に関する規定は適用しない。

■労働時間の通算

　たとえば、労働者が1日のうち甲事業場で5時間労働したあとに、乙事業場で3時間労働するような場合、その労働者の1日の労働時間は通算して8時間として取り扱われるというのが本条第1項の規定です。

　ここにいう事業場とは、労働基準法の適用単位としての事業場のことです。この場合、同一事業主に属する異なった事業場において労働する場合だけでなく、事業主を異にする事業場において労働する場合も含まれます。

　前記の場合、乙事業場で4時間労働させた場合には、通算して9時間となり、1時間の時間外労働となります。この場合、それに対する割増賃金は乙事業場で支払わなければなりません。

　事業主を異にする事業場で労働する、いわゆる副業・兼業を希望する者が年々増加傾向にある中、「副業・兼業の促進に関するガイドライン」（平成30年1月、令和2年9月改訂）が示されており、適切な副業・兼業の促進を図ることとされていますが、事業主を異にする場合の労働時間の通算については、当該ガイドラインに併せ、次のような通達が発出されています（副業・兼業の場合における労働時間管理に係る労働基準法第38条第1項の解釈等について〔令2.9.1基発0901第3号。**446頁以下参照**〕）。

　「事業主を異にする複数の事業場において労働する場合には、法第38条第

１項の規定により、それらの複数の事業場における労働時間が通算される
が、次のいずれかに該当する場合は、その時間は通算されない。

　　ア　法が適用されない場合

　　　例）　フリーランス、独立、起業、共同経営、アドバイザー、コンサ
　　　　　ルタント、顧問、理事、監事等

　　イ　法は適用されるが労働時間規制が適用されない場合（法第41条及
　　　　び第41条の２）

　　　　農業・畜産業・養蚕業・水産業、管理監督者・機密事務取扱者、
　　　　監視・断続的労働者、高度プロフェッショナル制度」

　なお、同通達では、時間外労働の規制においても、異なる事業場での労
働時間を通算して管理する旨が示されており、時間外労働の割増賃金の支
払いについては次のようにされています。

　「割増賃金の支払義務

　各々の使用者は、自らの事業場における労働時間制度を基に、他の使用
者の事業場における所定労働時間・所定外労働時間についての労働者から
の申告等により、

　・まず労働契約の締結の先後の順に所定労働時間を通算し、

　・次に所定外労働の発生順に所定外労働時間を通算することによって、

　それぞれの事業場での所定労働時間・所定外労働時間を通算した労働時
間を把握し、その労働時間について、自らの事業場の労働時間制度におけ
る法定労働時間を超える部分のうち、自ら労働させた時間について、時間
外労働の割増賃金（法第37条第１項）を支払う必要があること。」

■割増賃金率

　さらに時間外労働の割増賃金の率については、「自らの事業場における
就業規則等で定められた率（２割５分以上の率。ただし、所定外労働の発
生順によって所定外労働時間を通算して、自らの事業場の労働時間制度に
おける法定労働時間を超える部分が１か月について60時間を超えた場合に

は、その超えた時間の労働のうち自ら労働させた時間については、５割以
上の率。）となること（法第37条第１項）。」とされています。

■坑内労働の時間計算

　坑内労働については、労働者が坑口に入った時刻から坑口を出た時刻ま
での時間を、休憩時間を含め労働時間とみなされます。この場合には、法
第34条第２項と第３項の休憩に関する規定は適用されません。

　以上は、労働者個々について計算される方法ですが、一団として入坑・
出抗する労働者については、入坑終了から出坑終了までの時間がその団体
に属する労働者の労働時間とみなされます（則第24条）。しかし、この場合
には、労働者に不利とならないように、その入坑開始から出坑終了までの
時間について所轄労働基準監督署長の許可を受けなければならないことと
されています。この場合、20人以下の団体入坑は許可しないこと、徒歩で
出入坑する場合には所要時間が30分以内のものに限ること等が許可の基準
となっています〔昭22.9.13発基第17号〕。

　「入坑開始」とは、人車の最先端が坑口を通過する時刻をいい、「入坑終
了」とは、人車の最後尾が坑口を通過する時刻をいいます〔昭24.1.25基
収第4277号〕。

第12　事業場外労働

> **第38条の２**　労働者が労働時間の全部又は一部について事業場外で業
> 務に従事した場合において、労働時間を算定し難いときは、所定労
> 働時間労働したものとみなす。ただし、当該業務を遂行するために
> は通常所定労働時間を超えて労働することが必要となる場合におい
> ては、当該業務に関しては、厚生労働省令で定めるところにより、
> 当該業務の遂行に通常必要とされる時間労働したものとみなす。
> ②　前項ただし書の場合において、当該業務に関し、当該事業場に、

労働者の過半数で組織する労働組合があるときはその労働組合、労働者の過半数で組織する労働組合がないときは労働者の過半数を代表する者との書面による協定があるときは、その協定で定める時間を同項ただし書の当該業務の遂行に通常必要とされる時間とする。

③　使用者は、厚生労働省令で定めるところにより、前項の協定を行政官庁に届け出なければならない。

（過半数代表者）

則第６条の２　（74頁参照）

（事業場外労働の労働時間）

則第24条の２　法第38条の２第１項の規定は、法第４章の労働時間に関する規定の適用に係る労働時間の算定について適用する。

②　法第38条の２第２項の協定（労働協約による場合を除き、労使委員会の決議及び労働時間等設定改善委員会の決議を含む。）には、有効期間の定めをするものとする。

③　法第38条の２第３項の規定による届出は、様式第12号により、所轄労働基準監督署長にしなければならない。ただし、同条第２項の協定で定める時間が法第32条又は第40条に規定する労働時間以下である場合には、当該協定を届け出ることを要しない。

④　使用者は、法第38条の２第２項の協定の内容を法第36条第１項の規定による届出（労使委員会の決議の届出及び労働時間等設定改善委員会の決議の届出を除く。）に付記して所轄労働基準監督署長に届け出ることによつて、前項の届出に代えることができる。

■事業場外労働の範囲

　法第38条の２第１項に定める事業場外労働に関する「みなし労働時間制」の対象となるのは、事業場の外で労働するため、使用者の具体的な指揮監督が及ばず、労働時間を算定しがたい業務です。したがって、事業場外での労働であっても、使用者の具体的な指揮監督が及んでいる場合（たとえば、①労働者が携帯電話などで随時使用者と連絡をとり、指示を受けつつ労働するような場合、②何人かのグループで事業場外労働に従事する場合であって、そのメンバーの中に労働時間の管理をする者がいる場合、③事

業場において訪問先、帰社時刻等当日の業務の具体的指示を受けた後、事業場外で指示どおりに業務に従事し、その後事業場に戻る場合などが考えられます。）には、労働時間の算定が可能ですので、本条のみなし労働時間制の適用はありません。また、裁判例では、旅行添乗業務について、会社と添乗員との間における業務指示や報告の態様などから「労働時間を算定し難いとき」に当たるとはいえないとされたものがあります〔平26・1・24最高裁（二小）判決：阪急トラベルサポート（添乗員・第2）事件〕。

　自宅やサテライトオフィスなど事業場外で情報通信機器を使用して作業を行ういわゆるテレワークについて、厚生労働省は令和3年3月に、「情報通信技術を利用した事業場外勤務の適切な導入及び実施のためのガイドライン」を示して適切な導入を促していますが、その中で、次の①②をいずれも満たす場合には、事業場外労働とすることができるとしています。

① 　情報通信機器が、使用者の指示により常時通信可能な状態におくこととされていないこと

　この具体的な例としては、勤務時間中に労働者が自分の意思で通信回線自体を切断することができる場合や勤務時間中は通信回線自体の切断はできず、使用者の指示は情報通信機器を用いて行われるが、労働者が情報通信機器から自分の意思で離れることができ、応答のタイミングを労働者が判断することができる場合、さらに会社支給の携帯電話等を所持していても、その応答を行うか否か、又は折り返しのタイミングについて労働者において判断できる場合が挙げられています。

② 　随時使用者の具体的な指示に基づいて業務を行っていないこと

　これについての具体的な例として、使用者の指示が業務の目的、目標、期限等の基本的事項にとどまり、一日のスケジュール（作業内容とそれを行う時間等）をあらかじめ決めるなど作業量や作業の時期、方法等を具体的に特定するものではない場合が挙げられています。

■事業場外労働の労働時間の算定方法

（1）　原則

　　労働時間の全部または一部について事業場外で業務に従事し、その業務に要する労働時間が、おおよそ所定労働時間程度である場合には、所定労働時間労働したものとみなされます。労働時間の一部について事業場内で労働に従事した場合でも、当日その残りを事業場外で労働し、その部分について労働時間を算定しがたいときは、本条の適用があり、その1日については、事業場内労働に従事した時間を含めて、全体として所定労働時間程度である場合には、所定労働時間労働したものとみなされます。

（2）　その業務を遂行するためには、通常所定労働時間を超えて労働することが必要となる場合

　　その業務に通常必要となる時間労働したものとみなされます。

　　「当該業務の遂行に通常必要とされる時間」とは、通常の状態でその業務を遂行するために客観的に必要とされる時間をいい、各事業場における業務の実態に応じて判断されるものです。一般にある業務の遂行に要する時間は、労働者の能力やその時々の状況により、ある程度の幅はあると考えられますが、平均的にみれば、その業務の遂行に必要な時間はおのずと決まってくるものです。その時間が、「当該業務の遂行に通常必要とされる時間」ということになります。

　　なお、労働時間の一部について事業場内で労働に従事し、その他の部分を事業場外での業務に従事した場合に、全体として、通常所定労働時間を超えて労働することが必要となるならば、その日には、事業場内での労働時間に、事業場外で従事した業務の遂行に通常必要とされる労働時間を加えた時間が1日の労働時間となります。

（3）　労使協定が締結された場合

　　（2）の通常所定労働時間を超えて労働することが必要となる場合に、実際にその時間がどの程度であるかは、業務の実態をよく分かっている

労使の間で、協議のうえ決めることが適当ですので、本条では、労使協定で定めた時間を、当該業務の遂行に通常必要とされる時間とすることとされています。つまり、事業場外で業務に従事した場合で、労働時間を算定しがたいとき、その業務について、労使協定で、労働時間を定めていれば、その定められた時間労働したものとみなされることになります。

　ただし、この場合でも、労使協定で定めた業務と異なる業務に従事したときは、その協定の適用がないことはいうまでもありません。

なお、昭和62年改正前の則第22条では事業場外労働のみなし労働時間に関し、「使用者が予め別段の指示をした場合は、この限りでない。」との但書がありましたが、本条では、かかる定めはありません。これは、使用者が別段の指示をしたために労働時間の算定が可能となる場合には、みなし労働時間制による必要はないこと、また、使用者が何らかの指示をしたために業務の内容が変わった場合には、別の業務に従事したものと考えられ、その別の業務の遂行に通常必要とされる時間労働したものとみなされること、などの理由から、わざわざ規定する必要がないと考えられたからです。

■事業場外労働の休憩等の適用

　法第38条の2のみなし労働時間制は、労働基準法の労働時間に関する規定の適用に当たっての労働時間の長さの算定に関する規定ですから、みなし労働時間制をとる場合であっても、休憩時間（法第34条）、休日（法第35条）、深夜業（法第61条）に関する規定の適用はあります。したがって、たとえば、事業場外労働に従事する労働者についても、使用者は、所定の休憩時間をあらかじめ定め、その時間に休憩をとるよう指示する必要があり、また使用者は、深夜業の禁止されている年少者については、その業務が深夜（午後10時から午前5時まで）に及ばないようにしなければなりません。

■労使協定の届出等

　事業場外労働に関する労使協定は、労働協約である場合を除き、有効期間の定めをすることとされています。また、この協定は所轄労働基準監督署長に対して届け出ることが義務づけられていますが、三六協定に付記して届け出ることもできます。他方、それに定める労働時間が、法定労働時間以下である場合には届出は不要です。

■罰則

　使用者が法第38条の２第３項に違反して労使協定の届出を怠ると、30万円以下の罰金に処せられます（法第120条第１号）。

第13　専門業務型裁量労働制

> **第38条の３**　使用者が、当該事業場に、労働者の過半数で組織する労働組合があるときはその労働組合、労働者の過半数で組織する労働組合がないときは労働者の過半数を代表する者との書面による協定により、次に掲げる事項を定めた場合において、労働者を第１号に掲げる業務に就かせたときは、当該労働者は、厚生労働省令で定めるところにより、第２号に掲げる時間労働したものとみなす。
>
> 一　業務の性質上その遂行の方法を大幅に当該業務に従事する労働者の裁量にゆだねる必要があるため、当該業務の遂行の手段及び時間配分の決定等に関し使用者が具体的な指示をすることが困難なものとして厚生労働省令で定める業務のうち、労働者に就かせることとする業務（以下この条において「対象業務」という。）
>
> 二　対象業務に従事する労働者の労働時間として算定される時間
>
> 三　対象業務の遂行の手段及び時間配分の決定等に関し、当該対象業務に従事する労働者に対し使用者が具体的な指示をしないこと。
>
> 四　対象業務に従事する労働者の労働時間の状況に応じた当該労働者の健康及び福祉を確保するための措置を当該協定で定めるとこ

ろにより使用者が講ずること。

　五　対象業務に従事する労働者からの苦情の処理に関する措置を当
　　該協定で定めるところにより使用者が講ずること。

　六　前各号に掲げるもののほか、厚生労働省令で定める事項

②　前条第3項の規定は、前項の協定について準用する。

....

（過半数代表者）

則第6条の2（74頁参照）

（専門業務型裁量労働制の時間計算）

則第24条の2の2　法第38条の3第1項の規定は、法第4章の労働時間
　に関する規定の適用に係る労働時間の算定について適用する。

②　法第38条の3第1項第1号の厚生労働省令で定める業務は、次のと
　おりとする。

　一　新商品若しくは新技術の研究開発又は人文科学若しくは自然科学
　　に関する研究の業務

　二　情報処理システム（電子計算機を使用して行う情報処理を
　　目的として複数の要素が組み合わされた体系であつてプログ
　　ラムの設計の基本となるものをいう。）の分析又は設計の業務

　三　新聞若しくは出版の事業における記事の取材若しくは編集の業務
　　又は放送法（昭和25年法律第132号）第2条第28号に規定する放送番
　　組（以下「放送番組」という。）の制作のための取材若しくは編集の
　　業務

　四　衣服、室内装飾、工業製品、広告等の新たなデザインの考案の業務

　五　放送番組、映画等の制作の事業におけるプロデューサー又はディ
　　レクターの業務

　六　前各号のほか、厚生労働大臣の指定する業務

③　法第38条の3第1項第6号の厚生労働省令で定める事項は、次に掲
　げるものとする。

　一　法第38条の3第1項に規定する協定（労働協約による場合を除き、
　　労使委員会の決議及び労働時間等設定改善委員会の決議を含む。）の
　　有効期間の定め

　二　使用者は、次に掲げる事項に関する労働者ごとの記録を前号の有
　　効期間中及び当該有効期間の満了後5年間保存すること。

　　イ　法第38条の3第1項第4号に規定する労働者の労働時間の状況
　　　並びに当該労働者の健康及び福祉を確保するための措置として講

> 　　　じた措置
> 　ロ　法第38条の３第１項第５号に規定する労働者からの苦情の処理
> 　　に関する措置として講じた措置
> ④　法第38条の３第２項において準用する法第38条の２第３項の規定に
> 　よる届出は、様式第13号により、所轄労働基準監督署長にしなければ
> 　ならない。
> **則附則第72条**（164頁参照）

■専門業務型裁量労働制の範囲

　法第38条の３に規定する、専門業務型裁量労働制とは、研究開発の業務
その他の業務であって、その業務の性質上その業務の遂行方法を大幅に労
働者の裁量にゆだねる必要があるため、その業務の遂行の手段や時間の配
分の決定などに関し、具体的な指示をすることが困難な業務をいいます。

　具体的には、則第24条の２の２において、

（１）　新商品または新技術の研究開発等の業務

（２）　情報処理システムの分析または設計の業務

（３）　記事の取材または編集の業務

（４）　新たなデザインの考案の業務

（５）　プロデューサーまたはディレクターの業務

（１）〜（５）のほかの業務は、平成９年労働省告示第７号により示さ
れていますが、同告示については平成15年10月22日に一部が改正されてお
り、具体的には次のとおりです。

①　コピーライターの業務

②　システムコンサルタントの業務

③　インテリアコーディネーターの業務

④　ゲーム用ソフトウェアの創作の業務

⑤　証券アナリストの業務

⑥　金融工学等の知識を用いて行う金融商品の開発の業務

⑦　大学における教授研究の業務

（主として研究に従事するものに限る。）

⑧　公認会計士の業務

⑨　弁護士の業務

⑩　建築士の業務

⑪　不動産鑑定士の業務

⑫　弁理士の業務

⑬　税理士の業務

⑭　中小企業診断士の業務

■専門業務型裁量労働制の労働時間の算定

　労使協定において、専門業務型裁量労働制に該当する業務を定め、その業務に従事する労働者の労働時間の算定については、その協定で定めるところによる旨を定めるとともに、その業務に必要とされる時間を定めた場合には、その業務に従事した労働者は、その協定に定められた時間労働したものとみなされます。法第38条の3の専門業務型裁量労働制の規定も、労働時間の算定に関するものですから、事業場外労働に関するみなし労働時間制の場合と同様、専門業務型裁量労働制をとる場合には、休憩時間、休日、深夜業に関する規定の適用は除外されません。

■健康・福祉確保措置及び苦情処理措置

　専門業務型裁量労働制の適用を受けている労働者について、健康上の不安を感じている労働者が多い等の現状があることから、裁量労働制が働き過ぎにつながることのないよう、専門業務型裁量労働制についても、次条の企画業務型裁量労働制と同様に、労使協定により健康・福祉確保措置及び苦情処理措置の導入が必要となります。健康・福祉確保措置及び苦情処理措置の具体的な内容については、次条で説明する企画業務型裁量労働制における同措置の内容と同等のものとすることが望ましいとされています。

　制度の対象となる労働者の労働時間の状況及び当該労働者の健康・福祉

を確保するための措置として講じた措置、制度の対象となる労働者からの苦情の処理に関する措置に係る記録は、5年間（当分の間は3年間）保存を要します。

■労使協定の届出等

　専門業務型裁量労働制に関する労使協定は、労働協約である場合を除き、有効期間の定めをすることとされています。労使協定の有効期間については、3年以内とすることが望まれます。また、この協定は所轄労働基準監督署長に対して届け出ることが義務づけられています。

■罰　則

　使用者が法第38条の3第2項に違反して労使協定の届出を怠ると、30万円以下の罰金に処せられます（法第120条第1号）。

第14　企画業務型裁量労働制

> **第38条の4**　賃金、労働時間その他の当該事業場における労働条件に関する事項を調査審議し、事業主に対し当該事項について意見を述べることを目的とする委員会（使用者及び当該事業場の労働者を代表する者を構成員とするものに限る。）が設置された事業場において、当該委員会がその委員の5分の4以上の多数による議決により次に掲げる事項に関する決議をし、かつ、使用者が、厚生労働省令で定めるところにより当該決議を行政官庁に届け出た場合において、第2号に掲げる労働者の範囲に属する労働者を当該事業場における第1号に掲げる業務に就かせたときは、当該労働者は、厚生労働省令で定めるところにより、第3号に掲げる時間労働したものとみなす。
> 一　事業の運営に関する事項についての企画、立案、調査及び分析の業務であつて、当該業務の性質上これを適切に遂行するにはそ

　　の遂行の方法を大幅に労働者の裁量に委ねる必要があるため、当該業務の遂行の手段及び時間配分の決定等に関し使用者が具体的な指示をしないこととする業務（以下この条において「対象業務」という。）

二　対象業務を適切に遂行するための知識、経験等を有する労働者であつて、当該対象業務に就かせたときは当該決議で定める時間労働したものとみなされることとなるものの範囲

三　対象業務に従事する前号に掲げる労働者の範囲に属する労働者の労働時間として算定される時間

四　対象業務に従事する第2号に掲げる労働者の範囲に属する労働者の労働時間の状況に応じた当該労働者の健康及び福祉を確保するための措置を当該決議で定めるところにより使用者が講ずること。

五　対象業務に従事する第2号に掲げる労働者の範囲に属する労働者からの苦情の処理に関する措置を当該決議で定めるところにより使用者が講ずること。

六　使用者は、この項の規定により第2号に掲げる労働者の範囲に属する労働者を対象業務に就かせたときは第3号に掲げる時間労働したものとみなすことについて当該労働者の同意を得なければならないこと及び当該同意をしなかつた当該労働者に対して解雇その他不利益な取扱いをしてはならないこと。

七　前各号に掲げるもののほか、厚生労働省令で定める事項

②　前項の委員会は、次の各号に適合するものでなければならない。

一　当該委員会の委員の半数については、当該事業場に、労働者の過半数で組織する労働組合がある場合においてはその労働組合、労働者の過半数で組織する労働組合がない場合においては労働者の過半数を代表する者に厚生労働省令で定めるところにより任期を定めて指名されていること。

二　当該委員会の議事について、厚生労働省令で定めるところにより、議事録が作成され、かつ、保存されるとともに、当該事業場の労働者に対する周知が図られていること。

三　前二号に掲げるもののほか、厚生労働省令で定める要件

③　厚生労働大臣は、対象業務に従事する労働者の適正な労働条件の

確保を図るために、労働政策審議会の意見を聴いて、第1項各号に
掲げる事項その他同項の委員会が決議する事項について指針を定め、
これを公表するものとする。

④　第1項の規定による届出をした使用者は、厚生労働省令で定める
ところにより、定期的に、同項第4号に規定する措置の実施状況を
行政官庁に報告しなければならない。

⑤　第1項の委員会においてその委員の5分の4以上の多数による議
決により第32条の2第1項、第32条の3第1項、第32条の4第1項
及び第2項、第32条の5第1項、第34条第2項ただし書、第36条第
1項、第2項及び第5項、第37条第3項、第38条の2第2項、前条
第1項並びに次条第4項、第6項及び第9項ただし書に規定する事
項について決議が行われた場合における第32条の2第1項、第32条
の3第1項、第32条の4第1項から第3項まで、第32条の5第1項、
第34条第2項ただし書、第36条、第37条第3項、第38条の2第2項、
前条第1項並びに次条第4項、第6項及び第9項ただし書の規定の
適用については、第32条の2第1項中「協定」とあるのは「協定若
しくは第38条の4第1項に規定する委員会の決議（第106条第1項
を除き、以下「決議」という。）」と、第32条の3第1項、第32条の
4第1項から第3項まで、第32条の5第1項、第34条第2項ただし
書、第36条第2項及び第5項から第7項まで、第37条第3項、第38
条の2第2項、前条第1項並びに次条第4項、第6項及び第9項た
だし書中「協定」とあるのは「協定又は決議」と、第32条の4第2
項中「同意を得て」とあるのは「同意を得て、又は決議に基づき」
と、第36条第1項中「届け出た場合」とあるのは「届け出た場合又
は決議を行政官庁に届け出た場合」と、「その協定」とあるのは「そ
の協定又は決議」と、同条第8項中「又は労働者の過半数を代表す
る者」とあるのは「若しくは労働者の過半数を代表する者又は同項
の決議をする委員」と、「当該協定」とあるのは「当該協定又は当
該決議」と、同条第9項中「又は労働者の過半数を代表する者」と
あるのは「若しくは労働者の過半数を代表する者又は同項の決議を
する委員」とする。

（過半数代表者）

則第6条の2 （74頁参照）

（企画業務型裁量労働制の決議で定める事項等）

則第24条の2の3　法第38条の4第1項の規定による届出は、様式第13号の2により、所轄労働基準監督署長にしなければならない。

②　法第38条の4第1項の規定は、法第4章の労働時間に関する規定の適用に係る労働時間の算定について適用する。

③　法第38条の4第1項第7号の厚生労働省令で定める事項は、次に掲げるものとする。

一　法第38条の4第1項に規定する決議の有効期間の定め

二　使用者は、次に掲げる事項に関する労働者ごとの記録を前号の有効期間中及び当該有効期間の満了後5年間保存すること。

　イ　法第38条の4第1項第4号に規定する労働者の労働時間の状況並びに当該労働者の健康及び福祉を確保するための措置として講じた措置

　ロ　法第38条の4第1項第5号に規定する労働者からの苦情の処理に関する措置として講じた措置

　ハ　法第38条の4第1項第6号の同意

（労使委員会の委員の指名等）

則第24条の2の4　法第38条の4第2項第1号の規定による指名は、法第41条第2号に規定する監督又は管理の地位にある者以外の者について行わなければならない。

②　法第38条の4第2項第2号の規定による議事録の作成及び保存については、使用者は、労使委員会の開催の都度その議事録を作成して、これをその開催の日（法第38条の4第1項に規定する決議及び労使委員会の決議並びに第25条の2に規定する労使委員会における委員の5分の4以上の多数による議決による決議が行われた会議の議事録にあつては、当該決議に係る書面の完結の日（第56条第1項第5号の完結の日をいう。））から起算して5年間保存しなければならない。

③　法第38条の4第2項第2号の規定による議事録の周知については、使用者は、労使委員会の議事録を、次に掲げるいずれかの方法によつて、当該事業場の労働者に周知させなければならない。

一　常時各作業場の見やすい場所へ掲示し、又は備え付けること。

二　書面を労働者に交付すること。

三　磁気テープ、磁気ディスクその他これらに準ずる物に記録し、かつ、各作業場に労働者が当該記録の内容を常時確認できる機器を設置すること。

④　法第38条の４第２項第３号の厚生労働省令で定める要件は、労使委員会の招集、定足数、議事その他労使委員会の運営について必要な事項に関する規程が定められていることとする。

⑤　使用者は、前項の規程の作成又は変更については、労使委員会の同意を得なければならない。

⑥　使用者は、労働者が労使委員会の委員であること若しくは労使委員会の委員になろうとしたこと又は労使委員会の委員として正当な行為をしたことを理由として不利益な取扱いをしないようにしなければならない。

（報告等）

則第24条の２の５　法第38条の４第４項の規定による報告は、同条第１項に規定する決議が行われた日から起算して６箇月以内に１回、及びその後１年以内ごとに１回、様式第13号の４により、所轄労働基準監督署長にしなければならない。

②　法第38条の４第４項の規定による報告は、同条第１項第４号に規定する労働者の労働時間の状況並びに当該労働者の健康及び福祉を確保するための措置の実施状況について行うものとする。

則附則第66条の２　第24条の２の５第１項の規定の適用については、当分の間、同条同項中「６箇月以内に１回、及びその後１年以内ごとに１回」とあるのは「６箇月以内ごとに１回」とする。

則附則第72条（164頁参照）

　企画業務型裁量労働制は、労働者が主体的に多様な働き方を選択できる可能性を拡大するために、選択肢の１つとして平成12年４月から導入された制度です。平成16年１月から事業場の要件が廃止されるなど、導入運用に関する手続の緩和が行われました。

　なお、対象業務に従事する労働者の適正な労働条件の確保を図るため、指針において、対象事業場の使用者並びに労働者労働組合及び労働者の過半数を代表する者並びに労使委員会の委員が留意すべき事項が定められています（平成11年労働省告示第149号、改正平成15年厚生労働省告示第353号）。

■対象となる事業場

　企画業務型裁量労働制を実施することができる事業場は、平成16年1月より事業運営上の重要な決定が行われる事業場に限定されないこととなりましたが、いかなる事業場においても企画業務型裁量労働制を実施することができるということではなく、対象業務が存在する事業場においてのみ企画業務型裁量労働制を実施することができるものであることに注意する必要があります。

■労使委員会で決議する事項

　労使委員会は委員の5分の4以上の多数の合意により次に掲げる事項に関する決議をし、様式第13号の2により、所轄労働基準監督署長に届けなければなりません（則第24条の2の3第1項）。

（1）　対象業務の範囲

　　以下の4条件をすべて満たす業務とされています。

①　事業の運営に関する事項についての業務であること。

②　企画、立案、調査及び分析の業務であること。

　　これは、企画、立案、調査及び分析を相互に関連し合う作業を組み合わせて行うことを内容とする業務をいい、企画部、調査部といった名前の部署の労働者の行う業務のすべてが、対象業務となるわけではありません。

③　業務の性質上これを適切に遂行するには、その遂行の方法を大幅に労働者の裁量にゆだねる必要がある業務であること。

④　業務遂行の手段及び時間配分の決定などに関し、使用者が具体的な指示をしない業務であること。

（2）　対象労働者の範囲

　　企画業務型裁量労働制の対象となる労働者は、対象業務に常態として従事していることが原則です。法第38条の4第1項第2号の「対象業務を適切に遂行するための知識、経験等を有する労働者」の範囲に

ついては、対象業務ごとに異なり得ますので、対象労働者となり得る者の範囲を特定するために必要な職務経験年数、職能資格などの具体的かつ客観的な基準を明らかにすることが必要です。

（3）　1日当たりのみなし労働時間

深夜業（法第61条）、休憩時間（法第34条）、休日（法第35条）についての規制の範囲内で、対象労働者に適用される1日のみなし労働時間を決議する必要があります。1日当たりのみなし労働時間が法定労働時間を超える場合は、三六協定を締結し、所轄労働基準監督署長に届け出ることが必要となります。

（4）　健康及び福祉を確保するための措置

まず、勤務の状況を把握する必要があります。その方法としては、いかなる時間帯にどの程度の時間在社し、労務を提供し得る状態にあったか等を明確にできる出退勤時刻又は入退室時刻の記録等によるもので足りるとされています。

これにより把握した勤務状況に基づいて、使用者がいかなる健康・福祉確保措置を対象労働者にどのように講じるかを明らかにしておく必要があります。

（5）　苦情の処理に関する措置

苦情の申出の窓口及び担当者、取り扱う苦情の範囲、処理の手順・方法等その具体的内容を明らかにすることが必要です。

（6）　対象労働者の同意

企画業務型裁量労働制は、対象労働者の同意を得なければ、適用することはできません。この同意は、労働者一人ひとりから、決議の有効期間ごとに得ることが必要です。なお、使用者は、企画業務型裁量労働制の適用を受けることに同意しなかった場合の配置及び処遇は、同意をしなかった労働者をそのことを理由として不利益に取り扱うものであってはならないとされています。さらに、同意をしなかった労働者に対し、その者の配置及び処遇を明示して同意を得ることを決議

で定めることが適当であるとされています。

（7）　有効期間の定め

　　決議には、有効期間を定めることが必要です。この有効期間は、不適切に制度が運用されることのないよう3年以内とすることが望ましいでしょう（則第24条の2の3第3項第1号、平15.10.22基発1022001号）。

（8）　記録の保存

　　使用者は、対象労働者の勤務状況並びに当該労働者の健康・福祉確保措置として実施した措置、苦情処理に関し実施した措置、同意に関する対象労働者ごとの記録の保存について決議するとともに、保存期間を決議の有効期間中およびその後5年間（当分の間は3年間）として決議する必要があります（則第24条の2の3第3項第2号）。

■労使委員会の要件

労使委員会は、以下の要件に適合したものでなくてはなりません。

（1）　労使委員会の委員の半数については事業場の過半数で組織する労働組合、または労働者の過半数を代表する者に任期を定めて指名されていること

（2）　労使委員会の議事について委員会開催の都度議事録を作成し、開催の日（決議が行われた会議の議事録については、決議に係る書面の完結の日）から5年間（当分の間は3年間）保存するとともに、事業場の労働者に周知すること（則第24条の2の4第2項、第3項）

（3）　労使委員会の運営について必要な事項を運営規程に定めるとともに、その作成、変更については労使委員会の同意を得ること（則第24条の2の4第4項、第5項）

（4）　使用者は、労働者が労使委員会の委員であること、委員になろうとしたこと、委員として正当な行為をしたことを理由に、不利益な取扱いをしてはならないこと（則第24条の4第6項）

■定期報告

　企画業務型裁量労働制を実施した場合、使用者は、暫定措置として当分の間、決議が行われた日から起算して６か月以内に１回、様式第13号の４により、所轄労働基準監督署長に次のイ及びロの事項を報告しなければなりません（則第24条の２の５第１項、第２項、則附則第66条の２）。

　イ　対象労働者の労働時間の状況
　ロ　対象労働者の健康及び福祉を確保するための措置の実施状況

第15　年次有給休暇

（年次有給休暇）
第39条　使用者は、その雇入れの日から起算して６箇月間継続勤務し全労働日の８割以上出勤した労働者に対して、継続し、又は分割した10労働日の有給休暇を与えなければならない。

②　使用者は、１年６箇月以上継続勤務した労働者に対しては、雇入れの日から起算して６箇月を超えて継続勤務する日（以下「６箇月経過日」という。）から起算した継続勤務年数１年ごとに、前項の日数に、次の表の上欄〈編注：左欄〉に掲げる６箇月経過日から起算した継続勤務年数の区分に応じ同表の下欄〈編注：右欄〉に掲げる労働日を加算した有給休暇を与えなければならない。ただし、継続勤務した期間を６箇月経過日から１年ごとに区分した各期間（最後に１年未満の期間を生じたときは、当該期間）の初日の前日の属する期間において出勤した日数が全労働日の８割未満である者に対しては、当該初日以後の１年間においては有給休暇を与えることを要しない。

６箇月経過日から起算した継続勤務年数	労働日
１年	１労働日
２年	２労働日
３年	４労働日

6箇月経過日から起算した継続勤務年数	労働日
4年	6労働日
5年	8労働日
6年以上	10労働日

③　次に掲げる労働者（1週間の所定労働時間が厚生労働省令で定める時間以上の者を除く。）の有給休暇の日数については、前二項の規定にかかわらず、これらの規定による有給休暇の日数を基準とし、通常の労働者の1週間の所定労働日数として厚生労働省令で定める日数（第1号において「通常の労働者の週所定労働日数」という。）と当該労働者の1週間の所定労働日数又は1週間当たりの平均所定労働日数との比率を考慮して厚生労働省令で定める日数とする。

一　1週間の所定労働日数が通常の労働者の週所定労働日数に比し相当程度少ないものとして厚生労働省令で定める日数以下の労働者

二　週以外の期間によつて所定労働日数が定められている労働者については、1年間の所定労働日数が、前号の厚生労働省令で定める日数に1日を加えた日数を1週間の所定労働日数とする労働者の1年間の所定労働日数その他の事情を考慮して厚生労働省令で定める日数以下の労働者

④　使用者は、当該事業場に、労働者の過半数で組織する労働組合があるときはその労働組合、労働者の過半数で組織する労働組合がないときは労働者の過半数を代表する者との書面による協定により、次に掲げる事項を定めた場合において、第1号に掲げる労働者の範囲に属する労働者が有給休暇を時間を単位として請求したときは、前三項の規定による有給休暇の日数のうち第2号に掲げる日数については、これらの規定にかかわらず、当該協定で定めるところにより時間を単位として有給休暇を与えることができる。

一　時間を単位として有給休暇を与えることができることとされる労働者の範囲

二　時間を単位として与えることができることとされる有給休暇の日数（5日以内に限る。）

三　その他厚生労働省令で定める事項

⑤　使用者は、前各項の規定による有給休暇を労働者の請求する時季
に与えなければならない。ただし、請求された時季に有給休暇を与
えることが事業の正常な運営を妨げる場合においては、他の時季に
これを与えることができる。

⑥　使用者は、当該事業場に、労働者の過半数で組織する労働組合が
ある場合においてはその労働組合、労働者の過半数で組織する労働
組合がない場合においては労働者の過半数を代表する者との書面に
よる協定により、第1項から第3項までの規定による有給休暇を与
える時季に関する定めをしたときは、これらの規定による有給休暇
の日数のうち5日を超える部分については、前項の規定にかかわら
ず、その定めにより有給休暇を与えることができる。

⑦　使用者は、第1項から第3項までの規定による有給休暇（これら
の規定により使用者が与えなければならない有給休暇の日数が10労
働日以上である労働者に係るものに限る。以下この項及び次項にお
いて同じ。）の日数のうち5日については、基準日（継続勤務した期
間を6箇月経過日から1年ごとに区分した各期間（最後に1年未満
の期間を生じたときは、当該期間）の初日をいう。以下この項にお
いて同じ。）から1年以内の期間に、労働者ごとにその時季を定める
ことにより与えなければならない。ただし、第1項から第3項まで
の規定による有給休暇を当該有給休暇に係る基準日より前の日から
与えることとしたときは、厚生労働省令で定めるところにより、労
働者ごとにその時季を定めることにより与えなければならない。

⑧　前項の規定にかかわらず、第5項又は第6項の規定により第1項か
ら第3項までの規定による有給休暇を与えた場合においては、当該与
えた有給休暇の日数（当該日数が5日を超える場合には、5日とす
る。）分については、時季を定めることにより与えることを要しない。

⑨　使用者は、第1項から第3項までの規定による有給休暇の期間又
は第4項の規定による有給休暇の時間については、就業規則その他
これに準ずるもので定めるところにより、それぞれ、平均賃金若し
くは所定労働時間労働した場合に支払われる通常の賃金又はこれら
の額を基準として厚生労働省令で定めるところにより算定した額の
賃金を支払わなければならない。ただし、当該事業場に、労働者の
過半数で組織する労働組合がある場合においてはその労働組合、労

働者の過半数で組織する労働組合がない場合においては労働者の過半数を代表する者との書面による協定により、その期間又はその時間について、それぞれ、健康保険法（大正11年法律第70号）第40条第1項に規定する標準報酬月額の30分の1に相当する金額（その金額に、5円未満の端数があるときは、これを切り捨て、5円以上10円未満の端数があるときは、これを10円に切り上げるものとする。）又は当該金額を基準として厚生労働省令で定めるところにより算定した金額を支払う旨を定めたときは、これによらなければならない。

⑩　労働者が業務上負傷し、又は疾病にかかり療養のために休業した期間及び育児休業、介護休業等育児又は家族介護を行う労働者の福祉に関する法律第2条第1号に規定する育児休業又は同条第2号に規定する介護休業をした期間並びに産前産後の女性が第65条の規定によつて休業した期間は、第1項及び第2項の規定の適用については、これを出勤したものとみなす。

第135条　6箇月経過日から起算した継続勤務年数が4年から8年までのいずれかの年数に達する日の翌日が平成11年4月1日から平成12年3月31日までの間にある労働者に関する第39条の規定の適用については、同日までの間は、次の表の上欄に掲げる当該6箇月経過日から起算した継続勤務年数の区分に応じ、同条第2項の表中次の表の中欄に掲げる字句は、同表の下欄に掲げる字句とする。

4年	5年	6年	7年	8年
6労働日	8労働日	10労働日	10労働日	10労働日
5労働日	6労働日	7労働日	8労働日	9労働日

②　6箇月経過日から起算した継続勤務年数が5年から7年までのいずれかの年数に達する日の翌日が平成12年4月1日から平成13年3月31日までの間にある労働者に関する第39条の規定の適用については、平成12年4月1日から平成13年3月31日までの間は、次の表の上欄に掲げる当該6箇月経過日から起算した継続勤務年数の区分に応じ、同条第2項の表中次の表の中欄に掲げる字句は、同表の下欄に掲げる字句とする。

5年	6年	7年
8労働日	10労働日	10労働日
7労働日	8労働日	9労働日

③　前二項の規定は、第72条に規定する未成年者については、適用しない。

第136条　使用者は、第39条第1項から第4項までの規定による有給休暇を取得した労働者に対して、賃金の減額その他不利益な取扱いをしないようにしなければならない。

附　　則（平10.9.30法律第112号）〈抄〉
（年次有給休暇に関する経過措置）

第5条　この法律の施行の際4月1日以外の日が基準日（継続勤務した期間を新法第39条第2項に規定する6箇月経過日から1年ごとに区分した各期間（最後に1年未満の期間を生じたときは、当該期間）の初日をいう。以下この条において同じ。）である労働者に係る有給休暇については、この法律の施行の日後の最初の基準日の前日までの間は、同項及び新法第39条第3項の規定にかかわらず、なお従前の例による。

②　新法第135条第1項に規定する労働者であって平成12年4月1日において継続勤務するもののうち、同日において4月1日以外の日が基準日である労働者に係る有給休暇については、同年4月1日から同日後の最初の基準日の前日までの間は、同月1日前において同項の規定により読み替えて適用する新法第39条第2項及び第3項の規定の例による。

③　前項の規定は、新法第135条第2項に規定する労働者であって平成13年4月1日において継続勤務するものについて準用する。

平成11.1.29政令第15号
労働基準法の一部を改正する法律の施行に伴う年次有給休暇に関する経過措置に関する政令〈略〉

（過半数代表者）
則第6条の2（74頁参照）
（所定労働日数が少ない労働者に対する年次有給休暇の比例付与）
則第24条の3　法第39条第3項の厚生労働省令で定める時間は、30時間とする。

②　法第39条第3項の通常の労働者の1週間の所定労働日数として厚生

労働省令で定める日数は、5.2日とする。

③　法第39条第3項の通常の労働者の1週間の所定労働日数として厚生労働省令で定める日数と当該労働者の1週間の所定労働日数又は1週間当たりの平均所定労働日数との比率を考慮して厚生労働省令で定める日数は、同項第1号に掲げる労働者にあつては次の表の上欄の週所定労働日数の区分に応じ、同項第2号に掲げる労働者にあつては同表の中欄の1年間の所定労働日数の区分に応じて、それぞれ同表の下欄に雇入れの日から起算した継続勤務期間の区分ごとに定める日数とする。

週所定労働日数	1年間の所定労働日数	雇入れの日から起算した継続勤務期間						
		6箇月	1年6箇月	2年6箇月	3年6箇月	4年6箇月	5年6箇月	6年6箇月以上
4日	169日から216日まで	7日	8日	9日	10日	12日	13日	15日
3日	121日から168日まで	5日	6日	6日	8日	9日	10日	11日
2日	73日から120日まで	3日	4日	4日	5日	6日	6日	7日
1日	48日から72日まで	1日	2日	2日	2日	3日	3日	3日

④　法第39条第3項第1号の厚生労働省令で定める日数は、4日とする。

⑤　法第39条第3項第2号の厚生労働省令で定める日数は、216日とする。

（有給休暇の期間に支払われる通常の賃金の算定）

則第24条の4　法第39条第4項第3号の厚生労働省令で定める事項は、次に掲げるものとする。

　一　時間を単位として与えることができることとされる有給休暇1日の時間数（1日の所定労働時間数（日によつて所定労働時間数が異なる場合には、1年間における1日平均所定労働時間数。次号において同じ。）を下回らないものとする。）

　二　1時間以外の時間を単位として有給休暇を与えることとする場合には、その時間数（1日の所定労働時間数に満たないものとする。）

則第24条の5　使用者は、法第39条第7項ただし書の規定により同条第1項から第3項までの規定による10労働日以上の有給休暇を与えることとしたときは、当該有給休暇の日数のうち5日については、基準日（同条第7項の基準日をいう。以下この条において同じ。）より前の日であつて、10労働日以上の有給休暇を与えることとした日（以下この条及び第24条の7において「第一基準日」という。）から1年以内の期間に、その時季を定めることにより与えなければならない。

②　前項の規定にかかわらず、使用者が法第39条第1項から第3項まで

　の規定による10労働日以上の有給休暇を基準日又は第一基準日に与え
　ることとし、かつ、当該基準日又は第一基準日から１年以内の特定の
　日（以下この条及び第24条の７において「第二基準日」という。）に新
　たに10労働日以上の有給休暇を与えることとしたときは、履行期間（基
　準日又は第一基準日を始期として、第二基準日から１年を経過する日
　を終期とする期間をいう。以下この条において同じ。）の月数を12で除
　した数に５を乗じた日数について、当該履行期間中に、その時季を定
　めることにより与えることができる。
③　第１項の期間又は前項の履行期間が経過した場合においては、その
　経過した日から１年ごとに区分した各期間（最後に１年未満の期間を
　生じたときは、当該期間）の初日を基準日とみなして法第39条第７項
　本文の規定を適用する。
④　使用者が法第39条第１項から第３項までの規定による有給休暇のうち
　10労働日未満の日数について基準日以前の日（以下この項において「特
　定日」という。）に与えることとした場合において、特定日が複数ある
　ときは、当該10労働日未満の日数が合わせて10労働日以上になる日まで
　の間の特定日のうち最も遅い日を第一基準日とみなして前３項の規定
　を適用する。この場合において、第一基準日とみなされた日より前に、
　同条第５項又は第６項の規定により与えた有給休暇の日数分について
　は、時季を定めることにより与えることを要しない。

則第24条の６　使用者は、法第39条第７項の規定により労働者に有給休暇
　を時季を定めることにより与えるに当たつては、あらかじめ、同項の規
　定により当該有給休暇を与えることを当該労働者に明らかにした上で、
　その時季について当該労働者の意見を聴かなければならない。
②　使用者は、前項の規定により聴取した意見を尊重するよう努めなけ
　ればならない。

則第24条の７　使用者は、法第39条第５項から第７項までの規定により
　有給休暇を与えたときは、時季、日数及び基準日（第一基準日及び第
　二基準日を含む。）を労働者ごとに明らかにした書類（第55条の２及び
　第56条第３項において「年次有給休暇管理簿」という。）を作成し、当
　該有給休暇を与えた期間中及び当該期間の満了後５年間保存しなけれ
　ばならない。

則第25条　法第39条第９項の規定による所定労働時間労働した場合に支
　払われる通常の賃金は、次に定める方法によつて算定した金額とする。
　一　時間によつて定められた賃金については、その金額にその日の所
　　定労働時間数を乗じた金額

二　日によつて定められた賃金については、その金額

三　週によつて定められた賃金については、その金額をその週の所定労働日数で除した金額

四　月によつて定められた賃金については、その金額をその月の所定労働日数で除した金額

五　月、週以外の一定の期間によつて定められた賃金については、前各号に準じて算定した金額

六　出来高払制その他の請負制によつて定められた賃金については、その賃金算定期間（当該期間に出来高払制その他の請負制によつて計算された賃金がない場合においては、当該期間前において出来高払制その他の請負制によつて計算された賃金が支払われた最後の賃金算定期間。以下同じ。）において出来高払制その他の請負制によつて計算された賃金の総額を当該賃金算定期間における総労働時間数で除した金額に、当該賃金算定期間における一日平均所定労働時間数を乗じた金額

七　労働者の受ける賃金が前各号の2以上の賃金よりなる場合には、その部分について各号によつてそれぞれ算定した金額の合計額

②　法第39条第9項本文の厚生労働省令で定めるところにより算定した額の賃金は、平均賃金又は前項の規定により算定した金額をその日の所定労働時間数で除して得た額の賃金とする。

③　法第39条第9項ただし書の厚生労働省令で定めるところにより算定した金額は、健康保険法（大正11年法律第70号）第40条第1項に規定する標準報酬月額の30分の1に相当する金額（その金額に、5円未満の端数があるときは、これを切り捨て、5円以上10円未満の端数があるときは、これを10円に切り上げるものとする。）をその日の所定労働時間数で除して得た金額とする。

則附則第72条（164頁参照）

平成10.12.28省令第45号改正

（経過措置）

則附則第4条　雇入れの日から起算して6箇月を超えて継続勤務する日（次項及び次条において「6箇月経過日」という。）から起算した継続勤務年数が4年から8年までのいずれかの年数に達する日の翌日が平成11年4月1日から平成12年3月31日までの間にある労働者であって1週間の所定労働時間が30時間未満のものに係る労働基準法（以下「法」という。）第39条第3項の通常の労働者の1週間の所定労働日数として

命令で定める日数と当該労働者の１週間の所定労働日数又は１週間
当たりの平均所定労働日数との比率を考慮して命令で定める日数は、
この省令による改正後の労働基準法施行規則（次項及び第６条第１
項において「新規則」という。）第24条の３第３項の規定にかかわら
ず、同日までの間は、法第39条第３項第１号に掲げる労働者にあっ
ては次の表の上欄の週所定労働日数の区分に応じ、同項第２号に掲
げる労働者にあっては同表の中欄の１年間の所定労働日数の区分に
応じて、それぞれ同表の下欄に雇入れの日から起算した継続勤務期
間（次項及び第６条において「継続勤務期間」という。）の区分ごと
に定める日数とする。

週所定労働日数	１年間の所定労働日数	継続勤務期間				
		４年６箇月	５年６箇月	６年６箇月	７年６箇月	８年６箇月
４日	169日から216日まで	11日	12日	12日	13日	14日
３日	121日から168日まで	８日	９日	９日	10日	10日
２日	73日から120日まで	５日	６日	６日	６日	７日
１日	48日から72日まで	２日	３日	３日	３日	３日

２　６箇月経過日から起算した継続勤務年数が５年から７年までのいずれ
かの年数に達する日の翌日が平成12年４月１日から平成13年３月31日
までの間にある労働者であって１週間の所定労働時間が30時間未満の
ものに係る法第39条第３項の通常の労働者の１週間の所定労働日数と
して厚生労働省令で定める日数と当該労働者の１週間の所定労働日数
又は１週間当たりの平均所定労働日数との比率を考慮して厚生労働省
令で定める日数は、新規則第24条の３第３項の規定にかかわらず、平
成12年４月１日から平成13年３月31日までの間は、法第39条第３項第
１号に掲げる労働者にあっては次の表の上欄の週所定労働日数の区分
に応じ、同項第２号に掲げる労働者にあっては同表の中欄の１年間の
所定労働日数の区分に応じて、それぞれ同表の下欄に継続勤務期間の
区分ごとに定める日数とする。

週所定労働日数	1年間の所定労働日数	継続勤務期間		
		5年6箇月	6年6箇月	7年6箇月
4日	169日から216日まで	12日	13日	14日
3日	121日から168日まで	9日	10日	10日
2日	73日から120日まで	6日	6日	7日
1日	48日から72日まで	3日	3日	3日

則附則第５条　労働基準法及び労働時間の短縮の促進に関する臨時措置法の一部を改正する法律（平成５年法律第79号）の施行の日（以下「施行日」という。）前に６箇月を超えて継続勤務していた労働者であって１週間の所定労働時間が30時間未満のものに係る法第39条第３項の通常の労働者の１週間の所定労働日数として厚生労働省令で定める日数と当該労働者の１週間の所定労働日数又は１週間当たりの平均所定労働日数との比率を考慮して厚生労働省令で定める日数は、新規則第24条の３第３項の規定にかかわらず、法第39条第３項第１号に掲げる労働者にあっては次の表の上欄の所定労働日数の区分に応じ、同項第２号に掲げる労働者にあっては同表の中欄の１年間の所定労働日数の区分に応じて、それぞれ同表の下欄に継続勤務期間の区分ごとに定める日数とする。

週所定労働日数	1年間の所定労働日数	継続勤務期間	
		6年	7年以上
4日	169日から216日まで	13日	15日
3日	121日から168日まで	10日	11日
2日	73日から120日まで	6日	7日
1日	48日から72日まで	3日	3日

2　施行日前に６箇月を超えて継続勤務していた労働者であって１週間の所定労働時間が30時間未満のもののうち、雇入れの日から起算した継続勤務年数が６年から９年までのいずれかの年数に達する日の翌日が平成11年４月１日から平成12年３月31日までの間にある労働者に係

る法第39条第３項の通常の労働者の１週間の所定労働日数として命令
で定める日数と当該労働者の１週間の所定労働日数又は１週間当たり
の平均所定労働日数との比率を考慮して命令で定める日数は、前条第
１項及び前項の規定にかかわらず、同日までの間は、法第39条第３項
第１号に掲げる労働者にあっては次の表の上欄の所定労働日数の区分
に応じ、同項第２号に掲げる労働者にあっては同表の中欄の１年間の
所定労働日数の区分に応じて、それぞれ同表の下欄に継続勤務期間の
区分ごとに定める日数とする。

週所定労働日数	１年間の所定労働日数	継続勤務期間			
		６年	７年	８年	９年
４日	169日から216日まで	12日	12日	13日	14日
３日	121日から168日まで	９日	９日	10日	10日
２日	73日から120日まで	６日	６日	６日	７日
１日	48日から72日まで	３日	３日	３日	３日

3　施行日前に６箇月を超えて継続勤務していた労働者であって１週間
　の所定労働時間が30時間未満のもののうち、雇入れの日から起算した
　継続勤務年数が７年又は８年に達する日の翌日が平成12年４月１日か
　ら平成13年３月31日までの間にある労働者に係る法第39条第３項の通
　常の労働者の１週間の所定労働日数として厚生労働省令で定める日数
　と当該労働者の１週間の所定労働日数又は１週間当たりの平均所定労
　働日数との比率を考慮して厚生労働省令で定める日数は、前条第２項
　及びこの条第１項の規定にかかわらず、平成12年４月１日から平成13
　年３月31日までの間は、法第39条第３項第１号に掲げる労働者にあっ
　ては次の表の上欄の所定労働日数の区分に応じ、同項第２号に掲げる
　労働者にあっては同表の中欄の１年間の所定労働日数の区分に応じて、
　それぞれ同表の下欄に継続勤務期間の区分ごとに定める日数とする。

週所定労働日数	1年間の所定労働日数	継続勤務期間	
		7年	8年
4日	169日から216日まで	13日	14日
3日	121日から168日まで	10日	10日
2日	73日から120日まで	6日	7日
1日	48日から72日まで	3日	3日

則附則第6条 雇入れの日が施行日前であり、かつ、雇入れの日から起算して6箇月を超えて継続勤務する日が施行日以後である労働者であって1週間の所定労働時間が30時間未満のものに関する第24条の3第3項並びに附則第4条第1項及び第2項の適用については、第24条の3第3項及び附則第4条第1項中「雇入れの日」とあるのは「労働基準法及び労働時間の短縮の促進に関する臨時措置法の一部を改正する法律（平成5年法律第79号）の施行の日」とする。

　年次有給休暇制度は、毎年一定期間の休暇を与え、しかもその間平常どおりの賃金を支払うことによって労働者に安心して休養をとらせ、心身の疲労を回復させ、ひいては労働力の維持培養を図ることを目的としているものであり、労働時間、休憩、休日とともに労働保護上の重要性が認められています。

■与えられる条件

　有給休暇は、雇入れの日から起算して6か月間事業場に継続勤務し、その労働日の8割以上出勤した労働者に与えられます。「継続勤務」とは、事業場に在籍することをいいます。したがって、在籍している限り、休職期間、長期病欠期間、組合専従期間等も通算されます。

　また、会社の合併等の場合で従来どおりの事業の実態が継続するときは同様に通算されます〔昭63.3.14基発第150号〕。なお、日雇労働者であっても実質上6か月以上勤務すれば、本条の年次有給休暇権が与えられます。「全労働日」というのは、雇入れ後6か月の暦日数から所定の休日を除いた日数をいい、その8割以上を出勤することが第2の条件となっていますが、出勤日数の計算に当たって注意しなければならないのは、本条第10項に掲

げる療養期間と育児休業期間、産前産後の休業期間は出勤したものとみなされる点です。なお、２年度目以降の８割以上の出勤率については、前年度に年次有給休暇として休んだ期間も同様に出勤したものとみなして算定することになります〔昭22.9.13発基第17号〕。

　無効な解雇の場合など、労働者が使用者から正当な理由なく就労を拒まれたために就労することができなかった日についても、出勤率の算定に当たっては出勤日数に参入すべきものとして全労働日に含まれるものとされています〔平25・6・6最高裁（一小）判決：八千代交通事件〕。

■付与日数

　年次有給休暇の付与日数は、雇入れ後６か月継続勤務で10日、１年６か月継続勤務で11日、２年６か月継続勤務で12日、以後継続勤務年数１年ごとに２日増とした日数となり、最高は20日となっています。

　具体的な付与日数は次表のとおりです。

	６か月	１年 ６か月	２年 ６か月	３年 ６か月	４年 ６か月	５年 ６か月	６年６か月以上
付与日数	10日	11日	12日	14日	16日	18日	20日

　この年次有給休暇の付与日数の計算については、たとえば、２年６か月継続勤務した時点で、８割以上出勤していなかったため、年次有給休暇権が発生しなかった労働者についても、３年６か月目に８割以上出勤した場合には、３年６か月継続勤務した時点で発生する年次有給休暇の日数は12日ではなく14日となりますので、注意が必要です。

　なお、継続勤務期間については、年次有給休暇の付与に関する取扱いが複雑になることを避けるため、経過措置が設けられています。すなわち、平成５年９月30日までに雇い入れられた労働者については、従来どおり１年、２年、３年……として年次有給休暇を付与することとなります。また、平成５年10月１日から平成６年３月31日までに雇い入れられた労働者につ

いては、ほかの労働者との均衡を考慮して、一律に平成6年4月1日に雇い入れられたものとして6か月経過後の平成6年10月1日から年次有給休暇を付与することとなっています。

■比例付与方式

　通常の労働者の所定労働日数より少ない所定労働日数の労働者のうち、週5日労働の労働者については、これまでも通常の労働者と同様の年次有給休暇を付与しなければならないと解されてきましたが、週4日以下の労働者については疑義があったところです。昭和62年の法改正によって、このような所定労働日数の少ない労働者に対する年次有給休暇については、比例付与方式をとることとされました。

　すなわち、週所定労働日数が4日以下の労働者、所定労働日数が週単位で定められていない労働者については年間所定労働日数が216日以下の労働者が比例付与の対象となります。ただし、週所定労働日数が少なくても週所定労働時間数が通常の労働者のそれと同程度である労働者については、比例付与ではなく、通常の労働者と同様に年次有給休暇を付与することが妥当と考えられますので、具体的には、週の所定労働時間数が30時間以上の労働者については、比例付与方式の対象とはしないこととされています。

　比例付与方式による年次有給休暇の日数は、たとえば、週所定労働日数が4日の労働者ならば、通常の労働者の付与日数の5．2分の4、3日の労働者ならば5．2分の3というように計算しますが、具体的な日数は則第24条の3及び則附則第4条以下で示されています（**次頁の表参照**）。

週所定労働日数	1年間の所定労働日数*	継続勤続年数						
		6か月	1年6か月	2年6か月	3年6か月	4年6か月	5年6か月	6年6か月以上
4日	169〜216日	7日	8日	9日	10日	12日	13日	15日
3日	121日〜168日	5日	6日	6日	8日	9日	10日	11日
2日	73日〜120日	3日	4日	4日	5日	6日	6日	7日
1日	48日〜72日	1日	2日	2日	2日	3日	3日	3日

＊　週以外の期間によって労働日数が定められている場合

■休暇の分割

　本条では「労働日」という文言を使用し、休暇の単位として労働日単位であることを表していることから、年次有給休暇の最低単位は、原則として1日と解されていますが、労働者が半日単位の年次有給休暇を請求した場合にそれを認めることは、結果的に年次有給休暇の取得促進につながることからも、認められていました。

　その後、平成20年の改正において、仕事と生活の調和を図る観点から、年次有給休暇を有効に活用できるようにするため、本条第4項に時間単位の年次有給休暇（以下「時間単位年休」といいます。）が規定されました。

　時間単位年休は、労使協定により有給休暇の日数のうち5日の範囲内で対象となる日数を定めることが必要ですが、時間単位年休として与えることができる有給休暇1日の時間数は、1日の所定労働時間数を下回らないものとされており、日によって所定労働時間が異なる場合は1年間における1日平均所定労働時間数となります。1日の所定労働時間数に1時間未満の端数がある場合には、その時間は1時間に繰り上げることになります。

　例えば1日の所定労働時間が7時間30分の者について、5日（前年度からの繰り越し分も含みます。）を時間単位年休の対象とした場合、7時間30

分を8時間に切り上げて、8時間×5日の40時間が時間単位年休の対象となる時間数となります。

　時間単位年休は1時間のみならず、2時間や3時間などの単位で付与することはできますが、1時間を下回る時間数での付与はできません。

　また、あくまでも労働者が請求した場合に限られますので、労働者が1日の年次有給休暇を請求した場合に、使用者の意向で時間単位年休にしてしまうことはできません。

　時間単位年休の対象とできる5日を超える年次有給休暇は原則どおり1労働日が単位となりますので、前述の半日のものを認める場合以外は、1日以下に分割して付与することはできません。

　なお、法定日数を上回る休暇については、どのように分割付与しても差し支えないと考えられます。

■休暇の請求

　休暇の請求について、あらかじめ一定の様式による休暇願（届）を提出させ、使用者の承認を受けることとしている例をみかけますが、後掲の最高裁第二小法廷判決によると、このような手続には問題があるといえます。すなわち同判決は、年次有給休暇の法的性格について、次のとおり判示しています。

（1）　年次有給休暇の権利は、法定の要件を満たした場合法律上当然に労働者に生ずる権利であって、労働者の請求を待ってはじめて生ずるものではない。

（2）　法第39条第5項の「請求」とは休暇の時季を指定するという趣旨であって、労働者が時季の指定をしたときは、客観的に同項但書所定の事由（事業の正常な運営を妨げる場合）が存在し、かつ、これを理由として使用者が時季変更権を行使しない限り、その指定によって年次有給休暇が成立し、当該労働日の就労義務が消滅するものと解するのが相当である。

（3）　このように解するならば、年次有給休暇の成立要件として、労働者による「休暇の請求」や、これに対する「使用者の『承認』というような観念を容れる余地はない」〔昭48・3・2最高裁（二小）判決：林野庁白石営林署未払賃金請求事件、国鉄郡山工場賃金請求事件〕。

したがって、休暇の手続についてはこの判決の趣旨に沿ったものでなければならず、あまり厳格なものを要求することは避けなければなりません。

■与える時季

第5項は、休暇を与える時季に関する規定ですが、これは原則として労働者の請求する時季に与えることとすると同時に、使用者の経営権との調整を図ったものです。つまり、労働者から請求された時季に休暇を与えることが事業の正常な運営を妨げる場合には、使用者に時季変更権が認められていますが、ここにいう「事業の正常な運営を妨げる」というのは、たとえば年末等特に業務繁忙な時期においては、このような点を考慮することができますし、また同一期間に多数の労働者が休暇請求をしたためその全員に休暇を与えがたいという場合も考えられます。大阪地裁は、これを「その企業の規模、有給休暇請求者の職場における配置、その担当する作業の内容性質、作業の繁閑、代行者の配置の難易、時季を同じくして有給休暇を請求する者の人数等諸般の事情を考慮して制度の趣旨に反しないよう合理的に決すべきものである」としています〔同地裁昭33・4・10判決〕。その判断は、第1次的には使用者にあるのですが、客観的に合理性が認められる場合でなければならないことは当然です。また、当該事由が消滅したあとはできるだけ早く与えなければなりません〔昭23.7.27基収第2622号〕。ここで、問題になるのは、ストライキの実質を有するいわゆる一斉休暇闘争です。このような争議行為の実質を有する一斉休暇闘争は、本来の年次有給休暇権の行使ではないわけですから、これに対する使用者の時季変更権の行使もあり得ず、一斉休暇の名の下にストライキに入った労働者の全部について、賃金請求権が発生しないことになります〔前掲最高裁

（二小）判決〕。

　なお、時間単位年休も時季変更権の対象となりますが、労働者が時間単位年休を請求した場合に日単位の年次有給休暇に変更したり、逆に日単位の年次有給休暇を請求したのに時間単位年休に変更することは、時季変更には当たりませんので認められません。

■計画的付与

　年次有給休暇は、前段で述べたように、労働者が指定する時季に与えることとしていましたが、昭和62年の法改正で年次有給休暇の取得日数を増やすため、計画的に休暇をとる制度が導入されました。

　この計画的付与制度をとる場合には、労使協定で、その具体的な方法を定めなければなりません。すなわち、事業場全体の休業による一斉付与の場合には、具体的な付与日を協定において特定することとなり、個人別付与の場合は、たとえば、年次有給休暇付与計画表による付与ならば、計画表を作成する時期、作成の手続などについて協定し、また職場のグループごとの付与のような場合は、そのグループごとの具体的な付与日を協定において特定することになります〔昭63. 1. 1基発第1号・婦発第1号〕。

　労使協定による計画的付与の対象となる年次有給休暇の日数は、各労働者が持っている年次有給休暇のうち5日を超える部分（前年度からの繰り越し分も含みます。）です。たとえば、10日持っている労働者は5日、12日持っている者ならば7日となります。したがって、もし継続勤務年数の少ない労働者を含めて事業場全体の休業による一斉付与をしようとする場合には、勤続年数の少ない労働者の年次有給休暇日数を増やす必要があります。また、特別の事情により年次有給休暇の付与日があらかじめ定めることが適当でない労働者については、年次有給休暇の計画付与の労使協定を結ぶ際、計画付与の対象から除外することも含め、労使間で十分考慮することが必要です〔昭63. 1. 1基発第1号・婦発第1号〕。

　なお、いったん労使協定で計画付与が決まった日数については、個々の

労働者には時季指定権がなくなることとなります。また、労使協定で付与日を決めた以上、使用者の時季変更権の行使もできないこととなります。しかし、労使協定で改めて付与方法（労使各々の変更についてなど）を定めることは可能です。

■使用者による取得時季指定

　平成30年７月の働き方改革関連法での改正により、本条第７項に使用者による年次有給休暇の取得時期の指定が規定されました。法定の年次有給休暇が10日以上付与される労働者を対象に、使用者は労働者ごとに、年次有給休暇を付与した日（基準日）から１年以内に５日について、取得時季を指定して年次有給休暇を取得させなければなりません。繰り越し分を含まずに10日以上付与される（権利が発生する）労働者が対象となりますので、比例付与制度による労働者で、勤続年数が長くなっても10日以上付与されることがないものは対象外となります。

　付与する時季は基準日から１年以内となっていますが、基準日が法定の基準日（雇入れの日から半年後）以外となっている場合の取扱いについては、【解説】の「使用者による時季指定の具体例」をご参照ください。

　このうち項目３の場合などは１年間ではない期間に比例按分した日数を付与することもできるとされています。

　取得時季の指定に当たっては、労働者の意見を聴取しなければならず、できる限り労働者の希望に沿った取得時季になるよう、聴取した意見を尊重するよう努めなければなりません。

　ただし、当該期間に年次有給休暇を請求・取得した日数や計画的付与制度により年次有給休暇取得日として定められた日数については、その取得日数を５日から控除して指定することになりますので、既に５日以上の年次有給休暇を請求・取得してしまった労働者に対しては時季指定する必要はなく、また、指定することもできません。

　なお、使用者が時季指定する年次有給休暇には時間単位年休は含まれま

せんので、時間単位年休の取得時季を指定することはできません。ただし、労働者の意見を聴取した際に、半日の年次有給休暇を希望した場合には、半日の年次有給休暇を指定することができ、取得1回につき0.5日とすることができます。

　要は、年次有給休暇が10日以上発生する労働者に対しては、使用者が取得時季を指定するという方法も含め、1年に最低でも5日の年次有給休暇を取得させないと違反になるということです。

　また、休暇は就業規則の絶対的必要記載事項ですので、使用者による年次有給休暇の時季指定を行う場合は、対象労働者の範囲、時季指定の方法等について就業規則に記載しなければなりません。

【解説】使用者による時季指定の具体例

1　原則的な取扱い

　使用者は、労基法第39条第1項から第3項までの規定により使用者が与えなければならない年次有給休暇の日数が10労働日以上である労働者に係る年次有給休暇の日数のうち、5日については、基準日（継続勤務した期間を同条第2項に規定する6か月経過日から1年ごとに区分した各期間（最後に1年未満の期間を生じたときは、当該期間）の初日をいう。）から1年以内の期間に、労働者ごとにその時季を定めることにより与えなければなりません。

　これを具体例で示すと、入社日から6か月経過日である10月1日（基準日）に10日の年次有給休暇を与えることとした場合には、翌年の9月30日までに5日取得させなければならないこととなります（**図A**）。

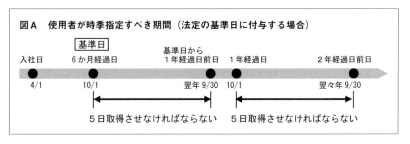

図A　使用者が時季指定すべき期間（法定の基準日に付与する場合）

2　法定の基準日より前に10日以上の年次有給休暇を付与する場合

　使用者は、年次有給休暇を当該年次有給休暇に係る基準日より前の日から10労働日以上与えることとしたときは、当該年次有給休暇の日数のうち5日については、基準日より前の日であって、10労働日以上の年次有給休暇を与えることとした日から1年以内の期間に、その時季を定めることにより与えなければなりません。

　例えば、法定の基準日（4月1日入社の場合であれば10月1日）より前に10労働日以上の年次有給休暇を与えることとしたときは、その日から1

年以内に5日の年次有給休暇を取得させなければなりません。

　これを具体例で示すと、入社日である4月1日に10日の年次有給休暇を与えることとした場合には、4月1日から翌年の3月31日までの間に5日の年次有給休暇を取得させなければならないこととなります（**図B**）。

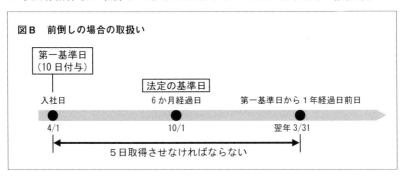

図B　前倒しの場合の取扱い

3　入社した年と翌年とで年次有給休暇の付与日が異なる場合

　使用者が10労働日以上の年次有給休暇を基準日または第一基準日に与えることとし、かつ、当該基準日または第一基準日から1年以内の特定の日（以下「第二基準日」という。）に新たに10労働日以上の年次有給休暇を与えることとしたときは、履行期間（基準日または第一基準日を始期として、第二基準日から1年を経過する日を終期とする期間をいう。）の月数を12で除した数に5を乗じた日数について、当該履行期間中に、その時季を定めることにより与えることができます。

　例えば、全社的に年次有給休暇の起算日を合わせるために、入社2年目以降の社員への付与日を統一している場合など、入社した年とその翌年とでは年次有給休暇の付与日が異なる場合があります。4月1日が全社的な起算日となっている会社で、4月1日に入社した労働者が10月1日に10労働日の年次有給休暇が付与され、翌年（入社2年目）の4月1日には11労働日が付与されるというケースでは、5日の時季指定義務がかかる期間に重複（いわゆる「ダブルトラック」）が生じ、年次有給休暇の取得状況の管

理が複雑となってしまいます。

　このため、「最初に10日の年次有給休暇を与えた日から１年以内に、新たに10日以上の年次有給休暇を与えた日から１年を経過するまでの期間」（＝重複が生じている期間の第一の期間の始期から第二の期間の終期までの間）の長さに応じた日数を当該期間中に取得させることが認められています（則第24条の５第２項）。

　これを上記の例で説明すると、入社日が４月１日である労働者については、６か月が経過した10月１日に10日付与し、翌年の４月１日から11日付与する場合、基準日である10月１日から翌々年３月31日までの月数である18月を12月で除した数に５を乗じた日数、具体的には、

$$18 \div 12 \times 5 = 7.5 日$$

を、この期間内に取得させなければなりません（**図C**）。

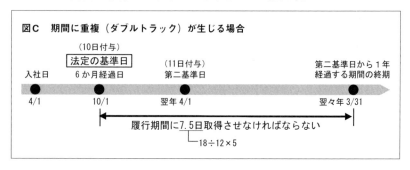

図C　期間に重複（ダブルトラック）が生じる場合

4　10日のうちの一部を前倒しで付与する場合

　例えば、10日を分割して入社日の４月１日に５日、さらに同じ年の７月１日に５日を付与するなど、10日のうちの一部を法定の基準日より前倒しで付与した場合には、付与日数の合計が10日に達した日からの１年間に指定義務がかかります（**図D**）。

　なお、付与された年次有給休暇が10日に達する日の以前に、前倒しで分割付与された年次有給休暇について労働者がみずから取得していた場合には、その取得した日数を５日（指定義務の日数）から控除できます（**図E**）。

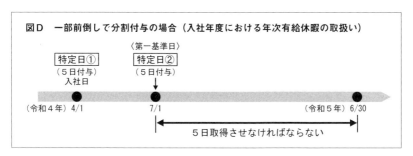

図D　一部前倒しして分割付与の場合（入社年度における年次有給休暇の取扱い）

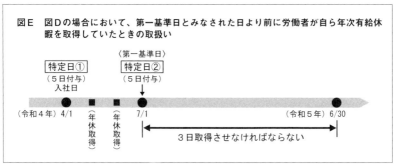

図E　図Dの場合において、第一基準日とみなされた日より前に労働者が自ら年次有給休暇を取得していたときの取扱い

〔出典〕：「年5日の年次有給休暇の確実な取得　わかりやすい解説」（厚生労働省HP）
　　　　　「改訂7版　年次有給休暇制度の解説とQ＆A」（労働調査会）

■年次有給休暇管理簿

　使用者による時季指定を確実に行うためには、年次有給休暇の取得状況を的確に把握しておくことが重要であり、使用者は労働者ごとに年次有給休暇管理簿を作成し、5年間（当分の間は3年間）保存しなければならないとされています。

　年次有給休暇管理簿には、年次有給休暇の取得状況が分かるように、与えた時季（日付）、日数、基準日を記載し、使用者による指定に洩れのないように活用することが必要です。

　なお、年次有給休暇管理簿は、労働者名簿または賃金台帳とあわせて調製することができるものとされています。

【例】労働者名簿または賃金台帳に、以下のような必要事項を盛り込んだ表を追加します。

年次有給休暇取得日数	基準日	2021/4/1 ←基準日 ←		(補足)基準日が2つ存在する場合には、基準日を2つ記載する必要があります。						
	取得日数	18日 ←日数 ←		(補足)基準日から1年以内の期間における年休取得日数(基準日が2つ存在する場合には1つ目の基準日から2つ目の基準日の1年後までの期間における年休取得日数)を記載する必要があります。						
	年次有給休暇を取得した日付	2021／4/5(月)	2021／5/7(金)	2021／6/4(金)	7/2(金)	8/2(月)	8/11(水)	8/12(木)	8/13(金)	8/16(月)	8/17(火)
		2021／9/2(木)	2021／10/8(金)	2021／11/5(金)	2021／12/6(月)	2022／1/7(金)	2022／2/14(月)	2022／3/18(金)	2022／3/22(火)		
		時季(年次有給休暇を取得した日付)									

〔出典〕:「年5日の年次有給休暇の確実な取得　わかりやすい解説」(厚生労働省HP)

■休暇中の賃金

　第9項は、有給休暇の際に支払われる賃金について一括規定したものですが、労働者がこれらの賃金のうちいずれか1つ、高いほうを請求し、また使用者がいずれか低いほうを支払うということを認める趣旨ではなく〔昭27・9・20基発第675号〕、そのいずれによるかは、就業規則等であらかじめ定めておき、それに従って支払わなければなりません。平均賃金と通常の賃金とでは、平均賃金には割増賃金が含まれますが原則として暦日数で割算したものであるのに対し、通常の賃金の場合には割増賃金を含みませんが、所定労働日数で割算したものです。したがって、時間外・休日労働が相当多い場合は、平均賃金のほうが高くなり、割増賃金が少なければそれだけ通常の賃金のほうが高くなるわけです。さらに、労使協定により健康保険標準報酬月額の30分の1に相当する金額（その金額に、5円未満の端数があるときは、これを切り捨て、5円以上10円未満の端数があるときは、これを10円に切り上げるものとする。）の支払いを定めたときは、必ずこれによらなければなりません。健康保険の標準報酬月額は、健康保険法第40条に定められています。これと平均賃金との比較は、一概にはいえません。

■不利益取扱い

年次有給休暇をとったことを理由として、精皆勤手当を減額あるいは不支給とし、賞与、一時金の算定に当たり年次有給休暇をとった日を欠勤扱いとする事業場があり、かかる取扱いをしてはならないことは、年次有給休暇制度を設けた趣旨からみて明らかですが、実態として、依然としてかかる取扱いがみられることから、有給休暇を取得した労働者に対して、賃金の減額その他不利益な取扱いをしないようにしなければならない旨の訓示規定が設けられています（法附則第136条）。

■時　　効

年次有給休暇権と時効との関係ですが、時効について規定した法第115条の請求権の中に年次有給休暇権という債権（その発現形態としての債権的請求権）が含まれないと解釈しなければならない理由はないと解されます。したがって、請求権が発生してから2年間請求しないと時効によって請求権は消滅すると解されます〔昭22.12.15基発第501号〕。また、使用者の承認等の時効の完成猶予や更新も民法の一般原則によって認められると考えられます。

なお、解釈例規は事業廃止の場合、解雇の場合等労働関係が消滅した場合には、そのときまで行使されなかった年次有給休暇権は消滅するとしています〔昭23.4.26基発第651号〕。

■罰　　則

使用者が本条（第7項を除く）に違反しますと、6か月以下の懲役または30万円以下の罰金に処せられます（法第119条第1号）。

また、年5日の年次有給休暇を取得させず本条第7項に違反しますと、30万円以下の罰金に処せられます（法第120条第1号）。

第16　労働時間及び休憩時間の特例

（労働時間及び休憩の特例）

第40条　別表第1第1号から第3号まで、第6号及び第7号に掲げる事業以外の事業で、公衆の不便を避けるために必要なものその他特殊の必要あるものについては、その必要避くべからざる限度で、第32条から第32条の5までの労働時間及び第34条の休憩に関する規定について、厚生労働省令で別段の定めをすることができる。

②　前項の規定による別段の定めは、この法律で定める基準に近いものであつて、労働者の健康及び福祉を害しないものでなければならない。

別表第1（150頁参照）

（労働時間の特例）

則第25条の2　使用者は、法別表第1第8号、第10号（映画の製作の事業を除く。）、第13号及び第14号に掲げる事業のうち常時10人未満の労働者を使用するものについては、法第32条の規定にかかわらず、1週間について44時間、1日について8時間まで労働させることができる。

②　使用者は、当該事業場に、労働者の過半数で組織する労働組合がある場合においてはその労働組合、労働者の過半数で組織する労働組合がない場合においては労働者の過半数を代表する者との書面による協定（労使委員会における委員の5分の4以上の多数による決議及び労働時間等設定改善法第7条の労働時間等設定改善委員会における委員の5分の4以上の多数による決議を含む。以下この条において同じ。）により、又は就業規則その他これに準ずるものにより、1箇月以内の期間を平均し1週間当たりの労働時間が44時間を超えない定めをした場合においては、前項に規定する事業については同項の規定にかかわらず、その定めにより、特定された週において44時間又は特定された日において8時間を超えて、労働させることができる。

③　使用者は、就業規則その他これに準ずるものにより、その労働者に係る始業及び終業の時刻をその労働者の決定にゆだねることとした労働者については、当該事業場の労働者の過半数で組織する労働組合がある場合においてはその労働組合、労働者の過半数で組織する労働組合が

ない場合においては労働者の過半数を代表する者との書面による協定により、次に掲げる事項を定めたときは、その協定で第2号の清算期間として定められた期間を平均し1週間当たりの労働時間が44時間を超えない範囲内において、第1項に規定する事業については同項の規定にかかわらず、1週間において44時間又は1日において8時間を超えて、労働させることができる。

一　この項の規定による労働時間により労働させることとされる労働者の範囲

二　清算期間（その期間を平均し1週間当たりの労働時間が44時間を超えない範囲内において労働させる期間をいい、1箇月以内の期間に限るものとする。次号において同じ。）

三　清算期間における総労働時間

四　標準となる1日の労働時間

五　労働者が労働しなければならない時間帯を定める場合には、その時間帯の開始及び終了の時刻

六　労働者がその選択により労働することができる時間帯に制限を設ける場合には、その時間帯の開始及び終了の時刻

④　第1項に規定する事業については、法第32条の3第1項（同項第2号の清算期間が1箇月を超えるものである場合に限る。）、第32条の4又は第32条の5の規定により労働者に労働させる場合には、前三項の規定は適用しない。

則第25条の3　第6条の2第1項の規定は前条第2項及び第3項に規定する労働者の過半数を代表する者について、第6条の2第3項及び第4項の規定は前条第2項及び第3項の使用者について、第12条及び第12条の2第1項の規定は前条第2項及び第3項による定めについて、第12条の2の2第1項の規定は前条第2項の協定について、第12条の6の規定は前条第2項の使用者について準用する。

②　使用者は、様式第3号の2により、前条第2項の協定を所轄労働基準監督署長に届け出るものとする。

（列車等の乗務員の予備勤務者の労働時間）

則第26条　使用者は、法別表第1第4号に掲げる事業において列車、気動車又は電車に乗務する労働者で予備の勤務に就くものについては、1箇月以内の一定の期間を平均し1週間当たりの労働時間が40時間を超えない限りにおいて、法第32条の2第1項の規定にかかわらず、1週間について40時間、1日について8時間を超えて労働させることができる。

則第27条から則第30条まで　削除

（休憩時間の適用除外）

則第31条　法別表第1第4号、第8号、第9号、第10号、第11号、第13号及び第14号に掲げる事業並びに官公署の事業（同表に掲げる事業を除く。）については、法第34条第2項の規定は、適用しない。

（乗務員等の休憩時間）

則第32条　使用者は、法別表第1第4号に掲げる事業又は郵便若しくは信書便の事業に使用される労働者のうち列車、気動車、電車、自動車、船舶又は航空機に乗務する機関手、運転手、操縦士、車掌、列車掛、荷扱手、列車手、給仕、暖冷房乗務員及び電源乗務員（以下単に「乗務員」という。）で長距離にわたり継続して乗務するもの並びに同表第11号に掲げる事業に使用される労働者で屋内勤務者30人未満の日本郵便株式会社の営業所（簡易郵便局法（昭和24年法律第213号）第2条に規定する郵便窓口業務を行うものに限る。）において郵便の業務に従事するものについては、法第34条の規定にかかわらず、休憩時間を与えないことができる。

②　使用者は、乗務員で前項の規定に該当しないものについては、その者の従事する業務の性質上、休憩時間を与えることができないと認められる場合において、その勤務中における停車時間、折返しによる待合せ時間その他の時間の合計が法第34条第1項に規定する休憩時間に相当するときは、同条の規定にかかわらず、休憩時間を与えないことができる。

（休憩時間の自由利用の適用除外）

則第33条　法第34条第3項の規定は、左〈編注：下記〉の各号の一に該当する労働者については適用しない。

一　警察官、消防吏員、常勤の消防団員、准救急隊員及び児童自立支援施設に勤務する職員で児童と起居をともにする者

二　乳児院、児童養護施設及び障害児入所施設に勤務する職員で児童と起居をともにする者

三　児童福祉法（昭和22年法律第164号）第6条の3第11項に規定する居宅訪問型保育事業に使用される労働者のうち、家庭的保育者（同条第9項第1号に規定する家庭的保育者をいう。以下この号において同じ。）として保育を行う者（同一の居宅において、一の児童に対して複数の家庭的保育者が同時に保育を行う場合を除く。）

②　前項第2号に掲げる労働者を使用する使用者は、その員数、収容する児童数及び勤務の態様について、様式第13号の5によつて、予め所轄労働基準監督署長の許可を受けなければならない。

　労働時間と休憩の原則は、労働条件に関する基準のうちでも、極めて重要なものですが、何分本法が、業種、業態を問わず、すべての事業に適用されますので、原則的労働時間制、一斉休憩等をそのまま実施すると公衆に不便をもたらしたり、不都合が生じたりする事業があります。そこで、この調整を図るため一定の業種について、国際労働条約や各国の立法例にならって、本条で特例を設けたものです。

■特例及びその暫定措置

　本条に基づき、当初、則第26条から第29条までにおいて、労働時間についての特例が設けられていましたが、昭和56年2月6日の「労働基準法施行規則の一部を改正する省令」（昭和56年労働省令第5号）により、基本的には労働時間の特例を廃止するとともに、各特例業種の実情にかんがみ、実際には段階的に廃止を進めることとされ、暫定措置が設けられていました。しかし、平成5年の法改正により、法定労働時間が短縮されたことに伴い、従来の暫定措置の一部が廃止または改正され、改めて次のような特例が設けられました。

（1）　次に掲げる事業のうち、常時10人未満の労働者を使用する事業については、1週44時間、1日8時間労働制、1週平均44時間を超えない範囲での1か月単位の変形労働時間制、同じく、1週44時間を超えない範囲でのフレックスタイム制が認められます。

　　なお、1年単位の変形労働時間制、1週間単位の非定型的変形労働時間制及び清算期間が1か月を超えるフレックスタイム制は、原則どおり適用され、この特例の適用はありません。

①　物品の販売、配給、保管若しくは賃貸または理容の事業

②　映画の映写、演劇その他興行の事業（映画の製作の事業は除かれます。）

③　病者または虚弱者の治療、看護その他保健衛生の事業

④　旅館、料理店、接客業または娯楽場の事業

（2）　列車等の乗務員の予備勤務者の労働時間

　　法別表第1第4号の事業において、列車、気動車または電車に乗務する労働者で予備の勤務に就く者についての特定を要しない1か月単位の変形労働時間制の要件について、法定労働時間が週40時間に改正されたことに伴い、1か月以内の一定の期間を平均し1週間の労働時間が40時間以内であることとされました。

■休憩の特例

休憩に関する特例として定められているものは、次のとおりです。

（1）　休憩の特例——法別表第1第4号の事業または郵便若しくは信書便の事業における特定の労働者については、休憩を与えなくてもよいことになっています（則第32条）。

（2）　一斉休憩の特例——法別表第1第4号（運送）、第8号（物品の販売等、理容）、第9号（金融、保険）、第10号（興行）、第11号（郵便、電気通信）、第13号（病院等）、第14号（旅館等）及び官公署の事業（法別表第1に掲げる事業を除く。）の事業については、一斉休憩の原則は適用されません（則第31条）。

（3）　休憩の自由利用の特例——警察官その他則第33条に掲げる者については、休憩の自由利用の原則の特例が認められ、また同条第2号に掲げる乳児院、児童養護施設等で児童と起居をともにする職員については、所轄労働基準監督署長の許可を受けた場合、その原則に対する特例が認められます。

■罰　則

本条に基づいて定められている施行規則の規定に違反した使用者に対しては、6か月以下の懲役または30万円以下の罰金が課せられます（法第119条第3号）。もっとも、則第31条から第33条までは適用除外の規定ですから、罰則の適用はなく、また許可を条件としている条文については、許可

を受けないで法第34条第3項の例外的取扱いをすることはできませんから、本則である法第34条違反が成立することになります。罰則適用の余地がある則第25条の2、則第26条は、法第32条に代わる特段の定めですから、法定の手続によらないでこれらの特例時間を超えた場合は法第40条違反が成立します。

第17　労働時間等に関する規定の適用除外

（労働時間等に関する規定の適用除外）

第41条　この章、第6章及び第6章の2で定める労働時間、休憩及び休日に関する規定は、次の各号の一に該当する労働者については適用しない。

一　別表第1第6号（林業を除く。）又は第7号に掲げる事業に従事する者

二　事業の種類にかかわらず監督若しくは管理の地位にある者又は機密の事務を取り扱う者

三　監視又は断続的労働に従事する者で、使用者が行政官庁の許可を受けたもの

別表第1　（150頁参照）

. . . .

（宿日直勤務）

則第23条　使用者は、宿直又は日直の勤務で断続的な業務について、様式第10号によつて、所轄労働基準監督署長の許可を受けた場合は、これに従事する労働者を、法第32条の規定にかかわらず、使用することができる。

（適用除外の許可）

則第34条　法第41条第3号の規定による許可は、従事する労働の態様及び員数について、様式第14号によつて、所轄労働基準監督署長より、これを受けなければならない。

事業の種類や労働者の地位、労働の態様によっては、労働時間、休憩、

休日等に関する本章の規定を適用することが不適当と認められるものがありますので、その適用除外について規定したのが本条です。

■農業水産業

　農業、水産業等いわゆる第１次産業は、その作業が天候等の自然的条件に左右され、８時間労働制や週休制になじまないものですので、労働時間、休憩、休日に関する制限規定は適用されません。

　なお、林業については、平成６年４月１日から、労働時間等に関する規定が適用されています。

■管理・監督者、機密の事務を扱う者

　「監督若しくは管理の地位にある者」というのは、局長、部長、工場長等労働条件の決定その他労務管理に関し経営者と一体的な立場にある者をいい、「機密の事務を取り扱う者」というのは、秘書その他職務が経営者や監督管理の地位にある者と一体不可分の関係にある者をいい、いずれも出社退社等についての厳格な制限を受けない者をいいます〔昭22.9.13発基第17号、昭63.3.14基発第150号〕。これらの者に対し、労働時間、休憩、休日等に関する規定の適用が除外されるのは、事業経営の管理的立場またはこれと一体的な立場にある者であり、企業経営上労働時間等に関する規定の規制を超えて活動する必要があると認められるからです。そして、本条第３号該当者の場合と異なり許可が条件とされていないのは、これらの者の地位からして、規制を受けなくても労働条件への影響が比較的少ないし、これらの者の範囲が企業の規模や業種業態によっておのずから一定の客観的な基準が考えられることからです。ここで注意が必要なことは、部長、部長代理、支店長、支店次長等の名で呼ばれる者について、ただその名称だけで判断してはならないということです。すなわち、「管理・監督者」であるか否かの判断は、各企業の実態に即してなされるべきであり、その判断基準としては、労務管理方針の決定に参画し、あるいは労務管理上の指揮権限を有し経営者と一体的な立場にあること、自己の勤務について自

由裁量の権限を持ち出社退社について厳格な制限を加えることがむずかし
いような地位にあること、さらにはその地位に対して何らかの特別給与が
支払われていること等が考えられます。したがって、たとえば同じく支店
次長といっても、支店長が事故あるときは支店長の職務の全部または大部
分を代行するなど、支店長とほぼ同様な職務を有する者は、これに該当す
るが、名称だけ支店次長であっても、実際には実質的な職務権限を持って
いない者は、これに該当しないということになります。また、いわゆるス
タッフ職についても本店課長等の管理監督者と同格以上であり、経営上の
重要事項に関与する業務にある者は、管理監督者とされるものです〔昭52.
2.28基発第104号の2、昭52.2.28基発第105号〕。要するに、労働者につ
いてみるのではなく、職務について判断しなければならないわけです。な
お、労働安全衛生規則による安全管理者・衛生管理者は、これに該当しな
い場合が多いと解せられます〔昭23.12.3基収第3271号〕。

　さらには「名ばかり店長」の管理監督者性が問題となっています。裁判
例では、ファーストフード店の店長が管理監督者に該当するか否かについ
て争われた事案で、「管理監督者に当たるといえるためには、店長の名称だ
けでなく、実質的に……法の趣旨を充足するような立場にあると認められ
るものでなければならず、具体的には、①職務内容、権限及び責任に照ら
し、労務管理を含め、企業全体の事業経営に関する重要事項にどのように
関与しているか、②その勤務態様が労働時間等に対する規制になじまない
ものであるか否か、③給与（基本給、役付手当等）及び一時金において、
管理監督者にふさわしい待遇がされているか否かなどの諸点から判断すべ
きである」〔平20・1・28東京地裁判決：日本マクドナルド事件〕とされま
した。

　解釈例規では、多店舗展開する小売業、飲食業等の店舗の店長について、
次の項目ごとに管理監督者性を判断する要素が示されました。

　「職務内容、責任と権限」についての判断項目として、①採用　②解雇
③人事考課　④労働時間の管理の各項目、**「勤務態様」**についての判断項

目として、① 遅刻、早退等に関する取扱い　② 労働時間に関する裁量　③ 部下の勤務態様との相違の各項目、**「賃金等の待遇」**についての判断項目として、① 基本給、役職手当等の優遇措置　② 支払われた賃金の総額　③ 時間単価の各項目となっています〔平20.９.９基発第0909001号〕。

■監視・断続労働従事者

　「監視に従事する者」というのは、原則として一定部署にあって監視するのを本来の業務とし、常態として心身の緊張度の少ないものをいいます。「断続的労働に従事する者」というのは、本来業務が間歇的であるため、労働時間中においても手待時間が多く実作業時間が少ない者をいいます〔昭22.９.13発基第17号〕。この２つの場合については、第２号の場合と異なり、特別の手当等を得ているわけではありませんので、その判断を誤った場合には相当深刻な影響を与えることになります。そこで、その判断は所轄労働基準監督署長が行うこととし、許可を受けることが条件となっています（則第34条）。これも、具体的問題について具体的に決定されなければなりません。監視としては、門番、守衛、水路番、メーター監視等のようなものは最もその典型的な例であり、これと反対に交通関係の監視、車両誘導を行う駐車場などの監視等は精神緊張度が高いので認められません。断続的労働については、実作業時間の合計より手待時間の合計が多いことが第１の要件ですが、実働時間の合計が８時間を超えるものや、さらにその業務が危険なものも、これに該当しないものと考えられます〔昭22.９.13発基第17号、昭23.４.５基発第535号、昭63.３.14基発第150号〕。この一般基準により従来通達で明らかなものを二、三ひろってみますと、旅館の客室係、タクシー運転者、ボイラー技士、高圧線の保守工などが認められておらず、これと反対に小学校の用務員、高級職員専用乗用車運転者、寄宿舎の寮母等は認められています。なお、坑内労働における監視・断続の業務や電気事業関係については、特殊なものが多いので特に通達が示されています〔坑内労働については昭25.９.28基発第890号、電気事業について

は昭23.11.25基収第3998号〕。

■日直・宿直

　次に、本条第3号に基づくものとして、則第23条に定める日直・宿直勤務があります。これは、法第41条第3号が常態として断続的な労働について規定しているのに対し、常態としては通常の勤務をし、時間外または休日にいわゆる宿直・日直という特定の業務に就く者について定めたものです。

　したがって、その業務は原則として定時的巡視、緊急文書の収受、非常事態発生の際の準備等に備えるものでなければなりません。本来の業務の延長と考えられるような業務を処理するものは、たとえ宿直または日直の勤務といっても許可の対象となりません。このほかに、睡眠施設が整備されていること、その回数が1週1回（日直については1か月1回）の基準であること、原則として、宿・日直勤務従事労働者に支払われている賃金の1人1日平均額の3分の1以上の手当が支払われること等の許可条件があり〔昭22.9.13発基第17号、昭63.3.14基発第150号〕、この勤務が通常の労働と混同され、濫用されないようにしています。

　なお、医師・看護師は医療法により宿・日直が義務づけられている関係上、医師・看護師の本来の業務であっても、特殊の措置を必要としない軽度の業務又は短時間の業務（医師が少数の要注意患者の状態の変動に対応するため、問診等による診察等や、看護師等に対する指示、確認等を行う場合、看護職員が病室の定時巡回、少数の要注意患者の定時検脈、検温を行う場合など。）については、宿・日直勤務中に処理しても差し支えないこととされています。ただし、宿・日直中に本来の業務、たとえば医師が宿直中に救急患者の診療等の業務に従事したような場合には当然に時間外労働になりますから、宿直手当とは別に、割増賃金を支払わなければなりません。この医師の例のような、宿直または日直勤務中に本来の業務に従事することがしばしばあれば、その勤務は宿・日直勤務に該当せず許可は当

然に取り消されることになりますが、本来の業務に従事することが稀である場合には、宿・日直の許可は取り消されることなく、その時間について法第33条または第36条による時間外労働の手続をとり、かつ、第37条の割増賃金を支払えばよいわけです〔令元.7.1基発0701等8号〕。

第18　高度プロフェッショナル制度

第41条の2　賃金、労働時間その他の当該事業場における労働条件に関する事項を調査審議し、事業主に対し当該事項について意見を述べることを目的とする委員会（使用者及び当該事業場の労働者を代表する者を構成員とするものに限る。）が設置された事業場において、当該委員会がその委員の5分の4以上の多数による議決により次に掲げる事項に関する決議をし、かつ、使用者が、厚生労働省令で定めるところにより当該決議を行政官庁に届け出た場合において、第2号に掲げる労働者の範囲に属する労働者（以下この項において「対象労働者」という。）であつて書面その他の厚生労働省令で定める方法によりその同意を得たものを当該事業場における第1号に掲げる業務に就かせたときは、この章で定める労働時間、休憩、休日及び深夜の割増賃金に関する規定は、対象労働者については適用しない。ただし、第3号から第5号までに規定する措置のいずれかを使用者が講じていない場合は、この限りでない。

一　高度の専門的知識等を必要とし、その性質上従事した時間と従事して得た成果との関連性が通常高くないと認められるものとして厚生労働省令で定める業務のうち、労働者に就かせることとする業務（以下この項において「対象業務」という。）

二　この項の規定により労働する期間において次のいずれにも該当する労働者であつて、対象業務に就かせようとするものの範囲

イ　使用者との間の書面その他の厚生労働省令で定める方法による合意に基づき職務が明確に定められていること。

ロ　労働契約により使用者から支払われると見込まれる賃金の額

　を１年間当たりの賃金の額に換算した額が基準年間平均給与額
　（厚生労働省において作成する毎月勤労統計における毎月きまつ
　て支給する給与の額を基礎として厚生労働省令で定めるところ
　により算定した労働者１人当たりの給与の平均額をいう。）の
　３倍の額を相当程度上回る水準として厚生労働省令で定める額
　以上であること。

三　対象業務に従事する対象労働者の健康管理を行うために当該対
　象労働者が事業場内にいた時間（この項の委員会が厚生労働省令
　で定める労働時間以外の時間を除くことを決議したときは、当該
　決議に係る時間を除いた時間）と事業場外において労働した時間
　との合計の時間（第５号ロ及びニ並びに第６号において「健康管
　理時間」という。）を把握する措置（厚生労働省令で定める方法
　に限る。）を当該決議で定めるところにより使用者が講ずること。

四　対象業務に従事する対象労働者に対し、１年間を通じ104日以
　上、かつ、４週間を通じ４日以上の休日を当該決議及び就業規則
　その他これに準ずるもので定めるところにより使用者が与えるこ
　と。

五　対象業務に従事する対象労働者に対し、次のいずれかに該当す
　る措置を当該決議及び就業規則その他これに準ずるもので定める
　ところにより使用者が講ずること。

　イ　労働者ごとに始業から24時間を経過するまでに厚生労働省令
　　で定める時間以上の継続した休息時間を確保し、かつ、第37条
　　第４項に規定する時刻の間において労働させる回数を１箇月に
　　ついて厚生労働省令で定める回数以内とすること。

　ロ　健康管理時間を１箇月又は３箇月についてそれぞれ厚生労働
　　省令で定める時間を超えない範囲内とすること。

　ハ　１年に１回以上の継続した２週間（労働者が請求した場合に
　　おいては、１年に２回以上の継続した１週間）（使用者が当該期
　　間において、第39条の規定による有給休暇を与えたときは、当
　　該有給休暇を与えた日を除く。）について、休日を与えること。

　ニ　健康管理時間の状況その他の事項が労働者の健康の保持を考
　　慮して厚生労働省令で定める要件に該当する労働者に健康診断
　　（厚生労働省令で定める項目を含むものに限る。）を実施するこ

と。

六　対象業務に従事する対象労働者の健康管理時間の状況に応じ
た当該対象労働者の健康及び福祉を確保するための措置であつ
て、当該対象労働者に対する有給休暇（第39条の規定による有給
休暇を除く。）の付与、健康診断の実施その他の厚生労働省令で
定める措置のうち当該決議で定めるものを使用者が講ずること。

七　対象労働者のこの項の規定による同意の撤回に関する手続

八　対象業務に従事する対象労働者からの苦情の処理に関する措置
を当該決議で定めるところにより使用者が講ずること。

九　使用者は、この項の規定による同意をしなかつた対象労働者に
対して解雇その他不利益な取扱いをしてはならないこと。

十　前各号に掲げるもののほか、厚生労働省令で定める事項

② 　前項の規定による届出をした使用者は、厚生労働省令で定めると
ころにより、同項第４号から第６号までに規定する措置の実施状況
を行政官庁に報告しなければならない。

③ 　第38条の４第２項、第３項及び第５項の規定は、第１項の委員会
について準用する。

④ 　第１項の決議をする委員は、当該決議の内容が前項において準用
する第38条の４第３項の指針に適合したものとなるようにしなけれ
ばならない。

⑤ 　行政官庁は、第３項において準用する第38条の４第３項の指針に
関し、第１項の決議をする委員に対し、必要な助言及び指導を行う
ことができる。

（高度プロフェッショナル制度の対象業務等）

則第34条の２　法第41条の２第１項の規定による届出は、様式第14号の
２により、所轄労働基準監督署長にしなければならない。

② 　法第41条の２第１項各号列記以外の部分に規定する厚生労働省令で
定める方法は、次に掲げる事項を明らかにした書面に対象労働者（同
項に規定する「対象労働者」をいう。以下同じ。）の署名を受け、当該
書面の交付を受ける方法（当該対象労働者が希望した場合にあつては、
当該書面に記載すべき事項を記録した電磁的記録の提供を受ける方法）
とする。

一　対象労働者が法第41条の２第１項の同意をした場合には、同項の規

　　定により、法第4章で定める労働時間、休憩、休日及び深夜の割増
　　賃金に関する規定が適用されないこととなる旨
　二　法第41条の二第一項の同意の対象となる期間
　三　前号の期間中に支払われると見込まれる賃金の額
③　法第41条の2第1項第1号の厚生労働省令で定める業務は、次に掲げ
　る業務（当該業務に従事する時間に関し使用者から具体的な指示（業
　務量に比して著しく短い期限の設定その他の実質的に当該業務に従事
　する時間に関する指示と認められるものを含む。）を受けて行うものを
　除く。）とする。
　一　金融工学等の知識を用いて行う金融商品の開発の業務
　二　資産運用（指図を含む。以下この号において同じ。）の業務又は有
　　価証券の売買その他の取引の業務のうち、投資判断に基づく資産運
　　用の業務、投資判断に基づく資産運用として行う有価証券の売買そ
　　の他の取引の業務又は投資判断に基づき自己の計算において行う有
　　価証券の売買その他の取引の業務
　三　有価証券市場における相場等の動向又は有価証券の価値等の分析、
　　評価又はこれに基づく投資に関する助言の業務
　四　顧客の事業の運営に関する重要な事項についての調査又は分析及
　　びこれに基づく当該事項に関する考案又は助言の業務
　五　新たな技術、商品又は役務の研究開発の業務
④　法第41条の2第1項第2号イの厚生労働省令で定める方法は、使用
　者が、次に掲げる事項を明らかにした書面に対象労働者の署名を受け、
　当該書面の交付を受ける方法（当該対象労働者が希望した場合にあつ
　ては、当該書面に記載すべき事項を記録した電磁的記録の提供を受け
　る方法）とする。
　一　業務の内容
　二　責任の程度
　三　職務において求められる成果その他の職務を遂行するに当たつて
　　求められる水準
⑤　法第41条の2第1項第2号ロの基準年間平均給与額は、厚生労働省
　において作成する毎月勤労統計（以下「毎月勤労統計」という。）にお
　ける毎月きまつて支給する給与の額の1月分から12月分までの各月分
　の合計額とする。
⑥　法第41条の2第1項第2号ロの厚生労働省令で定める額は、1,075万
　円とする。
⑦　法第41条の2第1項第3号の厚生労働省令で定める労働時間以外の

時間は、休憩時間その他対象労働者が労働していない時間とする。

⑧　法第41条の２第１項第３号の厚生労働省令で定める方法は、タイムカードによる記録、パーソナルコンピュータ等の電子計算機の使用時間の記録等の客観的な方法とする。ただし、事業場外において労働した場合であつて、やむを得ない理由があるときは、自己申告によることができる。

⑨　法第41条の２第１項第５号イの厚生労働省令で定める時間は、11時間とする。

⑩　法第41条の２第１項第５号イの厚生労働省令で定める回数は、４回とする。

⑪　法第41条の２第１項第５号ロの厚生労働省令で定める時間は、１週間当たりの健康管理時間（同項第３号に規定する健康管理時間をいう。以下この条及び次条において同じ。）が40時間を超えた場合におけるその超えた時間について、次の各号に掲げる区分に応じ、当該各号に定める時間とする。

一　１箇月　100時間
二　３箇月　240時間

⑫　法第41条の２第１項第５号ニの厚生労働省令で定める要件は、１週間当たりの健康管理時間が40時間を超えた場合におけるその超えた時間が１箇月当たり80時間を超えたこと又は対象労働者からの申出があつたこととする。

⑬　法第41条の２第１項第５号ニの厚生労働省令で定める項目は、次に掲げるものとする。

一　労働安全衛生規則（昭和47年労働省令第32号）第44条第１項第１号から第３号まで、第５号及び第８号から第11号までに掲げる項目（同項第３号に掲げる項目にあつては、視力及び聴力の検査を除く。）
二　労働安全衛生規則第52条の４各号に掲げる事項の確認

⑭　法第41条の２第１項第６号の厚生労働省令で定める措置は、次に掲げる措置とする。

一　法第41条の２第１項第５号イからニまでに掲げるいずれかの措置であつて、同項の決議及び就業規則その他これに準ずるもので定めるところにより使用者が講ずることとした措置以外のもの
二　健康管理時間が一定時間を超える対象労働者に対し、医師による面接指導（問診その他の方法により心身の状況を把握し、これに応じて面接により必要な指導を行うことをいい、労働安全衛生法（昭和47年法律第57号）第66条の８の４第１項の規定による面接指導を

除く。）を行うこと。

三　対象労働者の勤務状況及びその健康状態に応じて、代償休日又は
特別な休暇を付与すること。

四　対象労働者の心とからだの健康問題についての相談窓口を設置す
ること。

五　対象労働者の勤務状況及びその健康状態に配慮し、必要な場合に
は適切な部署に配置転換をすること。

六　産業医等による助言若しくは指導を受け、又は対象労働者に産業
医等による保健指導を受けさせること。

⑮　法第41条の２第１項第10号の厚生労働省令で定める事項は、次に掲
げるものとする。

一　法第41条の２第１項の決議の有効期間の定め及び当該決議は再度
同項の決議をしない限り更新されない旨

二　法第41条の２第１項に規定する委員会の開催頻度及び開催時期

三　常時50人未満の労働者を使用する事業場である場合には、労働者
の健康管理等を行うのに必要な知識を有する医師を選任すること。

四　使用者は、イからチまでに掲げる事項に関する対象労働者ごとの
記録及びリに掲げる事項に関する記録を第１号の有効期間中及び当
該有効期間の満了後５年間保存すること。

イ　法第41条の２第１項の規定による同意及びその撤回

ロ　法第41条の２第１項第２号イの合意に基づき定められた職務の
内容

ハ　法第41条の２第１項第２号ロの支払われると見込まれる賃金の額

ニ　健康管理時間の状況

ホ　法第41条の２第１項第４号に規定する措置の実施状況

ヘ　法第41条の２第１項第５号に規定する措置の実施状況

ト　法第41条の２第１項第６号に規定する措置の実施状況

チ　法第41条の２第１項第８号に規定する措置の実施状況

リ　前号の規定による医師の選任

（報告）

則第34条の２の２　法第41条の２第２項の規定による報告は、同条第１
項の決議が行われた日から起算して６箇月以内ごとに、様式第14号の
３により、所轄労働基準監督署長にしなければならない。

②　法第41条の２第２項の規定による報告は、健康管理時間の状況並び
に同条第１項第４号に規定する措置、同項第５号に規定する措置及び
同項第６号に規定する措置の実施状況について行うものとする。

> （準用）
> **則第34条の2の3**　第24条の2の4の規定は、法第41条の2第1項の委
> 　員会について準用する。
> **則附則第72条**（164頁参照）

　本条はいわゆる高度プロフェッショナル制度を規定しているもので、平
成30年7月の働き方改革関連法での改正により新設された条文です。

　高度プロフェッショナル制度は、高度の専門的知識等を有し、職務の範
囲が明確で一定の年収要件を満たす労働者を対象として、労使委員会の決
議及び労働者本人の同意を前提として、状況に応じた健康・福祉確保措置
等を講ずることにより、本法に定められた、「労働時間」、「休憩」、「休日」
及び「深夜の割増賃金」に関する規定を適用しない制度です。

　労働時間、休日の規定が適用されないことから、時間外労働や休日労働
という概念がなく、それらに対する割増賃金の支払いも要しません。

【労使委員会で決議する事項】

（1）　対象業務

　　対象業務は次に挙げる具体的な業務に該当するもの（当該業務に従
事する時間に関し使用者から具体的な指示を受けて行うものは含まれ
ません。）を対象として決議します。

　　また、部署が所掌する業務全体ではなく、対象となる労働者に従事
させることとする業務です。

①　金融工学等の知識を用いて行う金融商品の開発の業務

②　資産運用（指図を含む。）の業務又は有価証券の売買その他の取引
の業務のうち、投資判断に基づく資産運用の業務、投資判断に基づ
く資産運用として行う有価証券の売買その他の取引の業務又は投資
判断に基づき自己の計算において行う有価証券の売買その他の取引
の業務

③　有価証券市場における相場等の動向又は有価証券の価値等の分析、

評価又はこれに基づく投資に関する助言の業務

④　顧客の事業の運営に関する重要な事項についての調査又は分析及びこれに基づく当該事項に関する考案又は助言の業務

⑤　新たな技術、商品又は役務の研究開発の業務

（2）　対象労働者の範囲

対象労働者は対象業務に常態として従事していること、使用者との合意に基づき職務が明確に定められていること及び支払われると見込まれる賃金額が年1,075万円以上であることを満たす労働者について、その範囲を決議します。

使用者との合意の方法としては、業務の内容、責任の程度、求められる成果を書面で明らかにした上で、その書面に労働者の署名を受ける方法などがあります。

（3）　健康管理時間の把握

健康管理時間とは、事業場内にいた時間と事業場外において労働した時間との合計の時間をいいます。

健康管理時間を把握する措置を使用者が実施すること及び当該事業場における健康管理時間（休憩時間など労働しない時間について、決議により健康管理時間から除くこととした時間を含む。）の把握方法を決議で明らかにします。

健康管理時間を把握する方法は、タイムカードによる記録、パソコン等の使用時間の記録等の客観的な方法による必要がありますが、やむを得ない理由（顧客先への直行直帰により勤怠管理システムへのログイン・アウト等ができない等）があるときは、自己申告によることもできるとされます。

健康管理時間の記録については、対象労働者から求めがあれば使用者は開示することが必要であることから、開示手続きについて決議することが必要です。

（4）　休日の確保

　　対象労働者には年間104日以上、かつ、4週間を通じ4日以上の休日
を与えなければならないため、決議で休日の取得手続きを具体的に明
らかにすることが必要です。

（5）　選択的措置

　　次のいずれかに該当する措置を決議で定め、実施しなければなりま
せん。

①　勤務間インターバル（11時間以上）の確保＋深夜業の回数制限（1
　か月に4回以内）

②　健康管理時間の上限措置（1週間当たり40時間を超えた時間につ
　いて、1か月について100時間以内又は3か月について240時間以内
　とすること）

③　1年に1回以上の連続2週間の休日を与えること（本人が請求し
　た場合は連続1週間×2回以上）

④　臨時の健康診断（1週間当たり40時間を超えた健康管理時間が1
　か月当たり80時間を超えた労働者又は申出があった労働者が対象）

（6）　健康管理時間に応じた健康・福祉確保措置

　　次のいずれかに該当する措置を決議で定め、実施しなければなりま
せん。

①　前記（5）の措置のうちのいずれかの措置（前記（5）において
　決議で定めたもの以外）

②　医師による面接指導

③　代替休日又は特別な休暇の付与

④　心と体の健康問題についての相談窓口の設置

⑤　適切な部署への配置転換

⑥　産業医等による助言指導又は保健指導

（7）　同意の撤回に関する手続き

（8）　苦情処理措置

（9）　不利益取扱いの禁止

（10）　その他厚生労働省令で定める事項

　　　決議の有効期間の定め、決議は再度決議をしない限り更新されない
　　こと、労使委員会の開催頻度、決議等の記録の3年間の保存等

　決議の有効期間は1年間とすることが望ましいものです。また、労使委
員会の開催頻度は少なくとも6か月に1回、開催時期は労働基準監督署長
への定期報告を行う時期とされています。

■決議の届出

　労使委員会の決議は、所定の様式により所轄労働基準監督署長に届け出
る必要があり、届け出ないと高度プロフェッショナル制度は導入できませ
ん。

　また、決議が行われた日から起算して6か月以内ごとに、措置の実施状
況等について所定の様式により所轄労働基準監督署長に報告しなければな
りません。

■対象労働者の同意

　対象労働者に高度プロフェッショナル制度を適用するためには、使用者
は、決議に従い対象労働者本人の同意を得なければなりません。

　同意を得る時期や方法等は決議で明らかにしておくことが必要です。

　同意の方法は、高度プロフェッショナル制度の概要、労働基準法に定めら
れた労働時間、休憩、休日、深夜の割増賃金に関する規定が適用されない
こと、同意した場合に適用される賃金制度・評価制度等を記した書面（当
該労働者が希望した場合には、メール等電磁的記録の提供も可）を明示し、
労働者から同意する旨の署名（当該労働者が希望した場合には、メール等
電磁的記録も可）を受ける、というものになります。

第5章　安全及び衛生

【第42条】

〈労働安全衛生法の概要〉

　本章は、従来、労働者の安全及び衛生に関し基本的な事項を定めていましたが、労働安全衛生法（昭和47年法律第57号）の制定に伴い、本章で定められていた事項は、その内容が抜本的に拡充強化されて、同法中に規定されることとなりました。

> **第42条**　労働者の安全及び衛生に関しては、労働安全衛生法（昭和47年法律第57号）の定めるところによる。
> **第43条から第55条まで**　削除

　労働安全衛生法の制定によって従来の労働基準法第5章は不要となりましたが、職場における労働者の安全と健康を守るための諸施策は重要な労働条件であるところから、労働条件についての一般法である労働基準法と労働安全衛生法とは密接不可分な関係に立つことを明らかにするため、本条の規定が設けられているわけです。すなわち、本条の規定によって、労働基準法と労働安全衛生法とは姉妹法の関係に立つことが明らかになっています。

　次に、労働安全衛生法の概要を掲げておきます（なお、本章における条文の摘示において、法令名の記載が特にないものは労働安全衛生法を指すものとします。）。

〈労働安全衛生法の概要〉

（1）労働基準法との関係

　労働基準法は、労働憲章的部分と個別の労働条件を定める部分とからなっています。ところで、労働安全衛生法の制定によって、労働基準法中の個別の労働条件を定める部分から安全衛生に関する部分が抜き出されて単独法とされましたが、安全衛生の規定の根本的性格には変わりがなく、労働基準法中の労働憲章的部分は、この法律にも当然適用される（第1条、労

働基準法第42条）こととなっています。

（２）事業者等の責務

　事業者は、単にこの法律で定める労働災害の防止のための最低基準を守るだけでなく、より以上に労働者の安全と健康を確保するようにしなければならず、機械・器具その他の設備の設計者・製造者・輸入者、原材料の製造者・輸入者、建設物の建設者、設計者、建設工事の注文者等は、これらの物が使用される段階での労働災害の発生の防止に資するように努めなければならないこととされています。労働者もそれぞれの立場において、労働災害の発生の防止のため必要な事項を守らなければならないことが明らかにされています（第３条、第４条）。

（３）労働災害防止計画の策定と公表

　厚生労働大臣は、主要な労働災害防止対策等を定めた労働災害防止計画を策定し、これを公表することとなっています（第６条、第８条）。

（４）安全衛生管理体制の確立

イ　総括安全衛生管理者等

　一定の事業場においては、安全管理者や衛生管理者を置くこととし、さらに、このうちの一定の事業場においては、これらの安全管理者または衛生管理者を指揮し、安全衛生に関する業務を統括管理する総括安全衛生管理者を置かなければならないこととされています（第10条〜第12条）

　総括安全衛生管理者には、その事業場において安全衛生に関する業務を統括する者が当たることとされています。

　さらに、事業者は、一定の場合、産業医、作業主任者、安全衛生推進者等を選任しなければならないこととなっています（第12条の２、第13条、第14条）。

ロ　統括安全衛生責任者等

　建設業などのように、重層下請関係において事業が実施される場合には、異なる複数企業の労働者が、同一の場所において混在して働くことによって生ずる労働災害を防止するため、その現場の規模が一定以上の場合に元方事業者において、現場の最高責任者から統括安全衛生責任者を選任することとされ、各請負人も、統括安全衛生責任者との連絡等を行わせるための安全衛生責任者を選任しなければならないこととなっています（第15条、第16条）。

　特に、中小規模の建設現場での労働災害が多発していることから、一定規模以上の現場を管理する店社には、店社安全衛生管理者を選任しなければならないこととなっています（第15条の３）。

　なお、こうした事業の元方事業者は、関係請負人等を構成員とする協議組織の設置その他必要な措置を講じなければならないこととなっています（第30条）。

　また、いわゆる構内下請事業場を有する製造業の元方事業者は、作業間の連絡及び調整を行うことに関する措置その他必要な措置を講じなければならないこととなっています（第30条の２）。

ハ　安全衛生委員会

　事業場における労働災害を防止するために、安全衛生に関する事項を調査審議し、事業者に対し意見を述べさせるため一定の事業場では安全衛生委員会を設置しなければならないこととなっています。また、その構成員の半数については、労働組合等の推薦に基づいて指名しなければならないこととなっており、その運営は、労使の話し合いで円滑に行われることが期待されています（第17条〜第19条）。

（5）危害防止措置

イ　事業者の講ずべき措置

　労働者の危害を防止するため事業者が講ずべき措置について、危険・有害の起因物別に詳細な規定が置かれ、危害防止に関する基本的考え方を一層明確にしています（第20条〜第25条の 2 ）。

　また、労働災害と密接に関連する公害その他一般公衆の災害の防止措置との関連も明らかにされています（第27条第 2 項）。

　なお、厚生労働大臣は技術上の指針、化学物質による健康障害を防止するための指針及び望ましい作業環境の標準を適時公表し、事業者が講ずる安全衛生措置の適切かつ有効な実施を図り、また、快適な作業環境の形成を進めることとされています（第28条）。

　また、建設物、設備、原材料、ガス、蒸気、粉じん等による、又は作業行動その他業務に起因する危険性又は有害性等を調査し、その結果に基づいて、労働者の危険又は健康障害を防止するため必要な措置を講ずるよう努めなければならないとされ、いわゆるリスクアセスメントを実施するよう努めることとされています（第28条の 2 ）。

ロ　元方事業者の講ずべき措置

　建設業に限らず、元方事業者は関係請負人等に対し必要な指導及び指示を行わなければならず、下請を使用する事業者の責任が明確にされています（第29条）。

　特に建設業の元方事業者には、作業場所の安全確保のため技術上の指導・資材の提供等の必要な措置を行うことが義務づけられています（第29条の 2 ）。

　さらに、注文者、請負人、機械等貸与者、建築物貸与者等の講ずべき措置についても規定されています（第31条〜第35条）。

（6）機械等及び有害物に関する規制

イ　機械等に関する規制

　ボイラーやクレーン等危険な作業を必要とする機械等については、製造

の許可、検査、個別検定、型式検定、定期自主検査の実施などの規制が行われています（第37条～第45条）。

□　有害物に関する規制

　黄りんマッチ及びベンゼンを含有するゴムのりについては、従来も労働基準法に基づき製造等が禁止されていましたが、労働安全衛生法では、その他にベンジジン、ベーターナフチルアミン、四―アミノジフェニル及び四―ニトロジフェニル、石綿等の発がん性物質について製造、使用等が禁止されています（第55条）。また、ジクロルベンジジン、アルファーナフチルアミン、オルトートリジン、ジアニシジン等のがん原性物質を製造する場合には、厚生労働大臣の製造許可を受けなければならず（第56条）、ベンゼン等の有害物の譲渡等に当たっては、その容器に一定の事項を表示しなければならないこととされています（第57条）。

　さらに、製造許可を要する物や健康障害を生じさせるおそれのある物のうち一定の物「通知対象物」を譲渡・提供する者は、相手方に対して文書（SDS）の交付その他の方法により、当該物質の有害性等を通知しなければならないとされています（第57条の２）。

　そして、事業者は容器に表示される物や通知対象物について、危険性や有害性等を調査し、その結果に基づいて法律上必要な措置を講ずるほか、労働者の危険又は健康障害を防止するため必要な措置を講ずるよう努めなければならないとされています（第57条の３）。

　新規化学物質については、これを製造し、輸入しようとするときは、あらかじめ、その有害性の調査を行わなければならないこととされ、さらに、がん等の重度の健康障害を労働者に生ずるおそれのある化学物質を製造し、輸入し、または使用している事業者等は、厚生労働大臣の指示により有害性の調査を行わなければならないこととなっています（第57条の４、第57条の５）。

（7）労働者の就業に当たっての措置

イ 安全衛生教育

事業者は、労働者の雇入時のみならず、作業内容を変更したときは、安全衛生教育を行わなければならず、職長等に対しても、一定の教育を行わなければならないこととなっています。

また、一定の危険有害な業務に従事する労働者に対しては、特別の安全衛生教育を行うこととなっています（第59条、第60条）。

ロ 就業制限

クレーンの運転等の一定の業務については、免許を有する者、一定の技能講習を修了した者等でなければ就業させてはならないこととなっています（第61条）。

ハ 中高年齢者等についての配慮

中高年齢者など特に労働災害を受けやすい者の配置については、特別の配慮が払われなければならないこととなっています（第62条）。

（8）健康管理

イ 作業環境測定と評価

有害な業務を行う屋内作業場については、作業環境測定基準（昭和51年労働省告示第46号）に従って、必要な作業環境測定を行わなければならず、また、その結果の評価に基づいて適切な措置を講じなければなりません。なお、厚生労働大臣は、適切かつ有効な作業環境測定の実施を図るため作業環境測定指針を公表することとされています（第65条、第65条の２）。

ロ 健康診断と保健指導等

健康診断については、規則などできめ細かな規定が設けられており、労働基準法に基づく規制が一層整備強化されています。また、平成８年の改

正で、健康診断の結果についての医師等からの意見聴取（第66条の４）、健康診断実施後の措置（第66条の５）、一般健康診断の結果の通知（第66条の６）の措置を講じなければならず、健康診断の結果特に健康の保持増進に努める必要のある労働者については、医師や保健師による保健指導に努めなければならないこととされました（第66条の７）。特に、職業性がんなどを生ずるおそれのある業務で、しかも長期的な健康管理を要するものに就いていた労働者の健康管理に万全を期するため、離職の際または離職のあとに国が健康管理手帳を交付し、健康診断に関し必要な措置を行うこととされています（第66条、第67条）。

また、平成11年の改正で、午後10時から午前５時まで（必要な場合は午後11時から午前６時まで）の間に従事する労働者で、その深夜業の回数等が一定の要件に該当するものは、自ら受けた健康診断の結果を証明する書面を事業者に提出することができます（第66条の２）。

ハ　面接指導

平成17年の改正で、休憩時間を除き１週間当たり40時間を超える時間が１か月当たり100時間を超え、疲労の蓄積が認められる者に対して、医師による面接指導を実施することとされました。

ここで、「１週間当たり40時間を超える時間が１か月当たり」とは、１週（７日間）の法定労働時間40時間を１月に換算した時間（40時間×31日【大の月】÷７日＝177.1時間、40時間×30日【小の月】÷７日＝171.4時間）を超える時間を指します。

また、「疲労の蓄積が認められる者」とは、面接指導の申出を行った者とされています。

したがって、前記の時間数が100時間を超える者であって、かつ、面接指導を申し出た者に対し、面接指導を実施することが義務づけられたものです。

その後、平成30年の働き方改革関連法での改正により、時間数の100時間

は80時間に短縮されました。

　併せて、高度プロフェッショナル制度適用者及び新たな技術、商品又は役務の研究開発に係る業務に従事する労働者については、申出の有無に関わらず、1か月当たり100時間を超えた場合には、面接指導を実施することが義務づけられました。（第66条の8の2、第66条の8の4）。

二　ストレスチェック

　平成17年の改正で、医師、保健師その他による心理的な負荷の程度を把握するための検査（＝ストレスチェック）を行うことが義務づけられました。

　そしてストレスチェックの結果、一定の要件に該当する労働者が希望した場合は、医師による面接指導を実施することとされました（第66条の10）。

　このほか、一定の疾病にかかっている者の就業の禁止、潜水業務等に従事する者についての作業時間の制限についても規定され、さらに、健康増進法を踏まえ、室内又はこれに準ずる環境での労働者の受動喫煙を防止するため、実情に応じて適切な措置を講ずるよう努めることとされています。（第68条〜第68条の2）。

（9）労働時間の把握

　平成30年の働き方改革関連法での改正により、面接指導を的確に実施するため、事業者には労働者（高度プロフェッショナル制度適用者を除く。）の労働時間の状況を把握することが義務づけられました（第66条の8の3）。

　労働時間の状況とは、労働者がいかなる時間帯にどの程度の時間、労務を提供し得る状況にあったかというもので、通達ではタイムカードによる記録、パソコン等の使用時間の記録等の客観的な方法その他適切な方法により把握することとされ、前述の労働時間の適切な把握のためのガイドラインも踏まえて対応することとされています。

　把握した労働時間の状況については記録を作成し、3年間保存するための必要な措置を講じなければならないとされています。

　労働基準法には直接規定されていない使用者の労働時間の把握義務が、労働安全衛生法に規定されたものです（**124頁参照**）。

(10) 安全衛生改善計画

　一定の「重大な労働災害」が発生し、その再発を防止するため必要がある場合には、厚生労働大臣は事業者に対し、「特別安全衛生改善計画」の作成・提出を指示することができるとされ、事業者及びその労働者は特別安全衛生改善計画を守ることが義務付けられています（第78条）。

　労働災害の防止を図るため総合的な改善措置を講ずる必要がある事業場については、都道府県労働局長が安全衛生改善計画の作成を指示し、その計画に従って安全衛生状態の改善を進めることとされています（第79条）。

　また、安全衛生改善の指示をした場合等に、安全衛生診断等を行う労働安全コンサルタント及び労働衛生コンサルタントの制度が設けられています（第80条、第81条）。

(11) 監督等

　事業者は、一定の場合に、あらかじめ計画を作成し、労働基準監督署長に届け出ることとなっており、届け出られた計画のうち高度の技術的検討を要するものについては厚生労働大臣が審査することができるようになっています（第88条、第89条）。また、従来の労働基準監督官による監督に加え、産業安全・労働衛生専門官制度、労働衛生指導医制度等が設けられています（第91条、第93条〜第95条）。

　なお、国は、労働災害防止に資する科学技術の振興等に努めるとともに、安全衛生教育、作業環境測定、健康診断等の適切な実施、有害性の調査を実施する施設の整備、安全衛生施設の整備、安全衛生改善計画の実施等に対する財政上、技術上等の各種の援助を行うよう努めることとし、この法

律に定めるところが、よりよく守られ、労働者の安全と健康が本当の意味
で実現されるよう環境の整備に配慮することとされています（第57条の5、
第63条、第71条、第106条、第107条、第108条）。

第6章 年少者

本章は、年少者に関して、最低年齢（法第56条）、年少者の証明書の備付け（法第57条）、未成年者の労働契約（法第58条、第59条）、年少者の労働時間及び休日（法第60条）、深夜業の禁止（法第61条）、危険有害業務の就業制限（法第62条）、坑内労働の禁止（法第63条）、帰郷旅費の支給（法第64条）について規定し、細部の事項については、年少者労働基準規則（昭和29年労働省令第13号）に譲っています。

第1　最低年齢

（最低年齢）

第56条　使用者は、児童が満15歳に達した日以後の最初の3月31日が終了するまで、これを使用してはならない。

②　前項の規定にかかわらず、別表第1第1号から第5号までに掲げる事業以外の事業に係る職業で、児童の健康及び福祉に有害でなく、かつ、その労働が軽易なものについては、行政官庁の許可を受けて、満13歳以上の児童をその者の修学時間外に使用することができる。映画の製作又は演劇の事業については、満13歳に満たない児童についても、同様とする。

別表第1（150頁参照）

....

（児童の使用許可申請）

年少則第1条　使用者は、労働基準法（昭和22年法律第49号。以下「法」という。）第56条第2項の規定による許可を受けようとする場合においては、使用しようとする児童の年齢を証明する戸籍証明書、その者の修学に差し支えないことを証明する学校長の証明書及び親権者又は後見人の同意書を様式第1号の使用許可申請書に添えて、これをその事業場の所在地を管轄する労働基準監督署長（以下「所轄労働基準監督署長」という。）に提出しなければならない。

年少則第2条　所轄労働基準監督署長は、前条の規定によつてされた使用許可の申請について許否の決定をしたときは、申請をした使用者にその旨を通知するとともに、前条に規定する添付書類を返還し、許可しな

> 　　いときは、当該申請にかかる児童にその旨を通知しなければならない。
> ②　所轄労働基準監督署長は、前項の許否の決定をしようとする場合に
> 　おいては、当該申請にかかる児童の居住地を管轄する労働基準監督署
> 　長の意見を聴かなければならない。
> （児童の就業禁止の業務の範囲）
> **年少則第9条**（後掲278頁参照）

　本条は、最低年齢について規定したものです。

　年少者の保護については、一定年齢に達しない者の労働を禁止するものと、労働は禁止しないが一定年齢まではその身心の発達の確保のため特別の制限を加えるものとがあります。本条は、前者について規定したものです。

■就業が許される最低年齢

　本条、第1項本文は、使用者は満15歳に達した日以後の最初の3月31日まで、すなわち義務教育終了まで児童を「労働者として」使用することを禁止したものです。「労働者として」というのは、法第9条にいう労働者としての意味であり、したがって、本条はすべての事業場に適用されます。

　また、軽易な労働についての許可に係る年齢を満13歳とすることとされています。

■修学時間外での就業が認められる条件

　この原則に対して、別表第1第1号から第5号までに掲げる事業以外の事業（いわゆる非工業的事業）においては、修学時間外であれば一定の条件のもとに例外が認められます。ただし、この例外は、事業単位ごとに認められるものですから、たとえば、別表第1第1号に当たる工場では、単なる現場の給仕であっても、最低年齢以下の児童を使用することは許されません〔昭23.11.29基収第3362号〕。

　非工業的事業において最低年齢以下の使用が認められる場合の条件とし

て、①「児童の健康及び福祉に有害でなく、かつ、その労働が軽易な職業の場合」であること、②所轄労働基準監督署長の許可を受けること、③その使用時間が「修学時間外」であることが必要です。したがって、児童の身体上また情操福祉上有害でなく、しかも軽易であることがまず要求されます〔昭22.11.11発婦第2号は、この点について児童の心身の状況、児童福祉法に違反することがないかどうかを調査し、児童の教育上の要求について考慮すべきことを指示しています。〕。年少則第9条は、満18歳未満の者の就業禁止業務（年少則第8条）以外の業務として、曲芸軽わざの類、戸々にまたは道路等で行う歌謡遊芸、旅館・料理店等接客娯楽業務、エレベーター運転の業務その他厚生労働大臣が指定する業務については許可を与えないこととしています。なお、これらの業務のうち、児童福祉法第34条によっても禁止されているものがあり、使用者がこのような業務に児童を使った場合には、本法に違反するとともに児童福祉法にも違反することになります。「修学時間外」というのは、学校教育法による義務教育の授業時間外の意味ですが、これらの児童の労働時間はこの修学時間をも通算して7時間とされています（法第60条参照）。

■許可の手続

　労働基準監督署長の許可を求めようとする使用者は、使用許可申請書に児童の年齢を証明する年齢証明書、その者の修学に差し支えないことを証明する学校長の証明書と親権者または後見人の同意書を添付して所轄労働基準監督署長へ提出しなければなりません。これによって、労働基準監督署長は児童の居住地を管轄する労働基準監督署長の意見を聴き、許否を決定したときは使用者に通知するとともに不許可の場合は、その児童にも通知します。通常の非工業的事業の場合は、13歳以上の者についてだけ許可されますが、映画の製作、演劇の事業については、国際労働条約もいわゆる子役の就業を認めているのにならい、13歳未満の者についても就業を認めています。

■罰　則

　使用者が本条に違反して児童を使用しますと、1年以下の懲役または50万円以下の罰金に処せられます（法第118条第1項）。

第2　年少者の証明書の備付け

> （年少者の証明書）
> **第57条**　使用者は、満18才に満たない者について、その年齢を証明する戸籍証明書を事業場に備え付けなければならない。
> ②　使用者は、前条第2項の規定によつて使用する児童については、修学に差し支えないことを証明する学校長の証明書及び親権者又は後見人の同意書を事業場に備え付けなければならない。

　本条は、年少者の証明書の備付義務について規定したものです。

　満18歳未満の者を使用する者は、「年齢を証明する戸籍証明書」を備え付けなければなりません。この証明書については、住民基本台帳法（昭和42年法律第81号）第7条第1号（氏名）及び第2号（出生年月日）の事項について証明がなされている「住民票記載事項の証明書」を備えれば足りるとされています〔昭50．2．17基発第83号、婦発第40号〕。なお、この備付義務に関連して本法上労働者の年齢を確認する義務は、使用者にあるものと考えられます〔昭27．2．14基収第52号、昭24・8・2大阪地裁判決：中松硬質ガラス事件〕。なお、満15歳に達した日以後最初の3月31日を経過しない児童について前条第2項の規定によって使用することを許可された場合、使用者は、年齢証明書のほかに「修学に差し支えないことを証明する学校長の証明書」と「親権者又は後見人の同意書」を備え付けなければなりません。「同意書」とは、民法第5条にいう同意を証明する書類のことです。

■罰　則

使用者が本条に違反しますと、30万円以下の罰金に処せられます（法第120条第1号）。

第3　未成年者の労働契約

（未成年者の労働契約）

第58条　親権者又は後見人は、未成年者に代つて労働契約を締結してはならない。

②　親権者若しくは後見人又は行政官庁は、労働契約が未成年者に不利であると認める場合においては、将来に向つてこれを解除することができる。

………………………………………………………………………………

（未成年者の労働契約の解除）

年少則第3条　法第58条第2項の規定による労働契約の解除は、様式第2号の労働契約解除書により、所轄労働基準監督署長が行う。

本条は、次条とともに、未成年者である労働者を、親権者または後見人との関係において保護しようするために規定されたものです。

■親権者、後見人の契約締結禁止

民法では、未成年者を保護するため、親権者と後見人についての制度を設けていますが、これが濫用され、我が国の年少労働には古くから親が子に代わって使用者と契約を結び、親はそのとき前借金をしたり使用者が子に代わり親元送金をするなどいわば子が親の喰物にされ、しかもいったん締結された労働契約は容易に解消することができず、年少労働者が不当な労働条件の下に労働せざるを得ないという弊害を生み出していました。そこで本条は、このような不当な弊害を除くため、もともと民法によれば認められる親の契約締結の代行を禁止し、さらに知識・思慮の未熟な未成年

者を後見するため、未成年者に不利な労働契約を解除する権利を親権者、後見人だけでなく行政官庁にも認めたものです。

　「親権者」とは、父母のことをいいます。通常、親権は父母が共同して行います（民法第818条）。「後見人」とは、未成年者に対して親権を行う者がいないときや親権を行うものが管理権を持たないときに置かれ（民法第838条）、親権者によって指定されるか家庭裁判所によって選任されます。この両者を法定代理人といいます（民法第839条、第840条）。民法によりますと親権者は、子の財産に関する法律行為についてその子を代理することができます（もっとも、労働契約のように「その子の行為を目的とする債務を生ずべき場合」には、子の同意が必要です。）（民法第824条、第859条）。したがって、子の同意さえ得れば親は子に代わって法定代理人として労働契約を締結することが認められています。本条は、このような親権者の代理行為を罰則をもって禁止したものです。しかし、本条は親権者等の代理行為を禁止しただけで、未成年者に契約締結の行為能力を与えたものではありません。したがって、未成年者が労働契約を締結するには、未成年者保護の本来の建前に戻って、民法第5条第1項により親権者等法定代理人の同意が必要であると解すべきです〔昭28・2・5神戸地裁判決：新三菱重工事件〕。

■未成年者の契約を解除する場合

　このように、未成年者の労働契約締結等については法定代理人の同意が必要ですから、民法の建前からすると未成年者の思慮経験の浅いことに対する保護は全うされることになります。しかし、これだけでは未成年者の保護は十分とはいえませんので、法定代理人である親権者、後見人、それに労働基準監督署長は、その労働契約が未成年者に不利であると認めた場合に、その契約を解除することができることにしています。未成年者の労働条件が、同意を与えた当初のそれと異なり低い場合、また使用者が未成年者を酷使する場合等未成年労働者の保護を全うすることができない場合

に、労働基準監督署長にも解除権を与えていることからみて、親権者が民法第５条の同意を形式的に与えただけで結局未成年者が親の喰物にされているような場合にも、行政官庁は解除権を行使することができると解されます。要するに、年少者に不利であるかどうかは、年少労働者が不当な労働条件の下で労働させられることを防ぐという立場から判断すべきでしょう。条文では、「将来に向つて解除する」となっていますが、これはその労働契約が将来に向かって効力を失うという意味です。「解除」という言葉は、それ自体としては過去に遡る意味に用いられるので、特にこのことを明らかにしたものです。解除されれば当然その労働契約は効力を失い、使用者はその労働者を使用することができなくなります。

■罰　則

　親権者または後見人が第１項に違反して労働契約を締結すると、30万円以下の罰金に処せられます（法第120条第１号）。

第4　賃金の請求と受取り

> **第59条**　未成年者は、独立して賃金を請求することができる。親権者又は後見人は、未成年者の賃金を代つて受け取つてはならない。

　本条は、前条とともに悪徳な親が子を喰物にする弊害を防ぐために規定されたものです。すなわち、未成年者である労働者に独立して賃金を請求することのできる権利を認めるとともに、親権者等の代理受領を禁止したものであり、これを支払う側からみれば、法第24条が直接払いを要求しているのと相対するものということができます。

　民法第824条と第859条によれば、親権者・後見人は未成年者に代わって賃金を請求できることになっていますが、前条で述べたように親が子を喰

物にすることを防ぐため本条後段においてこれを禁止したものです。「代つて受け取る」というのは、親権者という立場で、つまりいわゆる法定代理人としての立場で賃金を受け取ることをいいます。本条は、これを禁止することはもちろんですが、親権者が未成年者の委任を受けて賃金を受け取ることをも禁止したものと解されます。

　本条は、このように民法の一般原則を否定するとともに、未成年者である労働者に独立して賃金を請求する能力権限を与えています。したがって、一般的に未成年者は法定代理人によってしか訴訟を起こすことはできません（民事訴訟法第31条）が、賃金の請求については、法定代理人の許可がなくても独立して訴訟を起こすことができると解されます〔昭25・4・3福岡地裁判決：西日本汽船船舶事件、昭28・2・5神戸地裁判決：新三菱重工事件〕。

　本条違反によって処罰されるのは、親権者・後見人です。また、親権者等に賃金を支払った使用者は同時に、法第24条の直接払いに触れることになります。したがって、本条は、法第24条とともに、法定代理人の受領と使用者の支払いとを両面から処罰し、それによって未成年労働者が賃金の支払いを確実に受けることができるようにしたものです。

■罰　則

　親権者・後見人が本条に違反して賃金を受け取ると、30万円以下の罰金に処せられます（法第120条第1号）。

第5　労働時間と休日

（労働時間及び休日）
第60条　第32条の2から第32条の5まで、第36条、第40条及び第41条の2の規定は、満18才に満たない者については、これを適用しない。

②　第56条第2項の規定によつて使用する児童についての第32条の規定の適用については、同条第1項中「1週間について40時間」とあるのは「、修学時間を通算して1週間について40時間」と、同条第2項中「1日について8時間」とあるのは「、修学時間を通算して1日について7時間」とする。

③　使用者は、第32条の規定にかかわらず、満15歳以上で満18歳に満たない者については、満18歳に達するまでの間（満15歳に達した日以後の最初の3月31日までの間を除く。）、次に定めるところにより、労働させることができる。

一　1週間の労働時間が第32条第1項の労働時間を超えない範囲内において、1週間のうち1日の労働時間を4時間以内に短縮する場合において、他の日の労働時間を10時間まで延長すること。

二　1週間について48時間以下の範囲内で厚生労働省令で定める時間、1日について8時間を超えない範囲内において、第32条の2又は第32条の4及び第32条の4の2の規定の例により労働させること。

則第34条の2の4　法第60条第3項第2号の厚生労働省令で定める時間は、48時間とする。

本条は、年少者及び児童の労働時間と休日に関する特例を規定したものです。

我が国の労働時間制は、第4章において述べたように8時間労働制と週休制の原則をとっていますが、非常災害の場合を除いては、労使の協定と割増賃金の支払いによって時間外労働を認める制度をとっています。しかし、年少者や児童については、特別に保護する必要があります。

■年少者の時間外休日労働の禁止

18歳未満の年少者については、原則的には1か月単位の変形労働時間制（法第32条の2）、フレックスタイム制（法第32条の3）、1年単位の変形労働時間制（法第32条の4）、1週間単位の非定型的変形労働時間制（法第

32条の５）の各規定は適用されず〔昭63.１.１基発第１号〕、また、いわゆる三六協定による時間外・休日の労働、それに法第40条に基づいて定められる労働時間と休憩の特例も、適用されないこととなっています。つまり、年少者については、１週40時間制が適用され、例外的に、非常災害の場合（法第33条）の時間外労働と休日労働が認められているだけです。法第35条第２項の変形休日制は適用される建前となっていますが、その結果週の法定労働時間の枠を超えることになりますので、週休制以外は実際上許されないことになります〔昭25.５.26基収第1439号、平３.１.１基発第１号〕。しかし、厳格に１日８時間労働制をとることは現実の問題として困ることが考えられますので、満15歳に達した日以後の最初の３月31日までの間を経過しない者以外の者については１週48時間、１日８時間の範囲内での１か月単位または１年単位の変形労働時間制、１日の労働時間を４時間以内に短縮することを条件に週の法定労働時間（40時間）の枠内で他の日に10時間まで労働させることを認めています。この場合「他の日」というのは、他の１日に限るものではありませんから、１日を４時間とすれば他の日２日は10時間ずつ労働させることができることになるわけです〔昭23.２.３基発第161号、平３.１.１基発第１号〕。

■法第56条第２項の児童の労働時間

　次に満15歳に達した日以後の最初の３月31日を経過しない者──つまり使用許可を受けた場合──については、保護の程度がさらに強化され、第32条の適用については、修学時間を通算して１週40時間、１日７時間とされます。「修学時間」とは、学校教育法に定められている初等普通教育または中等普通教育の課程を修める時間をいいます〔なお、昭25.４.14基収第28号によりますと、１日の修学時間の算定については「授業開始時刻から同日の最終授業終了時刻までの時間から休憩時間（昼食時間を含む。）を除いた時間と解されたい」とされています。〕。修学時間を通算して１日７時間ですから実際に児童を労働させることができる時間は、７時間からこの

修学時間を差し引いた時間に限られるわけです。休日については、法第35条によることになりますが、それは修学時間のない日（通常日曜日）に与えなくても差し支えなく、また日曜日に7時間労働させても就学日に休日が与えられていれば、その週について40時間を超えない限り本条に触れません〔昭23.7.15基収第1799号〕。なお、法第32条の2の1か月単位の変形労働時間制、第32条の3のフレックスタイム制、第32条の4の1年単位の変形労働時間制、第32条の5の1週間単位の非定型的変形労働時間制、労使協定による時間外・休日労働、それに法第40条に基づく労働時間の特例は、満15歳に達した日以後の最初の3月31日を経過しない者については適用されないことはいうまでもありません。

これは、平成10年の法第56条第1項の改正に伴い、本条の規定も整備され、平成12年4月1日からは満15歳に達した日以後の最初の3月31日まで児童を本条の変形労働時間制により労働させてはならないこととされているものです。

■罰　　則

本条は、法第32条の構成要件を修正したものですから、本条の要件を満たさずに年少者、児童を使用すると、第32条違反として、6か月以下の懲役または30万円以下の罰金に処せられます（法第119条第1号）。

第6　深夜業の禁止

（深夜業）

第61条　使用者は、満18才に満たない者を午後10時から午前5時までの間において使用してはならない。ただし、交替制によつて使用する満16才以上の男性については、この限りでない。

②　厚生労働大臣は、必要であると認める場合においては、前項の時

刻を、地域又は期間を限つて、午後11時及び午前6時とすることが
できる。

③　交替制によつて労働させる事業については、行政官庁の許可を受
けて、第1項の規定にかかわらず午後10時30分まで労働させ、又は
前項の規定にかかわらず午前5時30分から労働させることができる。

④　前三項の規定は、第33条第1項の規定によつて労働時間を延長し、
若しくは休日に労働させる場合又は別表第1第6号、第7号若しく
は第13号に掲げる事業若しくは電話交換の業務については、適用し
ない。

⑤　第1項及び第2項の時刻は、第56条第2項の規定によつて使用す
る児童については、第1項の時刻は、午後8時及び午前5時とし、
第2項の時刻は、午後9時及び午前6時とする。

....

（交替制による深夜業の許可申請）
年少則第5条　法第61条第3項の規定による許可は、様式第3号の交替
制による深夜業時間延長許可申請書により、所轄労働基準監督署長か
ら受けなければならない。

本条は、年少者の深夜業禁止について規定したものです。

■年少者の深夜業の禁止

年少者の深夜業は、健康上、福祉上特に有害ですから、満18歳未満の者
を午後10時から午前5時までの間に使用することが原則として禁止されま
す。なお、満15歳に達した日以後の最初の3月31日を経過しない児童の場
合、深夜業として禁止される時刻は、午後8時から午前5時となり、深夜
業禁止時間が一般よりも長く定められています（第5項）。

■深夜業が認められる場合

以上のような深夜業禁止の原則については、いくつかの例外が認められ
ています。その1つは、交代制の場合の16歳以上の男性、第2は、交替制
による事業において労働基準監督署長の許可による30分の例外、第3は、

非常災害の場合の例外があげられます。第1の場合の「交替制」というのは、「同一労働者が一定期間ごとに昼間勤務と夜間勤務とにつく勤務の態様」のことです〔昭23. 7. 5基発第971号、昭24. 4. 12基収第4203号〕。したがって、労働者個人について、一定期間ごとに勤務替えが行われるものでなければなりません。第1の例外は、深夜業による疲労が休業や昼間勤務で回復されることを前提としたものです。また第2の例外は、法定の最高労働時間と休憩、つまり実働8時間、休憩45分による2交替制を考えたもので、30分の余裕をみればこの操業が可能になるからです。

　以上3つのほか次に認められる例外は、事業の特殊性と業務の特殊性によるものです。農林、水産の事業は天候、気象等自然条件に左右され、また病院関係と電話交換の業務は、公衆の利便を考えなければならないものですから、これらの事業に使用される年少者については、本条の制限は適用されません。

　なお、「電話交換の業務」とありますが、これは交換手について特に深夜業を許そうとしたものですから、電話専門の「事業」でなくとも鉄道、鉱山、新聞その他一般の事業において電話交換業務に従事する者についても、当然深夜業が認められます。以上述べた深夜業の例外の範囲内で、使用者が年少者を深夜業に使用した場合に、法第37条による割増賃金を支払わなければならないことはいうまでもありません。

■罰　則

　使用者が本条に違反して年少者を深夜業に使用すると、6か月以下の懲役または30万円以下の罰金に処せられます（法第119条第1号）。

第7　危険有害業務の就業制限

（危険有害業務の就業制限）

第62条　使用者は、満18才に満たない者に、運転中の機械若しくは動力伝導装置の危険な部分の掃除、注油、検査若しくは修繕をさせ、運転中の機械若しくは動力伝導装置にベルト若しくはロープの取付け若しくは取りはずしをさせ、動力によるクレーンの運転をさせ、その他厚生労働省令で定める危険な業務に就かせ、又は厚生労働省令で定める重量物を取り扱う業務に就かせてはならない。

②　使用者は、満18才に満たない者を、毒劇薬、毒劇物その他有害な原料若しくは材料又は爆発性、発火性若しくは引火性の原料若しくは材料を取り扱う業務、著しくじんあい若しくは粉末を飛散し、若しくは有害ガス若しくは有害放射線を発散する場所又は高温若しくは高圧の場所における業務その他安全、衛生又は福祉に有害な場所における業務に就かせてはならない。

③　前項に規定する業務の範囲は、厚生労働省令で定める。

（重量物を取り扱う業務）

年少則第7条　法第62条第1項の厚生労働省令で定める重量物を取り扱う業務は、次の表の上欄〈編注：左欄〉に掲げる年齢及び性の区分に応じ、それぞれ同表の下欄〈編注：右欄〉に掲げる重量以上の重量物を取り扱う業務とする。

年齢及び性		重量（単位キログラム）	
		断続作業の場合	継続作業の場合
満16歳未満	女	12	8
	男	15	10
満16歳以上 満18歳未満	女	25	15
	男	30	20

（年少者の就業制限の業務の範囲）

年少則第8条　法第62条第1項の厚生労働省令で定める危険な業務及び同条第2項の規定により満18歳に満たない者を就かせてはならない業務は、次の各号に掲げるものとする。ただし、第41号に掲げる業務は、

保健師助産師看護師法（昭和23年法律第203号）により免許を受けた者及び同法による保健師、助産師、看護師又は准看護師の養成中の者については、この限りでない。

一　ボイラー（労働安全衛生法施行令（昭和47年政令第318号）第1条第3号に規定するボイラー（同条第4号に規定する小型ボイラーを除く。）をいう。次号において同じ。）の取扱いの業務

二　ボイラーの溶接の業務

三　クレーン、デリック又は揚貨装置の運転の業務

四　緩燃性でないフィルムの上映操作の業務

五　最大積載荷重が2トン以上の人荷共用若しくは荷物用のエレベーター又は高さが15メートル以上のコンクリート用エレベーターの運転の業務

六　動力により駆動される軌条運輸機関、乗合自動車又は最大積載量が2トン以上の貨物自動車の運転の業務

七　動力により駆動される巻上げ機（電気ホイスト及びエアホイストを除く。）、運搬機又は索道の運転の業務

八　直流にあつては750ボルトを、交流にあつては300ボルトを超える電圧の充電電路又はその支持物の点検、修理又は操作の業務

九　運転中の原動機又は原動機から中間軸までの動力伝導装置の掃除、給油、検査、修理又はベルトの掛換えの業務

十　クレーン、デリック又は揚貨装置の玉掛けの業務（2人以上の者によつて行う玉掛けの業務における補助作業の業務を除く。）

十一　最大消費量が毎時400リットル以上の液体燃焼器の点火の業務

十二　動力により駆動される土木建築用機械又は船舶荷扱用機械の運転の業務

十三　ゴム、ゴム化合物又は合成樹脂のロール練りの業務

十四　直径が25センチメートル以上の丸のこ盤（横切用丸のこ盤及び自動送り装置を有する丸のこ盤その他反ぱつにより労働者が危害を受けるおそれのないものを除く。）又はのこ車の直径が75センチメートル以上の帯のこ盤に木材を送給する業務

十五　動力により駆動されるプレス機械の金型又はシヤーの刃部の調整又は掃除の業務

十六　操車場の構内における軌道車両の入換え、連結又は解放の業務

十七　軌道内であつて、ずい道内の場所、見通し距離が400メートル以内の場所又は車両の通行が頻繁な場所において単独で行う業務

十八　蒸気又は圧縮空気により駆動されるプレス機械又は鍛造機械を

用いて行う金属加工の業務

十九 動力により駆動されるプレス機械、シヤー等を用いて行う厚さが8ミリメートル以上の鋼板加工の業務

二十 削除

二十一 手押しかんな盤又は単軸面取り盤の取扱いの業務

二十二 岩石又は鉱物の破砕機又は粉砕機に材料を送給する業務

二十三 土砂が崩壊するおそれのある場所又は深さが5メートル以上の地穴における業務

二十四 高さが5メートル以上の場所で、墜落により労働者が危害を受けるおそれのあるところにおける業務

二十五 足場の組立、解体又は変更の業務（地上又は床上における補助作業の業務を除く。）

二十六 胸高直径が35センチメートル以上の立木の伐採の業務

二十七 機械集材装置、運材索道等を用いて行う木材の搬出の業務

二十八 火薬、爆薬又は火工品を製造し、又は取り扱う業務で、爆発のおそれのあるもの

二十九 危険物（労働安全衛生法施行令別表第1に掲げる爆発性の物、発火性の物、酸化性の物、引火性の物又は可燃性のガスをいう。）を製造し、又は取り扱う業務で、爆発、発火又は引火のおそれのあるもの

三十 削除

三十一 圧縮ガス又は液化ガスを製造し、又は用いる業務

三十二 水銀、砒素、黄りん、弗化水素酸、塩酸、硝酸、シアン化水素、水酸化ナトリウム、水酸化カリウム、石炭酸その他これらに準ずる有害物を取り扱う業務

三十三 鉛、水銀、クロム、砒素、黄りん、弗素、塩素、シアン化水素、アニリンその他これらに準ずる有害物のガス、蒸気又は粉じんを発散する場所における業務

三十四 土石、獣毛等のじんあい又は粉末を著しく飛散する場所における業務

三十五 ラジウム放射線、エックス線その他の有害放射線にさらされる業務

三十六 多量の高熱物体を取り扱う業務及び著しく暑熱な場所における業務

三十七 多量の低温物体を取り扱う業務及び著しく寒冷な場所における業務

三十八　異常気圧下における業務

三十九　さく岩機、鋲（びょう）打機等身体に著しい振動を与える機械器具を用いて行う業務

四十　強烈な騒音を発する場所における業務

四十一　病原体によつて著しく汚染のおそれのある業務

四十二　焼却、清掃又はと殺の業務

四十三　刑事施設（刑事収容施設及び被収容者等の処遇に関する法律（平成17年法律第50号）第15条第1項の規定により留置施設に留置する場合における当該留置施設を含む。）又は精神科病院における業務

四十四　酒席に侍する業務

四十五　特殊の遊興的接客業における業務

四十六　前各号に掲げるもののほか、厚生労働大臣が別に定める業務
（児童の就業禁止の業務の範囲）

年少則第9条　所轄労働基準監督署長は、前条各号に掲げる業務のほか、次の各号に掲げる業務については、法第56条第2項の規定による許可をしてはならない。

一　公衆の娯楽を目的として曲馬又は軽業を行う業務

二　戸々について、又は道路その他これに準ずる場所において、歌謡、遊芸その他の演技を行う業務

三　旅館、料理店、飲食店又は娯楽場における業務

四　エレベーターの運転の業務

五　前各号に掲げるもののほか、厚生労働大臣が別に定める業務

　一般の労働者については、労働安全衛生法第61条で所定の資格を有しない者について危険有害業務の就業が制限されていますが、年少者については発育過程にあって、体力、注意力とも十分でないという理由から、安全衛生上就業を制限しなければならない業務があります。本条は、それを定めたものですが、第1項は、いわゆる物理的危険業務、第2項は、生理的有害業務その他を定めています。

　まず年少者については、年少則第7条に定める重量物を取り扱う業務への就業が禁止されます。「取り扱う」というのは、本条の趣旨から直接に重量物を荷なう場合をいい、押す場合は含まれません。

　同規則の定める標準は、満16歳未満の者の場合、男性15キログラム、女

性12キログラム、継続作業ならば、男性10キログラム、女性8キログラム
とされ、16歳以上18歳未満の者の場合、男性30キログラム、女性25キログ
ラムであり、これが継続作業になると、それぞれ20キログラム、15キログ
ラムとされています。

　次に年少則第8条は、本条第1項の物理的危険業務及び第2項の生理的
有害業務を合わせて43種の業務を掲げていますが、その運用については、
昭和23年6月10日付け基発第874号が安全について、同年8月12日付け基発
第1178号が衛生について、また昭和22年11月2日付け発婦第2号が福祉に
ついて、それぞれの詳細な事項について通達しています。

　なお、職業能力開発促進法に基づく認定職業訓練の訓練生については、
法第70条によって本条についての特例が認められることになっています。

■罰　則
　使用者が本条に違反して年少者を危険有害業務に使用すると、6か月以
下の懲役または30万円以下の罰金に処せられます（法第119条第1号）。

第8　坑内労働の禁止

　（坑内労働の禁止）
第63条　使用者は、満18才に満たない者を坑内で労働させてはならな
　い。

■坑内の範囲
　本条は、18歳未満の者の坑内における労働を全面的に禁止したものです。
「坑」とは何をいうかについては、昭和25年8月11日付け基発第732号通達
は、次のように述べています。
（1）　労働基準法における坑は、鉱山についていえば、一般に地下にあ
　　る鉱物を試掘又は採掘する場所及び地表に出ることなしにその場所に

達するためにつくられる地下の通路をいう。

（2）　当初から地表に貫通するためにつくられ、且つ公道と同様程度の安全衛生が保障されており、且つ坑内夫以外の者の通行が可能である地下の道路は労働基準法上の坑ではない。

（3）　本来地下にある鉱物を試掘又は採掘する場所に達するためにつくられた地下の通路がたまたま地表に貫通しても、或は地勢の関係上部分的に地表にあらわれても、これが公道と同様な程度の安全衛生を保障されるに至り、且つ坑内夫以外の通行が可能である通路に変化しない限り労働基準法上の坑である性質は変化しない。

　ある地下道が「坑」であるかどうかは、上述のように、鉱物の試掘採掘を現実に行い、またそのための地下道である場合には問題がありませんが、いわゆるずい道との限界が問題になります。その判定の要素として前掲通達は、公道と同様程度の安全衛生が保障されていることと坑内夫以外の者の通行が自由かつ可能であることとしています。したがって、たとえば、完成された地下鉄、鉄道のトンネル等は、本条にいう「坑」ではないことになります。

　以上のように坑内における労働は、たとえ事務労働や軽易な労働であっても禁止されるわけですが、坑内における労働が職業能力開発促進法に基づく認定職業訓練のために行う場合に限って例外が認められることになっています。

■罰　則
　使用者が本条に違反して年少者を坑内労働に就業させると、1年以下の懲役または50万円以下の罰金に処せられます（法第118条第1項）。

第9　帰郷旅費

（帰郷旅費）
第64条　満18才に満たない者が解雇の日から14日以内に帰郷する場合においては、使用者は、必要な旅費を負担しなければならない。ただし、満18才に満たない者がその責めに帰すべき事由に基づいて解雇され、使用者がその事由について行政官庁の認定を受けたときは、この限りでない。

┄┄┄┄┄┄┄┄┄┄┄┄┄┄┄┄┄┄┄┄┄┄┄┄┄┄┄┄┄┄┄┄┄┄┄┄

（帰郷旅費支給除外認定の申請）
年少則第10条　法第64条ただし書の規定による認定は、様式第4号の帰郷旅費支給除外認定申請書により、所轄労働基準監督署長から受けなければならない。
②　労働基準法施行規則（昭和22年厚生省令第23号）第7条の規定による認定を受けた場合においては、前項の規定にかかわらず、法第64条ただし書の規定による認定を受けたものとする。

　本条は、解雇された年少者が帰郷する場合における帰郷旅費を使用者が負担すべきことを規定したものです。

　帰郷旅費については、年少者が解雇され帰郷の旅費を持たないため淪落の生活に堕ちていくことのあった従来の例を考慮して、工場法においても規定されていましたが、本条は、これを受け継いで規定したものです。

　18歳未満の者が解雇され、その日から14日以内に帰郷する場合には、使用者はその帰郷のための旅費を負担しなければなりません。「解雇」というのは、第2章で述べましたように、使用者が一方的に労働契約を解除する場合のことで、労働者からする退職や契約期間の満了の場合は含まれません。また、使用者の負担すべき必要な旅費と帰郷の意味については、法第15条第3項の場合と同様です。なお、本条による帰郷旅費は労働者から請求がなくても負担しなければなりません。

　しかし、労働者の責に帰すべき事由によって解雇される場合についてまで使用者に旅費を負担せしめるのは均衡を欠きますので、このような場合は、労働基準監督署長の認定があれば支給しなくてもよいことになっています。

　なお、従来、本条は女性に対しても適用がありましたが、社会秩序が安定し所得水準の向上した現在においては、この規定の意義が少なくなっているうえ、女性労働者については、その平均年齢や学歴水準も高まり、意識も大きく変化していること、本条が母性保護と関係がないこと等を考慮し、満18歳以上の女性については、昭和60年法律第45号により帰郷旅費の制度は廃止されました。

■罰　則

　使用者が本条に違反して帰郷旅費を支給しないと、30万円以下の罰金に処せられます。（法第120条第1号）。

第6章の2　妊産婦等

　女性の労働基準については、従来年少者の労働基準とまとめて、本法の第6章において規定されていましたが、雇用の分野における男女の均等な機会及び待遇の確保を促進するためには、男女が同一の基盤で働くことができるようにすることが必要であるとの観点から、本法の第6章「女性・年少者」は大幅な見直しがなされ、女性の労働基準については、年少者についての特別な保護規定と分けて、第6章の2として、「女性」の章が新たに設けられました（「雇用の分野における男女の均等な機会及び待遇の確保を促進するための労働省関係法律の整備等に関する法律」（昭和60年法律第45号）第2条による改正）。

　さらに、平成11年4月1日からは、女性の時間外・休日労働及び深夜業に関する本章上の規制は解消されており、同日以降は男性と同様の取扱いをすることとされています（「雇用の分野における男女の均等な機会及び待遇の確保等のための労働省関係法律の整備に関する法律」（平成9年法律第92号）第3条による改正）。

　そして、平成18年の改正により、本章の名称が「妊産婦等」に改称されました。

　本章は、坑内業務の就業制限（第64条の2）、妊産婦等に係る危険有害業務の就業制限（第64条の3）、産前産後の保護（第65条、第66条）、育児時間（第67条）、生理日の就業が著しく困難な女性に対する措置（第68条）について規定し、細部の事項は、女性労働基準規則（昭和61年労働省令第3号）に譲っています。

第1　坑内業務の就業制限

（坑内業務の就業制限）
第64条の2　使用者は、次の各号に掲げる女性を当該各号に定める業務に就かせてはならない。

　一　妊娠中の女性及び坑内で行われる業務に従事しない旨を使用者
　　に申し出た産後1年を経過しない女性　坑内で行われるすべての
　　業務
　二　前号に掲げる女性以外の満18歳以上の女性　坑内で行われる業
　　務のうち人力により行われる掘削の業務その他の女性に有害な業
　　務として厚生労働省令で定めるもの

....

　（坑内業務の就業制限の範囲）
　女性則第1条　労働基準法（以下「法」という。）第64条の2第2号の厚
　生労働省令で定める業務は、次のとおりとする。
　　一　人力により行われる土石、岩石若しくは鉱物（以下「鉱物等」と
　　　いう。）の掘削又は掘採の業務
　　二　動力により行われる鉱物等の掘削又は掘採の業務（遠隔操作によ
　　　り行うものを除く。）
　　三　発破による鉱物等の掘削又は掘採の業務
　　四　ずり、資材等の運搬若しくは覆工のコンクリートの打設等鉱物等
　　　の掘削又は掘採の業務に付随して行われる業務（鉱物等の掘削又は
　　　掘採に係る計画の作成、工程管理、品質管理、安全管理、保安管理
　　　その他の技術上の管理の業務並びに鉱物等の掘削又は掘採の業務に
　　　従事する者及び鉱物等の掘削又は掘採の業務に付随して行われる業
　　　務に従事する者の技術上の指導監督の業務を除く。）

　本条は、女性の坑内における労働を制限したものです。

　昭和60年の改正前は、年少者と並んで、女性の坑内労働は一切禁止され
ていましたが、改正後は原則従来どおり禁止されるものの、一定の例外が
認められ、さらに平成18年の改正により、すべての坑内業務が禁止される
のは

①　妊娠中の女性

②　産後1年を経過しない女性のうち坑内で行われる業務に従事しない
　　旨を使用者に申し出た者

に限られることとなり、それ以外の女性には、坑内業務のうち人力、動力
又は発破による掘削又は掘採の業務及びずり、資材等の運搬等の掘削又は

掘採の業務に付随して行われる業務（工程管理、技術上の指導監督等の業務を除く）を除き、坑内業務についての制限はありません。

■罰　則

　使用者が本条に違反して女性を坑内労働に従事させると、１年以下の懲役または50万円以下の罰金に処せられます（法第118条第１項）。

第2　危険有害業務の就業制限

（危険有害業務の就業制限）

第64条の３　使用者は、妊娠中の女性及び産後１年を経過しない女性（以下「妊産婦」という。）を、重量物を取り扱う業務、有害ガスを発散する場所における業務その他妊産婦の妊娠、出産、哺育等に有害な業務に就かせてはならない。

② 　前項の規定は、同項に規定する業務のうち女性の妊娠又は出産に係る機能に有害である業務につき、厚生労働省令で、妊産婦以外の女性に関して、準用することができる。

③ 　前二項に規定する業務の範囲及びこれらの規定によりこれらの業務に就かせてはならない者の範囲は、厚生労働省令で定める。

（危険有害業務の就業制限の範囲等）

女性則第２条　法第64条の３第１項の規定により妊娠中の女性を就かせてはならない業務は、次のとおりとする。

　一　次の表の上欄〈編注：左欄〉に掲げる年齢の区分に応じ、それぞれ同表の下欄〈編注：右欄〉に掲げる重量以上の重量物を取り扱う業務

年齢	重量（単位キログラム）	
	断続作業の場合	継続作業の場合
満16歳未満	12	8
満16歳以上満18歳未満	25	15
満18歳以上	30	20

二　ボイラー（労働安全衛生法施行令（昭和47年政令第318号。第18号
において「安衛令」という。）第1条第3号に規定するボイラーをい
う。次号において同じ。）の取扱いの業務

三　ボイラーの溶接の業務

四　つり上げ荷重が5トン以上のクレーン若しくはデリック又は制限
荷重が5トン以上の揚貨装置の運転の業務

五　運転中の原動機又は原動機から中間軸までの動力伝導装置の掃除、
給油、検査、修理又はベルトの掛換えの業務

六　クレーン、デリック又は揚貨装置の玉掛けの業務（2人以上の者
によつて行う玉掛けの業務における補助作業の業務を除く。）

七　動力により駆動される土木建築用機械又は船舶荷扱用機械の運転
の業務

八　直径が25センチメートル以上の丸のこ盤（横切用丸のこ盤及び自
動送り装置を有する丸のこ盤を除く。）又はのこ車の直径が75セン
チメートル以上の帯のこ盤（自動送り装置を有する帯のこ盤を除く。）
に木材を送給する業務

九　操車場の構内における軌道車両の入換え、連結又は解放の業務

十　蒸気又は圧縮空気により駆動されるプレス機械又は鍛造機械を用
いて行う金属加工の業務

十一　動力により駆動されるプレス機械、シヤー等を用いて行う厚さ
が8ミリメートル以上の鋼板加工の業務

十二　岩石又は鉱物の破砕機又は粉砕機に材料を送給する業務

十三　土砂が崩壊するおそれのある場所又は深さが5メートル以上の
地穴における業務

十四　高さが5メートル以上の場所で、墜落により労働者が危害を受
けるおそれのあるところにおける業務

十五　足場の組立て、解体又は変更の業務（地上又は床上における補
助作業の業務を除く。）

十六　胸高直径が35センチメートル以上の立木の伐採の業務

十七　機械集材装置、運材索道等を用いて行う木材の搬出の業務

十八　次の各号に掲げる有害物を発散する場所の区分に応じ、それぞ
れ当該場所において行われる当該各号に定める業務

　イ　塩素化ビフエニル（別名PCB）、アクリルアミド、エチルベンゼ
ン、エチレンイミン、エチレンオキシド、カドミウム化合物、ク
ロム酸塩、五酸化バナジウム、水銀若しくはその無機化合物（硫
化水銀を除く。）、塩化ニツケル（Ⅱ）（粉状の物に限る。）、スチレ

ン、テトラクロロエチレン（別名パークロルエチレン）、トリクロロエチレン、砒素化合物（アルシン及び砒化ガリウムを除く。）、ベーター―プロピオラクトン、ペンタクロルフエノール（別名PCP）若しくはそのナトリウム塩又はマンガンを発散する場所　次に掲げる業務（スチレン、テトラクロロエチレン（別名パークロルエチレン）又はトリクロロエチレンを発散する場所において行われる業務にあつては(2)に限る。）

(1)　特定化学物質障害予防規則（昭和47年労働省令第39号）第22条第1項、第22条の2第1項又は第38条の14第1項第11号ハ若しくは第12号ただし書に規定する作業を行う業務であつて、当該作業に従事する労働者に呼吸用保護具を使用させる必要があるもの

(2)　(1)の業務以外の業務のうち、安衛令第21条第7号に掲げる作業場（石綿等を取り扱い、若しくは試験研究のため製造する屋内作業場若しくは石綿分析用試料等を製造する屋内作業場又はコークス炉上において若しくはコークス炉に接してコークス製造の作業を行う場合の当該作業場を除く。）であつて、特定化学物質障害予防規則第36条の2第1項の規定による評価の結果、第3管理区分に区分された場所における作業を行う業務

ロ　鉛及び安衛令別表第4第6号の鉛化合物を発散する場所　次に掲げる業務

(1)　鉛中毒予防規則（昭和47年労働省令第37号）第39条ただし書の規定により呼吸用保護具を使用させて行う臨時の作業を行う業務又は同令第58条第1項若しくは第2項に規定する業務若しくは同条第3項に規定する業務（同項に規定する業務にあつては、同令第3条各号に規定する業務及び同令第58条第3項ただし書の装置等を稼働させて行う同項の業務を除く。）

(2)　(1)の業務以外の業務のうち、安衛令第21条第8号に掲げる作業場であつて、鉛中毒予防規則第52条の2第1項の規定による評価の結果、第3管理区分に区分された場所における業務

ハ　エチレングリコールモノエチルエーテル（別名セロソルブ）、エチレングリコールモノエチルエーテルアセテート（別名セロソルブアセテート）、エチレングリコールモノメチルエーテル（別名メチルセロソルブ）、キシレン、N・N―ジメチルホルムアミド、スチレン、テトラクロロエチレン（別名パークロルエチレン）、トリクロロエチレン、トルエン、二硫化炭素、メタノール又はエチルベンゼンを発散する場所　次に掲げる業務

　(1)　有機溶剤中毒予防規則（昭和47年労働省令第36号）第32条第1
　　　項第1号若しくは第2号又は第33条第1項第2号から第7号まで
　　　（特定化学物質障害予防規則第38条の8においてこれらの規定を
　　　準用する場合を含む。）に規定する業務（有機溶剤中毒予防規則
　　　第2条第1項（特定化学物質障害予防規則第38条の8において
　　　準用する場合を含む。）の規定により、これらの規定が適用され
　　　ない場合における同項の業務を除く。）
　(2)　(1)の業務以外の業務のうち、安衛令第21条第7号又は第10号に
　　　掲げる作業場であつて、有機溶剤中毒予防規則第28条の2第1項
　　　（特定化学物質障害予防規則第36条の5において準用する場合を
　　　含む。）の規定による評価の結果、第3管理区分に区分された場
　　　所における業務

十九　多量の高熱物体を取り扱う業務
二十　著しく暑熱な場所における業務
二十一　多量の低温物体を取り扱う業務
二十二　著しく寒冷な場所における業務
二十三　異常気圧下における業務
二十四　さく岩機、鋲打機等身体に著しい振動を与える機械器具を用
　　いて行う業務
②　法第64条の3第1項の規定により産後1年を経過しない女性を就かせ
　てはならない業務は、前項第1号から第12号まで及び第15号から第24号
　までに掲げる業務とする。ただし、同項第2号から第12号まで、第15
　号から第17号まで及び第19号から第23号までに掲げる業務については、
　産後1年を経過しない女性が当該業務に従事しない旨を使用者に申し
　出た場合に限る。
女性則第3条　法第64条の3第2項の規定により同条第1項の規定を準
　用する者は、妊娠中の女性及び産後1年を経過しない女性以外の女性
　とし、これらの者を就かせてはならない業務は、前条第1項第1号及
　び第18号に掲げる業務とする。

　本条第1項は、従来の女性一般に対する就業制限に代えて、妊産婦（妊
娠中の女性及び産後1年を経過しない女性）に対して母性保護の観点から、
一定の範囲の妊娠、出産、哺育等に有害な業務への就業制限を規定し、ま
た、第2項は、妊産婦以外の女性に対する就業制限を規定しています。

　本条第1項でいう「妊産婦の妊娠、出産、哺育等」とは、妊婦（妊娠中

の女性）にとっては、妊娠の正常な維持、継続、それに引き続く出産、さらには母乳による育児等のことであり、産婦（産後1年を経過しない女性）にとっては、母乳による育児のことを意味しています。また、「哺育等」の「等」には、産褥、出産後の母体の回復が含まれます〔昭61.3.20基発第151号・婦発第69号〕。

■妊婦の就業制限

　妊婦に対する就業制限の対象業務は、女性則第2条第1項に、重量物の取扱いの業務をはじめ、24種類の業務が規定されています。これらの業務は、従来、一般の女性に対して制限されていた業務とその範囲をほぼ同じくしますが、従来に比し、手押しかんな盤または単軸面取り盤の取扱いの業務など4種の業務が対象から外されています。

■産婦の就業制限

　産婦に対する就業制限の対象業務は、女性則第2条第2項において、22種類の業務が定められています。これは、妊婦に対する就業制限の対象業務のうち、①土砂が崩壊するおそれのある場所または深さが5メートル以上の地穴における業務（女性則第2条第1項第13号）、②高さが5メートル以上の場所で、墜落により労働者が危害を受けるおそれがあるところにおける業務（女性則第2条第1項第14号）の2つの業務が外されたものです。

　また、22種の業務のうち、①重量物の取扱いの業務（女性則第2条第1項第1号）、②塩素化ビフエニル、アクリルアミド、水銀等を発散する場所、鉛等を発散する場所、エチレングリコールモノエチルエーテル、エチレングリコールモノエチルエーテルアセテート等を発散する場所において行われる一定の業務（女性則第2条第1項第18号）及び③さく岩機など身体に著しい振動を与える機械器具を用いて行う業務（女性則第2条第1項第24号）の3種の業務を除き、その他の19種の業務は、産婦が当該業務に

従事しない旨を使用者に申し出た場合に限って就業制限の対象とされます。

■一般女性の就業制限

　一般の女性を就業させてはならない業務は、①重量物の取扱いの業務（女性則第2条第1項第1号）及び②塩素化ビフエニル、アクリルアミド、水銀等を発散する場所、鉛等を発散する場所、エチレングリコールモノエチルエーテル、エチレングリコールモノエチルエーテルアセテート等を発散する場所において行われる一定の業務（女性則第2条第1項第18号）の2種に限られます（女性則第3条）。

■罰　　則

　使用者が本条に違反して妊産婦及びその他の女性を危険有害業務に使用すると、6か月以下の懲役または30万円以下の罰金に処せられます（法第119条第1号）。

第3　産前産後の休業

（産前産後）
第65条　使用者は、6週間（多胎妊娠の場合にあつては、14週間）以内に出産する予定の女性が休業を請求した場合においては、その者を就業させてはならない。
②　使用者は、産後8週間を経過しない女性を就業させてはならない。ただし、産後6週間を経過した女性が請求した場合において、その者について医師が支障がないと認めた業務に就かせることは、差し支えない。
③　使用者は、妊娠中の女性が請求した場合においては、他の軽易な業務に転換させなければならない。

　本条は、次条とともに、女性労働者の母性保護の見地から産前産後の就

業制限を定めたものです。

　昭和60年の改正前は、産前・産後休業各6週間（産後はそのうち強制休業5週間）でしたが、本条では、産前休業のうち、多胎妊娠の場合に14週間とし、産後休業の期間は8週間、そのうち強制休業の期間は6週間に延長されています。

■産前産後の休業期間

　本条で保護される女性は「6週間（多胎妊娠の場合にあっては、14週間）以内に出産する予定の女性」及び「産後8週間を経過しない女性」です。出産の範囲については、妊娠4か月以上（1か月は28日として計算されるから85日以上）の分娩とし、死産も含むことになっています〔昭23・12・23基発第1885号〕。なお、出産の当日は文理上産前に入るものと考えられます〔昭25・3・31基収第4057号〕。

　産前の休業のうち、多胎妊娠（双子以上の妊娠をいいます。）について14週間とされているのは、多胎妊娠については、単胎妊娠に比較して異常の発生が多く、妊婦の負担が重いので、早くから安静が必要であると指摘されていることに基づいています。

　いずれにしても使用者は、産前産後の一定期間女性を就業させてはならないのですが、産前と産後で使用者の責任が異なっている点に注意する必要があります。つまり、産前は女性が休業を請求することが条件とされているのに対し、産後は請求の有無にかかわらず、出産日の翌日から8週間の就業が禁止されます（ただし、産後6週間を経過していれば、医師が支障ないと認める業務に限ってその女性の請求によって就業させても差し支えありません。）。なお、産後の8週間は確定した期間となりますが、産前については「6週間以内に出産する予定の女性」とあるので6週間の期間の予定が延長することもありますが、その延長した日数も当然本条によって休業を請求することができると解されます。

■軽易業務への転換

　妊娠中の女性は、心臓の仕事量の増大、体重増加等による必要エネルギーが増大し、作業能力が低下すること等から、その健康及び胎児の健全なる発育のため業務軽減についての特別な配慮が必要とされています。このため、第3項で、妊娠中の女性が請求した場合においては、他の軽易な業務に転換させなければならないことが規定されています。ただし、使用者に、新たに軽易な業務を創設して与える義務まで課したものではありません〔昭61.3.20基発第151号・婦発第69号〕。

　「妊娠中の女性」ということは、第1項の休暇請求のときのように出産予定6週間前であることは必要でありません。「他の軽易な業務」の種類については規定されていませんが、そのときの具体的状況に応じて判断されるべきであって、建前としては原則として女性が請求した業務に転換させるのが立法の考え方であると解されます。

■休業中与えられる保護

　産前産後の女性が休業する期間については、本条に規定するほか次のような保護が与えられます（詳細は各条の解説参照）。

（1）　休業中の賃金については、本条は有給とも無給とも規定していませんので労働協約、就業規則等で定めるところによりますが、健康保険法においては標準報酬月額の30分の1に相当する金額（その額に、5円未満の端数があるときは、これを切り捨て、5円以上10円未満の端数があるときは、これを10円に切り上げる。）の3分の2の額が出産手当金として支給されます（同法第102条、第99条第2項）。

（2）　平均賃金の計算に当たっては、この期間（賃金を受けていればその賃金も）は計算の基礎から除外されますから、平均賃金が不当に低くなることはありません（法第12条）。

（3）　年次有給休暇の出勤率8割の計算については、本条による休業期間は出勤したものとみなされます（法第39条第10項）。

（4）　本条による休業期間中とその後30日間は、原則として解雇が制限
　　　されます（法第19条）。

■罰　則

　使用者が本条に違反して休業中の女性を就業させたり、妊娠中の女性が
請求した軽易な作業に転換させないと、6か月以下の懲役または30万円以
下の罰金に処せられます（法第119条第1号）。

第4　産前産後の就業制限

> **第66条**　使用者は、妊産婦が請求した場合においては、第32条の2第
> 　　　1項、第32条の4第1項及び第32条の5第1項の規定にかかわらず、
> 　　　1週間について第32条第1項の労働時間、1日について同条第2項
> 　　　の労働時間を超えて労働させてはならない。
> ②　使用者は、妊産婦が請求した場合においては、第33条第1項及び
> 　　　第3項並びに第36条第1項の規定にかかわらず、時間外労働をさせ
> 　　　てはならず、又は休日に労働させてはならない。
> ③　使用者は、妊産婦が請求した場合においては、深夜業をさせては
> 　　　ならない。

　本条は、妊産婦が請求した場合には、使用者は、変形労働時間制によっ
て労働させてはならず、また、時間外労働、休日労働、深夜業をさせては
ならないことを規定したものです。

　調査によれば、労働時間が長くなるほど後期妊娠中毒症、貧血、低体重
児出産の割合が増加する傾向がみられ、また、深夜勤務、交替勤務等特殊
な勤務態様の者に妊娠・分娩に異常が多くみられることが指摘されており、
このような事実を踏まえ、昭和60年の改正により、本条第2項が新設され
ましたが、同じく母性保護の見地から、昭和62年の改正により、各種の変
形労働時間制に関する規定が新設されたことに伴い、本条第1項が追加さ

れました。

　本条の「妊産婦」とは、妊娠中の女性及び産後1年を経過しない女性を指します（法第64条の3第1項参照）。

■変形労働時間制の場合

　使用者は、妊産婦が請求した場合には、1か月単位の変形労働時間制、1年単位の変形労働時間制または1週間単位の非定型的変形労働時間制を採用している場合であっても、その妊産婦をこれらの制度によって労働させることはできないこととされています。このことは、変形労働時間制をとっている場合で、妊産婦の請求があったときでも、1日及び1週の法定労働時間までは労働させることができることを意味しているのであって、変形労働時間制そのものを適用してはならないということではありません。

■請求のしかた

　本条によって、妊産婦は、時間外労働・休日労働、深夜業のすべてについて従事しないことを請求することもできますが、時間外労働もしくは休日労働のみについて請求することや、深夜業についてのみ請求することも差し支えありません。さらに、時間外労働・休日労働、深夜業のそれぞれについての部分的な請求も認められます。

　使用者は、その請求された範囲内でこれらの労働に従事させてはならない義務を負うことになります。また、妊産婦の身体等の状況の変化に伴って、妊産婦から請求内容の変更があった場合には、使用者は、その変更のあった請求内容に応じた措置をとらなければなりません。

　なお、妊娠中の女性が、本条に基づく請求に併せて、前条第3項の軽易な業務への転換の請求を行うことも差し支えありません。

■管理監督者等の場合

　妊産婦のうち、法第41条第2号に規定するいわゆる管理監督者等につい

ては、労働時間、休日に関する規定が適用されないため、本条第2項の規定の適用の余地がありませんが、第3項の規定は適用され、これらの者が請求した場合には、使用者はその範囲で、その者を深夜業に従事させてはならないことになります。

■罰　則

　使用者が本条に違反して時間外労働・休日労働、深夜業をさせると、6か月以下の懲役または30万円以下の罰金に処せられます（法第119条第1号）。

.

第5　育児時間

> （育児時間）
> **第67条**　生後満1年に達しない生児を育てる女性は、第34条の休憩時間のほか、1日2回各々少なくとも30分、その生児を育てるための時間を請求することができる。
> ②　使用者は、前項の育児時間中は、その女性を使用してはならない。

　本条は、生後1年未満の生児を育てる女性の保護について規定したものです。

　生後1年未満の生児を育てる女性は、育児時間を1日2回、少なくともそれぞれ30分請求することができます。

　「生児」とは、当該女性が出産した子であるか否かは問わないと解されています。このような女性は、法第34条に定める45分ないし1時間の休憩時間とは別に、1回当たり少なくとも30分、1日につき2回の「生児を育てるための時間」、すなわち、授乳その他の生児の世話を行う時間をその請求によって与えられます。ただし、この時間の賃金について、本条は有給とも無給とも定めていないので、労働協約、就業規則等の定めるところによ

ることになります。

　この「30分」について、事業場の周辺に適当な託児施設がない場合、多少の問題があります。すなわち、生児のところまでの往復時間を含めて30分与えられれば、本条違反とはならないと解されていますが〔昭25.7.22基収第2314号〕、生児のいる場所が離れている場合には、事実上十分な育児の時間がとれないことが起こります。そこで、実際問題としては、往復のために要する時間を除外して30分確保されることが望ましく、また、事業場に託児施設の設けられることが望ましいところです〔昭25.7.22基収第2314号、昭22.9.13発基第17号〕。

　なお、育児休業、介護休業等育児又は家族介護を行う労働者の福祉に関する法律（以下「育児介護休業法」といいます。）の規定により、生後1歳に満たない子を養育する労働者については、男女を問わず育児休業が認められていますが、あわせて、短時間勤務制度等、子の養育を容易にするための措置を講じなければならない（同法第23条）とされています。労働基準法の育児時間は、1歳未満の子を育てている女性労働者が請求した場合、育児介護休業法で義務づけられている措置とは別に措置すべきものとされています〔平3.12.20婦発第281号〕。

■罰　則

　使用者が本条に違反して育児時間を与えず就業させると、6か月以下の懲役または30万円以下の罰金に処せられます（法第119条第1号）。

第6　生理日の休暇

> （生理日の就業が著しく困難な女性に対する措置）
> **第68条**　使用者は、生理日の就業が著しく困難な女性が休暇を請求したときは、その者を生理日に就業させてはならない。

　本条は、女性労働者の生理時の就業を一定の範囲で制限することを定めたものです。

　昭和60年の改正前の本法第65条は、生理日の就業が著しく困難な女性と生理に有害な業務に従事する女性について、「生理休暇」を請求することができる旨定めていました。

　しかし、生理休暇は、婦人差別撤廃条約上母性保護措置とはいえないこと、医学的には、生理時のみに有害な業務というものは考えられないこと、月経時に就労が困難であるものは、医学的には月経困難症の範ちゅうに属し、疾患の1つとして考えるべきであり、適切な治療によってほとんど全部を軽快ないし治ゆさせることができるが、それらの者については何らかの形での配慮が必要であること等の理由により、「生理に有害な業務に従事する女性」について一律に認められていた生理休暇規定部分を削除し、生理日の就業が著しく困難な女性に対する措置のみを定めることとしたものです。

■生理日の就業が著しく困難な女性

　生理日の就業が著しく困難な女性とは、生理日において下腹痛、腰痛、頭痛等の強度の苦痛により就業が困難な女性の意味であって、生理日の就業が著しく困難な女性であれば、従事している業務の種類、内容のいかんを問わず、休暇を請求することができます。

　生理日の就業が著しく困難かどうかは、その女性が証明すべきことがらです。

　また、本条は、女性が現実に生理日の就業が著しく困難な状態にある場合に休暇の請求があったときは、その者を就業させてはならないこととしたものであり、生理であることのみをもって休暇を請求することができることを認めたものではないことは、いうまでもありません〔昭61.3.20基発第151号・婦発第69号〕。

　なお、本条は、既に述べたように、月経困難症の範ちゅうに属し、現実に生理日の就業が著しく困難な女性に対する配慮の一環として、これらの者に休暇を認めることとしたものですから、従来の「生理休暇」という表現は適当ではないと考えられます。そこで、一般的な表現である「休暇」という語を用いるとともに、本条の見出しを「生理日の就業が著しく困難な女性に対する措置」と改めています。

■生理の日数

　本条の休暇も、産前の休業、育児時間と同様に労働者の請求によって与えられるものです。その日数は請求する女性が必要とするだけの日数であって、就業規則、労働協約等において、たとえば、1日と定めていても、必要があれば1日以上請求することができ、使用者はこれを与えなければなりません。また、休暇の請求は、就業が著しく困難である事実に基づいて行われるものですから、必ずしも暦日単位で行われなければならないものではありません。半日または時間単位で請求があった場合には、使用者はその範囲で休暇を与えれば足りるものと解されます。

　なお、本条の休暇を取得した日または時間を有給扱いとするかどうかは、労働協約、就業規則等で定めるところによります。

■罰　則

　使用者が本条に違反して休暇を与えないと、30万円以下の罰金に処せられます（法第120条第1号）。

第7章　技能者の養成

　特定の技能の習得を目的とする労働者については、一般の労働基準をあてはめることが困難な場合がありますので、技能養成を促進するため、本法の適用について一定の例外措置を講じ、技能を習得しやすくすることが必要ですが、その反面、技能の習得を目的とする労働者の労働条件が劣悪な状態にならないように配慮する必要もあります。そこで、本章は、徒弟制度に伴う弊害の排除を規定するとともに、職業能力開発促進法に基づく認定職業訓練を行うのに必要な限度で労働基準法の定める基準の特例を認めています。

第1　徒弟の弊害排除

（徒弟の弊害排除）
第69条　使用者は、徒弟、見習、養成工その他名称の如何を問わず、技能の習得を目的とする者であることを理由として、労働者を酷使してはならない。
②　使用者は、技能の習得を目的とする労働者を家事その他技能の習得に関係のない作業に従事させてはならない。

■酷使の禁止

　本条は、第1項において徒弟であることを理由として労働者を酷使することを禁止しています。「酷使」というのは劣悪な労働環境、労働条件の下に使用することですが、具体的には、個別に一般社会常識に従って判断するほかはありません。酷使の実態が強制労働であれば、法第5条に、年少者の保護規定に違反すれば第6章の各規定にそれぞれ抵触し、この面から当然に処罰されることになります。なお、未成年者について、酷使または第2項の雑役使用の事実がありますと、法第58条によって行政官庁等が労働契約を解除することができます。

■雑役の禁止

　第2項は、徒弟等技能習得を目的とする者を酷使の典型である雑役に従事させることを禁止しています。技能習得者には、労働させながら実地に技能を教育し、仕事を覚えさせるのが使用者の義務ですから、機械、道具等の出し入れ、整備、作業場の整頓、清掃〔昭22.12.9基発第53号〕等は技能の習得に関係ある作業ではありますが、従来かかる作業の範囲を超えて雑用に使用していた例があったので、このような規定が設けられたのです。

第2　職業訓練に関する特例

（職業訓練に関する特例）
第70条　職業能力開発促進法（昭和44年法律第64号）第24条第1項（同法第27条の2第2項において準用する場合を含む。）の認定を受けて行う職業訓練を受ける労働者について必要がある場合においては、その必要の限度で、第14条第1項の契約期間、第62条及び第64条の3の年少者及び妊産婦等の危険有害業務の就業制限、第63条の年少者の坑内労働の禁止並びに第64条の2の妊産婦等の坑内業務の就業制限に関する規定について、厚生労働省令で別段の定めをすることができる。ただし、第63条の年少者の坑内労働の禁止に関する規定については、満16歳に満たない者に関しては、この限りでない。

　本条は、職業訓練を受ける労働者について、本法中、年少者についての保護規定の緩和に関する事項等について規定したものです。

　本条に基づいて、労働基準法の特例の適用を受ける労働者は、職業能力開発促進法第24条第1項の規定により都道府県知事の「認定」を受けて行う事業内職業訓練を受ける労働者に限られます。また、同時に、第71条によって、行政官庁（都道府県労働局長）の許可を受けた使用者に使用される労働者でなければ適用されません。

■訓練生についての特例の範囲

　本条に基づく厚生労働省令としては、労働基準法施行規則第34条の 2 の 5 及び第34条の 3 の規定があります。

　これは契約期間の特例、危険有害業務の就業制限の特例等を規定したもので、その内容は次のとおりです。

（ 1 ）　契約期間の特例

　　法第71条の規定による許可を受けた使用者が行う職業訓練を受ける労働者（訓練生）の労働契約の期間は、その訓練生が受けることになっている訓練職種について職業能力開発促進法施行規則（昭和44年労働省令第24号）第10条（普通職業訓練のうち普通課程の訓練期間）第 1 項第 4 号、第12条（高度職業訓練のうち専門課程の訓練期間）第 1 項第 4 号または第14条（高度職業訓練のうち応用課程の訓練期間）第 1 項第 4 号で定める訓練期間の範囲内で定めることができることとされています（則第34条の 2 の 5 ）。

　　なお、事業主が、公共職業訓練を終了した者や法定職業訓練についての履修証明書を有する者に認定職業訓練を受けさせる場合には、その訓練期間を短縮することができ、このような訓練生については、職業能力開発促進法施行規則第10条第 1 項第 4 号、第12条第 1 項第 4 号または第14条第 1 項第 4 号の訓練期間を契約期間として認める必要はありませんので、所定の訓練期間から、短縮した期間を除いた期間を最大限の契約期間として認めることにしています。

（ 2 ）　危険有害業務の就業制限の特例

　　使用者は、訓練生に技能を習得させるために必要がある場合には、18歳未満の訓練生を法第62条の危険業務に就かせ、また満16歳以上の男性である訓練生を坑内労働に就かせることができますが（則第34条の 3 第 1 項）、その場合には、使用者は危害を阻止するために必要な措置を講じなければならないことになっています。そして、訓練生を従事させるこ

とのできる危険有害業務、坑内労働の範囲、それに使用者が講ずべき措置の基準は、施行規則別表第1に定めるところによることになっています。

■罰　則

本条に基づいて定められる厚生労働省令は、第62条、第63条を制限なく適用除外するのではなく、必要な限度で特例を定めるものですから、各条の保護の内容を下回るものであっても、一定の最低限があり、その限度に達しない労働条件で労働者を使用した場合は、厚生労働省令違反となり、それぞれ各本条の違反と同様の罰則が科せられます。

第3　特例の適用範囲

第71条　前条の規定に基いて発する厚生労働省令は、当該厚生労働省令によつて労働者を使用することについて行政官庁の許可を受けた使用者に使用される労働者以外の労働者については、適用しない。

本条は職業訓練についての本法の保護規定の特例を行政官庁の許可を受けた使用者に使用される労働者についてだけ適用することを定めたものです。

「当該厚生労働省令によつて労働者を使用する」というのは、法第62条の危険有害業務に前条の規定に基づいて発する命令の適用を受けて就業させ、年少者を坑内労働に従事させ、1年を超える長期の労働契約を締結して労働させることです。なお最低賃金の適用の除外を受けようとする使用者は、最低賃金法第7条に基づく許可が必要となります。

「行政官庁」は、「当該事業場の所在地を管轄する都道府県労働局長」です（則第34条の4）。

第4　未成年訓練生の年次有給休暇

> **第72条**　第70条の規定に基づく厚生労働省令の適用を受ける未成年者についての第39条の規定の適用については、同条第1項中「10労働日」とあるのは「12労働日」と、同条第2項の表6年以上の項中「10労働日」とあるのは「8労働日」とする。

　訓練生には一般基準よりも低い労働条件が認められていますので、その代わり、未成年者である訓練生の年次有給休暇の日数については、一般の基準が10日であるのに対し、12日としたものです。

　この特例は、年次有給休暇に関する法第39条第1項の10労働日が12労働日でなければならないと規定していますので、具体的な付与日数は次の表のとおりとなっています。

継続勤務年数	6か月	1年6か月	2年6か月	3年6か月	4年6か月	5年6か月以上
付与日数	12日	13日	14日	16日	18日	20日

　なお、本条が適用されるには訓練生であることと、未成年者であることが必要ですが、訓練生でなくなったり、成年になったりした場合、まだ使っていない休暇（法第39条に基づく部分を超えるもの）を請求できるかどうかが問題となりますが、本条は、年次有給休暇権発生時に適用され、いったん発生した年次有給休暇権は、2年の消滅時効にかかるまでは、たとえ本条の要件がなくなった場合においても消滅することなく存続するものと解されます〔昭34.5.4基収第2275号〕。

■罰　則

　使用者が本条に違反すると、6か月以下の懲役または30万円以下の罰金に処せられます（法第119条第1号）。

第5　許可の取消し

> **第73条**　第71条の規定による許可を受けた使用者が第70条の規定に基いて発する厚生労働省令に違反した場合においては、行政官庁は、その許可を取り消すことができる。

　本条は、法第71条の許可を受け、第70条の規定に基づいて発する厚生労働省令によって労働基準の特例を受けて労働者を使用する使用者が、当該厚生労働省令に違反した場合には、これに許可を与えた行政官庁はその許可を取り消すことができる旨を規定したものです。

　許可が取り消された場合は、法第70条の規定に基づき定められた厚生労働省令が、当該労働者については適用されなくなりますので、長期の労働契約によって当該労働者を使用したり、危険有害業務や坑内労働に労働者を使用することが許されなくなります。もちろん、職業能力開発促進法に基づく認定の効力には直接関係がありませんから、認定職業訓練として行うことは禁止されませんが、その職業訓練においてこのような危険有害業務、坑内労働等に従事させることが教習の要素になっているのであれば、認定職業訓練を事実上行うことができなくなり、同法第24条第3項の規定によって認定が取り消されることにもなるわけです。

■罰　則

　許可が取り消される場合は、同時に、厚生労働省令違反があるわけですから、法第70条で説明したとおり、罰則が科せられることになります。

第6　技能者養成審議会

第74条　削除

　本条は、技能者養成審議会に関して規定していたのですが、昭和33年、現在の職業能力開発促進法の前身である旧職業訓練法によって職業訓練審議会が設置されましたので、これに伴い、同法の附則により削除されたものです。

第8章　災害補償

本章は、業務上で負傷したり、疾病にかかった労働者の補償について、使用者の故意過失を要件としている民法の一般損害賠償の原則に対し、故意過失がなくても、使用者の法律上の義務として一定の補償をなすべきことを規定しています。本法は、補償が使用者の単なる恩恵ではなく法律上の義務であり、補償を受けることが労働者の権利であることを明確にするとともに、補償の額をほぼILO条約に定める程度のものとしたものです。また、使用者の補償責任が完全に行われるために、労働者災害補償保険制度を設け、政府が保険者となって、業務上負傷したり、疾病にかかった労働者の保護を図ることとしています。

　本法では、補償の内容も個別企業の負担力を考えて、長期の療養補償、休業補償については、一時金による打切制度を採用しており、労働者保護の観点からは必ずしも十分な制度とはいえなかったのですが、労災保険では終身補償を行うこととされました。

　労災保険法による給付を受ける労働者は、業務上傷病で療養開始後１年６か月を経過してもその傷病が治ゆしない場合で当該傷病による傷病の程度が傷病等級に該当する場合は、療養が必要とされる限り傷病補償年金が支払われます。また、重度の障害を残す者の障害補償や遺族補償については、年金制度によって補償が行われます。

　このように、本章の災害補償は、本法より補償水準の高い労災保険によって、実質上肩代わりされています。

　現在、労働者を使用する事業場のうち、農業等の事業で労働者数５人未満の個人経営の事業以外は、労災保険の当然（強制）適用事業場となっています。

　このため、本章の規定によって使用者が直接災害補償を行うものは事実上極めて少なくなったといえます。

第1　療養補償

（療養補償）

第75条　労働者が業務上負傷し、又は疾病にかかつた場合においては、使用者は、その費用で必要な療養を行い、又は必要な療養の費用を負担しなければならない。

②　前項に規定する業務上の疾病及び療養の範囲は、厚生労働省令で定める。

....

（業務上の疾病の範囲）

則第35条　法第75条第2項の規定による業務上の疾病は、別表第1の2に掲げる疾病とする。

則別表第1の2

一　業務上の負傷に起因する疾病

二　物理的因子による次に掲げる疾病

　　1　紫外線にさらされる業務による前眼部疾患又は皮膚疾患

　　2　赤外線にさらされる業務による網膜火傷、白内障等の眼疾患又は皮膚疾患

　　3　レーザー光線にさらされる業務による網膜火傷等の眼疾患又は皮膚疾患

　　4　マイクロ波にさらされる業務による白内障等の眼疾患

　　5　電離放射線にさらされる業務による急性放射線症、皮膚潰瘍等の放射線皮膚障害、白内障等の放射線眼疾患、放射線肺炎、再生不良性貧血等の造血器障害、骨壊死その他の放射線障害

　　6　高圧室内作業又は潜水作業に係る業務による潜函病又は潜水病

　　7　気圧の低い場所における業務による高山病又は航空減圧症

　　8　暑熱な場所における業務による熱中症

　　9　高熱物体を取り扱う業務による熱傷

　　10　寒冷な場所における業務又は低温物体を取り扱う業務による凍傷

　　11　著しい騒音を発する場所における業務による難聴等の耳の疾患

　　12　超音波にさらされる業務による手指等の組織壊死

　　13　1から12までに掲げるもののほか、これらの疾病に付随する疾病その他物理的因子にさらされる業務に起因することの明らかな疾病

三　身体に過度の負担のかかる作業態様に起因する次に掲げる疾病

1　重激な業務による筋肉、腱、骨若しくは関節の疾患又は内臓脱

2　重量物を取り扱う業務、腰部に過度の負担を与える不自然な作業姿勢により行う業務その他腰部に過度の負担のかかる業務による腰痛

3　さく岩機、鋲打ち機、チェーンソー等の機械器具の使用により身体に振動を与える業務による手指、前腕等の末梢循環障害、末梢神経障害又は運動器障害

4　電子計算機への入力を反復して行う業務その他上肢に過度の負担のかかる業務による後頭部、頸部、肩甲帯、上腕、前腕又は手指の運動器障害

5　1から4までに掲げるもののほか、これらの疾病に付随する疾病その他身体に過度の負担のかかる作業態様の業務に起因することの明らかな疾病

四　化学物質等による次に掲げる疾病

1　厚生労働大臣の指定する単体たる化学物質及び化合物（合金を含む。）にさらされる業務による疾病であつて、厚生労働大臣が定めるもの

2　弗素樹脂、塩化ビニル樹脂、アクリル樹脂等の合成樹脂の熱分解生成物にさらされる業務による眼粘膜の炎症又は気道粘膜の炎症等の呼吸器疾患

3　すす、鉱物油、うるし、テレビン油、タール、セメント、アミン系の樹脂硬化剤等にさらされる業務による皮膚疾患

4　蛋白分解酵素にさらされる業務による皮膚炎、結膜炎又は鼻炎、気管支喘息等の呼吸器疾患

5　木材の粉じん、獣毛のじんあい等を飛散する場所における業務又は抗生物質等にさらされる業務によるアレルギー性の鼻炎、気管支喘息等の呼吸器疾患

6　落綿等の粉じんを飛散する場所における業務による呼吸器疾患

7　石綿にさらされる業務による良性石綿胸水又はびまん性胸膜肥厚

8　空気中の酸素濃度の低い場所における業務による酸素欠乏症

9　1から8までに掲げるもののほか、これらの疾病に付随する疾病その他化学物質等にさらされる業務に起因することの明らかな疾病

五　粉じんを飛散する場所における業務によるじん肺症又はじん肺法（昭和35年法律第30号）に規定するじん肺と合併したじん肺法施行規則（昭和35年労働省令第6号）第1条各号に掲げる疾病

六　細菌、ウイルス等の病原体による次に掲げる疾病

1　患者の診療若しくは看護の業務、介護の業務又は研究その他の目的で病原体を取り扱う業務による伝染性疾患

2　動物若しくはその死体、獣毛、革その他動物性の物又はぼろ等の古物を取り扱う業務によるブルセラ症、炭疽病等の伝染性疾患

3　湿潤地における業務によるワイル病等のレプトスピラ症

4　屋外における業務による恙虫病（つつが）

5　1から4までに掲げるもののほか、これらの疾病に付随する疾病その他細菌、ウイルス等の病原体にさらされる業務に起因することの明らかな疾病

七　がん原性物質若しくはがん原性因子又はがん原性工程における業務による次に掲げる疾病

1　ベンジジンにさらされる業務による尿路系腫瘍（しゆよう）

2　ベータ―ナフチルアミンにさらされる業務による尿路系腫瘍（しゆよう）

3　四―アミノジフェニルにさらされる業務による尿路系腫瘍（しゆよう）

4　四―ニトロジフェニルにさらされる業務による尿路系腫瘍（しゆよう）

5　ビス（クロロメチル）エーテルにさらされる業務による肺がん

6　ベリリウムにさらされる業務による肺がん

7　ベンゾトリクロライドにさらされる業務による肺がん

8　石綿にさらされる業務による肺がん又は中皮腫（しゆ）

9　ベンゼンにさらされる業務による白血病

10　塩化ビニルにさらされる業務による肝血管肉腫又は肝細胞がん（しゆ）

11　オルト―トルイジンにさらされる業務による膀胱がん（ぼうこう）

12　一・二―ジクロロプロパンにさらされる業務による胆管がん

13　ジクロロメタンにさらされる業務による胆管がん

14　電離放射線にさらされる業務による白血病、肺がん、皮膚がん、骨肉腫、甲状腺がん、多発性骨髄腫又は非ホジキンリンパ腫（しゆ）（しゆ）

15　オーラミンを製造する工程における業務による尿路系腫瘍（しゆよう）

16　マゼンタを製造する工程における業務による尿路系腫瘍（しゆよう）

17　コークス又は発生炉ガスを製造する工程における業務による肺がん

18　クロム酸塩又は重クロム酸塩を製造する工程における業務による肺がん又は上気道のがん

19　ニッケルの製錬又は精錬を行う工程における業務による肺がん又は上気道のがん

20　砒素を含有する鉱石を原料として金属の製錬若しくは精錬を行（ひ）

う工程又は無機砒素化合物を製造する工程における業務による肺がん又は皮膚がん

21　すす、鉱物油、タール、ピッチ、アスファルト又はパラフィンにさらされる業務による皮膚がん

22　1から21までに掲げるもののほか、これらの疾病に付随する疾病その他がん原性物質若しくはがん原性因子にさらされる業務又はがん原性工程における業務に起因することの明らかな疾病

八　長期間にわたる長時間の業務その他血管病変等を著しく増悪させる業務による脳出血、くも膜下出血、脳梗塞、高血圧性脳症、心筋梗塞、狭心症、心停止（心臓性突然死を含む。）若しくは解離性大動脈瘤又はこれらの疾病に付随する疾病

九　人の生命にかかわる事故への遭遇その他心理的に過度の負担を与える事象を伴う業務による精神及び行動の障害又はこれに付随する疾病

十　前各号に掲げるもののほか、厚生労働大臣の指定する疾病

十一　その他業務に起因することの明らかな疾病

（療養の範囲）

則第36条　法第75条第2項の規定による療養の範囲は、次に掲げるものにして、療養上相当と認められるものとする。

一　診察
二　薬剤又は治療材料の支給
三　処置、手術その他の治療
四　居宅における療養上の管理及びその療養に伴う世話その他の看護
五　病院又は診療所への入院及びその療養に伴う世話その他の看護
六　移送

（診断）

則第37条　労働者が就業中又は事業場若しくは事業の附属建設物内で負傷し、疾病にかゝり又は死亡した場合には、使用者は、遅滞なく医師に診断させなければならない。

（療養補償等の回数）

則第39条　療養補償及び休業補償は、毎月1回以上、これを行わなければならない。

（事由の発生日）

則第48条　災害補償を行う場合には、死傷の原因たる事故発生の日又は診断によつて疾病の発生が確定した日を、平均賃金を算定すべき事由の発生した日とする。

■業務上の意味

　労働者が療養補償を受けるのは、「業務上」負傷したり疾病にかかった場合に限られます。「業務上」とは、業務に起因してという意味であって、その負傷・疾病が業務と因果関係がなければなりません。ある負傷・疾病が業務上か、業務外かの判定は常に具体的な個々の事案について重要な問題となってくるのですが、本法施行後現在までの取扱いとしては、因果関係の明らかな場合、つまり、直接因果関係だけでなく、相当因果関係のある場合には、業務上と認められています。このことは、たとえば、天災地変による災害事故であっても、①事業場または事業設備の防護作業に従事して災害を被った場合、②事業場において災害を被った同僚労働者の救出救援作業に従事して災害を被った場合、③災害を受けた事業場内の重要物品等の搬出作業に従事して災害を被った場合は、業務上として取り扱っています。

　業務上の負傷については、業務と負傷との間の因果関係が比較的容易に判断できるのですが、疾病のほうは業務により生じたものであるかどうか不明瞭であるものが多いので、業務上の疾病については、これを厚生労働省令で定めることとされています（法第75条第2項）。

　これに基づいて則第35条には、業務との因果関係が一般的に認められている疾病が列挙されていましたが、近年の労働環境の変化、新しい要因に基づく疾病の発生等により現状に即応しない面が出てきましたので、昭和53年に全面的に改正され、業務上の疾病は則別表第1の2によることとされています。

　則別表第1の2では、業務上の疾病を有害因子の態様に応じて例示的に列挙しており、また、化学物質による疾病は、告示（昭和53.3.30労働省告示第36号、昭和56.2.2労働省告示第7号、平成8.3.29労働省告示第33号、平成25.9.30厚生労働省告示第316号）によることとされています。

■療養の範囲

　療養の範囲は、則第36条に定められている診察、薬剤または治療材料の支給等であって療養上相当と認められるものとされています。この範囲に含まれる療養である限り、労働者の自己負担の出費は全く必要ないこととなります。

　しかし、たとえば療養以外にも用いられる入院中の日用品等の代価は療養に必要な出費とは考えられませんから、このような出費は労働者の負担となります。

　なお、本条の療養補償と法第76条の休業補償は、則第39条の規定によって毎月1回以上行うべきことが定められています。また、災害補償を行う場合には、死傷の原因である事故発生の日または診断によって疾病の発生が確定した日を平均賃金を算定すべき事由の発生した日とみなしています（則第48条）。

■罰　則

　使用者が本条の規定に違反して療養補償を行わないと、6か月以下の懲役または30万円以下の罰金に処せられます（法第119条第1号）。

第2　休業補償

（休業補償）
第76条　労働者が前条の規定による療養のため、労働することができないために賃金を受けない場合においては、使用者は、労働者の療養中平均賃金の100分の60の休業補償を行わなければならない。
②　使用者は、前項の規定により休業補償を行つている労働者と同一の事業場における同種の労働者に対して所定労働時間労働した場合に支払われる通常の賃金の、1月から3月まで、4月から6月まで、7月から9月まで及び10月から12月までの各区分による期間（以下

四半期という。）ごとの１箇月１人当り平均額（常時100人未満の労
働者を使用する事業場については、厚生労働省において作成する毎
月勤労統計における当該事業場の属する産業に係る毎月きまつて支
給する給与の四半期の労働者１人当りの１箇月平均額。以下平均給
与額という。）が、当該労働者が業務上負傷し、又は疾病にかかつ
た日の属する四半期における平均給与額の100分の120をこえ、又は
100分の80を下るに至つた場合においては、使用者は、その上昇し
又は低下した比率に応じて、その上昇し又は低下するに至つた四半
期の次の次の四半期において、前項の規定により当該労働者に対
して行つている休業補償の額を改訂し、その改訂をした四半期に
属する最初の月から改訂された額により休業補償を行わなければ
ならない。改訂後の休業補償の額の改訂についてもこれに準ずる。
③　前項の規定により難い場合における改訂の方法その他同項の規定
による改訂について必要な事項は、厚生労働省令で定める。

....

（休業補償を行わなくてもよい場合）
則第37条の２　使用者は、労働者が次の各号のいずれかに該当する場合
においては、休業補償を行わなくてもよい。
一　懲役、禁錮若しくは拘留の刑の執行のため若しくは死刑の言渡しを
受けて刑事施設（少年法（昭和23年法律第168号）第56条第３項の規
定により少年院において刑を執行する場合における当該少年院を含
む。）に拘置されている場合若しくは留置施設に留置されて懲役、禁
錮若しくは拘留の刑の執行を受けている場合、労役場留置の言渡し
を受けて労役場に留置されている場合又は監置の裁判の執行のため
監置場に留置されている場合
二　少年法第24条の規定による保護処分として少年院若しくは児童自
立支援施設に送致され、収容されている場合又は売春防止法（昭和
31年法律第118号）第17条の規定による補導処分として婦人補導院に
収容されている場合
（休業補償）
則第38条　労働者が業務上負傷し又は疾病にかかつたため、所定労働時
間の一部のみ労働した場合においては、使用者は、平均賃金と当該
労働に対して支払われる賃金との差額の100分の60の額を休業補償と
して支払わなければならない。
（休業補償の額の改訂の場合の労働者数）

則第38条の2　法第76条第2項の常時100人未満の労働者を使用する事業場は、毎年4月1日から翌年3月31日までの間においては、当該4月1日前1年間に使用した延労働者数を当該1年間の所定労働日数で除した労働者数が100人未満である事業場とする。

（通常の賃金の算定）

則第38条の3　法第76条第2項の規定による同一の事業場における同種の労働者に対して所定労働時間労働した場合に支払われる通常の賃金は、第25条第1項に規定する方法に準じて算定した金額とする。

（休業補償の額の改訂）

則第38条の4　常時100人以上の労働者を使用する事業場において業務上負傷し、又は疾病にかかつた労働者と同一職種の同一条件の労働者がいない場合における当該労働者の休業補償の額の改訂は、当該事業場の全労働者に対して所定労働時間労働した場合に支払われる通常の賃金の四半期ごとの平均給与額が上昇し又は低下した場合に行うものとする。

（改訂後の休業補償の額の改訂）

則第38条の5　法第76条第2項後段の規定による改訂後の休業補償の額の改訂は、改訂の基礎となつた四半期の平均給与額を基礎として行うものとする。

（比率の算出方法）

則第38条の6　法第76条第2項及び第3項の規定により、四半期ごとに平均給与額の上昇し又は低下した比率を算出する場合において、その率に100分の1に満たない端数があるときは、その端数は切り捨てるものとする。

（休業補償の額の改訂の率）

則第38条の7　常時100人未満の労働者を使用する事業場における休業補償については、毎月勤労統計における各産業の毎月きまつて支給する給与の四半期ごとの平均給与額のその四半期の前における四半期ごとの平均給与額に対する比率に基づき、当該休業補償の額の算定にあたり平均賃金の100分の60（当該事業場が当該休業補償について常時100人以上の労働者を使用するものとしてその額の改訂をしたことがあるものである場合にあつては、当該改訂に係る休業補償の額）に乗ずべき率を告示するものとする。

則第38条の8　常時100人未満の労働者を使用する事業場の属する産業が毎月勤労統計に掲げる産業分類にない場合における休業補償の額の算定については、平均賃金の100分の60（当該事業場が、当該休業補償について、常時100人以上の労働者を使用するものとしてその額の改訂を

したことがあるものである場合又は毎月勤労統計によりその額の改訂
をしたことがあるものである場合にあつては、当該改訂に係る休業補
償の額）に告示で定める率を乗ずるものとする。
②　日日雇い入れられる者の休業補償の額の算定については、平均賃金
の100分の60に告示で定める率を乗ずるものとする。
（告示の方法）
則第38条の９　前二条の告示は、四半期ごとに行うものとする。
（特別の場合の休業補償の額の改訂）
則第38条の10　休業補償の額の改訂について、第38条の４、第38条の５、
第38条の７及び第38条の８の規定により難い場合は、厚生労働大臣の
定めるところによるものとする。

　労働者が業務上の災害によって労働をすることができない場合は、賃金
の支払いを受けることができませんので、その最低生活を保障する平均賃
金の100分の60に相当する休業補償が行われます。しかし、休業補償の額は
事故発生時において決定された平均賃金によって支払われますので、休業
が長期にわたる場合、物価の上昇が著しいときは、休業補償によって労働
者の最低生活を保障しようとする本法の目的は事実上達成されないことと
なりますので、一般賃金の上昇の割合に応じて、休業補償の額をスライド
させて増額する規定を設け、長期療養者に対する休業補償の額の適正化を
図ることにしています。
　なお、労災保険が適用されている事業場であっても、労災保険では休業最
初の３日間は待期期間として休業補償給付が支給されませんので、使用者
は本条に基づいて休業補償を行わなければなりません。また、労災保険で
は休業４日目以降については、休業補償給付のほかに給付基礎日額の20%
に相当する休業特別支給金が支給されますので、実際には、平均賃金の100
分の80に相当する休業の補償が行われることになります。

■休業補償の額

　休業補償の額は、平均賃金の100分の60と定められています。私傷病によ

る休業期間中の保障をする健康保険法でも、傷病手当金が標準報酬日額の100分の60であるのに比べて均衡がとれないような感じもしますが、業務上の災害による補償責任は、民法上の不法行為の賠償責任と異なり、使用者に過失の有無にかかわらず賠償責任を負わせていますので、その補償を平均賃金の全額について行わせることが困難となる場合があります。したがって、本条は、これを全額の補償とはせず、平均賃金の100分の60と定めています。

　休業補償は、労働者の「療養中」について行うことになっていますから、法第26条に規定する休業手当の場合と異なり、療養中に含まれる休日についても補償を行わなければなりません。これは、既に述べたように平均賃金の算定が一生活日当たりの平均額を算定する方法によっていることからも当然でしょう。また、この補償の規定は、一時的一部労働不能の場合、つまり半日だけ休業した場合にも適用されます（則第38条）。

■休業補償のスライド

（1）　常時100人以上の労働者を使用する事業場については、休業補償を受けている労働者と同一事業場の同一職種・同一条件の他の労働者に対し、所定労働時間労働した場合に支払われる通常の賃金の四半期ごと（1月から3月まで、4月から6月まで、7月から9月まで及び10月から12月まで）の1か月1人当たりの平均額（平均給与額）を基礎として、その額が療養中の労働者が業務上負傷し、または疾病にかかった日の属する四半期における平均給与額の20％以上上昇したり、低下した場合

（2）　常時100人未満の労働者を使用する事業場については、厚生労働省で作成する毎月勤労統計における当該事業場の属する産業について算出される「毎月きまつて支給する給与」の各四半期ごとの労働者1人当たりの1か月平均額を基礎として、その額が療養中の労働者が業務上負傷し、または疾病にかかった日の属する四半期の毎月勤労統計に

おける平均給与額の20%以上上昇したり、低下した場合

（3）　日日雇い入れられる者については、以上の方法によることが困難
　　ですので、厚生労働大臣が休業補償の額を改訂する告示を行った場合

（4）　前記（1）の場合において同一職種・同一条件の労働者がいない
　　場合には、当該事業場の全労働者の四半期ごとの1人当たりの平均給
　　与額を基礎として、その額が療養中の労働者が業務上負傷し、または
　　疾病にかかった日の属する四半期の全労働者の1人当たり平均給与額
　　の20%以上上昇したり、低下した場合

（5）　前記（2）の場合において毎月勤労統計に当該事業場の属する産
　　業がないときにおいては、厚生労働大臣が告示で休業補償の額を上昇
　　させたり、低下させた場合

　なお、「常時100人未満の労働者を使用する事業場」に、療養中の労働者
の属する事業場が該当するかどうかの認定は、前年度の1年間に使用した
延労働者数を当該1年間の所定労働日数で除した労働者数によって行われ
ます（則第38条の2）。

　本条の規定によって休業補償の額が増額されたり減額される額は、20%
以上上昇し、または低下した比率に応じて定められますが、20%のスライ
ドを基礎としたのは、雇用保険における基本手当の日額のスライドの場合
にならったものです。また、その計算を簡単にするため、上昇率や下降率
に100分の1未満の端数があるときは、これを切り捨て（則第38条の6）、
またスライドによって増額された休業補償は、そのスライドが行われるこ
とが決まった四半期の次の次の四半期の最初の月から支払われることとな
ります。たとえば、2月において休業補償の額を20%以上増額することが
決定されると、次の次の四半期の最初の月、つまり、7月からその増額さ
れた休業補償が支払われます。このように、増額された休業補償の支払開
始期を次の次の四半期の最初の月としたのは、四半期ごとの毎月勤労統計
の平均給与額が明らかになるのが、常に次の期の第2月目であるからです。
また、このスライドの方式は、一度スライドによって休業補償の額が増額

されたあとにおいて、さらに本条の要件を満たすようになった場合にも適用されるのであって、その回数についての制限はありません。

■罰　則

　使用者が本条に違反して休業補償を行わないと、6か月以下の懲役または30万円以下の罰金に処せられます（法第119条第1号）。

第3　障害補償

（障害補償）
第77条　労働者が業務上負傷し、又は疾病にかかり、治つた場合において、その身体に障害が存するときは、使用者は、その障害の程度に応じて、平均賃金に別表第2に定める日数を乗じて得た金額の障害補償を行わなければならない。

別表第2（後掲324頁参照）

‥‥‥‥‥‥‥‥‥‥‥‥‥‥‥‥‥‥‥‥‥‥‥‥‥‥‥‥‥‥‥‥‥‥‥

（身体障害の等級）
　則第40条　障害補償を行うべき身体障害の等級は、別表第2による。
　②　別表第2に掲げる身体障害が2以上ある場合は、重い身体障害の該当する等級による。
　③　次に掲げる場合には、前2項の規定による等級を次の通り繰上げる。但し、その障害補償の金額は、各々の身体障害の該当する等級による障害補償の金額を合算した額を超えてはならない。
　　一　第13級以上に該当する身体障害が2以上ある場合　　1級
　　二　第8級以上に該当する身体障害が2以上ある場合　　2級
　　三　第5級以上に該当する身体障害が2以上ある場合　　3級
　④　別表第2に掲げるもの以外の身体障害がある者については、その障害程度に応じ、別表第2に掲げる身体障害に準じて、障害補償を行わなければならない。
　⑤　既に身体障害がある者が、負傷又は疾病によつて同一部位について障害の程度を加重した場合には、その加重された障害の該当する障害補償の金額より、既にあつた障害の該当する障害補償の金額を差し引

いた金額の障害補償を行わなければならない。

（補償の支払）

則第47条　障害補償は、労働者の負傷又は疾病がなおつた後身体障害の等級が決定した日から7日以内にこれを行わなければならない。

② 　遺族補償及び葬祭料は、労働者の死亡後遺族補償及び葬祭料を受けるべき者が決定した日から7日以内にこれを行い又は支払わなければならない。

③ 　第2回以後の分割補償は、毎年、第1回の分割補償を行つた月に応当する月に行わなければならない。

　本条は業務上の傷病の治ゆしたあとに、永久的全部労働不能、つまり一生完全にどんな労働にも従事できないような身体の障害から、単に傷痕を残す程度の障害にいたるまでの各障害について、これを14等級に区分し、その等級に応じて、最高平均賃金の1340日分から最低平均賃金の50日分の一時金による補償を使用者に命じています。本法別表の各等級の日数は、平均賃金の3分の2を6年間・年利3分の複利で補償を行う計算で障害等級第1級の補償金額を平均賃金の1340日分とし、以下各等級もこれに従って修正し端数を整理したものです。

　なお、労災保険法では障害等級の第1級から第7級までの重度障害を残す者に限り、その障害補償費は、終身年金が支給されることになっています。また、障害特別支給金も支給されることになっています。

■障害等級の決定と支払いの時期

　障害補償の等級が決められるのは、負傷及び疾病が「治つた」ときですが、「治つた」ときというのは、負傷、疾病が全治したときでなく、その症状が固定し、効果的な治療方法が期待できなくなったときをいいます〔昭27・3・13山口地裁判決〕。

　具体的には、再発のおそれがあるかどうかと関連して困難な場合がありますが、負傷については、創面がゆ着し、その症状が安定し、医療効果が期待できない状態になったときであり、疾病については、慢性症状が持続

していても、急性症状がなくなり、慢性症状が安定し、医療効果が期待できない状態になったときをいいます。

障害補償の額は、障害の程度に応じて第1級から第14級に区分され、本法別表第2に定められており、その障害の程度は、則別表第2に定められています。

なお、則別表第2に定める障害が2以上ある場合には、原則として重い身体障害の該当する等級によりますが、一定の場合には等級が繰り上げられます（則第40条）。障害補償は、障害等級が決定した日から7日以内に、支払わなければならないこととなっています（則第47条）。

■罰　則

使用者が本条の規定に違反して障害補償を行わないと、6か月以下の懲役または30万円以下の罰金に処せられます（法第119条第1号）。

別表第2　身体障害等級及び災害補償表（第77条関係）

等　　級	災害補償
第1級	1,340日分
第2級	1,190日分
第3級	1,050日分
第4級	920日分
第5級	790日分
第6級	670日分
第7級	560日分
第8級	450日分
第9級	350日分
第10級	270日分
第11級	200日分
第12級	140日分
第13級	90日分
第14級	50日分

則別表第2　身体障害等級表

等　　級	身　体　障　害
第1級 労働基準法第12条の平均賃金の1340日分）	1　両眼が失明したもの 2　咀嚼及び言語の機能を癈したもの 3　神経系統の機能又は精神に著しい障害を残し常に介護を要するもの 4　胸腹部臓器の機能に著しい障害を残し常に介護を要するもの 5　削除 6　両上肢を肘関節以上で失つたもの 7　両上肢の用を全癈したもの 8　両下肢を膝関節以上で失つたもの 9　両下肢の用を全癈したもの
第2級 （労働基準法第12条の平均賃金の1190日分）	1　1眼が失明し他眼の視力が0.02以下になつたもの 2　両眼の視力が0.02以下になつたもの 2の2　神経系統の機能又は精神に著しい障害を残し随時介護を要するもの 2の3　胸腹部臓器の機能に著しい障害を残し随時介護を要するもの 3　両上肢を腕関節以上で失ったもの 4　両下肢を足関節以上で失ったもの
第3級 （労働基準法第12条の平均賃金の1050日分）	1　1眼が失明し他眼の視力が0.06以下になつたもの 2　咀嚼又は言語の機能を癈したもの 3　神経系統の機能又は精神に著しい障害を残し終身労務に服することができないもの 4　胸腹部臓器の機能に著しい障害を残し終身労務に服することができないもの 5　10指を失つたもの
第4級 （労働基準法第12条の平均賃金の920日分）	1　両眼の視力が0.06以下になったもの 2　咀嚼及び言語の機能に著しい障害を残すもの 3　両耳を全く聾したもの 4　1上肢を肘関節以上で失つたもの 5　1下肢を膝関節以上で失つたもの 6　10指の用を癈したもの 7　両足をリスフラン関節以上で失つたもの
第5級 （労働基準法第12条の平均賃金の790日分）	1　1眼が失明し他眼の視力が0.1以下になつたもの 1の2　神経系統の機能又は精神に著しい障害を残し特に軽易な労務の外服することができないもの 1の3　胸腹部臓器の機能に著しい障害を残し特に軽易な労務の外服することができないもの 2　1上肢を腕関節以上で失つたもの 3　1下肢を足関節以上で失つたもの 4　1上肢の用を全癈したもの 5　1下肢の用を全癈したもの 6　10趾を失つたもの

第6級 （労働基準法第12条の 平均賃金の670日分）	1　両眼の視力が0.1以下になつたもの 2　咀嚼又は言語の機能に著しい障害を残すもの 3　両耳の聴力が耳に接しなければ大声を解することができ ない程度になつたもの 3の2　1耳を全く聾し他耳の聴力が40センチメートル以上 の距離では尋常の話声を解することができない程度になつ たもの 4　脊柱に著しい畸形又は運動障害を残すもの 5　1上肢の3大関節中の2関節の用を癈したもの 6　1下肢の3大関節中の2関節の用を癈したもの 7　1手の5指又は拇指及び示指を併せ4指失つたもの
第7級 （労働基準法第12条の 平均賃金の560日分）	1　1眼が失明し他眼の視力が0.6以下になつたもの 2　両耳の聴力が40センチメートル以上の距離では尋常の話 声を解することができない程度になつたもの 2の2　1耳を全く聾し他耳の聴力が1メートル以上の距離 では尋常の話声を解することができない程度になつたもの 3　神経系統の機能又は精神に障害を残し軽易な労務の外服 することができないもの 4　削除 5　胸腹部臓器の機能に障害を残し軽易な労務の外服するこ とができないもの 6　1手の拇指を併せ3指又は拇指以外の4指を失つたもの 7　1手の5指又は拇指を併せ4指の用を癈したもの 8　1足をリスフラン関節以上で失つたもの 9　1上肢に仮関節を残し著しい障害を残すもの 10　1下肢に仮関節を残し著しい障害を残すもの 11　10趾の用を癈したもの 12　外貌に著しい醜状を残すもの 13　両側の睾丸を失つたもの
第8級 （労働基準法第12条の 平均賃金の450日分）	1　1眼が失明し又は一眼の視力が0.02以下になつたもの 2　脊柱に運動障害を残すもの 3　1手の拇指を併せ2指又は拇指以外の3指を失つたもの 4　1手の拇指を併せ3指又は拇指以外の4指の用を癈した もの 5　1下肢を5センチメートル以上短縮したもの 6　1上肢の3大関節中の1関節の用を癈したもの 7　1下肢の3大関節中の1関節の用を癈したもの 8　1上肢に仮関節を残すもの 9　1下肢に仮関節を残すもの 10　1足の五趾を失ったもの
第9級 （労働基準法第12条の 平均賃金の350日分）	1　両眼の視力が0.6以下になったもの 2　1眼の視力が0.06以下になったもの 3　両眼に半盲症、視野狭窄又は視野変状を残すもの 4　両眼の眼瞼に著しい欠損を残すもの 5　鼻を欠損しその機能に著しい障害を残すもの

	6　咀嚼及び言語の機能に障害を残すもの
	6の2　両耳の聴力が1メートル以上の距離では尋常の話声を解することができない程度になったもの
	6の3　一耳の聴力が耳に接しなければ大声を解することができない程度になり他耳の聴力が1メートル以上の距離では尋常の話声を解することが困難である程度になつたもの
	7　1耳を全く聾したもの
	7の2　神経系統の機能又は精神に障害を残し服することができる労務が相当な程度に制限されるもの
	7の3　胸腹部臓器の機能に障害を残し服することができる労務が相当な程度に制限されるもの
	8　1手の拇指又は拇指以外の2指を失つたもの
	9　1手の拇指を併せ2指又は拇指以外の3指の用を癈したもの
	10　1足の第1趾を併せ2趾以上を失つたもの
	11　1足の5趾の用を癈したもの
	11の2　外貌に相当程度の醜状を残すもの
	12　生殖器に著しい障害を残すもの
第10級 （労働基準法第12条の平均賃金の270日分）	1　1眼の視力が0.1以下になったもの 1の2　正面視で複視を残すもの 2　咀嚼又は言語の機能に障害を残すもの 3　14歯以上に対し歯科補綴を加えたもの 3の2　両耳の聴力が1メートル以上の距離では尋常の話声を解することが困難である程度になつたもの 4　1耳の聴力が耳に接しなければ大声を解することができない程度になつたもの 5　削除 6　1手の拇指又は拇指以外の2指の用を癈したもの 7　1下肢を3センチメートル以上短縮したもの 8　1足の第1趾又は他の4趾を失つたもの 9　1上肢の3大関節中の1関節の機能に著しい障害を残すもの 10　1下肢の3大関節中の1関節の機能に著しい障害を残すもの
第11級 （労働基準法第12条の平均賃金の200日分）	1　両眼の眼球に著しい調節機能障害又は運動障害を残すもの 2　両眼の眼瞼に著しい運動障害を残すもの 3　1眼の眼瞼に著しい欠損を残すもの 3の2　10歯以上に対し歯科補てつを加えたもの 3の3　両耳の聴力が1メートル以上の距離では小声を解することができない程度になつたもの 4　1耳の聴力が40センチメートル以上の距離では尋常の話声を解することができない程度になつたもの 5　脊柱に畸形を残すもの 6　1手の中指又は環指を失つたもの 7　削除

	8　1足の第1趾を併せ2趾以上の用を癈したもの 9　胸腹部臓器に障害を残し労務の遂行に相当な程度の支障 　　があるもの
第12級 （労働基準法第12条の 平均賃金の140日分）	1　1眼の眼球に著しい調節機能障害又は運動障害を残すも 　　の 2　1眼の眼瞼に著しい運動障害を残すもの 3　7歯以上に対し歯科補綴を加えたもの 4　1耳の耳殻の大部分を欠損したもの 5　鎖骨、胸骨、肋骨、肩胛骨又は骨盤骨に著しい畸形を残 　　すもの 6　1上肢の3大関節中の1関節の機能に障害を残すもの 7　1下肢の3大関節中の1関節の機能に障害を残すもの 8　長管骨に畸形を残すもの 8の2　1手の小指を失つたもの 9　1手の示指、中指又は環指の用を癈したもの 10　1足の第2趾を失つたもの、第2趾を併せ2趾を失つた 　　もの又は第3趾以下の3趾を失つたもの 11　1足の第1趾又は他の4趾の用を癈したもの 12　局部に頑固な神経症状を残すもの 13　削除 14　外貌に醜状を残すもの
第13級 （労働基準法第12条の 平均賃金の90日分）	1　1眼の視力が0.6以下になつたもの 2　1眼に半盲症、視野狭窄又は視野変状を残すもの 2の2　正面視以外で複視を残すもの 3　両眼の眼瞼の一部に欠損を残し又は睫毛禿を残すもの 3の2　5歯以上に対し歯科補てつを加えたもの 3の3　胸腹部臓器の機能に障害を残すもの 4　1手の小指の用をの用を癈したもの 5　1手の拇指の指骨の一部を失つたもの 6　削除 7　削除 8　1下肢を1センチメートル以上短縮したもの 9　1足の第3趾以下の1趾又は2趾を失つたもの 10　1足の第2趾の用を癈したもの、第2趾を併せ2趾の用 　　を癈したもの又は第3趾以下の3趾の用を癈したもの
第14級 （労働基準法第12条の 平均賃金の50日分）	1　1眼の眼瞼の一部に欠損を残し又は睫毛禿を残すもの 2　3歯以上に対し歯科補綴を加えたもの 2の2　1耳の聴力が1メートル以上の距離では小声を解す 　　ることができない程度になつたもの 3　上肢の露出面に手掌面大の醜痕を残すもの 4　下肢の露出面に手掌面大の醜痕を残すもの 5　削除 6　1手の拇指以外の指骨の一部を失つたもの 7　1手の拇指以外の指の末関節を屈伸することができなく 　　なつたもの

	8　1足の第3趾以下の1趾又は2趾の用を癈したもの 9　局部に神経症状を残すもの

備　考
1　視力の測定は万国式試視力表による。屈折異常のあるものについては矯正視力について測定する。
2　指を失つたものとは拇指は指関節、その他の指は第一指関節以上を失つたものをいう。
3　指の用を癈したものとは、指の末節の半分以上を失い又は掌指関節若しくは第一指関節（拇指にあつては指関節）に著しい運動障害を残すものをいう。
4　趾を失つたものとはその全部を失つたものをいう。
5　趾の用を癈したものとは第一趾は末節の半分以上、その他の趾は末関節以上を失つたもの又は蹠趾関節若しくは第1趾関節（第1趾にあつては趾関節）に著しい運動障害を残すものをいう。

第4　休業補償と障害補償の例外

（休業補償及び障害補償の例外）
第78条　労働者が重大な過失によつて業務上負傷し、又は疾病にかかり、且つ使用者がその過失について行政官庁の認定を受けた場合においては、休業補償又は障害補償を行わなくてもよい。

（過失についての認定）
則第41条　法第78条の規定による認定は、様式第15号により、所轄労働基準監督署長から受けなければならない。この場合においては、使用者は、同条に規定する重大な過失があつた事実を証明する書面をあわせて提出しなければならない。

　本条は民法の過失相殺に似た規定ですが、使用者が補償義務を免れるのは、労働者に故意に近い重大な過失がある場合であり、かつ、その過失について行政官庁の認定があった場合に限定されます。これは、本法とその附属規則とくに労働安全衛生規則の中には、労働者に義務を課している場合が多いので、これらの義務について注意を呼び起こす意義を持っているものと考えられます。

　労働者の重大な過失によって使用者の補償義務が免除されるのは、休業
補償と障害補償の2つの場合だけで、療養補償、遺族補償、葬祭料の義務
については免除されません。

■「重大な過失」の定義

　「重大な過失」というのは、故意ともいえるほどの重い過失をいいます。
たとえば、無免許運転による自動車衝突事故〔昭28. 9. 24基収第4066号〕、
踏切前の一時停止を怠ったことによる自動車運転手の衝突事故〔昭26. 9.
14基収第3850号〕など労働者が遵守すべき法律、命令に違反して業務上の
傷病を被ったときや、就業規則その他当該事業場の安全衛生に関する規律
で、一般に遵守されているものに違反して業務上の傷病を被った場合等が
これに該当します。

　なお、使用者が労働者の重大な過失について認定を受けるためには、そ
の事実を証明する書面を添えて所轄労働基準監督署長に申請しなければな
りません（則第41条）。

第5　遺族補償

　　（遺族補償）
第79条　労働者が業務上死亡した場合においては、使用者は、遺族に
　　対して、平均賃金の1000日分の遺族補償を行わなければならない。

　　（遺族補償を受ける者）
則第42条　遺族補償を受けるべき者は、労働者の配偶者（婚姻の届出を
　　しなくとも事実上婚姻と同様の関係にある者を含む。以下同じ。）とす
　　る。
② 　配偶者がない場合には、遺族補償を受けるべき者は、労働者の子、父
　　母、孫及び祖父母で、労働者の死亡当時その収入によつて生計を維持し
　　ていた者又は労働者の死亡当時これと生計を一にしていた者とし、そ

の順位は、前段に掲げる順序による。この場合において、父母については、養父母を先にし実父母を後にする。

（遺族補償の受給者）

則第43条　前条の規定に該当する者がない場合においては、遺族補償を受けるべき者は、労働者の子、父母、孫及び祖父母で前条第2項の規定に該当しないもの並びに労働者の兄弟姉妹とし、その順位は、子、父母、孫、祖父母、兄弟姉妹の順序により、兄弟姉妹については、労働者の死亡当時その収入によつて生計を維持していた者又は労働者の死亡当時その者と生計を一にしていた者を先にする。

②　労働者が遺言又は使用者に対してした予告で前項に規定する者のうち特定の者を指定した場合においては、前項の規定にかかわらず、遺族補償を受けるべき者は、その指定した者とする。

（遺族補償の等分）

則第44条　遺族補償を受けるべき同順位の者が2人以上ある場合には、遺族補償は、その人数によつて等分するものとする。

（遺族補償受給権の消滅）

則第45条　遺族補償を受けるべきであつた者が死亡した場合には、その者にかかる遺族補償を受ける権利は、消滅する。

②　前項の場合には、使用者は、前三条の規定による順位の者よりその死亡者を除いて、遺族補償を行わなければならない。

（補償の支払）

則第47条（323頁参照）

使用者は、労働者が業務上死亡した場合平均賃金の1,000日分を遺族補償として支払わなければなりません。

1,000日分としたのは、障害等級の最高（両眼失明、半身不随等）を単に永久的全部労働不能とみず、常に介護が必要なので、その労働能力の喪失を死亡の100％喪失に対して150％喪失とみ、これを、第1級障害補償1,340日分から逆算して得た893日を修正して、1,000日分と定めています。

なお、労災保険給付においては、遺族補償は年金制度になっています。

■「業務上の死亡」の定義

「業務上の死亡」というのは、業務遂行中の死亡はもちろんのこと、業務

上の負傷、疾病の療養中に死亡した場合でも、それが業務上の傷病に起因するものであることが明らかな場合を含みます。しかし、療養中の死亡であっても、それが、法第81条の打切補償を受けたあとの死亡である場合には、遺族補償を行う義務はありません。

■受給者の範囲と順序

遺族補償を受けるべき者の範囲とその順序は、則第42条から第45条までに規定されていますが、それは民法の遺産相続の場合とほとんど同様であって、遺族補償を受けるべき者の順位は、配偶者を第1順位とし、配偶者がないときは、死亡当時その者の収入で生計を維持し、またはこれと生計をともにしていた子、父母、孫、祖父母の順で第2順位者が定められています。第3順位者としては、第2順位に該当しない子、父母、孫、祖父母、兄弟姉妹が定められています。第3順位の者については、労働者が遺言や使用者に対する予告によって、その順位の変更ができることとされています。また、遺族補償を受けるべき者が死亡したときは、次順位者が遺族補償を受けることになります。

■罰 則

使用者が本条に違反して遺族補償を行わないと、6か月以下の懲役または30万円以下の罰金に処せられます（法第119条第1号）。

第6 葬祭料

（葬祭料）

第80条 労働者が業務上死亡した場合においては、使用者は、葬祭を行う者に対して、平均賃金の60日分の葬祭料を支払わなければならない。

（補償の支払）

則第47条（323頁参照）

　葬祭料の受領権者は、現実に葬祭を行う者ですから、その範囲は、前条の遺族補償を受けることができる者とは必ずしも一致しません。

　本条の葬祭料と前条の遺族補償は、「労働者の死亡後遺族補償及び葬祭料を受けるべき者が決定した日から7日以内にこれを行い又は支払わなければならない」（則第47条第2項）ことになっています。

　なお、労災保険法による葬祭料の額は、315,000円に給付基礎日額（本法の平均賃金に相当する額）の30日分を加算した額、または給付基礎日額の60日分の額のいずれか高いほうの額となっています。

■罰　　則

　使用者が本条に違反して葬祭料を支払わないと、6か月以下の懲役または30万円以下の罰金に処せられます（法第119条第1号）。

第7　打切補償

（打切補償）

第81条　第75条の規定によつて補償を受ける労働者が、療養開始後3年を経過しても負傷又は疾病がなおらない場合においては、使用者は、平均賃金の1200日分の打切補償を行い、その後はこの法律の規定による補償を行わなくてもよい。

■打切補償の効果

　労働者の負傷、疾病が長期にわたって治ゆしないときは、療養開始後3年を経過すれば平均賃金の1,200日分の打切補償を行うことを条件に、その

後の療養補償、休業補償、障害補償、その他のすべての補償について責任を免れることとしたものです〔昭28. 4 . 8 基発第192号〕。同時に、法第19条の解雇制限の規定も適用されなくなり、その労働者を解雇することができます。

　しかし、このような打切補償制度は、個別企業の負担と労働者保護の調整のうえに認められた制度であり、労働者の生活保護の観点からみれば必ずしも十分なものとはいえず、また各国の立法例においても、年金制による終身補償が確立されつつある傾向にありますので、労災保険では終身補償を行うこととなっています。つまり、労災保険では、療養開始後１年６か月を経過しても傷病が治ゆしないときは、傷病補償年金を支給することとし、補償を受ける労働者が療養を必要とする限り、終身、一定の補償が行われることになっています。

■療養開始後３年の期間の計算

　「療養開始後３年の期間」の計算は、現在次のように取り扱われています。

（１）　負傷、疾病の当初より引き続き療養継続中のものについては、その療養を始めた日から起算して満３年とします。

（２）　もし、療養を一応やめたのち再び受ける場合においては、その中止した期間を除き、最初の療養の日から起算して現実に療養を受けた期間だけについて、これを通算します。なお、療養継続中自己の都合で中止したと認められるときは、その療養の中断期間は（１）の３年の期間中に含まれます。

第8　分割補償

（分割補償）

第82条　使用者は、支払能力のあることを証明し、補償を受けるべき
者の同意を得た場合においては、第77条又は第79条の規定による補
償に替え、平均賃金に別表第3に定める日数を乗じて得た金額を、
6年にわたり毎年補償することができる。

別表第3（後掲336頁参照）

....

（分割補償の一時払い）

則第46条　使用者は、法第82条の規定によつて分割補償を開始した後、補
償を受けるべき者の同意を得た場合には、別表第3によつて残余の補
償金額を一時に支払うことができる。

（補償の支払）

則第47条（323頁参照）

　使用者が支払能力のあることについて自ら証明し、一方、補償を受ける
労働者または遺族が分割払いに同意した場合に、障害補償と遺族補償の分
割払いを認めることとし、労使双方に都合のよい制度としたのが本条の規
定です。災害補償の額は、6年間の定期金を標準としていますが、使用者
の中には、これを一時に支払うだけの負担能力のない場合もあり、労働者
にとっても障害補償を受けたあと同一事業場に引き続き勤務している場合
には、一時金として受けるより分割払いのほうが都合がよい場合もあるか
らです。

　使用者が支払能力のあることを証明し、補償を受けるべき者の同意を得
た場合においては平均賃金に法別表第3に定める日数を乗じて得た金額を、
6年に分割して毎年補償することができます。分割払いについては、受領
権者の同意が必要ですから、使用者が、残余金の一時払いを行おうとする
場合にもその同意を必要とします（則第46条）。支払期日については、同意
の要件となっていませんから、則第47条第3項は、「毎年、第1回の分割補

償を行った月に応当する月に行わなければならない。」と規定しています。

法別表第3　分割補償表（第82条関係）

種　別	等　級	災害補償
障害補償	第１級	240日分
	第２級	213日分
	第３級	188日分
	第４級	164日分
	第５級	142日分
	第６級	120日分
	第７級	100日分
	第８級	80日分
	第９級	63日分
	第10級	48日分
	第11級	36日分
	第12級	25日分
	第13級	16日分
	第14級	9日分
遺族補償		180日分

則別表第 3　分割補償の残余額一時払表（第46条関係）

区分　　　種別	等　級	既に支払つた分割補償が1年分のとき	左同2年分のとき	左同3年分のとき	左同4年分のとき	左同5年分のとき
			支払高			
障害補償	第 1 級	1,132日分	919日分	699日分	473日分	240日分
	第 2 級	1,005日分	815日分	621日分	420日分	213日分
	第 3 級	887日分	720日分	548日分	371日分	188日分
	第 4 級	774日分	628日分	478日分	323日分	164日分
	第 5 級	670日分	544日分	414日分	280日分	142日分
	第 6 級	566日分	459日分	350日分	237日分	120日分
	第 7 級	472日分	383日分	291日分	197日分	100日分
	第 8 級	377日分	306日分	233日分	158日分	80日分
	第 9 級	297日分	241日分	184日分	124日分	63日分
	第10級	226日分	184日分	140日分	95日分	48日分
	第11級	170日分	138日分	105日分	71日分	36日分
	第12級	118日分	96日分	73日分	49日分	25日分
	第13級	75日分	61日分	47日分	32日分	16日分
	第14級	42日分	34日分	26日分	18日分	9日分
遺族補償			849日分	689日分	524日分	355日分	180日分

第9 補償を受ける権利

> （補償を受ける権利）
> **第83条** 補償を受ける権利は、労働者の退職によつて変更されること
> はない。
> ② 補償を受ける権利は、これを譲渡し、又は差し押えてはならない。

　災害補償を受ける権利は、雇用関係が続いている期間だけに限られると
いうように誤解されやすいので、それを避けるため本条第1項の規定が設
けられており、第2項で、補償を受ける権利について譲渡や差押えを禁止
しています。

　労働者は、退職の場合だけでなく、業務上の負傷、疾病の療養中事業が
天災事変によって継続不可能となったため解雇された場合でも、療養補償、
休業補償の請求権を失うことはなく、また労働者が退職後に、退職前の業
務に起因する負傷・疾病の療養が必要になった場合でも、あるいは解雇後
の再発の場合であっても、すべての補償の権利を失いません。この場合、
補償義務者は業務上負傷し、または疾病にかかったときの事業場の使用者
であって、現に就業している事業場の使用者でないことはもちろんです。
じん肺の場合については、労働者が数事業場を転勤し、じん肺症発生のお
それのない事業場においてじん肺症と診断されたときは、じん肺症発生の
おそれのあった最後の事業場においてその疾病が発生したものとして取り
扱われ、その事業場の使用者に補償責任があるものと解されています。

　本条第2項は、補償請求権は処分の許されない一身上に専属する権利で
あることを明らかにした規定であり、他の社会保障制度における請求権と
同様の取扱いになっています。

第10　他の法律との関係

> （他の法律との関係）
>
> **第84条**　この法律に規定する災害補償の事由について、労働者災害補
> 償保険法（昭和22年法律第50号）又は厚生労働省令で指定する法令
> に基づいてこの法律の災害補償に相当する給付が行なわれるべきも
> のである場合においては、使用者は、補償の責を免れる。
> ②　使用者は、この法律による補償を行つた場合においては、同一の
> 事由については、その価額の限度において民法による損害賠償の責
> を免れる。

　労災保険法は、使用者の責任保険の形をとらず、労働者に直接請求権を
付与していますので、労災保険法と本法の関係を調整するため、労災保険
法によって補償される場合には、労働基準法上の使用者の災害補償責任を
免除することとしたものです。また、本法による補償を行った場合には、
その価額の限度において同一の事由について民法上の損害賠償の責任を免
れます。

　労災保険法では、障害補償の一部と遺族補償を終身年金とし、傷病補償
年金により打切補償は行わずに必要な限り一定の補償をする長期給付制度
をとっています。したがって、実質的には一層合理的な被災労働者の生活
確保を図ることとされていますが、これらの長期給付と本法の災害補償義
務との関係を調整するのが本条第1項の規定といえます。

　さらに、労災保険法以外の法令でも、本法の補償と同様の給付が行われ
るものがある場合に、これを厚生労働省令で指定して、本法の災害補償責
任を免除できることとしたものですが、現在厚生労働省令で指定された法
令は「国家公務員災害補償法」など3つあります。

■民法の損害賠償との調整

　本法の災害補償責任は民法上の不法行為に基づく損害賠償責任（民法第709条以下）と多くの点で異なっているため、使用者は、労働者の災害について二重に賠償責任を負わせられる場合も生じますので、その間の調整を図り、本法の規定によって災害補償を支払った場合は、同一の事由については民法上の損害賠償責任を免れることを規定したものです。しかし、労働災害に基づく精神的苦痛に対する慰謝料は、本法の災害補償には含まれていませんので、この点については、災害補償の有無にかかわらず、民法上の損害賠償として請求されれば、その賠償責任があると解されます〔労災保険法の事案について、昭58・4・19最高裁（三小）判決〕。

■第三者の行為による場合の補償責任

　本条第2項の規定は、使用者が災害補償を行った場合における民法上の損害賠償責任との関係を定めているにすぎませんので、逆に民法上の損害賠償を先に行った場合の災害補償責任の問題と、使用者以外の第三者が不法行為によって労働者に業務上傷病を負わせた場合（たとえば、業務として物品運搬中の労働者が他会社の自動車にひかれた場合等）の第三者の民法上の損害賠償責任と使用者の災害補償責任との関係の問題をどう理解するかは、もっぱら法解釈に任せられることになります。この2つの問題については、①それぞれ別個に補償責任が残るとする見解と、②業務上の傷病については民法上の損害賠償責任が排除されるので、両責任が競合することはないとする見解とがありますが、本条第2項の規定が民法上の損害賠償責任と本法上の災害補償責任とが競合することを前提として規定していることからみて、この2つの問題の場合にも責任が競合すると解すべきであり、その場合の責任は、労働者が同一事故について重複して補償を受けることのないよういずれかの責任が免責されると解すべきです。つまり、災害補償と民法上の損害賠償とは、ともに損害を償うことを目的とするものですから、労働者が一方の給付によってその損害の埋め合わせがついた

以上は、同一の損害についてさらに他の給付を受けるいわれはありません。したがって、第1の問題（使用者が民法上の損害賠償を先に行った場合の使用者の災害補償責任）については、民法上の損害賠償を行った限度において本法上の災害補償責任が免除されることになります。また、第2の問題（第三者行為による場合）については、損害の発生について故意・過失のない使用者に負担を帰属させ、故意・過失のある第三者が負担を免れると解することは不合理ですので、使用者は、不法行為者である第三者の行った損害賠償の限度において災害補償責任を免れると解すべきです〔同旨法制局一発第7号〕（労災保険法第12条の4）。また、不法行為者である第三者が損害賠償を行う以前に使用者が災害補償を行った場合は、その価額の限度において、使用者は被災労働者（または遺族）が第三者に対して持っている損害賠償請求権を代位（民法第422条）して行使することができると解されます。

第11　審査と仲裁

（審査及び仲裁）
第85条　業務上の負傷、疾病又は死亡の認定、療養の方法、補償金額の決定その他補償の実施に関して異議のある者は、行政官庁に対して、審査又は事件の仲裁を申し立てることができる。
② 　行政官庁は、必要があると認める場合においては、職権で審査又は事件の仲裁をすることができる。
③ 　第1項の規定により審査若しくは仲裁の申立てがあつた事件又は前項の規定により行政官庁が審査若しくは仲裁を開始した事件について民事訴訟が提起されたときは、行政官庁は、当該事件については、審査又は仲裁をしない。
④ 　行政官庁は、審査又は仲裁のために必要であると認める場合においては、医師に診断又は検案をさせることができる。

> ⑤　第１項の規定による審査又は仲裁の申立て及び第２項の規定による審査又は仲裁の開始は、時効の完成猶予及び更新に関しては、これを裁判上の請求とみなす。

　災害補償の権利について異議のある場合に、一般の民事手続による裁判では、判決までに相当の期日がかかり、また訴訟費用もかかるので、本条は民事上の裁判によらない簡単な救済手段を規定しているのです。

■審査・仲裁の法的性格

　「審査」というのは、争いとなっている問題点を調査し、事実について判断することであり、「仲裁」というのは、争いとなっている問題点の和解的解決を図る行政官庁の行為をいうのですが、これは行政処分ではなく、単なる勧告的性質を持つにすぎないものです〔昭38・2・11仙台高裁判決：石巻監督署事件〕。また、仲裁法上の仲裁判断（仲裁法第45条第1項）や労働関係調整法の仲裁（労調法第4章第34条）などとは、直接の法的拘束力を持たない点で区別されます。「行政官庁」とは、所轄労働基準監督署長を指します。

■対象となる事項

　審査・仲裁を行える範囲は、使用者が行った業務上外の認定、療養の方法、平均賃金の算定、障害等級の認定等補償金額の決定その他使用者が行う補償の実施に関することです。したがって、本法第78条に基づく重大過失に関する行政官庁の認定に対する異議は含まれません〔昭31・10・30最高裁（三小）判決〕。ただし、行政官庁の認定そのものに対する異議でない場合、たとえば、行政官庁の認定に従って使用者が災害補償を実施しない場合、これに対して労働者が異議を申し立てることは差し支えありません。

　審議や仲裁に入った事件について民事訴訟が提起された場合は、当事者

の一方または双方が単なる勧告的性質を持つにすぎない審査・仲裁では満足せず、法的拘束力を有する判断を求めるにいたったと認められますので、その事案については審査・仲裁を行わないことになっています。

　なお、本条による審査・仲裁は、労災保険の給付決定と異なり、行政処分ではありませんから、行政訴訟の対象とすることはできません〔昭31・10・30最高裁（三小）判決〕。

■時効の完成猶予及び更新

　異議のある者が審査・仲裁の請求を申し立て、事件が係争中である場合に、時効に関してその進行の停止の措置を講じておかないときは、本法による災害補償請求権が2年の短期時効にかかるものであるだけに、場合によってはその係争中に請求権を喪失し、労働者にとって不利な結果となるおそれがあります。そこで審査・仲裁の請求がある場合や行政官庁が職権で審査・仲裁を開始した場合は、民法第147条と第153条に規定する時効の完成猶予及び更新の効力を生ずる裁判上の請求とみなされることとなっています。

　労災保険法に基づく保険給付に関する審査と再審査は、労働者災害補償保険審査官と労働保険審査会により、本条による審査・仲裁と表裏一体となって運営されています。

第12　労働者災害補償保険審査官の審査と仲裁

> **第86条**　前条の規定による審査及び仲裁の結果に不服のある者は、労働者災害補償保険審査官の審査又は仲裁を申し立てることができる。
> ②　前条第3項の規定は、前項の規定により審査又は仲裁の申立てがあつた場合に、これを準用する。

　本条は、前条の規定に基づく審査や仲裁に不服のある者のため、さらに

これを救済する制度として設けられたものです。

　労働者災害補償保険審査官は、都道府県労働局に置かれ、その労働局の管轄区域内にある労働基準監督署長の行った労災保険法の規定による給付について異議の申立てがあったときに、これを審査決定することが主な任務となっています（労働保険審査官及び労働保険審査会法第2条第1項）が、この本来の任務とは別に、本条によって、前条の行政官庁の審査・仲裁に不服のある者のための第2審的審査機関としての事務をも行うことになっています（労働保険審査官及び労働保険審査会法第6条）。

　審査・仲裁は、単に勧告性質のものであり、行政処分ではありませんので、本条の再審査も訴願ではなく、したがって、労災保険審査官の審査・仲裁も法的には何ら直接的拘束関係が生じないものと解されます。ただし、行政運営上は、労災保険審査官の決定を尊重することとなりましょう。

　審査官に対する不服申立期間については、特別の規定は設けられていませんので、消滅時効（2年）が完成するまでは、いつでも請求できると解してもよいでしょう。

第13　請負事業に関する例外

（請負事業に関する例外）

第87条　厚生労働省令で定める事業が数次の請負によつて行われる場合においては、災害補償については、その元請負人を使用者とみなす。

② 　前項の場合、元請負人が書面による契約で下請負人に補償を引き受けさせた場合においては、その下請負人もまた使用者とする。但し、2以上の下請負人に、同一の事業について重複して補償を引き受けさせてはならない。

③ 　前項の場合、元請負人が補償の請求を受けた場合においては、補償を引き受けた下請負人に対して、まづ催告すべきことを請求することができる。ただし、その下請負人が破産手続開始の決定を受け、

又は行方が知れない場合においては、この限りでない。

………………………………………………………………………………

（請負事業に関する例外規定を適用する事業）
　　則第48条の2　法第87条第1項の厚生労働省令で定める事業は、法別表
　　第1第3号に掲げる事業とする。

　請負が民法の請負契約による場合には、労働関係は形式上、下請負人と
労働者との間にあるのですが、土木建築業などにおいて下請がさらに下請
に出すというような、数次の下請が行われる場合、その工事に関する危険
負担は事実上元請負人が負担する場合が多いことと、下請負人は補償義務
を負担する能力のない場合が多いことが考えられますから、災害補償につ
いては元請負人を使用者とみなし、その元請負人に補償を行わせることに
しています。

　しかし、元請負人が、書面で下請負人に補償の義務を引き受けさせた場
合には、その下請負人もまた使用者とみなされ、補償の義務は、原則とし
て第一次的には下請負人にあることにしています。ただし、下請負人がい
くら催促されても補償を行わない場合は、元請負人が補償を行わなければ
なりません。元来元請負人は、本条によって補償義務を負うのですから、
現実に補償義務が生じたあとにおいて下請負人に補償の義務を引き受けさ
せることはできません。

　なお、災害補償に関する報告義務を有する者は元請負人であると解され
ます（則第57条）。

第14　補償に関する細目

（補償に関する細目）
第88条　この章に定めるものの外、補償に関する細目は、厚生労働省
令で定める。

　本条の規定に基づいて、則第35条から第48条の２までに、各補償に関す
る規定が定められていることは、既に述べたとおりです。

第9章　就業規則

就業規則というのは、後述のように事業場において労働者の就業につい
て守られなければならない規律と労働条件の細目を定めたものですが、そ
の法律的性質が問題とされます。つまり、労働者が就業規則の定めるとこ
ろに従わなければならないのは、①雇入れに当たって、その規則に同意し、
そこに契約が成立したからであるとする「契約説」、②就業規則は、法令
と同じように法的性格を持って事業場内の労働者を拘束するものであると
する「法規範説」、③「契約説」を発展させた考え方として、労働者が就
業規則の定めに従うこととなるのは、労働者が各個にあるいは労働組合を
通じて特に異議を表明しない限り、各個の労使関係において、労働契約に
ついては、"就業規則"によるという事実上の慣行が存在するからだとする
「事実たる慣習説」等と議論は分かれていますが、本法が広い意味での労働
条件と事業場内の種々の定めを就業規則で網羅的に記載すべきことを規定
し、その作成については労働組合または労働者代表の意見を聴くことを要
求し、その効力については就業規則で定める労働条件の基準が労働契約に
優先することを明らかにし、また労働契約の締結に当たってはその内容を
労働者に明示すべきことを要求している等の点からみて、少なくとも、就
業規則を事業場内における社会的規範と認めるような趣旨で規定されてい
るとみてよいでしょう。なお、この点に関連して、就業規則は当該事業場
内での社会的規範であるだけでなく、それが合理的な労働条件を定めてい
るものである限り、法的規範としての性質を認められるに至っているもの
と解すべきである旨を判示した最高裁判決があります〔秋北バス事件：昭
43・12・25大法廷判決〕。

第1　作成と届出義務

（作成及び届出の義務）

第89条　常時10人以上の労働者を使用する使用者は、次に掲げる事項について就業規則を作成し、行政官庁に届け出なければならない。次に掲げる事項を変更した場合においても、同様とする。

一　始業及び終業の時刻、休憩時間、休日、休暇並びに労働者を2組以上に分けて交替に就業させる場合においては就業時転換に関する事項

二　賃金（臨時の賃金等を除く。以下この号において同じ。）の決定、計算及び支払の方法、賃金の締切り及び支払の時期並びに昇給に関する事項

三　退職に関する事項（解雇の事由を含む。）

三の二　退職手当の定めをする場合においては、適用される労働者の範囲、退職手当の決定、計算及び支払の方法並びに退職手当の支払の時期に関する事項

四　臨時の賃金等（退職手当を除く。）及び最低賃金額の定めをする場合においては、これに関する事項

五　労働者に食費、作業用品その他の負担をさせる定めをする場合においては、これに関する事項

六　安全及び衛生に関する定めをする場合においては、これに関する事項

七　職業訓練に関する定めをする場合においては、これに関する事項

八　災害補償及び業務外の傷病扶助に関する定めをする場合においては、これに関する事項

九　表彰及び制裁の定めをする場合においては、その種類及び程度に関する事項

十　前各号に掲げるもののほか、当該事業場の労働者のすべてに適用される定めをする場合においては、これに関する事項

（就業規則の届出）

> **則第49条** 使用者は、常時10人以上の労働者を使用するに至つた場合においては、遅滞なく、法第89条の規定による就業規則の届出を所轄労働基準監督署長にしなければならない。
> ② 法第90条第2項の規定により前項の届出に添付すべき意見を記した書面は、労働者を代表する者の氏名を記載したものでなければならない。

　多数の労働者を使用している事業場では、その労働者が就業上守るべき規律や、賃金、労働時間その他の労働条件に関する具体的な細目を定めた規則が作られているのが通例です。そして個々の労働者は、各人が使用者と締結した労働契約においては労働条件その他の就業上の取扱いの細部にわたっていちいち決められていなくても、このように一般的に定められた規則が自動的に適用されて、個々の権利義務が定められるのが通例です。本章でいっている就業規則とはこのような規則の総称です。

■就業規則の作成義務

　常時10人以上の労働者を使用する使用者は、その事業の種類に関係なく就業規則を作成して労働基準監督署長に届け出なければなりません。「常時10人以上の労働者を使用する」というのは、ときには10人未満となることもあるものの、10人以上を使用するのが常態である場合をいいます。本条によって就業規則を作成し届け出る義務は各事業場ごとに課せられるのであって、本条のいう使用者とは、一般には各事業場の長であり、同一企業の内部においても事業場が違っていれば、それぞれの事業場の長が届出をしなければなりません。したがって、常時使用する労働者の数が10人以上であるかどうかは同一企業についてではなく、個々の事業場についてみるわけです。

　就業規則を作成し届け出なければならなくなった場合、使用者は遅滞なく所轄労働基準監督署長に届け出なければなりません（則第49条）。届出をしなければならないのは、常時10人以上の労働者を使用するようになった

場合と、いったん届け出た就業規則を改正した場合であって、あとに述べる任意的記載事項でもいったん記載した以上、これを変更すれば届け出なければなりません。

　なお、就業規則は、記載事項すべてを一つの規則として作成する必要はありませんが、それらの別に定められた規則も労働基準法上の就業規則の一部であって、本条その他就業規則についての規定の適用を受けることはもちろんです。

　また、就業規則は、同一事業場の労働者については同一のものでなければならないわけではなく、同一事業場内で一部の労働者について別の就業規則を定めることは差し支えありませんが、就業規則は事業場内のすべての労働者に適用されるべきものですから、一部の労働者について別の就業規則を作らずに、就業規則の全部または一部の適用を排除することは許されません〔昭23.10.30基収第1575号〕。

■効力の発生時期

　就業規則が効力を発生する時期については、労働者の意見を聴いたとき、行政官庁に届け出たとき、あるいは労働者に周知させたとき、というようにいろいろの見解が分かれていますが、就業規則の効力発生の時期は、労働者に周知の手続をとったときと解すべきでしょう〔同旨　昭30・6・30東京地裁決定〕。したがって、法第90条による労働者の意見を聴いたとき、または行政官庁に届け出たときは、就業規則の効力発生時期とは直接関係がないものと考えられます。なお、就業規則中にこの効力発生時期について定めがある場合でも、この効力を就業規則が有効に成立したとき以前にさかのぼって発生させることは、法律不遡及の原理からしても、一般に許されないと考えられますが、労働者の利益になることであれば、構わないでしょう。

■記載事項

　就業規則の記載事項は第1号から第10号まで掲げられていますが、これは絶対的必要記載事項、相対的必要記載事項、任意的記載事項の3つに分類されます。

　絶対的必要記載事項というのは、就業規則には必ず記載しなければならない事項で、第1号から第3号（労働時間・休憩・休日・休暇・賃金・退職に関する事項）までが該当します。ここで賃金については、採用時に明示することとされている内容とは異なり、賃金の金額まで規定する必要はありません。この絶対的必要記載事項は、どれか1つでも記載していない使用者は本条違反の責任を免れません。ただし、そのような就業規則についても、効力発生については、他の要件を備えている限り有効であると解すべきでしょう〔昭25. 2. 20基収第276号〕。労働時間については第1号で特に始業、終業の時刻を定めることが要求されていますので、単に法第32条の規定を繰り返したにすぎないような定めをすることは違法です〔昭24・11・24基発第1296号〕。休日については特定すべきことを要求していませんが、使用者の意思で一方的に休日を定めるようなことは休息権を保障している憲法と本法の趣旨からみて避けるべきであって、休日についても就業規則中に特定することが望ましいわけです。

　また、育児介護休業法に基づく育児休業、介護休業も第1号の休暇に含まれるので、制度化する場合には、休業の対象となる労働者の範囲等の付与要件、休業に必要な手続、休業期間について記載する必要があります。

　その他、育児休業期間中の賃金について支払わないのであればその旨、また異なった賃金を支払うのであれば、その決定、計算及び支払いの方法等を記載しなければなりません。

　退職に関する事項としては、その趣旨からみて、広く解すべきであり、解雇事由、その手続等及び解雇、退職に関するすべての事項を記載すべきであることが通達により示されていましたが、平成16年1月から法文上明らかにされました。ただし、退職金制度については法律上強制されていま

せんので、これに関する規定は相対的必要記載事項とされています。

　次に、相対的必要記載事項というのは必ずしもこれを規定することは必要でないが、もしこれらに関して何らかの定めをするのであれば、必ず就業規則の一部としてその中に記載しなければならない事項のことです。第4号以下に列挙されているのが、これに該当します。慣行その他によってこれらの事項について文書などによらない決まりがある場合には、使用者はこれを就業規則中に成文化しなければなりません。これまで、退職手当と賞与などの臨時の賃金については、相対的必要記載事項の1つとして、第4号にまとめて規定されていましたが、退職手当については記載が十分でないことが少なくなく、その支払いに争いの生ずる例もみられたので、昭和62年の改正により、相対的必要記載事項の一つとして、独立させる（第3号の2）とともに、就業規則に記載すべき具体的な内容として、適用される労働者の範囲、退職手当の決定、計算及び支払いの方法、退職手当の支払いの時期に関する事項が規定されました。

　なお、退職手当は、懲戒解雇の場合等には不支給としたり、減額する例がみられますが、このような支給制限の制度を設ける場合には、これは、退職手当の決定、計算の方法の内容ですから、就業規則に明記する必要があります。

　災害補償についてはその大綱が本法で定められていますが、これに関する具体的な細目を定めるわけであり、また業務外の傷病扶助は健康保険法で定められていますが、もしこれ以外に使用者が何らかの扶助をする場合にはそれに関する定めを記載することとなります。制裁については、通常行われている種類として懲戒解雇、出勤停止、減給、譴責等がありますが、それは本法及び労働契約法第15条（懲戒権の濫用）、と公序良俗（民法第90条）に反しない限り認められます。もっとも、減給については法第91条に特別の定めがあり、これとの対比上出勤停止については7日を限度とするという工場法時代の行政指導〔大正15年発労第71号〕を参考にすべきでしょう。第4号から第8号までに列挙されたもののほか福利厚生、勤務心

得等当該事業場の労働者のすべてに適用されるものを定める場合には、その事項の種類に関係なくこれを就業規則中に記載しなければなりませんが、その事項の種類、内容は法令や労働協約に違反しない限り使用者が自由にこれを定めることができます。

　任意的記載事項というのは、これまで述べてきた以外の事項であって、就業規則に記載することが然義務づけられていないものです。労働条件の決定、変更について労働組合と協議することを要するというような定めなどがそれで、記載するかどうか自由です。

■罰　則

　使用者が本条に違反して所定の就業規則を作成しなかったり、または届出をしないと、30万円以下の罰金に処せられます（法第120条第1号）。

第2　作成の手続

（作成の手続）
第90条　使用者は、就業規則の作成又は変更について、当該事業場に、労働者の過半数で組織する労働組合がある場合においてはその労働組合、労働者の過半数で組織する労働組合がない場合においては労働者の過半数を代表する者の意見を聴かなければならない。
②　使用者は、前条の規定により届出をなすについて、前項の意見を記した書面を添付しなければならない。

（過半数代表者）
則第6条の2（74頁参照）

　使用者が就業規則を作成する場合には、法令や当該事業場について適用される労働協約の規定に反していない限り、自由にその内容を定めることができますが、就業規則の内容がどのように定められるかは労働者の利害

に直接関係するところが大きいわけですから、本条は、使用者が就業規則を作成・変更する場合には、すべて労働者の意見を聴かなければならないこととし、さらにそれが実際に行われるようにするため、使用者が就業規則の届出をする場合には、労働者の意見を記した書面を添付させることとしています。

なお、就業規則の作成について労働者の同意を要件としなかったのは、就業規則の作成が本法によって使用者に義務づけられているのに、同意を要件とすれば、労働協約の締結を強制することとなるからです。

■労働組合に意見を聴く場合

さて、使用者が意見を聴く相手方ですが、事業場の労働者の過半数で組織する労働組合がある場合には、その労働組合の意見を聴かなければなりません。就業規則は事業場ごとに作成するのですから、各事業場ごとに労働者の過半数で組織する労働組合があれば、それぞれの組合の意見を聴かなければなりません。一つの会社に2以上の事業場があり、労働組合が各事業場を通じて単一で組織されており、各事業場ごとに組合としての独自の意見を表示することができる組織がない場合には、各事業場ごとに労働者の過半数がその組合に加入していればその単一組合の意見を聴くだけでよいわけです。しかし、各事業場ごとに組合の支部・分会等があり、労働組合としての独立性を持ち、支部・分会として独自の意見を表明することができる組織であって、その事業場の労働者の過半数が加入している限り、その支部・分会の意見を聴かなければなりません。使用者が全事業場に共通する就業規則を作成しようとする場合に、全事業場の労働者の過半数で組織する労働組合の本部の代表者の意見を聴くだけでは法定の要件を満たすとは解されません。

労働組合が一つの事業場に2つ以上組織されている場合には、その事業場の過半数を組合員としている労働組合の意見を聴けばよく、他の組合の意見を聴くことは法定の要件ではありません。したがって、同一事業場に

おいて一部の労働者についてのみ適用される就業規則を別に作成することは差し支えありませんが、当該一部の労働者に適用される就業規則も当該事業場の就業規則の一部分ですから、その作成または変更に際しての法第90条の意見の聴取については、当該事業場の全労働者の過半数で組織する労働組合または全労働者の過半数を代表する者の意見を聴くことが必要です。なお、これに加えて、使用者が当該一部の労働者で組織する労働組合等の意見を聴くことが望ましい〔昭23．8．3基収第2446号、昭24．4．4基収第410号、昭63．3．1基発第150号〕とされています。

■労働者の代表者に聴く場合

　当該事業場に労働組合が2つ以上あって、いずれも労働者の過半数に達しない場合は、たとえ労働組合であってもその労働組合と関係なく、労働者の過半数を代表する者を選んで、その者の意見を聴かなければなりません。これには、前述の要件を備えた労働組合がない場合はもちろん、1つの労働組合があっても労働者の過半数を占めていない場合や2つ以上の労働組合があっていずれも過半数を占めていない場合も含まれます。なお、「労働者の過半数を代表する者」というのは、則第6条の2第1項に定められた手続きにより、その事業場における労働者の全員が参加する前提のもとに投票、挙手などの方法で選出された労働者のことをいいます（**78頁参照**）。

■意見の聴き方

　就業規則の作成、変更については、いずれの場合にも法律は意見を聴くべきことを命じているだけで、その内容については労働組合等の同意を得るとかこれと協議することは要求されていませんから〔昭25．3．15基収第525号〕、使用者としては、労働組合等の意見を就業規則に取り入れるかどうかは法律的には自由です。しかし、労働協約や就業規則自体で労働組合の同意を得るとか労働組合と協議するという定めがなされている場合は、

もちろんそれに拘束されます。労働組合等の意見を聴くについては、労働組合が就業規則の作成・変更について意見が述べられるように、使用者はその内容を説明し、これについて労働組合等において検討を考慮する時間が与えられなければなりません。したがって、使用者が社会通念や信義誠実の原則に反するような意見の聴き方をした場合には、法律上は意見を聴いたことにはならないと解されます。また、いわゆるパートタイマーについては、平成5年12月1日に施行された短時間労働者の雇用管理の改善等に関する法律（平成30年に「短時間・有期雇用労働者の雇用管理の改善に関する法律」に改称）第7条により、パートタイマーに適用される就業規則の作成または変更に当たっては、当該パートタイマーの過半数を代表すると認められる者の意見を聴くよう努めることとされています。

■意見の提出がない場合

就業規則の作成・変更の届出に当たっては、労働組合等の意見を記した書面を添付しなければなりません。労働組合としては賛成の意見書を提出することもありましょうが、反対の意見書を提出したり、意見書を提出しない場合もあるでしょう。賛成または反対の場合でも所定の意見書が提出されれば問題はありませんが、故意に意見書を提出しなかった場合などでも意見を聴いたことが客観的に証明される場合は、労働基準監督署長は受理することになっています〔昭23.5.11基発第735号、昭23.10.30基発第1575号〕。

なお、複数の事業場を有する企業等が、複数の事業場で同一の就業規則を適用する場合、一定の要件を満たしているときには、本社等の使用者がその所在地を管轄する労働基準監督署長に対して一括して届け出ることができます（個々の事業場では個別に所轄の労働基準監督署長に届け出ることを要しません。）。

ただし、その場合も事業場ごとの意見書を添付して届け出る必要があります。

労働組合等の意見書によって就業規則の全部または一部について反対が表明されていても、それによって就業規則の効力に影響はなく〔昭24．3．28基発第373号〕、それとともに、法第92条第2項の場合を除き、仮に反対している労働者の意見のほうが適当であると労働基準監督署長が考えても、このことのみを理由に就業規則の変更を命ずることはできません。

■意見を聴かない場合の規則の効力

意見を聴かなかったり、届出の際に意見書が添付されていなかった場合、その就業規則の効力は発生するかどうかの問題がありますが、意見聴取については、就業規則の作成・変更についてできるだけ労働者の団体的意思を反映させようとする取締的規定と解すべきであり、また、意見書添付については、行政監督上の便宜を考慮したものと考えられますので、いずれも、就業規則の効力には直接関係ないと解されましょう〔同旨　昭24・6・22福岡地裁決定、昭25・4・14岡山地裁決定〕。

■罰　　則

使用者が本条に違反して労働者の意見を聴かずに就業規則を作成・変更すると、30万円以下の罰金に処せられます（法第120条第1号）。

第3　制裁規定の制限

（制裁規定の制限）
第91条　就業規則で、労働者に対して減給の制裁を定める場合においては、その減給は、1回の額が平均賃金の1日分の半額を超え、総額が一賃金支払期における賃金の総額の10分の1を超えてはならない。

就業規則中に労働者に対する制裁に関する事項を定める場合には、その

制裁の種類・程度は法令、公序良俗や労働協約に反しない限り、使用者において任意に定めることができますが、減給の額があまりに多額ですと労働者の生活を脅かすことになるおそれがありますので、本条は、減給の額について一定の制限を加えています。その限度は、減給が現実に労働しながらその対償である賃金の一部を控除するものですから、従来の我が国の行政指導で「1回の過失に対し1日の賃金の半額、総額において賃金3日分をこえざること。但しやむを得ざる事情ある場合には5日分まで認めること」〔大正15年発労第71号〕としていた方針が立法化されたものです。

■減給の制裁とみなされる場合

　減給の制裁とは、主として秩序びん乱、怠慢、工具紛失、設備き損、不注意、喧嘩暴行、物品持出、素行不良等を理由に、制裁として労働者が本来ならば受けるべき賃金の一部を控除することです。たとえば、遅刻とか無断欠勤あるいは不注意による不良品の生産を理由に制裁として課せられる減給がこれに当たるわけです。しかし同じく遅刻とか無断欠勤、不注意による不良品の生産を理由として賃金を減額されても、欠勤日数に応ずる賃金が控除されたり、遅刻した時間に応ずる賃金が控除され、あるいは製品の質をも考慮して賃金が定められる場合に不良品を出せば一定額を控除することとしても、これは賃金の計算方法そのものを定めたものと解されますから、制裁としての減給ではなく、また、ストライキ期間中の労働者には賃金を支払わないこととし、ストライキの日数に応じて所定賃金からその期間の賃金が控除されるのも、ここにいう減給の制裁ではありません。さらに制裁として出勤停止処分にし、この期間の賃金を支給しないこと〔昭23・7・3基収第2177号〕、あるいは制裁として担当職務を変更させ、職務の変更に伴って賃金が減額することも減給の制裁ではありません〔昭26.3.31基収第938号、昭26.3.14基収第518号〕。しかし、無断欠勤や遅刻に対する減給が、その日数・時間に応ずる賃金以上に行われたり、不良品の生産に伴う減給が全体の生産量と比較して著しく減給されるものである場

合には、その超える部分については、減給の制裁とみられます。また、怠業の場合にも怠業の時間に対応する賃金を超えて減給されれば、それは制裁としての減給とみるべきです。

　本条は、就業規則で減給を定める場合の制限を定めたものですが、ここで特に就業規則といっているのは、法第89条にいう就業規則に限定されるものではありません。たとえば、10人以下の労働者を使用する事業場における就業規則（明文のものであると慣習的な不文のものであるとを問わず）であっても、本条による制限に従わなければなりません。一方、本条の制限内の減給の制裁であれば、一般に法第24条にいう「法令に別段の定めがある場合」として賃金の一部控除が認められます。本条の禁止は、結局就業規則の減給の定めについての制限というよりは、むしろ、就業規則による減給の額を制限し、その範囲内に限って賃金から控除することを許すという意味のものであって、減給の制裁実施の制限です。したがって、労働協約による減給の制裁の場合においても本条の制限を超えることは許されません。なお、国家公務員法等において「1月以上1年以下俸給の10分の1を減ずる」等と規定されているのは、本条に対する特例です。

■減給のできる額

　減給の額は、1回の違反について平均賃金の1日分の半額以内でなければならず、1賃金支払期に数回の違反があっても、その減給の総額は1賃金支払期に支払われる賃金の10分の1以内でなければなりません。つまり、違反行為1個に対する制裁として減給する額は、平均賃金の1日分の半額を超えてはなりません。したがって、1日に2個の違反行為を犯した場合には、それぞれの違反行為に対する減給額が平均賃金の1日分の半額以内であれば、合算した減給額は平均賃金の1日分の半額を超えても差し支えありません。この点について、違反行為の発生時期と減給制裁の決定時期とにずれがある場合、どの時点で平均賃金を算定するのかという問題がありますが、減給の制裁の意思表示が相手方に到達した日をもって、これを算

定すべき事由の発生した日と解すべきでしょう〔昭30・7・19基収第5875号〕。次に、1回の減給額がこれらの範囲内であっても、一賃金支払期の間に何回かの違反行為があり、そのために減給の合算額が多額になる場合であっても、その賃金支払期における賃金総額の10分の1を超えて減給してはなりません。ここでは、「一賃金支払期における賃金総額」といっていますから、当該賃金支払期に現実に支払われるべき賃金総額のことで〔昭25.9.8基収第1338号〕、平均賃金とは直接の関係はありませんが、本条の制限の趣旨からいうと、支払われる賃金総額が欠勤のために少額になったときは、その少額となった現実の賃金の総額の10分の1以内ということです。逆に、ある時期に年末一時金等臨時の給与が支払われた場合、それはここにいう賃金総額に加算すべきでないと解されます。この意味では、法第12条第4項の平均賃金の算定基礎たる賃金総額に算入しないものの例示が参考となりましょう。

■一賃金支払期

　減給の額の制限は「一賃金支払期」を基礎として定められていますが、この一賃金支払期というのは、減給の制裁を課せられるべき違反行為であった期間についてみるべきか、または減給の制裁を行うことに処分が決まり、現実に減給する期間についてみるべきかが問題となりますが、ここにいう賃金支払期は、一応違反行為のあった日の属する賃金支払期に現実に減給がなされることを予想しているものですが、それと異なる賃金支払期に減給が行われる場合は、現実に減給の行われる賃金支払期についてみるべきものであると解されます。

■罰　則

　使用者が本条に違反して制限額以上の減給をすると、30万円以下の罰金に処せられます（法第120条第1号）。

第4　法令・労働協約との関係

> （法令及び労働協約との関係）
> **第92条**　就業規則は、法令又は当該事業場について適用される労働協約に反してはならない。
> ②　行政官庁は、法令又は労働協約に牴触する就業規則の変更を命ずることができる。
> （就業規則の変更命令）
> **第50条**　法第92条第2項の規定による就業規則の変更命令は、様式第17号による文書で所轄労働基準監督署長がこれを行う。

　就業規則が本法その他の法令に違反したり、労働協約の規定と相反したりする場合においては、就業規則に基づく労働が事実上行われて法令や労働協約の規定が事実上守られず、事業場内には法令違反の労働条件や労働協約の定めによらない労働条件による労働が行われる危険がありますので、本条は、このような就業規則の効力を否定するとともに、労働基準監督署長はそのような規定の変更を命ずることができることにしたものです。

■法令・労働協約の範囲

　本条で法令といっているのは本法だけでなく、その他の法律、命令、地方公共団体の条例の定めなどを含んでいます。なお、法令に明文がなくても就業規則の内容が公の秩序または善良の風俗（民法第90条）に違反することが許されないことはいうまでもありません。

　次に労働協約は、その性質上、当然就業規則に優先する効力を持つものと解されますが、本条はこれを明文で規定したものです。ここにいう「労働協約」とは、労働組合法第14条にいう「労働組合と使用者又はその団体との間で労働条件その他に関する」事項について「書面に作成し、両当事者が署名し、又は記名押印」したものを指しますが、本条の趣旨からみて、

労働協約中の労働条件その他労働者の待遇に関する基準を定めた規定（いわゆる規範的部分）に限られるものと解され、単に使用者に債務を負担させる規定（いわゆる債務的部分）や労使の協議機関その他の組織を定めた規定（いわゆる組織的部分）を対象とするものではなく、債務的部分や組織的部分に反する就業規則の定めは一般に無効とはなりません〔昭24. 1. 7基収第4087号〕。

■変更命令が出されときの規則の効力

就業規則の変更命令が出されても、使用者が変更手続により（法第89条及び第90条）有効に就業規則の変更をするまでは就業規則は変更されたことにはなりませんので、労働協約に違反する就業規則の変更がなされないうちに労働協約が失効すれば、その就業規則が労働協約に反して無効であるという状態はなくなり、その就業規則は自然に有効なものということも考えられますが、いったん無効となった就業規則がひとりでに有効になるということは考えられないわけですから、就業規則のその規定は労働協約の失効によっても効力を復活するとは考えられません。

なお、本条でいう就業規則は、常時10人以上の労働者を使用する事業場での就業規則ばかりでなく、10人未満の事業場の就業規則をも含みます。

■罰　　則

使用者が本条に基づく変更命令に従わないと、30万円以下の罰金に処せられます（法第120条第3号）。

第5　労働契約との関係

> （労働契約との関係）
>
> **第93条**　労働契約と就業規則との関係については、労働契約法（平成19年法律第128号）第12条の定めるところによる。

　労働契約法第12条は、「就業規則で定める基準に達しない労働条件を定める労働契約は、その部分については、無効とする。この場合において、無効となった部分は、就業規則で定める基準による。」というものですが、それは労働基準法第93条の内容であったもので、平成19年労働契約法の制定時にその第12条にそのままの文言で移管されました。

　使用者が就業規則に違反する契約を結び、就業規則の基準を下回るような労働条件を強制することを許すことは、労働条件の画一化と労働者の保護を図ろうとする就業規則の目的が失われますので、法第13条と同様の趣旨で、就業規則に定める基準を下回る労働契約を無効とするとともに、無効となった部分については就業規則によることにしているものです。

■就業規則が労働契約に及ぼす効力

　就業規則で定める基準に達しない労働条件を定める労働契約が、使用者とある労働者との間に締結された場合にその部分は無効となるというのは、たとえば、就業規則で1日7時間労働で賃金日額10,000円と定められている場合に、ある労働者との契約で1日8時間労働で賃金日額10,000円と定めた場合には、その労働契約の1日8時間労働という部分が無効となるということです。無効となるのは就業規則で定める基準に達しない場合に限られますから、就業規則で定める基準以上の労働条件を労働契約で定める場合には就業規則上特にそれを禁止していない限り有効です。

　就業規則に定める基準に達しないことによって無効となった労働契約の部分は、就業規則で定めた基準によって置き換えられます。たとえば、前

例で1日7時間労働で賃金日額10,000円という就業規則の定めに反して、労働契約で1日8時間労働で賃金日額10,000円と定めた場合には、1日8時間労働という部分は無効で、1日7時間という就業規則所定の基準に置き換えられ、その他の部分である、賃金日額10,000円という基準はそのまま生きるわけです。

■就業規則の改正と労働契約

　就業規則の作成または変更によって、既にある労働契約を労働者の不利になるように変更することができるかどうかの問題があります。この点について、この章の冒頭に触れた秋北バス事件最高裁大法廷判決（昭43・12・25）は、使用者が、新たな就業規則の作成または変更によって、労働者の既得の権利を奪い、労働者に不利益な労働条件を一方的に課することは、原則として許されないが、当該規則条項が合理的なものである限り、個々の労働者において、これに同意しないことを理由として、その適用を拒むことは許されないと解すべきである旨を判示しています。

　その後、労働契約法において、労働者にとって不利益な労働条件の変更と就業規則との関係は次のように整理されました。

第9条　使用者は、労働者と合意することなく、就業規則を変更することにより、労働者の不利益に労働契約の内容である労働条件を変更することはできない。ただし、次条の場合は、この限りでない。

第10条　使用者が就業規則の変更により労働条件を変更する場合において、変更後の就業規則を労働者に周知させ、かつ、就業規則の変更が、労働者の受ける不利益の程度、労働条件の変更の必要性、変更後の就業規則の内容の相当性、労働組合等との交渉の状況その他の就業規則の変更に係る事情に照らして合理的なものであるときは、労働契約の内容である労働条件は、当該変更後の就業規則に定めるところによるものとする。ただし、労働契約において、労働者及び使用者が就業規則の変更によっては変更されない労働条件として合意していた部分に

　　　ついては、第12条に該当する場合を除き、この限りでない。

第12条　就業規則で定める基準に達しない労働条件を定める労働契約は、その部分については、無効とする。この場合において、無効となった部分は、就業規則で定める基準による。

　これは、労働者にとって不利な内容の労働条件の変更について労働者の合意が得られない場合であっても、就業規則の変更が合理的なものであって、かつ、使用者が変更後の就業規則を労働者に周知させた場合には、変更後の就業規則の内容が有効になるとしているものです。

　ただし、労働契約において、労働者及び使用者が就業規則の変更によっては変更されない労働条件として合意していた部分については、この限りではないとされています（就業規則の基準に達しないものは無効ですので除かれます。）。

　なお、ここでいう就業規則には、10人未満の事業場の就業規則も含まれます。

第10章　寄　宿　舎

　本章は、事業附属の寄宿舎について、寄宿舎生活の自治の原則（法第94条）、寄宿舎生活の秩序の保持のために寄宿舎規則を作成すること（法第95条）、さらに寄宿舎の設備と安全衛生のために必要な措置を講ずること（法第96条）を規定していますが、その細部の事項については、事業附属寄宿舎規程と建設業附属寄宿舎規程にこれを譲っています。

第1　寄宿舎生活の自治

> （寄宿舎生活の自治）
> **第94条**　使用者は、事業の附属寄宿舎に寄宿する労働者の私生活の自由を侵してはならない。
> ②　使用者は、寮長、室長その他寄宿舎生活の自治に必要な役員の選任に干渉してはならない。
> ………………………………………………………………………
> 　（私生活の自由の尊重）
> 　**寄宿程第４条**　使用者は、次の各号に掲げる行為等寄宿舎に寄宿する労働者の私生活の自由を侵す行為をしてはならない。
> 　一　外出又は外泊について使用者の承認を受けさせること。
> 　二　教育、娯楽その他の行事に参加を強制すること。
> 　三　共同の利益を害する場所及び時間を除き、面会の自由を制限すること。

　本条は、従来工場や事業場等の附属寄宿舎において、直接労働とは関係のない寄宿労働者の私生活が使用者の不当な干渉によって著しく制限され、あたかも労働者が身分的に使用者に従属しているかのような状態が多かったので、そのような弊害を一掃し、寄宿舎での私生活の自由を確立しようとするものです。

■事業附属寄宿舎の範囲

事業附属寄宿舎とはどのようなものをいうのか、その範囲について、次のような詳細な解釈例規が出されています〔昭23.３.30基発第508号〕。

（１）　寄宿舎とは、常態として、相当人数の労働者が宿泊し、共同生活の実態を備えるものをいい、事業に付属するとは、事業経営の必要上その一部として設けられているような事業との関連をもつことをいう。したがって、この２つの条件を満たすものが事業附属寄宿舎として法第10章の適用を受けるものである。

（２）　寄宿舎であるか否かについては、おおむね次の基準によって総合的に判定すること。

　（イ）　相当人数の労働者が宿泊しているか否か。

　（ロ）　その場所が独立又は区画された施設であるか。

　（ハ）　共同生活の実態を備えているか否か。すなわち、単に便所、炊事場、浴室等が共同となっているだけでなく、一定の規律、制限により労働者が通常、起居寝食等の生活態様を共にしているか否か。

　　　したがって、社宅のように労働者がそれぞれ独立の生活を営むもの、少人数の労働者が事業主の家族と生活を共にするいわゆる住込みのようなものは含まれない。

（３）　事業に付属するか否かについては、おおむね次の基準によって総合的に判断すること。

　（イ）　宿泊している労働者について、労務管理上共同生活が要請されるか否か。

　（ロ）　事業場内又はその付近にあるか否か。

　　　したがって、福利厚生施設として設置されるいわゆるアパート式寄宿舎は、これに含まれないこと。

なお、営林署の伐木、製炭等のための簡単な山小屋も共同生活の実態を備えるものであれば、寄宿舎に該当しますが〔昭22.11.27基発第399号〕、

30トン未満の漁船の中に設けた不出漁の場合の宿泊設備は事業附属寄宿舎ではなく〔昭24.11.10基収第2275号〕、また鉄道教習所の寄宿舎は、そこに寄宿する生徒は教習目的のために寄宿するものであって教育事業の労働者として寄宿するものではありませんから、事業附属寄宿舎ではないとされています。

■私生活の内容

　直接労働に関係のない私生活は、事業附属寄宿舎に寄宿する労働者であっても使用者によって侵されてならないものです。「私生活」とは、労働関係外の生活、つまり、始業時間以前、終業時間以後の生活です。私生活の自由の内容として、具体的に考えられるものには、通信の自由、居室、寝室内の生活に大きな影響力をもつ寮長、室長等の共同生活の秩序維持等のための役員の選任、外出、外泊、面会等に関する事項、各種の行事に関する事項がありますが、このうち通信の自由については、憲法第21条で検閲が禁止されている明文があるので本法では規定されていませんが、外出や外泊について使用者の承認を受けさせること、教育、娯楽その他の行事に参加を強制することは禁止され、また他人との面会についても共同の利益を害する場所・時間を除いては面会の自由を制限することが禁止されています（寄宿程第4条、建寄宿程第5条）。もちろん多数の労働者を集団的に寄宿させるのですから、そこに一定の規律が要求され、そのために作成された寄宿舎規則によってある程度の拘束が加えられるのはやむを得ないのであって、労働者も寄宿舎規則を遵守しなければならないことはいうまでもありませんが、この寄宿舎規則においても、前に述べましたように、寄宿労働者の私生活の自由を侵す定めをすることはできません。寄宿労働者の帰郷問題は、純然たる私生活の問題ではなく労働関係と切り離せない関係にありますが、これらの、労働関係にも関連する問題については、寄宿舎規則ではなく就業規則によって労務管理上の問題として解決されるべきでしょう。

■役員選任への干渉禁止

　寄宿舎生活における秩序は、なるべく寄宿労働者の自治自律によって維持させるため、寮長、室長等の寄宿舎生活の自治に必要な役員の選任はすべて労働者に任せ、使用者がこれに干渉することは禁止されます。単に選任手続に対する干渉が禁止されるばかりでなく、会社側より選ばれた舎監、世話係等が役員の職に就くことも禁止されています〔昭23. 6. 3基収第1844号〕。しかし、寄宿舎の設備を管理したり、寄宿労働者の委託する事務を処理したり、また寄宿舎規則等で定められた使用者の業務を担当するため、使用者が選んだ者を寄宿舎内に置くことはもちろん差し支えありません。なお、使用者が役員の選任方法について案を作成することは本条違反となります〔昭23. 5. 1基収第1317号〕。

■罰　則

　本条第1項については何らの罰則も設けられていませんが、第2項に違反して使用者が干渉を行うと6か月以下の懲役または30万円以下の罰金に処せられます（法第119条第1号）。

第2　寄宿舎生活の秩序

（寄宿舎生活の秩序）
第95条　事業の附属寄宿舎に労働者を寄宿させる使用者は、左の事項について寄宿舎規則を作成し、行政官庁に届け出なければならない。これを変更した場合においても同様である。
　一　起床、就寝、外出及び外泊に関する事項
　二　行事に関する事項
　三　食事に関する事項
　四　安全及び衛生に関する事項

　　五　建設物及び設備の管理に関する事項
②　使用者は、前項第1号乃至第4号の事項に関する規定の作成又は
　変更については、寄宿舎に寄宿する労働者の過半数を代表する者の
　同意を得なければならない。
③　使用者は、第1項の規定により届出をなすについて、前項の同意
　を証明する書面を添附しなければならない。
④　使用者及び寄宿舎に寄宿する労働者は、寄宿舎規則を遵守しなけ
　ればならない。

　　（寄宿舎規則の届出）
　寄宿程第1条の2　法第95条第1項の規定による寄宿舎規則の届出は、当
　　該事業場の所在地を管轄する労働基準監督署長（以下「所轄労働基準
　　監督署長」という。）にしなければならない。
②　法第95条第3項の規定による同意を証明する書面は、寄宿舎に寄宿
　する労働者の過半数を代表する者の氏名を記載したものでなければな
　らない。
　　（寄宿舎規則の案の周知）
　寄宿程第2条　使用者は、寄宿舎規則の作成又は変更について、その案
　　をあらかじめ寄宿舎に寄宿する労働者に周知させる措置を講ずるもの
　　とする。
　　（寄宿舎規則の明示）
　寄宿程第3条　使用者は、寄宿舎に労働者を寄宿させるに際し、当該労
　　働者に対して寄宿舎規則を示すものとする。

　本条は、事業の種類を問わず、すべての事業附属寄宿舎に労働者を寄宿
させる使用者に寄宿舎規則を作成させ、これに一定の事項を記載させるこ
とによって、寄宿舎生活の秩序を保つとともに、労働者の私生活を確保さ
せることを目的として規定したものです。

■寄宿舎規則の記載事項

　寄宿舎規則には、本条第1号から第5号までに列挙する事項を必ず記載
しなければなりません。この必要的記載事項のうちどれかひとつでも欠け
ていると、その届け出は受理されません。第1号から第4号までの事項の

具体的内容は、寄宿労働者の過半数を代表する者の同意を得さえすれば、適宜にこれを定めることができますが、第1号のうち、外出や外泊について使用者の承認を必要とするような定めをすることはできませんし、第2号では、各種の行事に寄宿労働者の参加を強制することはできません（寄宿程第4条、建寄宿程第5条）。第3号の食事に関する事項について食事の費用を労働者に負担させる場合は、就業規則中に定めるべき労働条件として取り扱われます〔昭23.3.30基発第508号〕。第1号から第4号までの事項について、寄宿労働者の同意を要することにしたのは、これらの事項が寄宿舎生活中労働関係の必要上規制されることになる部分ですので、寄宿労働者の私生活の自由との調整が必要となるからです。なお、外出・外泊についてはその日時、行先等を外出・外泊の当日あるいは前日に届け出させることは、承認とは違うので差し支えありませんが、それ以上の期間をおいてあらかじめ届け出させる場合には、許可を受けさせる場合と同様の効果を持ちますから、これを避けることが望ましいわけです〔昭23.3.30基発第508号〕。

　第1号から第5号までに列挙されているもの以外の事項を規定することは、使用者の自由です。これは、事業附属寄宿舎規程に面会の自由を制限する場合に関する規定があるところからみて、第1号から第5号以外の事項であっても、寄宿舎規則に定めることができるものと解されるからです。しかし、この任意的記載事項であっても私生活に関係あるものを定めるに当たっては、法律上の明文がないので、必ずしも寄宿労働者の同意を要しないと考えられますが、これもやはり同意を得ることが望ましいと考えます。なぜならば、本条が寄宿労働者の私生活に関係あるものについては労働者の同意を要することを建前としているからです。

■同意を求める方法

　寄宿舎規則を作成する義務のある者は、使用者です。使用者は、寄宿舎規則を作成・変更するに当たって、前条に規定するとおり、労働者の私生

活の自由を侵す定めをしてはならず、また第1号から第4号の必要的記載事項については、寄宿労働者の過半数を代表する者の同意を得なければなりません。同意を求める方式については、その案をあらかじめ寄宿舎に寄宿する労働者に周知させなければならないこととされています（寄宿程第2条）。また、労働者を寄宿させるとき、その労働者に規則を示すことになっています（寄宿程第3条、建寄宿程第2条の2）。なお、作成・変更された寄宿舎規則は労働者に周知させなければなりません。（法第106条）。

　寄宿舎規則の作成・変更に当たり同意を与えた労働者代表が退舎したり、過半数の労働者が退舎したような場合、新しく入舎した労働者は事情変更を理由として従来の規則の撤廃を要求できるかについてですが、この同意は規則制定についての成立要件にすぎず、存続要件とは考えられないとの解釈例規があります〔昭28．2．27基収第806号〕。

■規則の届出の方法

　使用者は、寄宿舎規則を作成し、または変更したときは、そのつど遅滞なくこれを労働基準監督署長に届け出なければなりません。そして、その届出に当たっては労働者の同意を証明する書面を添付することが必要です。添付されていないと、その届出は不適当なものとして受理されません。この場合には、就業規則の届出の際に添付する意見書が労働者の意見を聴いたことの証明であるのと違い、労働者が同意したことの証明ですから、就業規則の意見書添付について労働者が意見書を提出しないときなどに認められるような便宜的取扱いは認められません。

　使用者と寄宿労働者は、寄宿舎規則を遵守しなければなりません（法第95条第4項）。寄宿舎規則に違反した場合の効力について規定はありませんが、使用者が寄宿舎規則に違反した場合には、寄宿労働者の私生活の自由・自治を侵したことになり、寄宿労働者が違反した場合は退舎を要求される等の事由となる場合がありましょう。

　なお、寄宿舎は、その性質上、事業経営上の必要から設けられ、かつ共

同生活を営む場所ですが、寄宿舎生活における私生活をうるおすため、使用者はなるべく教養娯楽、面会等のための福利施設を設けることとされております（寄宿程第５条、建寄宿程第23条の２）。

　有期の建設業の附属寄宿舎については、あとで述べるように建設業附属寄宿舎規程が適用されます。元請—下請—孫請といった形態の建設業の実情にかんがみ、寄宿舎規則において事業主及び寄宿舎の管理者を明らかにするとともにこれらの者を寄宿舎の出入口等に掲示し（建寄宿程第３条）、さらに、元請業者等他人が所有する建物を下請業者が寄宿舎として使用する場合には、寄宿舎規則の届出の際に、貸借契約の当事者、貸借期間、修繕・増改築の権限を有する者及びその費用の負担者を明記した書面を添付しなければなりません（建寄宿程第２条第２項）。

　届出をすべき「行政官庁」は、事業附属寄宿舎規程の適用のあるものは事業場の所在地を管轄する労働基準監督署長のみですが（寄宿程第１条の２）、建設業附属寄宿舎規程の適用のあるものについては、事業場の所在地を管轄する労働基準監督署長と寄宿舎の所在地を管轄する労働基準監督署長とが異なる場合にはいずれか一方に届出を行えばよいとされています（建寄宿程第２条第１項）。

■罰　則

　使用者が本条第１項に違反して、寄宿舎規則を作成しなかったり、作成・変更の届出を怠った場合や第２項に違反して労働者の代表の同意を得ずに寄宿舎規則を作成・変更すると、30万円以下の罰金に処せられます（法第120条第１号）。

第3　寄宿舎の設備と安全衛生

> （寄宿舎の設備及び安全衛生）
> **第96条**　使用者は、事業の附属寄宿舎について、換気、採光、照明、保温、防湿、清潔、避難、定員の収容、就寝に必要な措置その他労働者の健康、風紀及び生命の保持に必要な措置を講じなければならない。
> ②　使用者が前項の規定によつて講ずべき措置の基準は、厚生労働省令で定める。

　本条は、寄宿舎生活における労働者の安全、衛生、風紀等を守るために、設備の整備その他に関する使用者の義務を規定したものです。

　本条第2項に基づく具体的細目は、事業附属寄宿舎規程第2章（恒久的な第1種寄宿舎について）、第3章（仮設的な第2種寄宿舎について）、それに建設業附属寄宿舎規程第6条以下で定められています。

　有期の建設業の附属寄宿舎については、古くは、緩和された基準による第2種寄宿舎として扱われていましたが、昭和43年4月に、建設業労働者の生活条件の向上を図る見地から、できる限り第1種寄宿舎の基準に近づけるとともに、建設業の特殊性に由来する別基準が設けられ、これにより規制されています。

■第1種・第2種寄宿舎の区別

　事業附属寄宿舎について労働者の健康、風紀、生命の保持のため講じなければならない必要な措置の具体的な基準（位置、一般的構造、廊下、寝室、寝具、食堂、浴場、便所、病室など）は有期の建設、農林業を除き事業の種類を問わず、6か月以上の期間寄宿させる第1種寄宿舎（寄宿程第6条）と6か月に満たない期間寄宿させる仮設の寄宿舎、農林業の有期の事業で、その事業が完了するまでの期間寄宿させる仮設的な寄宿舎として

の第２種寄宿舎（寄宿程第37条）、建設業の有期事業で事業の完了するまでの期間寄宿させる建設業寄宿舎（建寄宿程第１条）の３区分に分けて定められています。

　なお、建設業の寄宿舎は、それが仮設のものであるかどうかを問わず、継続的事業である本社、支社、支店、営業所等に附属して設置されるものを除き、事業の完了の時期が予定される有期的事業のものは、すべて建設業附属寄宿舎規程が適用されます。一定の寄宿舎を基地として、数個の有期事業が同時または順次に行われる場合であっても同様です。継続的事業の場合は、第１種寄宿舎として事業附属寄宿舎規程第２章が適用されます〔昭42.10.9基発第971号、安発第42号〕。

　また、第１種寄宿舎と第２種寄宿舎の区別ですが、第２種寄宿舎とは、６か月未満または事業完了後の期間経過後取り壊すような仮設的寄宿舎をいい、寄宿する労働者に変更があっても、寄宿舎建造物の使用期間そのものが６か月を超えたり、事業完了後にも別の事業のためなどで使用する場合には、第１種寄宿舎に該当します。〔昭23.3.30基発第508号〕。

　なお、第１種寄宿舎でも、農林業、畜産水産業等の事業附属寄宿舎のように本来長期の事業に附属するものでない寄宿舎や、常時10人未満の労働者を寄宿させる小規模寄宿舎については、所轄労働基準監督署長の許可を条件としてその基準を緩和することを認めています（寄宿程第36条）。

　また、建設業附属寄宿舎の場合も、６か月未満で解体または使用しなくなるもの、常時10人未満の労働者が寄宿するものについては、一部の基準について適用除外となります（建寄宿程第24条）。

　以上のほか寄宿舎については、次条と第96条の３の適用があり、寄宿舎の設置、移転、変更をする場合には事前に工事計画を届け出なければならず、この工事計画が安全、衛生の基準に適合していないときは、計画変更等の命令が、また寄宿舎の設備が安全、衛生基準に違反している場合には、使用の停止、変更等が命ぜられることになっています。

■罰　則

　使用者が本条に基づいて定められた基準に違反する、6か月以下の懲役または30万円以下の罰金に処せられます（法第119条第1号）。

第4　監督上の行政措置

> （監督上の行政措置）
> **第96条の2**　使用者は、常時10人以上の労働者を就業させる事業、厚生労働省令で定める危険な事業又は衛生上有害な事業の附属寄宿舎を設置し、移転し、又は変更しようとする場合においては、前条の規定に基づいて発する厚生労働省令で定める危害防止等に関する基準に従い定めた計画を、工事着手14日前までに、行政官庁に届け出なければならない。
> ②　行政官庁は、労働者の安全及び衛生に必要であると認める場合においては、工事の着手を差し止め、又は計画の変更を命ずることができる。

　前条の規定により、使用者は事業附属寄宿舎について安全、衛生及び風紀の保持のため必要な措置を講じなければならないこととされていますが、その実効を確保するために、本条は、はじめから前条の違反が予想されるような設備は設けさせないように、その設置、移転、変更に当たって、あらかじめ工事着手前にその計画を届け出るべきことを定め、しかも計画審査の結果安全衛生上不備であると認める場合には、行政官庁が工事の差止めや計画の変更を命ずることができることとしたものです。

■届出が必要な事業

　本条によって届出を必要とする事業は、

（1）　常時10人以上の労働者を就業させる事業

（2）　（常時10人未満の労働者を就業させる事業であって）厚生労働省令

で定める危険な事業または衛生上有害な事業です。厚生労働省令で定める危険な事業または衛生上有害な事業については、則第50条の２に規定があります。

　届出をしなければならない計画の内容は、事業附属寄宿舎規程等に定める基準に則って定めたものでなければなりません。その届出は、工事着手14日前までに所轄労働基準監督署長に所定の図面等を添付して提出しなければなりません。「工事着手14日前」とは、届出が到着してから14日経過して工事に着手するという意味です。

■罰　　則

　使用者が本条に定める届出義務を怠ると30万円以下の罰金に処せられ（法第120条第１号）、さらに行政官庁の工事差止めまたは計画変更の命令に違反すると、６か月以下の懲役または30万円以下の罰金に処せられます（法第119条第２号）。

第5　事業附属寄宿舎の使用停止等の命令

> **第96条の３**　労働者を就業させる事業の附属寄宿舎が、安全及び衛生に関し定められた基準に反する場合においては、行政官庁は、使用者に対して、その全部又は一部の使用の停止、変更その他必要な事項を命ずることができる。
> ②　前項の場合において行政官庁は、使用者に命じた事項について必要な事項を労働者に命ずることができる。

　本条は、事業附属寄宿舎が、設置後、状況の変化等によって定められた安全衛生基準に違反する状態となることがあるので、そのような場合、労働基準監督署長が使用停止、変更等を命令することができることにしたものです。

　本条は、安全衛生基準の違反行為を罰則によって予防し、または実際に違反があれば処罰するにとどまらず、行政官庁の命令で直接違反行為を除こうとする点で、前条とともに特色ある規定です。

　使用の停止または変更以外の「その他必要な事項」としては、たとえば、安全衛生基準に合致するまでの間、その寄宿舎に労働者を立ち入らせないような措置等が考えられます。

　また、労働基準監督署長は、使用者に命じた事項のうちで必要なものは労働者にも命ずることができることとされています。

　なお、このような安全衛生基準の違反は、前条の審査によって判明する場合は少なく、多くは労働基準監督官が現場に臨んで監督するときに発見されるものであり、しかも、場合によっては事態急迫して放置できない場合もあります。このような場合には、法第103条の規定により、労働基準監督官自身が現場で労働基準監督署長の権限を即時に行使することができることとなっています。

■罰　則

　使用者が、本条による労働基準監督署長（または労働基準監督官）の使用停止、変更等の命令に違反すると、6か月以下の懲役または30万円以下の罰金に処せられます（法第119条第2号）。なお、使用者に対して右の命令を出すに当たって労働者の遵守事項をも労働者に対して命じた場合に、労働者がこの命令に違反すると30万円以下の罰金に処せられます（法第120条第3号）。

第11章　監督機関

　労働条件の基準を規定した本法の内容は極めて広い範囲にわたり、しかも複雑であって、これを円滑に施行するためには専門的な知識経験が要請されます。また、本法の施行に当たって、地域的に異なる取扱いがなされると企業間における公正競争の妨げとなり、ひいては全体として労働条件の低下をきたすおそれがあります。したがって、本法の施行については、専門的な知識と経験を持つ職員が、全国的に統一された方針の下にこれに当たることが必要とされます。そこで本章は、本法の施行が中央、地方を通ずる一本の同一の行政組織によって行われるべき原則を確立するとともに、直接本法施行の任に当たる労働基準監督官については、労働基準監督機関令（昭22．8．31政令第174号）と相まって、その資格、身分、職務権限等に関する詳細な規定を設け、本法の施行について誤りのないようにしているのです。

第1　労働基準監督官と職員

（監督機関の職員等）

第97条　労働基準主管局（厚生労働省の内部部局として置かれる局で労働条件及び労働者の保護に関する事務を所掌するものをいう。以下同じ。）、都道府県労働局及び労働基準監督署に労働基準監督官を置くほか、厚生労働省令で定める必要な職員を置くことができる。

②　労働基準主管局の局長（以下「労働基準主管局長」という。）、都道府県労働局長及び労働基準監督署長は、労働基準監督官をもってこれに充てる。

③　労働基準監督官の資格及び任免に関する事項は、政令で定める。

④　厚生労働省に、政令で定めるところにより、労働基準監督官分限審議会を置くことができる。

⑤　労働基準監督官を罷免するには、労働基準監督官分限審議会の同意を必要とする。

⑥　前二項に定めるもののほか、労働基準監督官分限審議会の組織及

> び運営に関し必要な事項は、政令で定める。

　本条は、監督機関を構成する職員と、特にその主体たる労働基準監督官の資格、任免、身分保障について規定したものです。

　労働基準局以下の監督機関には労働基準監督官と「厚生労働省令で定める必要な職員」とが置かれます（第1項）。労働基準監督官は、労働事務官、労働技官などと同じく一つの官名です。この点、かつての工場法のころの工場監督官が職名であったのと違っています。監督機関にはこのほかに労働事務官、労働技官等が置かれます。しかし、労働基準監督官が監督機関の主体をなしているものであり、各機関の長は、いずれも労働基準監督官であることが法律上の要件とされています（第2項）。

　労働基準監督官は、その職務の性質上特別の資格を必要とされます（第3項）。その「資格及び任命に関する事項」は労働基準監督機関令に委任されていますが、機関令第1条は、労働基準監督官は、「労働基準監督官を採用するための試験に合格した者のうちから任用しなければならない。」と規定して、特別の試験による資格を原則としています。労働基準監督官の試験は、筆記試験と人物試験からなり、労働基準監督官としての専門的知識と一般的適性とが考査されます。

> **第98条**　削除

第2　労働基準監督機関の長の権限

> （労働基準主管局長等の権限）
> **第99条**　労働基準主管局長は、厚生労働大臣の指揮監督を受けて、都道府県労働局長を指揮監督し、労働基準に関する法令の制定改廃、労働基準監督官の任免教養、監督方法についての規程の制定及び調

整、監督年報の作成並びに労働政策審議会及び労働基準監督官分限
審議会に関する事項（労働政策審議会に関する事項については、労
働条件及び労働者の保護に関するものに限る。）その他この法律の
施行に関する事項をつかさどり、所属の職員を指揮監督する。

②　都道府県労働局長は、労働基準主管局長の指揮監督を受けて、管
内の労働基準監督署長を指揮監督し、監督方法の調整に関する事項
その他この法律の施行に関する事項をつかさどり、所属の職員を指
揮監督する。

③　労働基準監督署長は、都道府県労働局長の指揮監督を受けて、こ
の法律に基く臨検、尋問、許可、認定、審査、仲裁その他この法律
の実施に関する事項をつかさどり、所属の職員を指揮監督する。

④　労働基準主管局長及び都道府県労働局長は、下級官庁の権限を自
ら行い、又は所属の労働基準監督官をして行わせることができる。

　本条は、労働基準局長以下各監督機関の長の権限を定めるとともに、そ
の上下の指揮監督関係を規定したものです。

　第1項は、厚生労働省労働基準局長の権限を規定しています。労働基準
局長が厚生労働省の内部部局の長として厚生労働大臣の指揮監督を受ける
ことは当然ですが、本項は、労働基準局長の都道府県労働局長に対する指
揮監督権を規定している点が注意されなければなりません。一般に、中央
官庁では主務大臣だけがこのような権限を持つのが普通ですが、監督行政
がときの政治目的によって左右されることを防ぐために、このような規定
が置かれているのです。このように、労働基準局長は直接下級官庁に対す
る指揮監督権をもって労働基準法の施行に関する事項を行います。

　労働基準局長の指揮監督下に都道府県労働局長がおり、主として監督方
法の調整に関する事項を中心としてこの法律の施行に関する事項を行いま
す。都道府県労働局長の指揮監督の下に第一線機関として労働基準監督署
長がこの法律に基づく臨検、尋問、許認可等の行政処分等を行い、この法
律の実施官庁としての役割を担当しています。

　以上のように、上級官庁は下級官庁を指揮監督してその職務を行わせる

のですが、本条第4項は、労働基準局長と都道府県労働局長が直接下級官庁の権限を行ったり、自己に直接所属する労働基準監督官にこれを行わせることができることを定めています。たとえば、労働基準監督署長の臨検、尋問、許認可等の権限を上級官庁たる労働基準局長・都道府県労働局長が自ら行うことができるのです（この代行権は厚生労働大臣には認められていません。）。

第3　女性主管局長

（女性主管局長の権限）

第100条　厚生労働省の女性主管局長（厚生労働省の内部部局として置かれる局で女性労働者の特性に係る労働問題に関する事務を所掌するものの局長をいう。以下同じ。）は、厚生労働大臣の指揮監督を受けて、この法律中女性に特殊の規定の制定、改廃及び解釈に関する事項をつかさどり、その施行に関する事項については、労働基準主管局長及びその下級の官庁の長に勧告を行うとともに、労働基準主管局長が、その下級の官庁に対して行う指揮監督について援助を与える。

②　女性主管局長は、自ら又はその指定する所属官吏をして、女性に関し労働基準主管局若しくはその下級の官庁又はその所属官吏の行つた監督その他に関する文書を閲覧し、又は閲覧せしめることができる。

③　第101条及び第105条の規定は、女性主管局長又はその指定する所属官吏が、この法律中女性に特殊の規定の施行に関して行う調査の場合に、これを準用する。

女性主管局である雇用環境・均等局は、女性の特殊な労働条件の向上保護を図ること、その他女性の特殊な労働問題、女性問題等を取り扱うことになっています。しかし、監督行政一元化の見地から、女性の規定の施行は労働基準局に一任されており、雇用環境・均等局は労働基準監督機関に対

して勧告を行うとともに援助を与えることとされており、直接女性に関する規定の違反を取り締まることはありません。職務はもっぱら雇用環境・均等局の勧告と援助であり、そのため労働基準監督機関の行った女性の規定についての監督その他に関する文書を自分で閲覧したり、所属の職員に閲覧させたりすることができ、女性に関する規定の施行について調査を行う権限もあります。

　なお、年少労働者の保護、年少労働者に特殊な労働条件の向上に関すること、児童の使用禁止に関することは、従来、婦人少年局が所掌していましたが、昭和60年の労働省組織令の改正により、これらの事務は労働基準局の所掌となり、婦人少年局の呼称も、「婦人局」と改められました。また、平成9年10月からは、「女性局」と改められ、さらに平成13年1月からは「雇用均等・児童家庭局」とされ、その後平成28年4月に雇用環境・均等局に改編されています。

第4　労働基準監督官の権限

> （労働基準監督官の権限）
> **第101条**　労働基準監督官は、事業場、寄宿舎その他の附属建設物に臨検し、帳簿及び書類の提出を求め、又は使用者若しくは労働者に対して尋問を行うことができる。
> ②　前項の場合において、労働基準監督官は、その身分を証明する証票を携帯しなければならない。
> ···
> （証票の携帯）
> **則第52条**　法第101条第2項の規定によつて、労働基準監督官の携帯すべき証票は、様式第18号に定めるところによる。

　本条は、法第103条とともに労働基準監督官の行政上の権限を規定したものです。

　第1項は、臨検、帳簿書類の提出要求、尋問の権限を定めています。これは、労働基準法違反の状態やその疑いのある状態を調査するために特に認められた即時強制の権限です。しかも、使用者がこれを拒んだ場合には、30万円以下の罰金で処罰されることになっていますので（法第120条第4号）、この労働基準監督官の権限は、特に強力であるといわなければなりません。そこで、これらの権限が憲法第35条の住居、書類、所持品について侵入、捜索、押収を受けることのない権利を犯すものではないかとの疑問が出されることがありますが、本条のように本法実施のために必要不可欠な行政上の強制権はこれに抵触することはないものと解されます。ただ、本条によって司法事件捜査をすることは許されず、この点法第102条の司法警察権の行使と厳格に区別されなければならないことはいうまでもありません。

　労働基準監督官が以上述べたような権限を行使するに当たっては、その身分を証明する証票（則第52条に定める様式の労働基準監督官証票）を携帯しなければなりません。これは、労働基準監督官の強力な権限を考慮して特に規定されたものです。

第5　労働基準監督官の司法警察権

> **第102条**　労働基準監督官は、この法律違反の罪について、刑事訴訟法に規定する司法警察官の職務を行う。

　本条は、労働基準監督官が本法違反の罪について特別司法警察職員としての権限を持つことを規定したものです。

　本法違反の罪が複雑であり、その捜査は専門的な知識経験を必要とすることから、労働条件の問題について専門家である労働基準監督官に任せることが適当であるため、本条の規定が設けられています。

「刑事訴訟法に規定する司法警察官の職務」とは、刑事訴訟法第189条にいう「犯罪があると思料するときは、犯人及び証拠を捜査する」権限です。その捜査には、任意捜査と強制捜査とがあり、いずれも刑事訴訟法の定める手続に従って行われます。したがって、特に逮捕、差押、捜索、検証等の強制捜査については、すべて原則として裁判官の発する令状を必要とします。この点、前条に定める臨検、帳簿提出要求、尋問、収去等の行政上の強制権とは全く異なるものです、たとえば、使用者が帳簿の提出を拒んだ場合——法第120条に定める罰則の適用を受けることはいうまでもありませんが——労働基準監督官として、あえて帳簿の所在を捜査することは許されないのであって、このような場合には司法警察職員として刑事訴訟法第218条による裁判官の発する捜索令状を必要とするのです。なお、特別司法警察職員としての職務を行う場合に所轄検察庁検事正から司法警察官たる証票の交付を受ける必要はなく、法第101条に規定する労働基準監督官証票を携帯していれば差し支えありません。

第6　労働基準監督官の即時処分権

> **第103条**　労働者を就業させる事業の附属寄宿舎が、安全及び衛生に関して定められた基準に反し、且つ労働者に急迫した危険がある場合においては、労働基準監督官は、第96条の3の規定による行政官庁の権限を即時に行うことができる。

　本条は、労働基準監督官が事業場を臨検した際「寄宿舎が安全及び衛生の基準に反し」ており（法第96条の3解説参照）、かつ「労働者に急迫した危険がある場合」、つまり、労働者の生命身体に対する危害が目前に迫ったり、そのまま放置し、労働基準監督署長の権限行使を待っていると労働者に実害の発生することが予想される場合です。

　このような場合に、労働基準監督官は単独で「法第96条の3の規定によ

る行政官庁の権限」、つまり「使用者に対してその全部又は一部の使用の停止、変更その他必要な事項を命じ」たり、「使用者に命じた事項について必要な事項を労働者に命ずる」権限をその場で即時に行うことができるのです。したがって、その命令の効果は法第96条の3によって労働基準監督署長が命じたのと同じであり、これに違反した者は、やはり法第119条第2号によって6か月以下の懲役または30万円以下の罰金に処せられます。

第7　監督機関に対する申告

> （監督機関に対する申告）
> **第104条**　事業場に、この法律又はこの法律に基いて発する命令に違反する事実がある場合においては、労働者は、その事実を行政官庁又は労働基準監督官に申告することができる。
> ②　使用者は、前項の申告をしたことを理由として、労働者に対して解雇その他不利益な取扱をしてはならない。

　本条は、本法違反の事実について労働者が監督機関に対し申告する権利を与え、さらに申告したことを理由とする解雇その他の不利益取扱いを禁止したものです。

　監督機関の臨検を待っていたのでは、本法の目的が達せられない場合もありますので、労働者の申告によって行政警察権の発動を促し、それによって本法がよりよく実施されることを期待しているわけです。

　「違反する事実」というのは、本法各条の要件に該当する事実があれば足り、その申告した労働者の権利救済の場合だけでなく、その事業場の労働者全部に関するものであってもかまいません。「申告」というのは、違反事実を告げ監督機関の権限の発動を促すことをいいます。それは、刑事訴訟法上の告訴や告発と違い、使用者を裁判にかけようという意思は必要ではありませんが、そのような意思があって行われた申告であれば、刑事訴訟

法上の告訴・告発であり、その場合には、労働基準監督官は司法警察職員として刑訴法の手続によって処理することになります。

「不利益な取扱い」とは、労働組合法第7条にいう不当労働行為と同様の意味であり、解雇のほかに昇給、昇進、賞与、職場配置等について他の者と比べて不利益な取扱いをすることをいいます。「申告したことを理由として」いるかどうかは、それが使用者の主観的意図において決定的な動機となっているかどうかによって判断されなければならないことは、法第3条の場合と同様です。

■罰　則

使用者が第2項に違反して労働者に解雇その他の不利益な取扱いをすると、6か月以下の懲役または30万円以下の罰金に処せられますが（法第119条第1号）、さらに、たとえば申告を理由として解雇した場合には、本条は効力規定であると考えられますから、その解雇は無効になるものと解されます〔昭25・12・28東京地裁決定〕。

第8　報告等

（報告等）
第104条の2　行政官庁は、この法律を施行するため必要があると認めるときは、厚生労働省令で定めるところにより、使用者又は労働者に対し、必要な事項を報告させ、又は出頭を命ずることができる。
②　労働基準監督官は、この法律を施行するため必要があると認めるときは、使用者又は労働者に対し、必要な事項を報告させ、又は出頭を命ずることができる。

（報告事項）
則第57条　使用者は、次の各号のいずれかに該当する場合においては、遅滞なく、第1号については様式第23号の2により、第2号については労

働安全衛生規則様式第22号により、第3号については同令様式第23号により、それぞれの事実を所轄労働基準監督署長に報告しなければならない。

一　事業を開始した場合

二　事業の附属寄宿舎において火災若しくは爆発又は倒壊の事故が発生した場合

三　労働者が事業の附属寄宿舎内で負傷し、窒息し、又は急性中毒にかかり、死亡又は休業した場合

② 前項第3号に掲げる場合において、休業の日数が4日に満たないときは、使用者は、同項の規定にかかわらず、労働安全衛生規則様式第24号により、1月から3月まで、4月から6月まで、7月から9月まで及び10月から12月までの期間における当該事実を毎年各各の期間における最後の月の翌月末日までに、所轄労働基準監督署長に報告しなければならない。

③ 法第18条第2項の規定により届け出た協定に基づき労働者の預金の受入れをする使用者は、毎年、3月31日以前1年間における預金の管理の状況を、4月30日までに、様式第24号により、所轄労働基準監督署長に報告しなければならない。

（報告等をさせるときの通知事項）

則第58条　行政官庁は、法第104条の2第1項の規定により、使用者又は労働者に対し、必要な事項を報告させ、又は出頭を命ずるときは、次の事項を通知するものとする。

一　報告をさせ、又は出頭を命ずる理由

二　出頭を命ずる場合には、聴取しようとする事項

（申請書等の提出部数）

則第59条　法及びこれに基く命令に定める許可、認可、認定又は指定の申請書は、各々2通これを提出しなければならない。

（様式）

則第59条の2　法及びこれに基く命令に定める許可、認可、認定若しくは指定の申請、届出、報告、労働者名簿又は賃金台帳に用いるべき様式（様式第24号を除く。）は、必要な事項の最少限度を記載すべきことを定めるものであつて、横書、縦書その他異なる様式を用いることを妨げるものではない。

② 使用者は、法及びこれに基づく命令に定める許可、認可、認定若しくは指定の申請、届出又は報告に用いるべき様式その他必要な書類に氏名を記載し、行政官庁に提出しなければならない。

③　法及びこれに基づく命令の規定により、使用者が行政官庁に対して行う許可、認可、認定若しくは指定の申請、届出又は報告（以下この項及び次条において「届出等」という。）について、当該使用者が、情報通信技術を活用した行政の推進等に関する法律（平成14年法律第151号。以下この項及び次条において「情報通信技術活用法」という。）第6条第1項の規定により、同項に規定する電子情報処理組織を使用して当該届出等を行う場合には、前項の規定による氏名の記載については、厚生労働省の所管する法令に係る情報通信技術を活用した行政の推進等に関する法律施行規則（平成15年厚生労働省令第40号）第6条第1項各号に掲げる措置のほか、当該使用者の氏名を電磁的記録（情報通信技術活用法第3条第7号に規定する電磁的記録をいう。次条において同じ。）に記録することをもつて代えることができる。

則第59条の3　届出等について、社会保険労務士又は社会保険労務士法人（以下この条において「社会保険労務士等」という。）が、情報通信技術活用法第6条第1項の規定により、同項に規定する電子情報処理組織を使用して社会保険労務士法（昭和43年法律第89号）第2条第1項第1号の2の規定に基づき当該届出等を使用者に代わつて行う場合には、当該社会保険労務士等が当該使用者の職務を代行する契約を締結していることにつき証明することができる電磁的記録を当該届出等と併せて送信しなければならない。

　本条は、監督上の必要から、使用者と労働者に報告・出頭を求める権利を行政官庁と労働基準監督官に与えたものです。

　報告・出頭を要求できるのは、行政官庁または労働基準監督官です。行政官庁には、都道府県労働局長、労働基準監督署長が含まれることはいうまでもありませんが、労働行政一般の責任者である厚生労働大臣も含まれます。則第57条の随時報告すべき事項及びその他本法関係諸規則に規定される報告すべき事項は、いずれも本法の施行上必要な事項として厚生労働大臣が本条に基づいてあらかじめ一般的に報告を求めている事項です。

　また、各条において規定されている許認可、認定、指定の申請書は各々2通提出することとされています。

　それらに加え、届出、報告、申請について定められている様式は、記載すべき最小限度の項目を定めているものであり、項目が網羅されていれば、

異なる様式を用いることもできるものです。

　そして、令和２年の省令の改正により、それらの届出等を行う際に求められていた署名あるいは記名押印は見直され、記名のみでよいことになりました。（令２.12.22基発第1222第４号）

　これらの届出等は、電子政府の総合窓口（e-Gov）に電子申請により行うことも可能となっています。

　また、労働者の過半数を代表する者（以下「過半数代表者」という。）の適正な選出及び電子申請の利便性の向上に向けた恒久的な制度的対応の一環として、労使協定・決議の届出様式に協定当事者の適格性を確認するチェックボックスが設けられ、また、電子申請時に、電子署名及び電子証明書の添付等のほか、利用者の氏名を電磁的記録に記録することをもって代えることもできるとされています。

■罰　則
　本条によって報告・出頭の要求を受けた使用者または労働者が、報告を怠ったり、あるいは虚偽の報告をしたり、出頭しないと、30万円以下の罰金に処せられます（法第120条第５号）。

第9　労働基準監督官の義務

> （労働基準監督官の義務）
> 第105条　労働基準監督官は、職務上知り得た秘密を漏してはならない。労働基準監督官を退官した後においても同様である。

　本条は、労働基準監督官の秘密遵守の義務を規定したものです。

　労働基準監督官は、前に述べたように行政上、司法上強力な権限を持ち、使用者の生産工程における秘密事項や労働者の疾病等の秘密を知る機会が多いので、このような規定が特に定められています。

　「秘密」というのは、刑法第134条にいう「人の秘密」をいうものと解さ

れます。すなわち、通常、人に知られたくないような事項や本人が知られたくない旨を明らかにした事項をいい、この秘密は職務を行うに当たって知り得たものであって、自分から把握したものであろうと労使から聞いたものであろうとを問いません。労働基準監督官は、その強力な権限の反面、このような秘密を知り得る機会が多いので、現職中はもちろん退官後もこのような秘密を洩らしてはならないのです。

　労働基準監督官が本条に違反して秘密を洩らすと、30万円以下の罰金に処せられる（法第120条第1号）とともに、国家公務員法としての懲戒処分を受けることもあります。

第12章　雑　　則

第1　国の援助義務

> （国の援助義務）
> **第105条の2**　厚生労働大臣又は都道府県労働局長は、この法律の目的を達成するために、労働者及び使用者に対して資料の提供その他必要な援助をしなければならない。

　本条は、労働基準法の目的達成のために、厚生労働大臣または都道府県労働局長の労使双方に対する援助義務を規定したものです。

　本条の義務は、国の義務であって、使用者に課せられているものではありません。「この法律の目的達成のため」というのは、労働者が人たるに値する生活を保障するために労働条件の最低の基準を法定するとともに、労働条件の向上を図るように努めることであり、労働者の福祉の向上ということも当然その中に含まれるものと解されます。

　必要な援助の方法としては、必要な調査に基づくパンフレット、リーフレット等の資料の提供、助言等があり、その他福利施設等に対する財政的援助等が含まれるでしょう。ただ、本条が監督機関のサービス業務を規定した趣旨であることからみて、半強制的指導にわたることのないよう注意して援助することとされています。

第2　法令等の周知義務

> （法令等の周知義務）
> **第106条**　使用者は、この法律及びこれに基づく命令の要旨、就業規則、第18条第2項、第24条第1項ただし書、第32条の2第1項、第32条の3第1項、第32条の4第1項、第32条の5第1項、第34条第2項ただし書、第36条第1項、第37条第3項、第38条の2第2項、

第38条の３第１項並びに第39条第４項、第６項及び第９項ただし書に規定する協定並びに第38条の４第１項及び同条第５項（第41条の２第３項において準用する場合を含む。）並びに第41条の２第１項に規定する決議を、常時各作業場の見やすい場所へ掲示し、又は備え付けること、書面を交付することその他の厚生労働省令で定める方法によつて、労働者に周知させなければならない。

② 使用者は、この法律及びこの法律に基いて発する命令のうち、寄宿舎に関する規定及び寄宿舎規則を、寄宿舎の見易い場所に掲示し、又は備え付ける等の方法によつて、寄宿舎に寄宿する労働者に周知させなければならない。

（法令等の周知方法）

則第52条の２　法第106条第１項の厚生労働省令で定める方法は、次に掲げる方法とする。

一　常時各作業場の見やすい場所へ掲示し、又は備え付けること。

二　書面を労働者に交付すること。

三　磁気テープ、磁気ディスクその他これらに準ずる物に記録し、かつ、各作業場に労働者が当該記録の内容を常時確認できる機器を設置すること。

本条は、使用者の法令等の周知義務について規定したものです。

この法律やこの法律に基づいて発せられる命令が完全に適用されるためには、労働者にその内容を知らせることが大切であり、また、そうすることによって労働者が知らないことに乗じて使用者が不正不当な取扱いをすることを防止することにもなります。また就業規則、寄宿舎規則のように直接労働者の行為の基準となるもの、すなわち、その権利義務を規定したものもできるだけ平素から労働者に周知させておくべきものです。

■周知すべき事項

使用者が労働者に周知させなければならないのは、この法律と、この法律に基づいて発する命令の要旨、就業規則、この法律に基づく労使協定、

それに法第38条の4、第41条の2の委員会の決議です。本法に基づく命令としては、労働基準法施行規則、年少者労働基準規則、女性労働基準規則、事業附属寄宿舎規程などがあります。法律と命令はその要旨を周知させなければならないのであって、法律・命令の全文をそのまま掲示し、または備え付ける必要はなく、その事業場に関係のある条項を抜き出して労働者が容易に理解できるよう要約して周知させるべきです。これに対して、就業規則、労使協定等は要旨ではなく、全部を労働者に周知させなければなりません。

■周知方法

労働者に周知させる方法としては、①常時各作業場の見やすい場所へ掲示し、または備え付けること、②書面を交付すること、③磁気テープ、磁気ディスクその他これらに準ずる物に記録し、かつ各作業場に労働者が当該記録の内容を常時確認できる機器を設置すること、のいずれかの方法によらなければならないこととされています（則第52条の2）。

■罰　則

使用者が本条による周知義務を怠ると、30万円以下の罰金に処せられます（法第120条第1号）。

第3　労働者名簿

（労働者名簿）
第107条　使用者は、各事業場ごとに労働者名簿を、各労働者（日日雇い入れられる者を除く。）について調製し、労働者の氏名、生年月日、履歴その他厚生労働省令で定める事項を記入しなければならない。

②　前項の規定により記入すべき事項に変更があつた場合においては、遅滞なく訂正しなければならない。

（労働者名簿の記入事項）

則第53条　法第107条第１項の労働者名簿（様式第19号）に記入しなければならない事項は、同条同項に規定するもののほか、次に掲げるものとする。

一　性別

二　住所

三　従事する業務の種類

四　雇入の年月日

五　退職の年月日及びその事由（退職の事由が解雇の場合にあつては、その理由を含む。）

六　死亡の年月日及びその原因

②　常時30人未満の労働者を使用する事業においては、前項第３号に掲げる事項を記入することを要しない。

（年次有給休暇管理簿、労働者名簿又は賃金台帳の合併調製）

則第55条の２　使用者は、年次有給休暇管理簿、第53条による労働者名簿又は第55条による賃金台帳をあわせて調製することができる。

（様式）

則第59条の２　法及びこれに基く命令に定める許可、認可、認定若しくは指定の申請、届出、報告、労働者名簿又は賃金台帳に用いるべき様式（様式第24号を除く。）は、必要な事項の最少限度を記載すべきことを定めるものであつて、横書、縦書その他異なる様式を用いることを妨げるものではない。

②　使用者は、法及びこれに基づく命令に定める許可、認可、認定若しくは指定の申請、届出又は報告に用いるべき様式その他必要な書類に氏名を記載し、行政官庁に提出しなければならない。

③　法及びこれに基づく命令の規定により、使用者が行政官庁に対して行う許可、認可、認定若しくは指定の申請、届出又は報告（以下この項及び次条において「届出等」という。）について、当該使用者が、情報通信技術を活用した行政の推進等に関する法律（平成14年法律第151号。以下この項及び次条において「情報通信技術活用法」という。）第６条第１項の規定により、同項に規定する電子情報処理組織を使用して当該届出等を行う場合には、前項の規定による氏名の記載については、厚生労働省の所管する法令に係る情報通信技術を活用した行政の推進

> 等に関する法律施行規則（平成15年厚生労働省令第40号）第6条第1
> 項各号に掲げる措置のほか、当該使用者の氏名を電磁的記録（情報通
> 信技術活用法第3条第7号に規定する電磁的記録をいう。次条におい
> て同じ。）に記録することをもつて代えることができる。

　使用者は事業の種類、規模に関係なく、その常時使用する労働者の名簿
を作成しなければなりません。1の事業が2以上の事業場に分かれている
場合には、各事業場ごとに作成することになります。「事業場」というの
は、事業場に属する人的・物的施設のある場所的な範囲をいうものであっ
て、作業場と違い、通常は本法が適用される事業の単位とされているもの
と一致します。

　なお、日雇労務者は移動がはげしく名簿の作成が難しいので、これにつ
いては、賃金台帳の作成だけでよく、労働者名簿の作成は必要ありません。

■労働者名簿の記載事項

　労働者名簿には、労働者の氏名、生年月日、履歴、性別、住所、従事す
る業務の種類、雇入れの年月日、退職の年月日とその事由（退職の事由が
解雇の場合、解雇の理由も含みます。）、死亡の年月日とその原因を記入し
なければなりません。以上の事項は必要な最小限度を定めたものですから、
これ以外の事項を記入することはもちろん差し支えありません。なお、「本
籍」については、記入を要しないこととされています。

　労働者名簿については、その様式が定められていますが、これは便宜上定
められたものであって、縦書き、横書きのどちらにするか、その他違った
様式を用いることは自由であり、法定の必要的記載事項以外の事項を記載
してもかまいません。なお、労働者名簿はその労働者の退職後5年間（当
分の間は3年間）保存する義務があります（法第109条）。また、労働者名
簿の必要的記載事項については、変更のあるごとに使用者は遅滞なくこれ
を訂正しなければなりません。

　なお、労働者名簿と賃金台帳及び年次有給休暇管理簿は、法定の必要的

記載事項さえ記載できるようになっていれば、それを一緒に作成することもできます（則第55条の２）。

■罰　則

　使用者が本条に違反して労働者名簿の作成・訂正を怠ると、30万円以下の罰金に処せられます（法第120条第１号）。

第4　賃金台帳

（賃金台帳）

第108条　使用者は、各事業場ごとに賃金台帳を調製し、賃金計算の基礎となる事項及び賃金の額その他厚生労働省令で定める事項を賃金支払の都度遅滞なく記入しなければならない。

（賃金台帳の記入事項）

則第54条　使用者は、法第108条の規定によつて、次に掲げる事項を労働者各人別に賃金台帳に記入しなければならない。

一　氏名

二　性別

三　賃金計算期間

四　労働日数

五　労働時間数

六　法第33条若しくは法第36条第１項の規定によつて労働時間を延長し、若しくは休日に労働させた場合又は午後10時から午前５時（厚生労働大臣が必要であると認める場合には、その定める地域又は期間については午後11時から午前６時）までの間に労働させた場合には、その延長時間数、休日労働時間数及び深夜労働時間数

七　基本給、手当その他賃金の種類毎にその額

八　法第24条第１項の規定によつて賃金の一部を控除した場合には、その額

②　前項第６号の労働時間数は当該事業場の就業規則において法の規定に異なる所定労働時間又は休日の定をした場合には、その就業規則に

基いて算定する労働時間数を以てこれに代えることができる。
③　第１項第７号の賃金の種類中に通貨以外のもので支払われる賃金がある場合には、その評価総額を記入しなければならない。
④　日々雇い入れられる者（１箇月を超えて引続き使用される者を除く。）については、第１項第３号は記入するを要しない。
⑤　法第41条各号のいずれかに該当する労働者及び法第41条の２第１項の規定により労働させる労働者については第１項第５号及び第６号は、これを記入することを要しない。
（賃金台帳の様式）
則第55条　法第108条の規定による賃金台帳は、常時使用される労働者（１箇月を超えて引続き使用される日々雇い入れられる者を含む。）については様式第20号日々雇い入れられる者（１箇月を超えて引続き使用される者を除く。）については様式第21号によつて、これを調製しなければならない。
（年次有給休暇管理簿、労働者名簿又は賃金台帳の合併調整）
則第55条の２　（399頁参照）
（様式）
則第59条の２　（399頁参照）

　賃金台帳も労働者名簿と同様に事業の種類、規模と関係なく、各事業場ごとに作成しなければなりません。
　賃金台帳を作成しなければならない労働者は、常時使用される労働者はもちろん、労働者名簿については除外されている日日雇い入れられる労働者も除外されません。ただ、その記入様式と記入すべき事項については日雇労働者については簡素化されています。

■賃金台帳の記載事項

　賃金台帳の必要的記載事項は賃金計算の基礎となる事項の賃金の額その他厚生労働省令で定める事項であって、その詳細は労働基準法施行規則第54条に規定されています。この必要的記載事項さえ記入できるようになっていれば、賃金台帳は縦書き、横書きのいずれでもよく、それ以外の事項を記入しても、もちろん差し支えありません。なお、賃金台帳と労働者名

簿及び年次有給休暇管理簿は法定の必要的記載事項さえ記入できるように
なっていれば、一緒にして作成してもよいことは、前条の解説で述べたと
おりです。

　賃金台帳への記入は、賃金支払いの都度遅滞なく行われなければなりま
せん。なお、賃金台帳は５年間（当分の間は３年間）保存する義務があり
ます（法第109条）。

■罰　　則

　使用者が本条に違反して賃金台帳の作成や必要的記載事項の記入をしな
いと、30万円以下の罰金に処せられます（法第120条第１号）。

第5　記録の保存

（記録の保存）

第109条　使用者は、労働者名簿、賃金台帳及び雇入れ、解雇、災害
　補償、賃金その他労働関係に関する重要な書類を５年間保存しなけ
　ればならない。

第143条第１項　第109条の規定の適用については、当分の間、同条中
　「５年間」とあるのは、「３年間」とする。

………………………………………………………………………………

（記録保存期間の起算日）

第56条　法第109条の規定による記録を保存すべき期間の計算についての
　起算日は次のとおりとする。

　一　労働者名簿については、労働者の死亡、退職又は解雇の日

　二　賃金台帳については、最後の記入をした日

　三　雇入れ又は退職に関する書類については、労働者の退職又は死亡
　　の日

　四　災害補償に関する書類については、災害補償を終わつた日

　五　賃金その他労働関係に関する重要な書類については、その完結の日

　②　前項の規定にかかわらず、賃金台帳又は賃金その他労働関係に関する

　　　重要な書類を保存すべき期間の計算については、当該記録に係る賃金の支払期日が同項第２号又は第５号に掲げる日より遅い場合には、当該支払期日を起算日とする。
③　前項の規定は、第24条の２の２第３項第２号イ及び第24条の２の３第３項第２号イに規定する労働者の労働時間の状況に関する労働者ごとの記録、第24条の２の４第２項（第34条の２の３において準用する場合を含む。）に規定する議事録、年次有給休暇管理簿並びに第34条の２第15項第４号イからへまでに掲げる事項に関する対象労働者ごとの記録について準用する。

　本条は、労働者の権利関係、労働関係に関する紛争を解決するためと監督上の必要から、その証拠を保存する意味で労働者名簿、賃金台帳その他の労働関係に関する重要な書類を保存する義務を定めたものです。

　保存しなければならない記録は、労働者名簿、賃金台帳と雇入れ、解雇、災害補償、賃金その他労働関係に関する重要な書類です。

　保存期間は、３年間とされていましたが、令和２年の法改正により、同年４月１日から、賃金請求権の消滅時効期間に合わせた５年間と変更されました。ただし、第143条の経過措置により、当分の間は改正前と同じ３年間とされています。

　これは本条に基づいて保存期間が５年間に改正された労働基準法施行規則についても同様の対応となります。その期間の起算日は書類によって異なり、詳細は則第56条に定められています。

　保存期間の法改正に併せて改正された同条により、賃金台帳の「最後の記入をした日」や賃金その他労働関係に関する重要な書類の「完結の日」よりも、賃金の支払期日が遅い場合には、起算日は当該賃金支払期日になるとされました。

　本条の保存義務は、使用者が事業の廃止、譲渡その他本法の適用を受けなくなったあとでも、所定の期間は引き続いて保存の義務があるものと解されます。

■罰　則

　使用者が本条の義務に違反すると、30万円以下の罰金に処せられます（法第120条第1号）。

第6　無料証明

> （無料証明）
> **第111条**　労働者及び労働者になろうとする者は、その戸籍に関して戸籍事務を掌る者又はその代理者に対して、無料で証明を請求することができる。使用者が、労働者及び労働者になろうとする者の戸籍に関して証明を請求する場合においても同様である。

　本条は、本法の第57条で18歳未満の労働者について年齢を証明する戸籍証明書の備付けが要求されており、また労働者と使用者は、労働者の雇入れ、家族手当の支給等に関して戸籍証明書を必要とする場合が多いので、このような場合、無料でその証明を求めることができる旨を規定したものです。

　戸籍に関する無料証明を請求することができるのは、労働者と労働者になろうとする者、それに使用者です。労働者だけでなく使用者にも無料証明の請求を認めたのは、労働者にだけこの請求が認められると、その請求は常に労働者がしなければならないこととなって不便だからです。

　また、無料証明を求めることのできるのは、戸籍に関しての証明ですが、それには、戸籍謄本、抄本等は含まれず、また戸籍に記載されている事項の証明でも本法に関し必要な事項に限られます。この証明は、「労働者及び労働者になろうとする者及びこれと同一の戸籍にある者（戸籍が異なる場合でも、その者と直系血族の関係にある者は含まれます。）の氏名及び出生の年月日に関する戸籍の記載事項」について作成され、本条の規定により作成したものであることを明らかにしなければならないことになっていま

す〔昭22. 12. 6民事甲第1732号司法省民事局通達〕。

第7　国と公共団体についての適用

> （国及び公共団体についての適用）
> **第112条**　この法律及びこの法律に基いて発する命令は、国、都道府
> 県、市町村その他これに準ずべきものについても適用あるものとす
> る。

　本条は、念のために特に国、都道府県、市町村その他これに準ずるもの
についても、すべて本法及び本法に基づく命令が適用されることを規定し
たものです。

　ただし、本法が施行された後、国家公務員法や地方公務員法の制定によっ
て、一般職に属する公務員には本法の適用が排除されたり、制限されるこ
とになりました（第12章適用除外の解説参照）。

　すなわち、国家公務員法附則第16条によって、同法第2条の一般職に属
する職員には本法とこれに基づいて発せられる命令は、適用されません。
なお、国有林野事業の一般職に属する職員についても本法が適用されなく
なったことについては後述のとおりです（**415頁参照**）。

　しかし、同法附則第16条は、行政執行法人の労働関係に関する法律第37
条により同法第2条の職員（行政執行法人の職員）については適用が排除
されていますので、これらの職員については本法が適用されることになっ
ています。また、地方公務員に関しては、地方公務員法第58条第3項本文
の規定によって、同法の定める一般の職員について、本法第2条、第14条
第2項及び第3項、第24条第1項、第32条の3から第32条の5まで、第38
条の2第2項及び第3項、第38条の3、第38条の4、第39条第6項から第
8項まで、第41条の2、第75条から第93条まで並びに第102条の規定、それ
にこれらに基づく命令の規定は適用されません。しかし、地方公共団体の

行う本法別表第1第1号から第10号まで、第13号から第15号までに掲げる事業に従事する職員については、以上の原則によらないで、第102条の規定及びこの規定に基づく命令の規定も適用されます（地方公務員法第58条第3項但書）。

　なお、地方公務員については、本法別表第1第1号から第10号まで、第13号から第15号までに掲げる事業に使用される者の場合を除いては、監督機関の権限は、地方公共団体の人事委員会等が行うこととなっています（同法同条第5項）。

　また、地方公務員については、現業職員のうちでも、さらに地方公営企業法の適用を受ける水道事業、軌道事業、自動車運送事業、地方鉄道事業、電気事業、ガス事業等の職員（地方公営企業法第2条等）については、地方公務員法第58条の適用が排除されています（地方公営企業法第39条、地方公営企業労働関係法第17条）ので、労働基準法が全面的に適用されることになっています。

　なお、国家公務員法や地方公務員法以外に本法の特則を定めているものとしては国会議員、裁判官、その他の裁判所職員、防衛省の職員があり、それぞれの特別法で本法の適用が除外されています。

　本法の適用を受ける国または地方公共団体の事業においては本法違反の事実があれば、当該違反行為をした公務員自身が処罰されることとなるのはもちろんですが、法第121条の両罰規定の適用については、事業主が国である場合の罰金刑は適用の余地がないと解すべきでありましょう。

第8　命令の制定

> （命令の制定）
> **第113条**　この法律に基いて発する命令は、その草案について、公聴
> 　会で労働者を代表する者、使用者を代表する者及び公益を代表する
> 　者の意見を聴いて、これを制定する。

　本法に基づく命令の制定に当たっては、既に本法中において労、使、公
益を代表する委員で構成される労働政策審議会に諮問しなければならない
ことが定められているのですが、本条は、さらにその諮問を通じて作成さ
れた草案を公聴会にかけるべきことを定めたものです。

　公聴会の労、使、公益を代表する者にだれを指定するか、また公聴会の
意見を採択するかどうかは行政官庁が自由に決めることができるのであっ
て、本条によって拘束されるものではありません。しかし、公聴会におけ
る各界代表者の選定をひろく関係者や世論を聴くという公聴会の趣旨に合
わせるように選考することが望ましく、また公聴会の意見も合理的なもの
はなるべく採択するのが本条の趣旨に沿うわけです。

第9　付加金の支払い

> （付加金の支払）
> **第114条**　裁判所は、第20条、第26条若しくは第37条の規定に違反し
> 　た使用者又は第39条第9項の規定による賃金を支払わなかつた使用
> 　者に対して、労働者の請求により、これらの規定により使用者が支
> 　払わなければならない金額についての未払金のほか、これと同一額
> 　の付加金の支払を命ずることができる。ただし、この請求は、違反
> 　のあつた時から5年以内にしなければならない。
> **第143条第2項**　第114条の規定の適用については、当分の間、同条た

　だし書中「５年」とあるのは、「３年」とする。

　本法は、使用者が賃金その他本法によって課せられた金銭給付の義務を
履行しない場合には、刑罰を科すことにしているのですが、これらの金銭
給付の中で特に重要なものについて、それを支払わないときは、刑罰とは
別に、さらに未払金と同額の付加金の支払いを労働者の請求によって裁判
所が命令することができることになっています。

■付加金の対象

　付加金の請求をすることができるのは、①使用者が解雇予告手当を支払
わないとき、②休業手当を支払わないとき、③割増賃金を支払わないとき、
④年次有給休暇の賃金を支払わないときです。その金額が法定の支払期に、
所定の金額が全額支払われない場合はもちろん、一部の支払いが遅延して
いる場合でも、付加金を請求することができます。

　しかし、付加金は労働者の請求によって裁判所が支払いを命ずるのです
から、たとえ法定の支払期に所定の金額が全額支払われていなくても、労
働者が裁判所に訴えるまでに全額が支払われれば、付加金の請求はできな
いと解すべきです。

　また、付加金の請求は違反のあったときから２年以内にしなければなら
ないとされていましたが、令和２年の法改正により、令和２年４月１日以降
に違反がある場合には、その期間が５年間（当分の間は３年間）に変更さ
れました。この期間は法律上「除斥期間」といわれるもので、消滅時効を
定めたものではありませんから、時効の場合のように完成猶予や更新とい
うことはなく、期限切れが先に延ばされるということはありません。

　付加金は、労働者が裁判所にその支払いを請求し、裁判所がその請求を
妥当と認めて、その支払いを使用者に命じた場合、はじめて支払義務が発
生します〔昭35・３・11最高裁（二小）判決〕。つまり、使用者に特定の金
銭支払義務がある場合に、労働者は当然に未払金と同額の付加金を請求す

ることができる実体的な権利があるわけではなく、裁判所へ訴えて請求することが必要な条件です。労働者の付加金支払いの請求がなければ、裁判所は、たとえ未払金があっても付加金支払いを命ずることはできず、労働者も裁判所の付加金支払命令がない限り、使用者に対して未払金と同額の付加金の支払いを請求することはできません。

■付加金の性質

　付加金は違反行為に対する民事的制裁としての性質を持つものですから、裁判所においていろいろの事情を考慮し、未払金がある場合にもその支払いを命じないことがあります。使用者が支払遅延について正当な理由のあるとき、またはやむを得ない事由によるときのような場合は、刑事罰においても違法性または責任が阻却されるものとして処罰されないのと同様に、付加金の支払いを命じられません。

　付加金の額は、使用者が支払わなければならない未払金と同一額の金額ですが、この金額は使用者の付加金支払義務の発生する時期がいつであるかによって異なってきます。付加金は本法によって課せられた使用者の義務違反に対する民事的制裁であって、損害賠償としての性質のものではなく、たまたまその利益が労働者のものになるのですから、付加金は常に裁判所が命令を出す時点での未払金額によるべきものと解されます。この点については、いろいろの説がありますが、やはり前に述べたように、本条は労働基準法違反に対する一種の制裁と解するのが通説であり〔昭38・4・9東京高裁判決〕、付加金の支払義務が裁判所の命令によってはじめて発生するという前記の観点からみれば、裁判所が命令した時点での金額と解すべきです。したがって、使用者が義務違反を行って未払いが発生した場合においても、労働者が裁判所に対し申立てを行う前に支払って、義務違反がなくなっている場合には、もはや未払金はないのですから、裁判所は付加金の支払いを命ずることはできない〔前掲最高裁判決〕ものと解されます。

第10　時効

> （時効）
> **第115条**　この法律の規定による賃金の請求権はこれを行使すること
> ができる時から5年間、この法律の規定による災害補償その他の請
> 求権（賃金の請求権を除く。）はこれを行使することができる時か
> ら2年間行わない場合においては、時効によつて消滅する。
> **第143条第3項**　第115条の規定の適用については、当分の間、同条中
> 「賃金の請求権はこれを行使することができる時から5年間」とあ
> るのは、「退職手当の請求権はこれを行使することができる時から
> 5年間、この法律の規定による賃金（退職手当を除く。）の請求権
> はこれを行使することができる時から3年間」とする。

　民法では従前、賃金債権の時効は1年（改正前の同法第174条）、その他
の一般債権の時効は10年（同第167条）とされていましたが、民法の一部改
正（平成29年法律第44号）により賃金債権等短期消滅時効は廃止され、令
和2年4月1日から一般債権に係る消滅時効は①債権者が権利を行使する
ことができることを知った時（主観的起算点）から5年間、②権利を行使
することができる時（客観的起算点）から10年間とされました（民法第166
条第1項第1号、同第2号）。

　そして、改正民法を踏まえて、本条の賃金請求権の時効もそれまでの「2
年間」から「行使することができる時から5年間」に変更されました（法
第115条）。

　ただし、直ちに長期間の消滅時効期間を定めることは、労使関係を不安
定にするおそれもあり、紛争の早期解決や未然防止について賃金請求権の
消滅時効が果たす役割への影響等も踏まえ、当分の間、法第109条の記録の
保存期間に合わせ、5年間ではなく3年間とすることとされました（法第
143条第3項）。

　一方で、災害補償等、賃金請求権以外の請求権は従来からの2年間の時

効が、また、資金調達が困難な場合があり、支払にも時間がかかることが
あるなどから、従来から5年間とされていた退職手当の請求権の時効がそ
れぞれ維持されました（法第115条）。

　この結果、労働基準法に基づく請求権ごとの時効は次のようになります。

①　賃金（退職手当を除く）の請求権＝5年間（ただし、当分の間3年間）
　　・金品の返還（第23条。賃金の請求に限る）
　　・賃金の支払（第24条）
　　・非常時払い（第25条）　　・休業手当（第26条）
　　・出来高払いの保障給（第27条）
　　・時間外、休日、深夜の労働に対する割増賃金（第37条）
　　・年次有給休暇に対する賃金（第39条）
　　・未成年者の賃金請求権（第59条）

②　災害補償の請求権＝2年間
　　・療養補償（第75条）　・休業補償（第76条）　・障害補償（第77条）
　　・遺族補償（第79条）　・葬祭料（第80条）　　・分割補償（第82条）

③　その他の請求権＝2年間
　　・帰郷旅費（第15条第3項、第64条）　・退職時の証明（第22条）
　　・金品の返還（第23条。賃金を除く）
　　・年次有給休暇請求権（第39条）

④　・退職手当（第24条。労働協約又は就業規則によって予め支給条件が
　　　明確にされている場合）の請求権＝5年間

　年次有給休暇権については、本条の適用があるかどうかについて争いが
ありますが、この問題について解釈例規では、年次有給休暇について法第
115条の規定により2年の消滅時効が認められる〔昭22.12.15基発第501号〕
としており、したがって就業規則で「年次有給休暇は翌年度に繰り越して
はならない」と定めても、年度経過後における年次有給休暇権は消滅しな
い〔昭23.5.5基発第686号〕としています（**第4章第15参照**）。なお、法
第23条の金品返還請求権のうち、労働者の所有品の返還請求権は所有権に

基づく物権的請求権ですから、本条の適用はなく時効にかかりません。また、前条の付加金の請求について同条が定める期間は除斥期間と呼ばれるものであって、本条の消滅時効とは関係がありません。

　時効によって請求権が消滅するのを防止するためには、時効を完成猶予あるいは更新中断しなければなりませんが、時効の完成猶予あるいは更新については、本法は別段の定めをしていませんから、民法の一般原則（民法第147条～第161条）によることになります。したがって、時効の完成猶予あるいは更新の方法としては労働者の裁判上の請求あるいは使用者の承認などがあげられます。

第11　経過措置

> （経過措置）
> **第115条の2**　この法律の規定に基づき命令を制定し、又は改廃するときは、その命令で、その制定又は改廃に伴い合理的に必要と判断される範囲内において、所要の経過措置（罰則に関する経過措置を含む。）を定めることができる。

　本条は、本法の規定に基づく命令を定め、あるいは改正、廃止する場合には、その命令で必要な経過措置を定めることができることを定めたものです。

　これまでも、労働基準法施行規則等の改廃に当たっては、所要の経過措置が定められてきましたが、その法律上の根拠を念のために明らかにするため、最近の立法例にならって、昭和60年法律第45号による改正の際に設けられた規定です。

第12　適用除外

> （適用除外）
> **第116条**　第 1 条から第11条まで、次項、第117条から第119条まで及び第121条の規定を除き、この法律は、船員法（昭和22年法律第100号）第 1 条第 1 項に規定する船員については、適用しない。
> ②　この法律は、同居の親族のみを使用する事業及び家事使用人については、適用しない。

本条は、労働基準法の適用除外について定めたものです。

■同居の親族家事使用人

「同居の親族」というのは、同居の、民法上の親族、つまり 6 親等内の血族、配偶者、 3 親等内の姻族を指します（民法第725条）。本法は、同居の親族のみを使用する事業や事業場には適用されませんが、同居の親族とともに同居の親族以外の労働者を 1 人でも使用する場合は、本法の適用を受けることになります。なお、「同居の親族」であっても、業務を行うにつき、事業主の指揮命令に従っていることが明確であり、かつ、就労の実態が当該事業場の他の労働者と同様であり、賃金もこれに応じて支払われている場合には、労働者であると解されています〔昭54. 4. 2基発第153号〕。

また、「家事使用人」というのは、一般家庭に使用される労働者のことを指します。旅館や料理店などにおいて、いわゆる「女中」と称される方々は家事使用人には当たりません。しかし実際問題として、それらの方が家事使用人であるかどうかは、その労働の態様がどのようなものであるか、具体的な個々の場合によって判断しなければなりません。

■その他の適用の除外

船員、同居の親族を使用する事業または家事使用人のほかにも、本法が

適用されない者があります。その主な例は、次のようなものです。

（1）　一般職の国家公務員については、本法は適用されません（国家公務員法附則第16条）。なお、国有林野の職員については従前本法が適用されていましたが、平成25年4月1日以降、国有林野事業の一般職に属する職員については本法が適用されなくなりました〔平25.6.13基発0613第1号〕。

　　　行政執行法人の労働関係に関する法律第2条に定める行政執行法人の職員については本法の適用があります（同法第37条第1項第1号）。

（2）　一般職の地方公務員については、一般に本法の適用がありますが、労働時間に関する規定等の一部が適用除外されています（地方公務員法第58条第3項）。また、教育研究調査事業等一部の事業については監督機関の職権は人事委員会等が行います（同条第5項）。

　　　なお、地方公営企業の職員については本法が完全に適用されます（地方公営企業法第39条）。

■船　　員

本法は、船舶による旅客・貨物の運送の事業にも適用されますが、本条はその事業に使用される労働者のうち船員法による船員についてはその労働の特殊性を考慮し、労働者全般に通ずる基本原則を定めた第1章総則中の第1条ないし第11条とこれに関する罰則規定を除いて、その他の規定の適用を除外したものです。

船員法による船員とは、日本船舶または日本船舶以外の命令で定める船舶に乗り組む船長と海員、予備員をいいます（船員法第1条）が、総トン数5トン未満の船舶、湖、川または港だけを航行する船舶と総トン数30トン未満の漁船は上記の船舶から除外されますから、これらの船舶の乗組員には船員法の適用はなく、本法が全国的に適用されます。

なお、海員とは船内で使用される船長以外の乗組員で労働の対償として給料その他の報酬を支払われる者をいい（船員法第2条第1項）、船内で

使用される乗組員であれば、直接運航実務を担当しない料理人、給仕、理髪師であっても海員です。予備員というのは、船舶に乗り組むため雇用されている者で、船内で使用されていない者をいいます（船員法第2条第2項）。これらの者は現に船員労働に従事していませんが、船員法の適用を受けるのです。したがって、ここにいう海員または予備員に該当しない者には本法が適用されることになるわけです。

第13章　罰　　則

　本章は、本法各条に違反する者に対する罰則について、その違反の内容の軽重にしたがって、①1年以上10年以下の懲役または20万円以上300万円以下の罰金（法第117条）、②1年以下の懲役または50万円以下の罰金（法第118条）、③6か月以下の懲役または30万円以下の罰金（法第119条）、④30万円以下の罰金（法第120条）の4種類に分けて規定するとともに、両罰規定（法第121条）を設けています。

　本法では、形式的な使用者責任主義をとらずに、実質的な法の履行を確保するために近代刑法の一般原則に従って行為者責任主義をとり、義務の主体である使用者の範囲を広く定めています。また本法では、違反行為によっては罰金刑だけではなく、懲役刑が選択されることもあり得ます。これは、本法が使用者に対する行政上の取締りというよりも、労働者が健康で文化的な生活（憲法第25条）や人たるに値する生活（法第1条）を営むために必要な最低限度の基準を規定し、労働者の基本的人権を守ることに重点が置かれているためでもあり、その規定の内容も同時に刑法犯に該当する自然犯的なものをはじめ、労働者の基本的人権に関するもの、福祉的な立場よりする女性・年少者の保護に関するものなど各種の重要な規定を含めているからです。

第1　1年以上10年以下の懲役・20万円以上300万円以下の罰金

> **第117条**　第5条の規定に違反した者は、これを1年以上10年以下の懲役又は20万円以上300万円以下の罰金に処する。

　刑法では、暴行罪は最高2年以下の懲役刑が規定されています（同第208条）。同様に、脅迫罪も最高2年以下（同第222条第1項）、逮捕・監禁罪は3月以上7年以下（同第220条）、強要罪は最高3年以下（同第223条第1

項、第 2 項)、恐喝罪は最高10年以下の懲役刑（刑法第249条）がそれぞれ規定されています。これらの刑との均衡を考えて強制労働禁止に関する規定の違反については、最高10年以下の懲役刑に処することとし、営利目的等略取及び誘拐罪（同第225条）などと罪質を同じくするので最短期間を 1 年以上としています。この罰則が特に厳重であるのは、最も封建的な労働悪慣習を一掃するために必要と認められたからです。

第2　1 年以下の懲役・50万円以下の罰金

> **第118条**　第 6 条、第56条、第63条又は第64条の 2 の規定に違反した者は、これを 1 年以下の懲役又は50万円以下の罰金に処する。
> ②　第70条の規定に基づいて発する厚生労働省令（第63条又は第64条の 2 の規定に係る部分に限る。）に違反した者についても前項の例による。

　中間搾取の排除については、これと趣旨が同じである職業安定法に規定する労働者供給事業禁止規定（同法第44条）があり、その罰則は中間搾取の処罰と同一条件（ 1 年以下の懲役又は100万円以下の罰金）と規定されています（職安法第64条第 9 号）。最低年齢に関する規定の違反が同時に年少者の虐待にもなっているときは、児童福祉法の最高刑では10年以下の懲役刑となっています（同法第60条）。坑内労働に関する禁止規定の違反も、労働が過重であるとともに国際的にも労働悪慣習とみなされているものですから、これらの違反と同程度に処罰することとしています。

第3　6か月以下の懲役・30万円以下の罰金

> **第119条**　次の各号のいずれかに該当する者は、6箇月以下の懲役又
> は30万円以下の罰金に処する。
> 一　第3条、第4条、第7条、第16条、第17条、第18条第1項、第
> 　19条、第20条、第22条第4項、第32条、第34条、第35条、第36条
> 　第6項、第37条、第39条（第7項を除く。）、第61条、第62条、
> 　第64条の3から第67条まで、第72条、第75条から第77条まで、第79
> 　条、第80条、第94条第2項、第96条又は第104条第2項の規定に
> 　違反した者
> 二　第33条第2項、第96条の2第2項又は第96条の3第1項の規定
> 　による命令に違反した者
> 三　第40条の規定に基づいて発する厚生労働省令に違反した者
> 四　第70条の規定に基づいて発する厚生労働省令（第62条又は第64
> 　条の3の規定に係る部分に限る。）に違反した者

　労働組合法、労働関係調整法の罰則が禁錮であるのに対して本条の罰則
が懲役となっているのは、本法の違反が直接利得のために行われることが
多いことによるためです。

第4　30万円以下の罰金

> **第120条**　次の各号のいずれかに該当する者は、30万円以下の罰金に
> 処する。
> 一　第14条、第15条第1項若しくは第3項、第18条第7項、第22条
> 　第1項から第3項まで、第23条から第27条まで、第32条の2第2
> 　項（第32条の3第4項、第32条の4第4項及び第32条の5第3項
> 　において準用する場合を含む。）、第32条の5第2項、第33条第1
> 　項ただし書、第38条の2第3項（第38条の3第2項において準用

する場合を含む。）、第39条第7項、第57条から第59条まで、第64
条、第68条、第89条、第90条第1項、第91条、第95条第1項若し
くは第2項、第96条の2第1項、第105条（第100条第3項におい
て準用する場合を含む。）又は第106条から第109条までの規定に
違反した者

二　第70条の規定に基づいて発する厚生労働省令（第14条の規定に
係る部分に限る。）に違反した者

三　第92条第2項又は第96条の3第2項の規定による命令に違反し
た者

四　第101条（第100条第3項において準用する場合を含む。）の規定
による労働基準監督官又は女性主管局長若しくはその指定する所
属官吏の臨検を拒み、妨げ、若しくは忌避し、その尋問に対して
陳述をせず、若しくは虚偽の陳述をし、帳簿書類の提出をせず、
又は虚偽の記載をした帳簿書類の提出をした者

五　第104条の2の規定による報告をせず、若しくは虚偽の報告を
し、又は出頭しなかつた者

第5　両罰規定

第121条　この法律の違反行為をした者が、当該事業の労働者に関す
る事項について、事業主のために行為した代理人、使用人その他の
従業者である場合においては、事業主に対しても各本条の罰金刑を
科する。ただし、事業主（事業主が法人である場合においてはその
代表者、事業主が営業に関し成年者と同一の行為能力を有しない未
成年者又は成年被後見人である場合においてはその法定代理人（法
定代理人が法人であるときは、その代表者）を事業主とする。次項
において同じ。）が違反の防止に必要な措置をした場合においては、
この限りでない。

②　事業主が違反の計画を知りその防止に必要な措置を講じなかつた
場合、違反行為を知り、その是正に必要な措置を講じなかつた場合

又は違反を教唆した場合においては、事業主も行為者として罰する。

　刑罰は、犯罪行為を行った者、つまり犯罪構成要件に該当した違法有責の行為を現実に行った者に科し、それ以外の者には及ばないというのが近代刑法の原則です。本法違反の行為についてもこの原則によって事業主がみずから違反行為をした場合には、その事業主が、また事業主のために行為した代理人、使用人その他の従業者が違反行為をした場合には、その違反行為者自身が処罰されるのですが、本法ではそのほかに事業主が直接違反行為をしなくても処罰される場合について規定しています。

　企業形態が複雑となった近代企業では違反行為者の責任を問わないでおきますと、法の確実な施行は不可能となりますので、本法では刑法の一般原則によってはっきり行為者の責任を明らかにしたのですが、さらに「利益の帰するところに責任も帰せしむべし」という経済統制法規や行政取締法規の多くの例にならい、事業主に対しては、たとえ事業主が行為者でない場合にも罰金刑を科すこととしています。

　事業主が直接違反行為をしなくても処罰されるのは、次の場合です。

　第1は、この法律の違反行為をした者が、当該事業の労働者に関する事項について、事業主のために行為した代理人、使用人その他の従業者（たとえば工場長、部長など）である場合であって、この場合には事業主に対しても、罰金刑が科せられます。

　第2は、直接の違反行為者は従業者であっても、事業主（事業主が法人である場合には代表者、事業主が未成年者または成年被後見人である場合には、その法定代理人）が違反の計画を知り、その防止に必要な措置を講じなかった場合には事業主も行為者として罰せられます。

　第1の場合は、事業主であるという理由だけで処罰されるのであって、事業主自身に犯意があったかどうかは関係ありません。しかし、事業主が違反の防止に必要な措置をした場合には処罰を免れることができますから、事業主が処罰されるのは、違反の防止に必要な措置をしなかった場合とい

うことになります。ここに「事業主のために行為をした代理人、使用人その他の従業者」というのは法第10条の使用者から事業主を除いたすべての者かどうかという点ですが、本条は従業者だけに限られます。法第10条は従業者だけに限られず、事業の従業者でない者で、たとえば、労働契約の締結などのように労働者に関する特定事項について委任された者が、事業主の関与しない法違反の行為をする場合もこれに含まれますので、第10条のほうが範囲が広いわけです〔昭22．9．13発基第17号、昭23．3．17基発第461号〕。さらに「代理人」というのは支配人のようなものを指し、「その他の従業者」の例としては、代表権なき取締役があるとされています〔昭23．2．17基発第461号〕。また、「違反防止に必要な措置」というのは、単に違反行為をしないように注意していたというだけではこれに該当しないのであって、特に当該違反事項について具体的に指示をし違反の防止に努めたと判断されることが必要です〔昭24・8・2大阪地裁判決等〕。

　違反防止に必要な措置が講ぜられなかった場合に事業主に科せられるのは、罰金刑に限られます。たとえ、各本条違反の罰則が懲役刑と罰金刑とのいずれかが科せられることになっていて、違反行為者が、懲役刑に処せられても、事業主には罰金刑だけが科せられます。

　本条第1項で違反防止に必要な措置を講ずべき義務者は個人事業の場合は、事業主である個人（ただし事業主が営業に関して成年者と同一の能力を持たない未成年者または成年被後見人である場合は、その法定代理人）、法人事業の場合は法人の代表者とされています。これらの違反防止義務は、自ら違反行為をしない場合においても次のような場合には行為者として処罰されます。

（1）　違反の計画を知りながら、その防止に必要な措置を講じなかった場
　　合

　この場合には、直接違反行為をした者のほかに違反防止義務者も行為者として処罰され、さらに第1項の事業主も罰金刑に処せられます。事前に違反の計画は知らず、単に違反防止に必要な措置をしなかっただけでは違

反防止義務者は行為者としては処罰されません。

（2）　違反行為を知り、その是正に必要な措置を講じなかった場合

　　事前に違反防止義務者が違反防止に必要な措置をしたのにかかわらず、現実に違反行為が従業者によって行われた場合には、第1項の事業主としては処罰されないのであって、直接違反行為者が行為者として処罰されます。違反防止義務者が事前に違反防止に必要な措置をとらず違反行為を知ってからも、是正に必要な措置をとらなければ、直接行為者と違反防止義務者とが行為者として処罰されるほか、第1項本文の事業主として罰金刑に処せられます。

（3）違反をそそのかした場合

　　違反防止義務者が違反をそそのかした場合には、そそのかされた者（被教唆者）が違反行為をしなかった場合にも、やはり処罰されるかどうかが問題となりますが、本条が刑法第61条の教唆の一般原則に対する例外規定として特に設けられたものであることからみて、被教唆者が違反行為を実行するかどうかに関係なく処罰されると解されます。また、被教唆者が違反行為を実行した場合には直接違反行為者と違反防止義務者が行為者として処罰されるとともに、第1項本文の事業主としても罰金刑に処せられます。

　　なお、これらの場合に違反防止義務者が行為者として処罰されるというのは、懲役刑と罰金刑のどれか1つが科せられることになっている場合でも、事業主として第1項の規定による罰金刑を、さらに違反防止義務者として懲役刑を、というように2つ科せられることがあるということです。

巻末資料

1 労働者派遣事業と請負により行われる事業との区分に関する基準

〔昭61. 4. 17労働省告示第37号、最終改正：平24. 9. 27厚生労働省告示第518号〕

(本文41頁参照)

2 有期労働契約の締結、更新及び雇止めに関する基準

〔平15. 10. 22厚生労働省告示第357号、最終改正：平24. 10. 26厚生労働省告示第551号〕

(本文63頁参照)

3 労働時間の適正な把握のために使用者が講ずべき措置に関するガイドラインについて

〔平29. 1. 20基発0120第3号〕

(本文122頁参照)

4 労働基準法第36条第1項の協定で定める労働時間の延長及び休日の労働について留意すべき事項等に関する指針

〔平30. 9. 7厚生労働省告示第323号、最終改正：令3. 9. 14厚生労働省告示第335号〕

(本文167頁参照)

5 副業・兼業の場合における労働時間管理に係る労働基準法第38条第1項の解釈等について

〔令2. 9. 1基発0901第3号〕

(本文183頁参照)

【巻末資料１】

労働者派遣事業と請負により行われる事業との区分に関する基準

昭61．4．17労働省告示第37号

最終改正：平24．9．27厚生労働省告示第518号

第１条　この基準は、労働者派遣事業の適正な運営の確保及び派遣労働者の保護等に関する法律（昭和60年法律第88号。以下「法」という。）の施行に伴い、法の適正な運用を確保するためには労働者派遣事業（法第２条第３号に規定する労働者派遣事業をいう。以下同じ。）に該当するか否かの判断を的確に行う必要があることに鑑み、労働者派遣事業と請負により行われる事業との区分を明らかにすることを目的とする。

第２条　請負の形式による契約により行う業務に自己の雇用する労働者を従事させることを業として行う事業主であつても、当該事業主が当該業務の処理に関し次の各号のいずれにも該当する場合を除き、労働者派遣事業を行う事業主とする。

一　次のイ、ロ及びハのいずれにも該当することにより自己の雇用する労働者の労働力を自ら直接利用するものであること。

　　イ　次のいずれにも該当することにより業務の遂行に関する指示その他の管理を自ら行うものであること。

　　⑴　労働者に対する業務の遂行方法に関する指示その他の管理を自ら行うこと。

　　⑵　労働者の業務の遂行に関する評価等に係る指示その他の管理を自ら行うこと。

　　ロ　次のいずれにも該当することにより労働時間等に関する指示その他の管理を自ら行うものであること。

　　⑴　労働者の始業及び終業の時刻、休憩時間、休日、休暇等に関する

427

　　　　指示その他の管理（これらの単なる把握を除く。）を自ら行うこと。

　　⑵　労働者の労働時間を延長する場合又は労働者を休日に労働させ
　　　る場合における指示その他の管理（これらの場合における労働時
　　　間等の単なる把握を除く。）を自ら行うこと。

　ハ　次のいずれにも該当することにより企業における秩序の維持、確
　　保等のための指示その他の管理を自ら行うものであること。

　　⑴　労働者の服務上の規律に関する事項についての指示その他の管
　　　理を自ら行うこと。

　　⑵　労働者の配置等の決定及び変更を自ら行うこと。

二　次のイ、ロ及びハのいずれにも該当することにより請負契約により
　請け負つた業務を自己の業務として当該契約の相手方から独立して処
　理するものであること。

　イ　業務の処理に要する資金につき、すべて自らの責任の下に調達し、
　　かつ、支弁すること。

　ロ　業務の処理について、民法、商法その他の法律に規定された事業
　　主としてのすべての責任を負うこと。

　ハ　次のいずれかに該当するものであつて、単に肉体的な労働力を提
　　供するものでないこと。

　　⑴　自己の責任と負担で準備し、調達する機械、設備若しくは器材
　　　（業務上必要な簡易な工具を除く。）又は材料若しくは資材により、
　　　業務を処理すること。

　　⑵　自ら行う企画又は自己の有する専門的な技術若しくは経験に基
　　　づいて、業務を処理すること。

第3条　前条各号のいずれにも該当する事業主であつても、それが法の規
　定に違反することを免れるため故意に偽装されたものであつて、その事
　業の真の目的が法第2条第1号に規定する労働者派遣を業として行うこ
　とにあるときは、労働者派遣事業を行う事業主であることを免れること
　ができない。

【巻末資料２】

有期労働契約の締結、更新及び雇止めに関する基準

平15. 10. 22厚生労働省告示第357号

最終改正：平24. 10. 26厚生労働省告示第551号

（雇止めの予告）

第１条　使用者は、期間の定めのある労働契約（当該契約を３回以上更新し、又は雇入れの日から起算して１年を超えて継続勤務している者に係るものに限り、あらかじめ当該契約を更新しない旨明示されているものを除く。次条第２項において同じ。）を更新しないこととしようとする場合には、少なくとも当該契約の期間の満了する日の30日前までに、その予告をしなければならない。

（雇止めの理由の明示）

第２条　前条の場合において、使用者は、労働者が更新しないこととする理由について証明書を請求したときは、遅滞なくこれを交付しなければならない。

２　期間の定めのある労働契約が更新されなかった場合において、使用者は、労働者が更新しなかった理由について証明書を請求したときは、遅滞なくこれを交付しなければならない。

（契約期間についての配慮）

第３条　使用者は、期間の定めのある労働契約（当該契約を１回以上更新し、かつ、雇入れの日から起算して１年を超えて継続勤務している者に係るものに限る。）を更新しようとする場合においては、当該契約の実態及び当該労働者の希望に応じて、契約期間をできる限り長くするよう努めなければならない。

労働時間の適正な把握のために使用者が講ずべき 措置に関するガイドラインについて

平29. 1 . 20基発0120第 3 号

　今般、標記について、別添のとおり、「労働時間の適正な把握のために使用者が講ずべき措置に関するガイドライン」（以下「ガイドライン」という。）を定めたところである。

　ついては、本ガイドラインの趣旨、遵守のための指導及び周知等については、下記のとおりであるので、この取扱いに遺漏なきを期されたい。

　なお、本通達をもって、平成13年 4 月 6 日付基発第339号「労働時間の適正な把握のために使用者が講ずべき措置に関する基準について」については廃止することとする。

記

1　ガイドラインの趣旨、内容

（1）　趣旨について

　ア　使用者（使用者から労働時間を管理する権限の委譲を受けた者を含む。以下同じ。）に労働時間を管理する責務があることを改めて明らかにするとともに、労働時間の適正な把握のために使用者が講ずべき措置等を明示したところであること。

　イ　労働基準法上、使用者には、労働時間の管理を適切に行う責務があるが、一部の事業場において、自己申告制（労働者が自己の労働時間を自主的に申告することにより労働時間を把握するもの。以下同じ。）の不適正な運用等により、労働時間の把握が曖昧となり、そ

の結果、過重な長時間労働や割増賃金の未払いといった問題が生じている。このため、これらの問題の解消を図る目的で、使用者に労働時間を適正に把握する責務があることを改めて明らかにするとともに、本ガイドラインにおいて労働時間の適正な把握のために使用者が講ずべき具体的措置等を明らかにしたものであり、使用者は、ガイドラインを遵守すべきものであること。

(2) 労働時間の考え方について

労働時間を適正に把握する前提として、労働時間の考え方について明らかにしたものであること。

労働時間とは、使用者の指揮命令下にある時間のことをいい、使用者の明示又は黙示の指示により労働者が業務に従事する時間は労働時間に当たること。

なお、労働時間に該当するか否かは、労働契約、就業規則、労働協約等の定めのいかんによらず、労働者の行為が使用者の指揮命令下に置かれたものと評価することができるか否かにより客観的に定まるものであること。また、客観的に見て使用者の指揮命令下に置かれていると評価されるかどうかは、労働者の行為が使用者から義務づけられ、又はこれを余儀なくされていた等の状況の有無等から、個別具体的に判断されるものであることを示したものであること。

(3) ガイドラインの4(1)について

労働時間の把握の現状をみると、労働日ごとの労働時間数の把握のみをもって足りるとしているものがみられるが、労働時間の適正な把握を行うためには、労働日ごとに始業・終業時刻を使用者が確認し、これを記録する必要があることを示したものであること。

(4) ガイドラインの4(2)について

ア 始業・終業時刻を確認するための具体的な方法としては、ア又はイによるべきであることを明らかにしたものであること。また、始業・終業時刻を確認する方法としては、使用者自らがすべての労働

　　時間を現認する場合を除き、タイムカード、ICカード、パソコンの使用時間の記録等（以下「タイムカード等」という。）の客観的な記録をその根拠とすること、又は根拠の一部とすべきであることを示したものであること。

　イ　ガイドラインの4⑵アにおいて、「自ら現認する」とは、使用者が、使用者の責任において始業・終業時刻を直接的に確認することであるが、もとより適切な運用が図られるべきであることから、該当労働者からも併せて確認することがより望ましいものであること。

　ウ　ガイドラインの4⑵イについては、タイムカード等の客観的な記録を基本情報とし、必要に応じ、これら以外の使用者の残業命令書及びこれに対する報告書等、使用者が労働者の労働時間を算出するために有している記録とを突合することにより確認し、記録するものであること。

　　　なお、タイムカード等の客観的な記録に基づくことを原則としつつ、自己申告制を併用して労働時間を把握している場合には、ガイドラインの4⑶に準じた措置をとる必要があること。

⑸　ガイドラインの4⑶について

　ア　ガイドラインの4⑶アについては、自己申告制の対象となる労働者に説明すべき事項としては、ガイドラインを踏まえた労働時間の考え方、自己申告制の具体的内容、適正な自己申告を行ったことにより不利益な取扱いが行われることがないこと等があること。

　イ　ガイドラインの4⑶イについては、労働時間の適正な自己申告を担保するには、実際に労働時間を管理する者が本ガイドラインに従い講ずべき措置を理解する必要があることから設けたものであること。

　　　実際に労働時間を管理する者に対しては、自己申告制の適正な運用のみならず、ガイドラインの3で示した労働時間の考え方等についても説明する等して、本ガイドラインを踏まえた説明とすること

を示したものであること。

ウ　ガイドラインの4(3)ウについては、自己申告による労働時間の把握は、曖昧な労働時間管理となりがちであることから、使用者は、労働時間が適正に把握されているか否かについて定期的に実態調査を行うことが望ましいものであること。

　　また、労働者からの自己申告により把握した労働時間と入退館記録やパソコンの使用時間の記録等のデータで分かった事業場内にいた時間との間に著しい乖離が生じている場合や、自己申告制が適用されている労働者や労働組合等から労働時間の把握が適正に行われていない旨の指摘がなされた場合等には、当該実態調査を行う必要があることを示したものであること。

エ　ガイドラインの4(3)エについては、自己申告による労働時間の把握とタイムカード等を併用している場合に、自己申告した労働時間とタイムカード等に記録された事業場内にいる時間に乖離が生じているとき、その理由を報告させること自体は問題のある取組ではないが、その報告が適正に行われないことによって、結果的に労働時間の適正な把握がなされないことにつながり得るため、報告の内容が適正であるか否かについても確認する必要があることを示したものであること。

オ　ガイドラインの4(3)オについては、労働時間の適正な把握を阻害する措置としては、ガイドラインで示したもののほか、例えば、職場単位毎の割増賃金に係る予算枠や時間外労働の目安時間が設定されている場合において、当該時間を超える時間外労働を行った際に賞与を減額する等不利益な取扱いをしているものがあること。

　　また、実際には労働基準法の定める法定労働時間や時間外労働に関する労使協定（いわゆる36協定）により延長する時間を超えて労働しているにもかかわらず、記録上これを守っているようにすることが、実際に労働時間を管理する者や労働者等において慣習的に行

　　われていないかについても確認することを示したものであること。
(6)　ガイドラインの4(4)について

　　労働基準法第108条においては、賃金台帳の調製に係る義務を使用者に課し、この賃金台帳の記入事項については労働基準法施行規則第54条並びに第55条に規定する様式第20号及び第21号に、労働日数、労働時間数、休日労働時間数、時間外労働時間数、深夜労働時間数が掲げられていることを改めて示したものであること。

　　また、賃金台帳にこれらの事項を記入していない場合や、故意に虚偽の労働時間数を記入した場合は、同法第120条に基づき、30万円以下の罰金に処されることを示したものであること。

(7)　ガイドラインの4(5)について

　　労働基準法第109条において、「その他労働関係に関する重要な書類」について使用者に保存義務を課しており、始業・終業時刻等労働時間の記録に関する書類も同条にいう「その他労働関係に関する重要な書類」に該当するものであること。これに該当する労働時間に関係する書類としては、労働者名簿、賃金台帳のみならず、出勤簿、使用者が自ら始業・終業時刻を記録したもの、タイムカード等の労働時間の記録、残業命令書及びその報告書並びに労働者が自ら労働時間を記録した報告書等があること。

　　なお、保存期間である3年の起算点は、それらの書類毎に最後の記載がなされた日であること。

(8)　ガイドラインの4(6)について

　　人事労務担当役員、人事労務担当部長等労務管理を行う部署の責任者は、労働時間が適正に把握されているか、過重な長時間労働が行われていないか、労働時間管理上の問題点があればどのような措置を講ずべきか等について、把握、検討すべきであることを明らかにしたものであること。

(9)　ガイドラインの4(7)について

　ガイドラインの4(7)に基づく措置を講ずる必要がある場合としては、次のような状況が認められる場合があること。

ア　自己申告制により労働時間の管理が行われている場合

イ　一の事業場において複数の労働時間制度を採用しており、これに対応した労働時間の把握方法がそれぞれ定められている場合

　また、労働時間等設定改善委員会、安全・衛生委員会等の労使協議組織がない場合には、新たに労使協議組織を設置することも検討すべきであること。

2　ガイドラインの遵守のための指導等

(1)　監督指導において、ガイドラインの遵守状況について点検確認を行い、使用者がガイドラインに定める措置を講じていない場合には、所要の指導を行うこと。

(2)　自己申告制の不適正な運用等により労働時間の適正な把握が行われていないと認められる事業場に対しては、適切な監督指導を実施すること。また、使用者がガイドラインを遵守しておらず、労働基準法第32条違反又は第37条違反が認められ、かつ重大悪質な事案については、司法処分を含め厳正に対処すること。

3　ガイドラインの周知

　本ガイドラインについては、労働相談、集団指導、監督指導等あらゆる機会を通じて、使用者、労働者等に幅広く周知を図ることとし、本通達発出後、集中的な周知活動を行うこと。

(1)　窓口における周知

　労働基準監督署の窓口において、就業規則届、時間外労働・休日労働に関する協定届等各種届出、申告・相談等がなされた際に、別途配付するリーフレットを活用し、本ガイドラインの周知を図ること。

(2)　集団指導時等における周知

　　労働時間に係る集団指導、他の目的のための集団指導、説明会等の場を通じて積極的に本ガイドラインの周知を図ること。

　　特に、自己申告制により労働時間の把握を行っている事業場等については、これを集団的にとらえ、本ガイドラインの周知を図ること。

4　その他

　平成13年４月６日付基発第339号「労働時間の適正な把握のために使用者が講ずべき措置に関する基準について」又は「労働時間の適正な把握のために使用者が講ずべき措置に関する基準」を引用している通達等において、平成13年４月６日付基発第339号「労働時間の適正な把握のために使用者が講ずべき措置に関する基準について」又は「労働時間の適正な把握のために使用者が講ずべき措置に関する基準」とあるのは、それぞれ、平成29年１月20日付基発0120第３号「労働時間の適正な把握のために使用者が講ずべき措置に関するガイドラインについて」又は「労働時間の適正な把握のために使用者が講ずべき措置に関するガイドライン」と読み替えるものとすること。

別添

労働時間の適正な把握のために使用者が講ずべき
措置に関するガイドライン

1　趣旨

　労働基準法においては、労働時間、休日、深夜業等について規定を設けていることから、使用者は、労働時間を適正に把握するなど労働時間を適切に管理する責務を有している。

　しかしながら、現状をみると、労働時間の把握に係る自己申告制（労働者が自己の労働時間を自主的に申告することにより労働時間を把握するも

の。以下同じ。）の不適正な運用等に伴い、同法に違反する過重な長時間労働や割増賃金の未払いといった問題が生じているなど、使用者が労働時間を適切に管理していない状況もみられるところである。

　このため、本ガイドラインでは、労働時間の適正な把握のために使用者が講ずべき措置を具体的に明らかにする。

2　適用の範囲

　本ガイドラインの対象事業場は、労働基準法のうち労働時間に係る規定が適用される全ての事業場であること。

　また、本ガイドラインに基づき使用者（使用者から労働時間を管理する権限の委譲を受けた者を含む。以下同じ。）が労働時間の適正な把握を行うべき対象労働者は、労働基準法第41条に定める者及びみなし労働時間制が適用される労働者（事業場外労働を行う者にあっては、みなし労働時間制が適用される時間に限る。）を除く全ての者であること。

　なお、本ガイドラインが適用されない労働者についても、健康確保を図る必要があることから、使用者において適正な労働時間管理を行う責務があること。

3　労働時間の考え方

　労働時間とは、使用者の指揮命令下に置かれている時間のことをいい、使用者の明示又は黙示の指示により労働者が業務に従事する時間は労働時間に当たる。そのため、次のアからウのような時間は、労働時間として扱わなければならないこと。

　ただし、これら以外の時間についても、使用者の指揮命令下に置かれていると評価される時間については労働時間として取り扱うこと。

　なお、労働時間に該当するか否かは、労働契約、就業規則、労働協約等の定めのいかんによらず、労働者の行為が使用者の指揮命令下に置かれたものと評価することができるか否かにより客観的に定まるものであること。

また、客観的に見て使用者の指揮命令下に置かれていると評価されるかどうかは、労働者の行為が使用者から義務づけられ、又はこれを余儀なくされていた等の状況の有無等から、個別具体的に判断されるものであること。

ア　使用者の指示により、就業を命じられた業務に必要な準備行為（着用を義務付けられた所定の服装への着替え等）や業務終了後の業務に関連した後始末（清掃等）を事業場内において行った時間

イ　使用者の指示があった場合には即時に業務に従事することを求められており、労働から離れることが保障されていない状態で待機等している時間（いわゆる「手待時間」）

ウ　参加することが業務上義務づけられている研修・教育訓練の受講や、使用者の指示により業務に必要な学習等を行っていた時間

4　労働時間の適正な把握のために使用者が講ずべき措置

(1)　始業・終業時刻の確認及び記録

使用者は、労働時間を適正に把握するため、労働者の労働日ごとの始業・終業時刻を確認し、これを記録すること。

(2)　始業・終業時刻の確認及び記録の原則的な方法

使用者が始業・終業時刻を確認し、記録する方法としては、原則として次のいずれかの方法によること。

ア　使用者が、自ら現認することにより確認し、適正に記録すること。

イ　タイムカード、ICカード、パソコンの使用時間の記録等の客観的な記録を基礎として確認し、適正に記録すること。

(3)　自己申告制により始業・終業時刻の確認及び記録を行う場合の措置

上記(2)の方法によることなく、自己申告制によりこれを行わざるを得ない場合、使用者は次の措置を講ずること。

ア　自己申告制の対象となる労働者に対して、本ガイドラインを踏まえ、労働時間の実態を正しく記録し、適正に自己申告を行うことな

どについて十分な説明を行うこと。

イ　実際に労働時間を管理する者に対して、自己申告制の適正な運用を含め、本ガイドラインに従い講ずべき措置について十分な説明を行うこと。

ウ　自己申告により把握した労働時間が実際の労働時間と合致しているか否かについて、必要に応じて実態調査を実施し、所要の労働時間の補正をすること。

　　特に、入退場記録やパソコンの使用時間の記録など、事業場内にいた時間の分かるデータを有している場合に、労働者からの自己申告により把握した労働時間と当該データで分かった事業場内にいた時間との間に著しい乖離が生じているときには、実態調査を実施し、所要の労働時間の補正をすること。

エ　自己申告した労働時間を超えて事業場内にいる時間について、その理由等を労働者に報告させる場合には、当該報告が適正に行われているかについて確認すること。

　　その際、休憩や自主的な研修、教育訓練、学習等であるため労働時間ではないと報告されていても、実際には、使用者の指示により業務に従事しているなど使用者の指揮命令下に置かれていたと認められる時間については、労働時間として扱わなければならないこと。

オ　自己申告制は、労働者による適正な申告を前提として成り立つものである。このため、使用者は、労働者が自己申告できる時間外労働の時間数に上限を設け、上限を超える申告を認めない等、労働者による労働時間の適正な申告を阻害する措置を講じてはならないこと。

　　また、時間外労働時間の削減のための社内通達や時間外労働手当の定額払等労働時間に係る事業場の措置が、労働者の労働時間の適正な申告を阻害する要因となっていないかについて確認するとともに、当該要因となっている場合においては、改善のための措置を講

ずること。

　さらに、労働基準法の定める法定労働時間や時間外労働に関する労使協定（いわゆる36協定）により延長することができる時間数を遵守することは当然であるが、実際には延長することができる時間数を超えて労働しているにもかかわらず、記録上これを守っているようにすることが、実際に労働時間を管理する者や労働者等において、慣習的に行われていないかについても確認すること。

(4)　賃金台帳の適正な調製

　使用者は、労働基準法第108条及び同法施行規則第54条により、労働者ごとに、労働日数、労働時間数、休日労働時間数、時間外労働時間数、深夜労働時間数といった事項を適正に記入しなければならないこと。

　また、賃金台帳にこれらの事項を記入していない場合や、故意に賃金台帳に虚偽の労働時間数を記入した場合は、同法第120条に基づき、30万円以下の罰金に処されること。

(5)　労働時間の記録に関する書類の保存

　使用者は、労働者名簿、賃金台帳のみならず、出勤簿やタイムカード等の労働時間の記録に関する書類について、労働基準法第109条に基づき、3年間保存しなければならないこと。

(6)　労働時間を管理する者の職務

　事業場において労務管理を行う部署の責任者は、当該事業場内における労働時間の適正な把握等労働時間管理の適正化に関する事項を管理し、労働時間管理上の問題点の把握及びその解消を図ること。

(7)　労働時間等設定改善委員会等の活用

　使用者は、事業場の労働時間管理の状況を踏まえ、必要に応じ労働時間等設定改善委員会等の労使協議組織を活用し、労働時間管理の現状を把握の上、労働時間管理上の問題点及びその解消策等の検討を行うこと。

【巻末資料４】

労働基準法第36条第１項の協定で定める労働時間の延長及び休日の労働について留意すべき事項等に関する指針

平30．9．7厚生労働省告示第323号

最終改正：令３．9．14厚生労働省告示第335号

（目的）

第１条 この指針は、労働基準法（昭和22年法律第49号。以下「法」という。）第36条第１項の協定（以下「時間外・休日労働協定」という。）で定める労働時間の延長及び休日の労働について留意すべき事項、当該労働時間の延長に係る割増賃金の率その他の必要な事項を定めることにより、労働時間の延長及び休日の労働を適正なものとすることを目的とする。

（労使当事者の責務）

第２条 法第36条第１項の規定により、使用者は、時間外・休日労働協定をし、これを行政官庁に届け出ることを要件として、労働時間を延長し、又は休日に労働させることができることとされているが、労働時間の延長及び休日の労働は必要最小限にとどめられるべきであり、また、労働時間の延長は原則として同条第３項の限度時間（第５条、第８条及び第９条において「限度時間」という。）を超えないものとされていることから、時間外・休日労働協定をする使用者及び当該事業場の労働者の過半数で組織する労働組合がある場合においてはその労働組合、労働者の過半数で組織する労働組合がない場合においては労働者の過半数を代表する者（以下「労使当事者」という。）は、これらに十分留意した上で時間外・休日労働協定をするように努めなければならない。

（使用者の責務）

第３条　使用者は、時間外・休日労働協定において定めた労働時間を延長して労働させ、及び休日において労働させることができる時間の範囲内で労働させた場合であっても、労働契約法（平成19年法律第128号）第５条の規定に基づく安全配慮義務を負うことに留意しなければならない。

２　使用者は、「血管病変等を著しく増悪させる業務による脳血管疾患及び虚血性心疾患等の認定基準について」（令和３年９月14日付け基発0914第１号厚生労働省労働基準局長通達）において、１週間当たり40時間を超えて労働した時間が１箇月においておおむね45時間を超えて長くなるほど、業務と脳血管疾患及び虚血性心疾患（負傷に起因するものを除く。以下この項において「脳・心臓疾患」という。）の発症との関連性が徐々に強まると評価できるとされていること並びに発症前１箇月間におおむね100時間又は発症前２箇月間から６箇月間までにおいて１箇月当たりおおむね80時間を超える場合には業務と脳・心臓疾患の発症との関連性が強いと評価できるとされていることに留意しなければならない。

（業務区分の細分化）

第４条　労使当事者は、時間外・休日労働協定において労働時間を延長し、又は休日に労働させることができる業務の種類について定めるに当たっては、業務の区分を細分化することにより当該業務の範囲を明確にしなければならない。

（限度時間を超えて延長時間を定めるに当たっての留意事項）

第５条　労使当事者は、時間外・休日労働協定において限度時間を超えて労働させることができる場合を定めるに当たっては、当該事業場における通常予見することのできない業務量の大幅な増加等に伴い臨時的に限度時間を超えて労働させる必要がある場合をできる限り具体的に定めなければならず、「業務の都合上必要な場合」、「業務上やむを得ない場合」など恒常的な長時間労働を招くおそれがあるものを定めることは認められないことに留意しなければならない。

２　労使当事者は、時間外・休日労働協定において次に掲げる時間を定め

るに当たっては、労働時間の延長は原則として限度時間を超えないもの
とされていることに十分留意し、当該時間を限度時間にできる限り近づ
けるように努めなければならない。

一 法第36条第5項に規定する1箇月について労働時間を延長して労働
させ、及び休日において労働させることができる時間

二 法第36条第5項に規定する1年について労働時間を延長して労働さ
せることができる時間

3 労使当事者は、時間外・休日労働協定において限度時間を超えて労働
時間を延長して労働させることができる時間に係る割増賃金の率を定め
るに当たっては、当該割増賃金の率を、法第36条第1項の規定により延
長した労働時間の労働について法第37条第1項の政令で定める率を超え
る率とするように努めなければならない。

(1箇月に満たない期間において労働する労働者についての延長時間の目安)

第6条 労使当事者は、期間の定めのある労働契約で労働する労働者その
他の1箇月に満たない期間において労働する労働者について、時間外・
休日労働協定において労働時間を延長して労働させることができる時間
を定めるに当たっては、別表の上欄に掲げる期間の区分に応じ、それぞ
れ同表の下欄に掲げる目安時間を超えないものとするように努めなけれ
ばならない。

(休日の労働を定めるに当たっての留意事項)

第7条 労使当事者は、時間外・休日労働協定において休日の労働を定め
るに当たっては労働させることができる休日の日数をできる限り少なく
し、及び休日に労働させる時間をできる限り短くするように努めなけれ
ばならない。

(健康福祉確保措置)

第8条 労使当事者は、限度時間を超えて労働させる労働者に対する健康
及び福祉を確保するための措置について、次に掲げるもののうちから協
定することが望ましいことに留意しなければならない。

一　労働時間が一定時間を超えた労働者に医師による面接指導を実施すること。

二　法第37条第4項に規定する時刻の間において労働させる回数を1箇月について一定回数以内とすること。

三　終業から始業までに一定時間以上の継続した休息時間を確保すること。

四　労働者の勤務状況及びその健康状態に応じて、代償休日又は特別な休暇を付与すること。

五　労働者の勤務状況及びその健康状態に応じて、健康診断を実施すること。

六　年次有給休暇についてまとまった日数連続して取得することを含めてその取得を促進すること。

七　心とからだの健康問題についての相談窓口を設置すること。

八　労働者の勤務状況及びその健康状態に配慮し、必要な場合には適切な部署に配置転換をすること。

九　必要に応じて、産業医等による助言・指導を受け、又は労働者に産業医等による保健指導を受けさせること。

（適用除外等）

第9条　法第36条第11項に規定する業務に係る時間外・休日労働協定については、第5条、第6条及び前条の規定は適用しない。

2　前項の時間外・休日労働協定をする労使当事者は、労働時間を延長して労働させることができる時間を定めるに当たっては、限度時間を勘案することが望ましいことに留意しなければならない。

3　第1項の時間外・休日労働協定をする労使当事者は、1箇月について45時間又は1年について360時間（法第32条の4第1項第2号の対象期間として3箇月を超える期間を定めて同条の規定により労働させる場合にあっては、1箇月について42時間又は1年について320時間）を超えて労働時間を延長して労働させることができることとする場合において

は、当該時間外・休日労働協定において当該時間を超えて労働させる労働者に対する健康及び福祉を確保するための措置を定めるように努めなければならず、当該措置については、前条各号に掲げるもののうちから定めることが望ましいことに留意しなければならない。

附　則

1　この告示は、平成31年4月1日から適用する。

2　労働基準法第36条第1項の協定で定める労働時間の延長の限度等に関する基準（平成10年労働省告示第154号）は、廃止する。

3　法第139条第2項、第140条第2項、第141条第4項又は第142条の規定の適用を受ける時間外・休日労働協定に対する第9条の規定の適用については、平成36年3月31日までの間、同条第1項中「法第36条第11項に規定する業務に係る時間外・休日労働協定」とあるのは、「法第139条第2項、第140条第2項、第141条第4項及び第142条の規定の適用を受ける時間外・休日労働協定」とし、同条第3項の規定は適用しない。

別表（第6条関係）

期　　間	目安時間
1週間	15時間
2週間	27時間
4週間	43時間

備考　期間が次のいずれかに該当する場合は、目安時間は、当該期間の区分に応じ、それぞれに定める時間（その時間に1時間未満の端数があるときは、これを1時間に切り上げる。）とする。
　一　1日を超え1週間未満の日数を単位とする期間　15時間に当該日数を7で除して得た数を乗じて得た時間
　二　1週間を超え2週間未満の日数を単位とする期間　27時間に当該日数を14で除して得た数を乗じて得た時間
　三　2週間を超え4週間未満の日数を単位とする期間　43時間に当該日数を28で除して得た数を乗じて得た時間（その時間が27時間を下回るときは、27時間）

副業・兼業の場合における労働時間管理に係る
労働基準法第38条第１項の解釈等について

令２. ９. １基発0901第３号

　労働基準法（昭和22年法律第49号。以下「法」という。）第38条第１項において「労働時間は、事業場を異にする場合においても、労働時間に関する規定の適用については通算する。」と規定され、「事業場を異にする場合」とは事業主を異にする場合をも含む（昭和23年５月14日付け基発第769号）とされている。

　今般、労働者が事業主を異にする複数の事業場で労働する場合における法第38条第１項の解釈及び運用について下記のとおり示すので、了知の上、取扱いに遺漏なきを期されたい。

　なお、改定後の「副業・兼業の促進に関するガイドライン」（令和２年９月１日付け基発0901第４号別添〈略〉）も、併せて参照されたい。

記

第１　法第38条第１項の規定による労働時間の通算が必要となる場合
１　労働時間が通算される場合

　労働者が、事業主を異にする複数の事業場において、「労働基準法に定められた労働時間規制が適用される労働者」に該当する場合に、法第38条第１項の規定により、それらの複数の事業場における労働時間が通算されること。

　なお、次のいずれかに該当する場合は、その時間は通算されないこと。

　ア　法が適用されない場合

例）フリーランス、独立、起業、共同経営、アドバイザー、コンサルタント、顧問、理事、監事等

イ　法は適用されるが労働時間規制が適用されない場合（法第41条及び第41条の2）

農業・畜産業・養蚕業・水産業、管理監督者・機密事務取扱者、監視・断続的労働者、高度プロフェッショナル制度

2　労働時間が通算して適用される規定

法定労働時間（法第32条・第40条）について、その適用において自らの事業場における労働時間及び他の使用者の事業場における労働時間が通算されること。

時間外労働（法第36条）のうち、時間外労働と休日労働の合計で単月100時間未満、複数月平均80時間以内の要件（同条第6項第2号及び第3号）については、労働者個人の実労働時間に着目し、当該個人を使用する使用者を規制するものであり、その適用において自らの事業場における労働時間及び他の使用者の事業場における労働時間が通算されること。

時間外労働の上限規制（法第36条第3項から第5項まで及び第6項（第2号及び第3号に係る部分に限る。）が適用除外（同条第11項）又は適用猶予（法第139条第2項、第140条第2項、第141条第4項又は第142条）される業務・事業についても、法定労働時間（法第32条・第40条）についてはその適用において自らの事業場における労働時間及び他の使用者の事業場における労働時間が通算されること。

3　通算されない規定

時間外労働（法第36条）のうち、法第36条第1項の協定（以下「36協定」という。）により延長できる時間の限度時間（同条第4項）、36協定に特別条項を設ける場合の1年についての延長時間の上限（同条第5項）については、個々の事業場における36協定の内容を規制するものであり、それぞ

れの事業場における延長時間を定めることとなること。

　また、36協定において定める延長時間が事業場ごとの時間で定められていることから、それぞれの事業場における時間外労働が36協定に定めた延長時間の範囲内であるか否かについては、自らの事業場における労働時間と他の使用者の事業場における労働時間とは通算されないこと。

　休憩（法第34条）、休日（法第35条）、年次有給休暇（法第39条）については、労働時間に関する規定ではなく、その適用において自らの事業場における労働時間及び他の使用者の事業場における労働時間は通算されないこと。

第2　副業・兼業の確認

　使用者は、労働者からの申告等により、副業・兼業の有無・内容を確認すること。

　その方法としては、就業規則、労働契約等に副業・兼業に関する届出制を定め、既に雇い入れている労働者が新たに副業・兼業を開始する場合の届出や、新たに労働者を雇い入れる際の労働者からの副業・兼業についての届出に基づくこと等が考えられること。

　使用者は、副業・兼業に伴う労務管理を適切に行うため、届出制など副業・兼業の有無・内容を確認するための仕組みを設けておくことが望ましいこと。

第3　労働時間の通算

1　基本的事項

(1)　労働時間を通算管理する使用者

　　副業・兼業を行う労働者を使用する全ての使用者（第1の1において労働時間が通算されない場合として掲げられている業務等に係るものを除く。）は、法第38条第1項の規定により、それぞれ、自らの事業場における労働時間と他の使用者の事業場における労働時間とを通算

して管理する必要があること。

(2)　通算される労働時間

　　法第38条第1項の規定による労働時間の通算は、自らの事業場における労働時間と労働者からの申告等により把握した他の使用者の事業場における労働時間とを通算することによって行うこと。

　　労働者からの申告等がなかった場合には労働時間の通算は要せず、また、労働者からの申告等により把握した他の使用者の事業場における労働時間が事実と異なっていた場合でも労働者からの申告等により把握した労働時間によって通算していれば足りること（第4の1において同じ。）。

(3)　基礎となる労働時間制度

　　法第38条第1項の規定による労働時間の通算は、自らの事業場における労働時間制度を基に、労働者からの申告等により把握した他の使用者の事業場における労働時間と通算することによって行うこと。

　　週の労働時間の起算日又は月の労働時間の起算日が、自らの事業場と他の使用者の事業場とで異なる場合についても、自らの事業場の労働時間制度における起算日を基に、そこから起算した各期間における労働時間を通算すること。

(4)　通算して時間外労働となる部分

　　自らの事業場における労働時間と他の使用者の事業場における労働時間とを通算して、自らの事業場の労働時間制度における法定労働時間を超える部分が、時間外労働となること。

2　副業・兼業の開始前（所定労働時間の通算）

　自らの事業場における所定労働時間と他の使用者の事業場における所定労働時間とを通算して、自らの事業場の労働時間制度における法定労働時間を超える部分がある場合は、時間的に後から労働契約を締結した使用者における当該超える部分が時間外労働となり、当該使用者における36協定で定めるところによって行うこととなること。

3　副業・兼業の開始後（所定外労働時間の通算）

　2の所定労働時間の通算に加えて、自らの事業場における所定外労働時間と他の使用者の事業場における所定外労働時間とを当該所定外労働が行われる順に通算して、自らの事業場の労働時間制度における法定労働時間を超える部分がある場合は、当該超える部分が時間外労働となること。

　各々の使用者は、通算して時間外労働となる時間のうち、自らの事業場において労働させる時間については、自らの事業場における36協定の延長時間の範囲内とする必要があること。

　各々の使用者は、通算して時間外労働となる時間（他の使用者の事業場における労働時間を含む。）によって、時間外労働と休日労働の合計で単月100時間未満、複数月平均80時間以内の要件（法第36条第6項第2号及び第3号）を遵守するよう、1か月単位で労働時間を通算管理する必要があること。

4　その他

　労働者が事業主を異にする3以上の事業場で労働する場合についても、上記に示したところにより、副業・兼業の確認、副業・兼業開始前の所定労働時間の通算、副業・兼業開始後の所定外労働時間の通算を行うこと。

第4　時間外労働の割増賃金の取扱い

1　割増賃金の支払義務

　各々の使用者は、自らの事業場における労働時間制度を基に、他の使用者の事業場における所定労働時間・所定外労働時間についての労働者からの申告等により、

・まず労働契約の締結の先後の順に所定労働時間を通算し、

・次に所定外労働の発生順に所定外労働時間を通算することによって、

　それぞれの事業場での所定労働時間・所定外労働時間を通算した労働時間を把握し、その労働時間について、自らの事業場の労働時間制度における法定労働時間を超える部分のうち、自ら労働させた時間について、時間

外労働の割増賃金（法第37条第1項）を支払う必要があること。

2　割増賃金率

　時間外労働の割増賃金の率は、自らの事業場における就業規則等で定められた率（2割5分以上の率。ただし、所定外労働の発生順によって所定外労働時間を通算して、自らの事業場の労働時間制度における法定労働時間を超える部分が1か月について60時間を超えた場合には、その超えた時間の労働のうち自ら労働させた時間については、5割以上の率。）となること（法第37条第1項）。

第5　簡便な労働時間管理の方法

1　趣旨

　副業・兼業の場合の労働時間管理の在り方については上記のとおりであるが、例えば、副業・兼業の日数が多い場合や、自らの事業場及び他の使用者の事業場の双方において所定外労働がある場合等においては、労働時間の申告等や通算管理において、労使双方に手続上の負担が伴うことが考えられる。

　このため、副業・兼業の場合の労働時間管理の在り方について、上記によることのほかに、労働時間の申告等や通算管理における労使双方の手続上の負担を軽減し、法に定める最低労働条件が遵守されやすくなる簡便な労働時間管理の方法（以下「管理モデル」という。）として、以下の方法によることが考えられること。

2　管理モデルの枠組み

　管理モデルは、副業・兼業の開始前に、当該副業・兼業を行う労働者と時間的に先に労働契約を締結していた使用者（以下「使用者A」という。）の事業場における法定外労働時間と時間的に後から労働契約を締結した使用者（以下「使用者B」という。）の事業場における労働時間（所定労働時間及び所定外労働時間）とを合計した時間数が単月100時間未満、複数月平均80時間以内となる範囲内において、各々の使用者の事業場における労働

時間の上限をそれぞれ設定し、各々の使用者がそれぞれその範囲内で労働させることとするものであること。また、使用者Aは自らの事業場における法定外労働時間の労働について、使用者Bは自らの事業場における労働時間の労働について、それぞれ自らの事業場における36協定の延長時間の範囲内とし、割増賃金を支払うこととするものであること。

　これにより、使用者A及び使用者Bは、副業・兼業の開始後においては、それぞれあらかじめ設定した労働時間の範囲内で労働させる限り、他の使用者の事業場における実労働時間の把握を要することなく法を遵守することが可能となるものであること。

3　管理モデルの実施

(1)　導入手順

　　管理モデルについては、一般的には、副業・兼業を行おうとする労働者に対して使用者Aが管理モデルにより副業・兼業を行うことを求め、労働者及び労働者を通じて使用者Bがこれに応じることによって導入されることが想定されること。

(2)　労働時間の上限の設定

　　使用者Aの事業場における1か月の法定外労働時間と使用者Bの事業場における1か月の労働時間とを合計した時間数が単月100時間未満、複数月平均80時間以内となる範囲内において、各々の使用者の事業場における労働時間の上限をそれぞれ設定すること。

　　月の労働時間の起算日が、使用者Aの事業場と使用者Bの事業場とで異なる場合には、各々の使用者は、各々の事業場の労働時間制度における起算日を基に、そこから起算した1か月における労働時間の上限をそれぞれ設定することとして差し支えないこと。

(3)　時間外労働の割増賃金の取扱い

　　使用者Aは自らの事業場における法定外労働時間の労働について、使用者Bは自らの事業場における労働時間の労働について、それぞれ割増賃金を支払うこと。

　使用者Aが、法定外労働時間に加え、所定外労働時間についても割増賃金を支払うこととしている場合には、使用者Aは、自らの事業場における所定外労働時間の労働について割増賃金を支払うこととなること。

　時間外労働の割増賃金の率は、自らの事業場における就業規則等で定められた率（2割5分以上の率。ただし、使用者Aの事業場における法定外労働時間の上限に使用者Bの事業場における労働時間を通算して、自らの事業場の労働時間制度における法定労働時間を超える部分が1か月について60時間を超えた場合には、その超えた時間の労働のうち自らの事業場において労働させた時間については、5割以上の率。）とすること。

4　その他

(1)　管理モデルの導入の際の労働時間の上限の設定において、使用者Aの事業場における1か月の法定外労働時間と使用者Bの事業場における1か月の労働時間とを合計した時間数を80時間を超えるものとした場合には、翌月以降において複数月平均80時間未満となるように労働時間の上限の設定を調整する必要が生じ得る。

　　このため、労働時間の申告等や通算管理における労使双方の手続上の負担を軽減し、法に定める最低労働条件が遵守されやすくするという管理モデルの趣旨に鑑み、そのような労働時間を調整する必要が生じないように、各々の使用者と労働者との合意により労働時間の上限を設定することが望ましいこと。

(2)　管理モデルの導入後に、使用者Aにおいて導入時に設定した労働時間の上限を変更する必要が生じた場合には、あらかじめ労働者を通じて使用者Bに通知し、必要に応じて使用者Bにおいて設定した労働時間の上限を変更し、これを変更することは可能であること。なお、変更を円滑に行うことができるよう、あらかじめ、変更があり得る旨を留保しておくことが望ましいこと。

(3)　労働者が事業主を異にする3以上の事業場で労働する場合について

も、使用者Aの事業場における法定外労働時間、使用者Bの事業場における労働時間、更に時間的に後から労働契約を締結した使用者C等の事業場における労働時間について、各々の使用者の事業場における労働時間の上限をそれぞれ設定し、各々の使用者がそれぞれその範囲内で労働させ、使用者Aは自らの事業場における法定外労働時間の労働について、使用者B及び使用者C等は自らの事業場における労働時間の労働について、それぞれ割増賃金を支払うことにより、管理モデルの導入が可能であること。

⑷　管理モデルを導入した使用者が、あらかじめ設定した労働時間の範囲を逸脱して労働させたことによって、時間外労働の上限規制を超える等の法に抵触した状態が発生した場合には、当該逸脱して労働させた使用者が、労働時間通算に関する法違反を問われ得ることとなること。

【監修者紹介】

杉浦　純（すぎうら・じゅん）

1951年東京都生まれ。
早稲田大学法学部を卒業。
1976年に旧労働省へ入省し、労働基準監督官に任官。
東京をはじめ長野・三重・山梨管内の労働局や労働基準監督署において、労働基準監督官として長年にわたり監督行政に従事。
2012年３月に上野労働基準監督署長をもって定年退官した。
現在は、主に労働者の安全衛生や労務管理等について、顧問先の企業等へ助言や指導する活動を行っている。

〔著書〕
「安全衛生対策の立て方と是正勧告への対応」（労働新聞社）
「こうすれば実務に落とし込める　改正労基法Ｑ＆Ａ」（清文社）

新版 労働基準法の早わかり

平成4年11月25日　初版発行
令和4年1月3日　新版発行

監修者　杉　浦　　　純
編　者　労働調査会出版局
発行人　藤　澤　　　直　明
発行所　労　働　調　査　会

〒170-0004　東京都豊島区北大塚2-4-5
TEL 03（3915）6 4 0 1
FAX 03（3918）8 6 1 8
〔HOMEPAGE〕http://www.chosakai.co.jp/

ISBN978-4-86319-894-4　C2032
落丁・乱丁はお取り替え致します。

　著作権法により、本書のすべてが保護されていますので、
たとえ図表の一部分といえども複写・複製（コピー、磁気
媒体への入力等を含む）を行うことを厳に禁じます。